# Apostasia em Hebreus

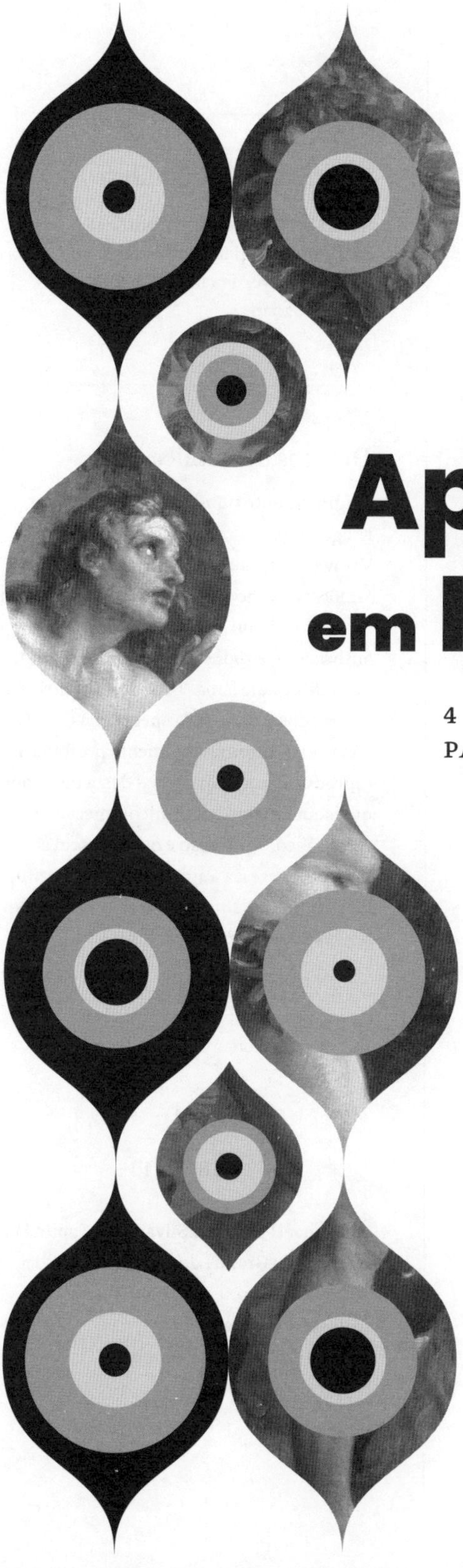

# Apostasia em Hebreus

4 PERSPECTIVAS SOBRE AS PASSAGENS DE ADVERTÊNCIA

**Herbert Bateman IV**
*Editor*

Grant Osborne
Buist Fanning
Gareth Cockerill
Randall Gleason

*Tradução de*
Antônio Teixeira
Nathan Carvalho

## Dados Internacionais de Catalogação na Publicação (CIP)

FICHA CATALOGRÁFICA ELABORADA POR
SIMONE ROCHA BITTENCOURT CRB 10/1171

A645    Apostasia em Hebreus : 4 perspectivas sobre as passagens de advertência / [editado por] Herbert Bateman IV ; [tradução de] Antônio Teixeira ; [revisado por] Verônica Bare. – Natal, RN: Editora Carisma, 2020.

352 p. ; 16 x 23 cm.

ISBN 978-85-92734-28-2

1. Teologia. 2. Apostasia. 3. Hebreus. 4. Passagens de advertência. I. Bateman IV, Herbert. II. Teixeira, Antônio. III. Bare, Verônica.

CDU: 227.87

## Referência Bibliográfica

BATEMAN IV, Herbert. Apostasia em Hebreus: 4 perspectivas sobre os textos de advertência. Natal: Editora Carisma, 2020.

## Direitos de Publicação

Originalmente publicado em inglês por Kregel Publications sob o título FOUR VIEWS ON THE WARNING PASSAGES IN HEBREWS © 2007 por Herbert W. Bateman IV. Publicado no Brasil com a devida autorização e todos os direitos reservados por Editora Carisma. Todos os direitos reservados e protegidos pela Lei 9.610/88. É expressa e terminantemente proibida a reprodução total ou parcial desta obra, por quaisquer meios (eletrônicos, mecânicos, fotográficos, gravação e outros), sem a prévia e expressa autorização, por escrito, de Editora Carisma, a não ser em citações breves com indicação da fonte.

Rua Ismael Pereira da Silva, 1664 | Capim Macio | Natal | Rio Grande do Norte
CEP 59.082-000
editoracarisma.com.br
sac@editoracarisma.com.br

## Créditos
Direção Executiva: *Renato Cunha*
Direção de Projeto: *Luciana Cunha*
Tradução: *Antônio Teixeira
e Nathan Carvalho*
Revisão: *Verônica Bare*
Projeto Gráfico: *Marina Avila*

## Composição Gráfica
Fonte: *Dolly Pro*
Papel: *Pólen 70g/m²*

## Edição
Ano: *2020*
*Primeira edição*
*Impresso no Brasil*

# Sumário

- **12** **Prefácio**
- **14** **Colaboradores**
- **17** **Abreviações**
- **22** **Introduzindo as passagens de advertência em Hebreus: Uma orientação contextual**
  *Herbert Bateman IV*
  - **25** Identificando as mensagens de advertência
  - **26** Advertência para ouvir
  - **27** *Hebreus 2.1–4*
  - **31** *Hebreus 12.14–29*
  - **36** *Conclusão*
  - **39** Advertências sobre confiar e obedecer
  - **40** *Hebreus 3.7-4.13*
  - **40** *Hebreus 3.7–19*
  - **45** *Hebreus 4.1–10*
  - **50** *Hebreus 4.11–13*
  - **52** *Hebreus 10.19–39*

- 53 *Hebreus 10.19–25*
- 55 *Hebreus 10.26–31*
- 57 *Hebreus 10.32–39*
- 60 *Conclusão*
- 63 **Uma Maior Advertência (Hb 5.11-6.12)**
- 63 *Hebreus 5.11–6.3*
- 66 *Hebreus 6.4-8*
- 68 *Hebreus 6.9-12*
- 70 *Conclusão*

## 72 A perspectiva arminiana clássica
*Grant Osborne*

- 75 **O Perigo de se Afastar (Hb 2.1–4)**
- 89 **O Perigo da Apostasia (Hb 5.11-6.12)**
- 97 **As Consequências da Apostasia (Hb 10.19-39)**
- 100 **Enfrentando o Fogo Consumidor (Hb 12.14-29)**
- 104 **Conclusão**

## 106 Resposta calvinista clássica
*Buist Fanning*

## 118 Resposta armínio-wesleyana
*Gareth Cockerill*

**128  Resposta calvinista moderada**
*Randall Gleason*

**139  A perspectiva calvinista clássica**
*Buist Fanning*

    142  **Uma Abordagem Sintética**
    142  **Elementos na Interpretação**
    143  *Descrição Daqueles que Caíram (a Audiência)*
    145  *A Natureza Desta Queda (o Pecado)*
    153  *A Resposta Positiva Desejada (a Exortação)*
    154  *Encorajamento aos Leitores sobre a Fidelidade de Deus*
    165  *Colocando os Cinco Temas Juntos*
    165  *O Paradigma Interpretativo*
    165  *Paradigma sugerido*
    166  *Defesa deste Paradigma*
    175  **Conclusão**

**176  Resposta arminiana clássica**
*Grant Osborne*

**186  Resposta armínio-wesleyana**
*Gareth Cockerill*

**197  Resposta calvinista moderada**
*Randall Gleason*

**206  A perspectiva armínio-wesleyana**
*Gareth Cockerill*

    208  Hebreus 2.1–4
    210  Hebreus 3.7–4.13
    218  Hebreus 5.11-6.8
    224  Hebreus 10.26-31
    226  Hebreus 12.14-29
    230  Conclusão

**234  Resposta arminiana clássica**
*Grant Osborne*

**245  Resposta calvinista clássica**
*Buist Fanning*

**257  Resposta calvinista moderada**
*Randall Gleason*

**268  A perspectiva calvinista moderada**
*Randall Gleason*

    269  O Contexto Histórico de Hebreus

- 271 O Contexto do Antigo Testamento de Hebreus
- 286 A Natureza do Juízo
- 292 Segurança em Hebreus
- 299 Conclusão

## 300 Resposta arminiana clássica
*Grant Osborne*

## 314 Resposta calvinista clássica
*Buist Fanning*

## 328 Resposta armínio-wesleyana
*Gareth Cockerill*

## 340 Conclusão
*George Guntrie*

# Prefácio

Este livro é uma coletânea de artigos inicialmente apresentada ao Grupo de Estudos em Hebreus durante o quinquagésimo sexto encontro anual da *Evangelical Theological Society* [Sociedade Teológica Evangelical] que ocorreu entre os dias 17 a 19 de novembro de 2004. Fundada em 1949, a Sociedade serve como um fórum para os evangelicais promoverem a erudição bíblica. Enquanto há uma variedade de fidelidades denominacionais e orientações doutrinárias, todos nós concordamos com essas duas crenças doutrinárias: "Somente a Bíblia, e a Bíblia em sua totalidade, é a palavra de Deus escrita e, portanto, é inerrante nos autógrafos", e "Deus é uma Trindade, Pai, Filho e Espírito Santo, cada qual uma pessoa incriada, um em essência, igual em poder e glória".[1] A Sociedade fornece um meio para a intercâmbio oral e a expressão escrita do pensamento e da pesquisa no âmbito geral das disciplinas teológicas como centrado nas Escrituras. As apresentações irênicas neste livro sobre as passagens de advertência em Hebreus entre quatro homens de convicção arminiana e calvinista sintetizam o que eu mais aprecio na Sociedade: uma oportunidade de

---

[1] Tanto o propósito quanto a base doutrinal da Sociedade são mencionados na capa interna do *Journal of the Evangelical Theological Society*, publicado trimestralmente.

concordar em discordar por meio de discussões francas e ainda amigáveis sobre questões bíblicas.

*Apostasia em Hebreus* contém quatro apresentações exegéticas, cada uma das quais é seguida por três respostas. Elas são escritas por quatro eruditos bíblicos internacionalmente conhecidos: Gareth Lee Cockerill, Buist M. Fanning, Randall C. Gleason e Grant R. Osborne. Sendo que a conclusão abarca as ponderações de George H. Guthrie.

Naturalmente, uma obra como esta envolve muitas pessoas. Este livro tem sido um esforço coletivo desde as fases inciais, começando com uma discussão entre Randall Gleason e esse editor em novembro de 2003, com subsequente contribuição de Fanning e Grant Osborne, e a boa vontade de Gareth Cockerill, um ponto de referência para o nosso grupo de estudos de Hebreus que, gentilmente concordou em dedicar à nossa seção de grupos de estudos em Hebreus de 2004 às passagens de advertências. Assim, eu estendo um sincero agradecimento a todos os quatro homens que contribuíram para esta obra, todos os quais participaram consideravelmente nos estágios de formação do livro e ajudaram a tornar esta obra uma realidade. Segundo, desejo estender um profuso agradecimento a Jim Weaver, o editor acadêmico e profissional de livros da Kregel. Seu incentivo para dar continuidade ao projeto, sua sugestão perspicaz para incluir respostas e seu sábio conselho sobre o projeto durante o verão de 2004 valeu a pena. Obrigado, Jim! Foi uma honra trabalhar com você em mais um projeto. Finalmente, para Jeremy Wike, meu professor assistente, um agradecimento justificável por revisar este trabalho. A obstinação por detalhes de Jeremy contribuiu imensamente para ajudar a preparar este manuscrito para a Kregel. Ele exibe os traços de um aprendiz ao longo da vida e é uma pessoa que eu tenho admirado cada vez mais.

No entanto, este livro nunca existiria se não fosse minha família, que costuma fazer sacrifícios regularmente para que eu possa ensinar, pregar e escrever nos finais de semana e durante as férias. Assim, meu mais profundo sentimento de gratidão eu estendo à minha esposa, Cindy Ann Bübman, e à minha filha, Leah Marie Bateman. É para elas que dedico esta obra. Eu sou um homem abençoado.

— Herbert W. Bateman IV

# Colaboradores

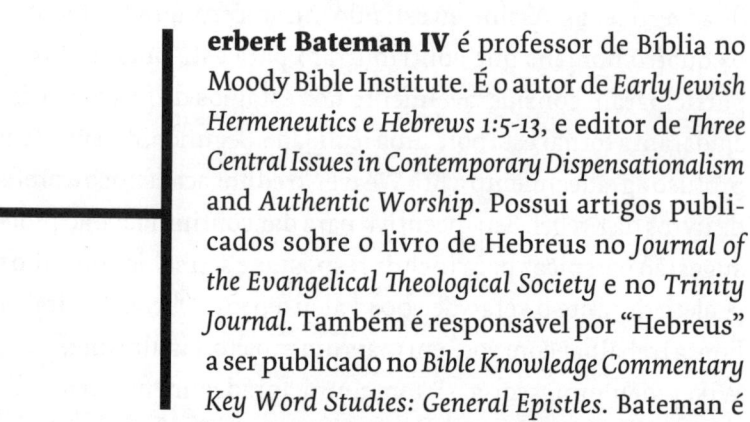

**H****erbert Bateman IV** é professor de Bíblia no Moody Bible Institute. É o autor de *Early Jewish Hermeneutics e Hebrews 1:5-13*, e editor de *Three Central Issues in Contemporary Dispensationalism* and *Authentic Worship*. Possui artigos publicados sobre o livro de Hebreus no *Journal of the Evangelical Theological Society* e no *Trinity Journal*. Também é responsável por "Hebreus" a ser publicado no *Bible Knowledge Commentary Key Word Studies: General Epistles*. Bateman é um membro da Evangelical Theological Society, Institute for Biblical Research, e Society of Biblical research.

**Gareth Cockerill** é professor de Novo Testamento e teologia bíblica no Wesley Biblical Seminary e ministro ordenado da Igreja Wesleyana. Ele publicou um comentário sobre o livro de Hebreus em *Um Comentário Bíblico na Tradição Wesleyana*. É o editor do Novo Testamento da *The Wesley Bible* e o autor do *Guidebook for Pilgrims to the Heavenly City*. Escreveu artigos e resenhas no Boletim do *Tyndale Bulletin*, *Bulletin for Biblical Research*, *Journal of Biblical Literature*, *The Evangelical Quarterly*, *Journal of the Evangelical Theological Society*, *Interpretation*, and *Missiology*. Ele é membro da Evangelical Theological Society, Evangelical Missiological

Society, Institute for Biblical Research, Wesleyan Theological Society, e Society of Biblical Literature.

**Buist Fanning** é professor de estudos do Novo Testamento e preside departamento no Seminário Teológico de Dallas. É o autor do *Verbal Aspect in New Testament Greek* e "Abordagens do Aspecto Verbal no Grego do Novo Testamento: Questões em Definição e Método" em *Biblical Greek Language and Linguistics: Open Questions in Current Research*. Também escreveu vários estudos teológicos: "Uma Teologia de Hebreus", "Uma Teologia de Tiago" e "Uma Teologia de Pedro e Judas" em *A Biblical Theology of the New Testament*. Fanning é o responsável pela tradução e notas críticas para o livro de Hebreus na *New English Translation* (NET). Fanning está escrevendo "1-2 Timóteo" e "Tiago" para *Bible Knowledge Commentary Key Word Studies: General Epistles* a ser publicado. Ele é membro da Evangelical Theological Society, Institute for Biblical Research, e Society of Biblical Literature

**Randall Gleason** é presidente e professor de estudos teológicos e diretor do programa de Mestrado na International School of Theology — Ásia. Ele é o autor de *John Calvin and John Owen on Mortification: A Comparative Study in Reformed Spirituality* (Peter Lang, 1995) e coeditor (com Kelly Kapic) de *The Devoted Life: An Invitation to the Puritan Classics* (interVarsity, 2004). Publicou artigos sobre o livro de Hebreus na *Bibliotheca Sacra*, *Tyndale Bulletin* e *New Testament Studies* e está atualmente escrevendo um comentário sobre Hebreus (com Victor Rhee) para a série Ásia Bible Commentary (ATA). Ele é membro da Evangelical Theological Society e The Society of Biblical Literature.

**George Guthrie** serve com Benjamin W. Perry como Professor de Bíblia na Union University. Ele é autor de inúmeros artigos de periódicos e sete livros, incluindo *The Structure of Hebrews: A Textlinguistic Analysis*, *The NIV Application Commentary: Hebrews*, and *Illustrated Bible Backgrounds Commentary: Hebrews*, and *Biblical Greek Exegesis*. Participou de projetos de tradução, como a revisão da New Living Translation, e serviu como consultor da Holman Christian Standard Bible, a New Century Version e a English Standard Version. Ele é membro da Evangelical Theological Society, Institute for Biblical Research, e The Society of Biblical Literature.

**Grant Osborne (1942 – 2018)** foi professor de Novo Testamento na Trinity Evangelistic Divinity School. Seus créditos de publicação incluem a *Hermeneutical Spiral: A Comprehensive Introduction to Biblical Interpretation*. Também escreveu *The Resurrection Narratives, Handbook for Bible Study, The Bible in the Churches, and Three Crucial Questions About the Bible*. É de sua autoria os comentários sobre Apocalipse na série Comentário Exegético Baker do Novo Testamento, Romanos no Comentário de Bíblia de Aplicação Pessoal da IVP, e tem comentários sobre João na série de Comentários Bíblicos Cornerstone e Mateus para a série de Comentários Exegéticos do Novo Testamento da Zondervan. Osborne foi um dos seis revisores gerais da New Living Bible. Foi é membro da Society of Biblical Literature, The Evangelical Theological Society, The Institute of Biblical Research, Tyndale Fellowship, e The American College of Biblical Theologians.

# Abreviações

Salvo indicação em contrário, todas as traduções são do autor.

### Versões Bíblicas

| | |
|---|---|
| ESV | English Standard Version |
| KJV | King James Version |
| LXX | Septuaginta |
| MT | Texto Massoretico |
| NASB | New American Standard Bible |
| NET | New English Translation |
| NIV | New International Version |
| NKJV | New King James Version |
| NLT | New Living Translation |
| NRSV | New Revised Standard Version |
| REB | Revised Bnglish Bible |
| ESV | Revised Standard Version |
| TNIV | Today's New International Version |

### Fontes Extrabíblicas

| | |
|---|---|
| Add Esth | *Adição a Ester* |
| Ant. rom. | *Antiquitates romanae* |
| Bar | Baruque |
| 2 Bar. | *2 Baruque (Apocalipse Siríaco)* |
| BGU | *Aegyptische Urkunden aus den Königlichen Staatlichen Museen zu Berlin, Griechische Urkunden.* 15 vols. Berlin, 1895–1983. |
| Cat. Min. | Plutarco Cato, o jovem |
| 1 Clem | 1 Clemente |
| Dion. Hal. | Dionísio de Halicarnassos |
| 1 En. | *1 Enoque (Apocalipse Etíope)* |

| | |
|---|---|
| Ep Jer | Epístola de Jeremias |
| Hist. Eccl. | História eclesiástica |
| Jdt | Judite |
| Jub. | Jubileu |
| 2 kgdms | 2 Reinos |
| Let. Aris. | Carta de Aristeia |
| 1 Macc. | 1 Macabeus |
| 2 Macc. | 2 Macabeus |
| 3 Macc. | 3 Macabeus |
| 4 Macc. | 4 Macabeus |
| Mor. | Plutarco Morália |
| Pan. | Panarion (Contra Heresias) |
| PGiss | Griechische Papyri zu Giessen |
| Pl Phlb | Platão Filebo |
| Plb Hist | Políbio Histórias |
| POxy | O Papiro Oxirrinco |
| Pss. Sol. | Salmos de Salomão |
| Sib. Or. | Oráculos Sibilinoss |
| Sir | Siraque/Eclesiástico |
| TBenj. | Testamento de Benjamin |
| Th | Tucídides |
| T. Levi | Testamento de Levi |
| Wis | Sabedoria de Salomão |

## Josefo

| | |
|---|---|
| Ag. Ap. | Contra Apião |
| Ant. | Antiguidade Judaica |
| Jos. | Josefo |
| J.W. | Guerra Judaica |

## Filo, o Judeu

| | |
|---|---|
| Abr. | De Abrahamo (Sobre a Vida de Abrãao) |
| Agr. | De agricultura (Sobre a Agricultura) |
| Cher. | De cherubim (Sobre o Querubim) |
| Congr. | De congressu eruditionis gratia (Sobre Estudos Preliminares) |

| | |
|---|---|
| Decal. | De decálogo (Sobre o Decálogo) |
| Det. | Quod deterius potiori insidari soleat (Que o pior está acostumado a atacar o melhor) |
| Deus | Quod Deus sit immutabilis (Que Deus é imutável) |
| Flacc. | In Flaccum (Contra Flaco) |
| Fug. | De fuga et inventione (Sobre fuga e encontro) |
| Gig. | De gigantibus (Sobre gigantes) |
| Her. | Quis rerum divinarum heres (Quem é o herdeiro?) |
| Hypoth. | Hypothetica |
| Ios. | De Iosepho (Sobre a vida de José) |
| Leg. | Legum allegoriae i, ii, iii (Interpretação alegórica 1, 2, 3) |
| Mos. | De vita Mosis i, ii (Sobre a Vida de moisés 1, 2) |
| Mut. | De mutatione nominum (Sobre mudança de nomes) |
| Opif. | De opificio mundi (Sobre a criação do mundo) |
| Plant. | De plantatione (Sobre plantação) |
| Post. | De posteritate Caini (Sobre a posteridade de caim) |
| Praem. | De praemiis et poenis (Sobre recompensa e punição) |
| Prob. | Quod omnis probus liber sit (Que toda pessoa boa é livre) |
| Sacr. | De sacrificiis Abelis et Caini (Sobre o sacrifício de Abel e Caim) |
| Somn. | De somniis i, ii (Sobre sonhos 1, 2) |
| Spec. | De specialibus legibus i, ii, iii, iV (Sobre as leis especiais 1, 2, 3, 4) |
| Virt. | De virtutibus (Sobra as virtudes) |

## Rolos de Qumran

| | |
|---|---|
| 1QH$^a$ | 1QHodayot$^a$ ou Hinos de Ação de Graça$^a$ |
| 1QM | 1QMilhamah ou Rolo da Guerra |
| 1Qphab | 1QPesher sobre Habacuque |
| 1Qs | 1Q Serek Hayahad ou Regra da Comunidade |
| 4Q174 | 4QFlorilegium ou Midrash sobre Escatologia |
| 4Q246 | 4Qpócrifo de Daniel ou Apocalipse Aramaico |
| 4Q266 | 4QDocumento de Damasco$^a$ |
| 4Q372 | 4QApócrifo de José |
| 4QMMT$^a$ | 4QMicsat Ma'aseh ha-Tora ou Carta Haláquica$^a$ |
| 4Q403 | 4QOs Cânticos de Sacrifícios Sabáticos |
| 4Q504 | 4QPalavras das Luzes Celestes$^a$ |

| | |
|---|---|
| 11Qta | 11Q *Rolo do Templo*ᵃ |
| CD | *Genizah do Cairo cópia do documento de Damasco* |

## Periódico, Obras de Referência e Jornais

| | |
|---|---|
| AB | Anchor Bible |
| *AJP* | *American Journal of Philology* |
| ANTC | Abingdon New Testament Commentaries |
| *AUSS* | *Andrews University Seminary Studies* |
| BAGD | Bauer, W., W. F. Arndt, F. W. Gingrich, and F. W. Danker. *A GreekEnglish Lexicon of the New Testament and Other Early Christian Literature*. 2d ed. Chicago: university of Chicago Press, 1979. |
| BDAG | Bauer, W., F. W. Danker, W. F. Arndt, and F. W. Gingrich. *A GreekEnglish Lexicon of the New Testament and Other Early Christian Literature*. 3d ed. Chicago: University of Chicago Press, 2000. |
| BDF | Blass, F., A. Debrunner, and R. W. Funk. *A Greek Grammar of the New Testament and Other Early Christian Literature*. Chicago: University of Chicago Press, 1961. |
| *Bib* | *Bíblica* |
| *BSac* | *Bibliotheca Sacra* |
| BT | *The Bible Translator* |
| *CBQ* | *Catholic Biblical Quarterly* |
| CBQMS | Catholic Biblical Quarterly Monograph Series |
| CTJ | *Calvin Theological Journal* |
| DJBP | Dictionary of Judaism in the Biblical Period |
| *DSD* | *Dead Sea Discoveries* |
| *EDSS* | *Encyclopedia of the Dead Sea Scrolls* |
| EKKNT | Evangelisch-katholischer Kommentar zum Neven Testament |
| EUS | European University Studies |
| FC | Fathers of the Church |
| *GTJ* | *Grace Theological Journal* |
| HNTC | Harper's New Testament Commentaries |
| ICC | International Critical Commentary |
| *JBL* | *Journal of Biblical Literature* |
| *JEH* | *Journal of Ecclesiastical History* |
| *JETS* | *Journal of the Evangelical Theological Society* |
| JSNTSup | Journal for the Study of the New Testament: Supplement Series |

| | |
|---|---|
| JSOT | Journal for the Study of the Old Testament |
| MM | Moulton, J., and G. Milligan. *The Vocabulary of the Greek New Testament*. London, 1930. reprint, Peabody: Hendrickson, 1997. |
| NICNT | New International Commentary on the New Testament |
| NIDNTT | *New International Dictionary of New Testament Theology.* edited by C. Brown. 4 vols. Grand Rapids: Zondervan, 1975–85. |
| NIGTC | New International Greek Testament Commentary |
| *NovT* | *Novum Testamentum* |
| NPNF[1] | *Nicene and PostNicene Fathers of the Christian Church, Series* 1 |
| *NRTh* | *La Nouvelle Revue Théologique* |
| NT | New Testament |
| *NTS* | *New Testament Studies* |
| OT | Old Testament |
| *RTR* | *Reformed Theological Review* |
| SNTSMS | Society for New Testament Studies Monograph Series |
| ST NT | Studieu zum Neven Testament |
| TDNT | *Theological Dictionary of the New Testament.* edited by g. Kittel and G. Friedrich. translated by G. W. Bromiley. 10 vols. Grand Rapids: Eerdmans, 1964–76. |
| TDOT | *Theological Dictionary of the Old Testament.* edited by G. J. Botterweck and H. Ringgren. translated by J. T. Willis, G. W. Bromiley, and D. E. Green. 14 vols. Grand Rapids: Eerdmans, 1974. |
| TJ | Trinity Journal |
| TLNT | Spicq, Ceslas. *Theological Lexicon of the New Testament.* translated and edited by J. D. Ernest. 3 vols. Peabody: Hendrickson, 1994. |
| *TynBul* | *Tyndale Bulletin* |
| WBC | Word Biblical Commentary |
| *WTJ* | *Westminster Theological Journal* |
| WUNT | Wissenschaftliche Untersuchungen zum Neuen Testament |
| ZNW | *Zeitschrift für die Neutestamentliche Wissenschaft und die Kunde der älteren Kirche* |

# Introduzindo as passagens de advertência em Hebreus: Uma orientação contextual

*Herbert Bateman IV*

Abordar qualquer questão no livro de Hebreus, pela primeira vez, é como entrar em um programa de graduação. Quando você se aplica, faz isso com confiança. Quando você começa o seu trabalho no curso, inicia com entusiasmo. Quando a realidade do processo educacional e as expectativas de seus professores são conhecidas, você termina porque persevera. Ou é por que a instituição está comprometida com a sua conclusão bem-sucedida do programa? Independentemente, você suporta o processo educacional e recebe um diploma.

De maneira semelhante, muitos estudantes começam o estudo de Hebreus com muita confiança e entusiasmo; até encontrar as apresentações e interpretações aparentemente intermináveis e agradáveis, às vezes, não tão agradáveis. Investigar apenas as questões introdutórias pode ser exaustivo. Quem escreveu o livro dos Hebreus? Paulo, Lucas, Barnabé, Clemente de Roma ou outra pessoa? Para quem foi enviado?

Foi uma comunidade Judaica, Gentílica ou diversificada de crentes? Onde os destinatários residiam? Em Roma ou na Palestina? Por que Hebreus foi escrito e qual é a mensagem dominante do texto? Essas e outras questões introdutórias são debatidas regularmente. De fato, Hughes descreveu tais questões introdutórias em Hebreus como "o campo de batalha de opiniões e conjecturas discordantes: seu autor é desconhecido, sua ocasião não é declarada e seu destino é contestado".[2]

Igualmente exaustivos são os assuntos que cercam as passagens de advertência. Quantas são? Onde elas começam e onde terminam? São *reiterações de certos tópicos-chave* colocadas entre as *seções expositivas* do autor?[3] Ou são exortações deliberativas bem desenvolvidas, estrategicamente colocadas entre os tópicos epidícticos do autor que destacam a nobreza de Jesus como um rei-sacerdote divino (1.1-14), sua excelência moral (4. 14-15; 5. 7; 7.28) e sua ilustre posição como rei sacerdote (5.5-10; 7.1-28), sua corajosa morte (2.14-15; 9.11–18; 12.2),[4] que servem para motivar os leitores a perseverar?

Ademais, as passagens de advertência nos obrigam claramente a abordar a questão da segurança e a doutrina da segurança eterna. Tanto os teólogos arminianos quanto os reformados interagem com a frequente menção de "irmãos e irmãs" em Hebreus (uso genérico de *adelphos* em 2.11,17; 3. 1,12,10.19; 13.22) e sua capacidade de "Acheguemo-nos" com "ousadia" a Deus (4.16; 10.19,22). São esses crentes genuínos ou não? Os teólogos bíblicos que contribuíram para este livro acreditam que os destinatários são verdadeiros crentes. Naturalmente, isso aumenta a tensão sobre como abordar as próximas três questões primordiais.

Primeiro, se eles são crentes, como entendemos o conceito de salvação em Hebreus? A salvação é meramente uma libertação futura para aqueles que *estão* "herdando a salvação" (*klēronomein sōtērian*, 1.14)? É limitada àqueles que *são* "diligentes para entrar" (*spoudasōmen ... eiselthein*) no descanso de Deus (4.11)? Ou a salvação é assegurada para

---

[2] Philip E. hughes, *A Commentary on the Epistle to the Hebrews* (grand rapids: eerdmans, 1977), 1.
[3] Veja George H. Guthrie, *The Structure of Hebrews: A TextLinguistic Analysis* (Grand Rapids: Baker, 1998), 127-39.
[4] Para uma discussão sobre "Tópicos Epidícticos em Hebreus", veja David A. deSilva, *Perseverance in Gratitude: A SocioRhetorical Commentary on the Epistle "to the Hebrews"* (Grand Rapids: Eerdmans, 2000), pp. 52–56. Para uma excelente discussão sobre várias perspectivas e estruturas para Hebreus, veja Daniel E. Buck, " "The Rhetorical Arrangement and Function of OT Citations in the Book of Hebrews: uncovering their role in the Paraenetic discourse of access" (Tese de doutorado, Dallas Theological Seminary, 2002), 46-105.

aqueles que *estão* sendo conduzidos "para a glória" (*pollous huious eis doxan agagonta*, 2.10), e *estão* "recebendo um reino inabalável" (*basileian asaleuton paralambanontes*, 12.28)? Por outro lado, a salvação em Hebreus; tem que ser limitada à libertação futura ou presente? A salvação pode ter dimensões passadas, presentes e futuras?

Intimamente relacionada à primeira questão há uma segunda que se impõe. Se os destinatários são crentes genuínos, até que ponto eles foram santificados? Particularmente desafiador é o uso de "santificar" (*hagiazō*) e "santidade" (*hagiotēs, agiasmos*). Por um lado, os destinatários são "aqueles que têm sido santificados" (*hoi hagiazomenoi*, 2.11; tous *hagiazomenous*, 10.14). Eles são instruídos a buscar a santificação (*ton hagiasmon*, 12.14). Por outro lado, os destinatários são "aqueles que têm sido santificados" (*hēgiasmenoi*, 10.10) ou "aqueles que foram santificados" (*hēgēsamenos*, 10.29). De fato, eles parecem participantes da santidade de Deus (*tēs hagiotētos autou*, 12.10; cf. 12.28).[5]

Por fim e provavelmente a questão mais desafiadora é esta: se eles são crentes verdadeiros e eternamente seguros em sua salvação, como consideramos o aparente perigo desses crentes "rejeitarem" o Filho de Deus e o subsequente perigo de incorrer no castigo divino? Por exemplo, cada passagem de advertência tem uma exortação seguida por uma consequência terrível (2.1,3; 3.12, 16-19; 4.1,11; 10.23–25,26–27,30–31; 12.25-29). Essas consequências terríveis e não tão atrativas são emocionalmente problemáticas. Não há como escapar do justo "castigo" vindouro (2.2; cf. 12.25), e parece haver uma ameaça potencial de não entrar no "descanso de Deus" (4. 1,11). Mas o que exatamente é esse "castigo" vindouro? Como os leitores originais — quem quer que fossem — entenderam o conceito de "descanso de Deus"? Sejam quais forem nossas conclusões, elas são exacerbadas pela expectativa de uma "ira do juízo ardente" (10.27; cf. 12.29) e agravada pelo perigo de "cair nas mãos do Deus vivo" (10.30–31). São esses atos divinos de castigo eterno, temporal ou alguma outra forma de punição divina?

Também, os apelos emotivos do autor parecem se intensificar quando ele declara que não existe arrependimento para aqueles que rejeitam a promessa de Deus (6.4-6; cf. 3.12, 16-18). O que isto significa? Os crentes podem perder sua salvação se "caírem" ou "rejeitarem" a graça

---

[5] Outro desafio incômodo é o uso de "perfeição" e "completo" (*teleios* e *teleioō*) em Hebreus. Para uma boa discussão desses termos em Hebreus, veja deSilva, *Perseverance in Gratitude*, 194–204.

de Deus? Não há absolutamente nenhuma restauração para um crente que se afastou? Ou isso é um ponto discutível porque Deus assegura que os verdadeiros crentes realmente perseverarão? O que essas declarações significam para os leitores originais? Qual seu significado para nós hoje?

Os colaboradores buscam ser sensíveis à situação e à perspectiva do autor, conforme revelado no contexto deste escrito do primeiro século, enquanto ao mesmo tempo tentam abordar como as passagens de advertência contribuem ou desafiam nossas heranças teológicas como sistema. Quatro eruditos que escreveram várias obras sobre o livro de Hebreus apresentam suas conclusões: Gareth Cockerill, Buist Fanning, Randall Gleason, e Grant Osborne.

Cada autor fornece uma exposição que representa uma luta sincera com o texto, mas dois oferecem conclusões teológicas em concordância com uma perspectiva arminiana e dois com uma perspectiva reformada ou calvinista. No entanto, mesmo dentro de suas respectivas tradições teológicas, os autores diferem entre si. Essas diferenças são enfatizadas nas respostas congeniais que, oferecem uma interação ponto/contraponto. George Guthrie conclui o livro com algumas observações pessoais e levanta algumas questões para uma investigação mais aprofundada. Deixe-me começar, no entanto, apresentando as cinco passagens de advertência.

## Identificando as mensagens de advertência

As cinco passagens de advertência aparecem na forma de discurso deliberativo.[6] Conquanto eu identifique as passagens em Hebreus 2.1–4; 3.7–4.13; 5.11–6.12; 10.19–39; e 12.14-29, não é ilógico limitar as advertências a unidades menores.[7] De qualquer forma, essas passagens de advertência são estrategicamente colocadas em todas as exposições do autor, ou tópicos epidícticos, sobre Jesus. As advertências facilitam a reflexão sobre um curso de ação explícita em geral, o autor fornece duas opções com

---

[6] Indo além dos debates sobre o método retórico do autor, ou seja, se Hebreus emprega uma abordagem epidíctica ou deliberativa, assumirei neste momento, assim como deSilva argumentou mais recentemente, que o livro aos Hebreus exibe características dos dois métodos de oratória. Ver deSilva, *Perseverance in Gratitude*, 39–58.

[7] Guthrie, em seu excelente trabalho *Structure of Hebrews*, limita a extensão das passagens de advertência. Ele sugere que cada passagem de advertência é limitada em algumas situações até dois versículos, mas não mais que seis versículos: 2. 1–4; 4.12-13; 6.4–8; 10. 26-31; 12.25-29. Guthrie, *Structure of Hebrews*, 135.

consequências claramente definidas. Enquanto que, algumas advertências fornecem afirmações positivas, todos revelam uma consequência pouco atraente e terrível se os crentes escolherem incorretamente. Ademais, o autor, por meio do relato histórico judaico, explora um grupo de antepassados judeus que são modelos nada exemplares a serem imitados, a fim de ilustrar como o fracasso em se comprometer com a mensagem de Deus mediado pelo Filho resulta em castigo divino.[8] Se os crentes não atentarem às advertências encorajadoras do autor, a consequência iminente e indesejável que estão à sua frente sempre parecem ser algum tipo de castigo divino.

Dessas cinco passagens de advertência, duas invocam a necessidade de ouvir ou obedecer a mensagem de Deus (2.1-4; 12.14-29), enquanto outras duas geram uma necessidade de encorajamento e uma expectativa explícita de confiar e obedecer a Deus (3.7–4.13; 10.:19–39). No centro dessas passagens de advertências está a de Hebreus 5.11-6.12. A exposição a seguir pretende orientá-los para as cinco passagens debatidas nesta obra. Elas são apresentadas de uma maneira que pode sugerir uma estrutura quiástica, mas eu não estou necessariamente argumentando por tal estrutura para o livro dos Hebreus. Além disso, não há uma tentativa de explicar os desafios teológicos que cercam essas passagens. Eu reservo essa responsabilidade para os articulistas, e respeitosamente confio que eles irão corrigir ou contradizer o que for necessário na minha visão contextual das passagens de advertência. Finalmente, os autores que contribuem não interagem, e não se espera que interajam a essa orientação contextual, apesar de estarem conscientes de sua existência.

### Advertência para ouvir

Naturalmente todas as passagens de advertências dividem uma estrutura similar. Todas elas exortam os leitores a perseverar em honrar a mensagem de Deus por meio do Filho, para que algum tipo de juízo divino não lhes sobrevenha.[9] O que se sobressaem em Hebreus 2.1-4 e

---

[8] Apelos à comunidade Sinaítica e seu exemplo negativo aparecem em toda a escritura: Salmos 78.12–33; 81.10-12; 95.8–11; 106.24–27; Amós 5.21-27; Ezequiel 20.10–22; Atos 7.38–42; 1 Coríntios 10.1–11; Hebreus 3.8,17; 12.20 e 25.

[9] Embora eu limite a estrutura das passagens de advertência para incluir pelo menos uma exortação para perseverar e uma consequência terrível se os leitores não atentarem para a advertência, McLight sugere que há quatro elementos em cada passagem de advertência: a audiência, o pecado, a exortação e a consequência. Veja Scot Mcknight, "As Passagens de Advertência de Hebreus:

12.14–29 (esp. v. 25-29), à parte das outras três passagens de advertência é que essas duas colocam ênfase na necessidade de "ouvir" ou "atentar" à mensagem de Deus e, assim, "crer" nela.[10] Ambas as advertências traçam um contraste entre os mediadores da mensagem do Senhor em uma época anterior com a mensagem mais recente de Deus mediada pelo Filho na época atual (cf. 1.1). Finalmente, ambos parecem fornecer um argumento do menor para o maior (*qal wahomer*)[11] com apelos de encorajamento para obter uma resposta desejada aos leitores: ouvir a mensagem do Pai mediada pelo ou sobre o Filho. Devo salientar que o grau em que nossos articuladores medem a intensidade do argumento do autor varia nos capítulos subsequentes. Não obstante, por enquanto, e ao longo desta introdução, há o reconhecimento de que algum grau de intensidade ocorre dentro do argumento do autor.

### Hebreus 2.1–4

Colocado entre duas unidades significativas de pensamento, é a primeira passagem de advertência. Por um lado, Hebreus 2.1-4 serve como uma conclusão lógica (*dia*; *touto*) para Hebreus 1.1-14. Nesses primeiros 14 versículos de Hebreus, o autor contrasta a era anterior e seus mediadores com a era atual, na qual o Filho é o único mediador por intermédio do qual Deus falou mais recentemente (1.2a).[12] Esse tema repercute por

---

Uma Análise Formal e Conclusões Teológicas", *TJ* n.s. 13 (1992): 21-29.

[10] Termos como ouvir e atentar podem ser usados para obedecer. Jesus diz: "aqueles que são de Deus" 'ouvem' (akouete) as palavras de Deus" (João 8.47). Os seguidores de Jesus "ouvem" a palavra de Deus na qual eles creem e respondem. A qual eles obedecem. Mas ouvir e/ou atentar (akouō) pode ser equivalente a crer. Um homem anteriormente cego diz a um grupo de líderes religiosos: "Eu já lhes disse e vocês não 'ouvem'" (akousate; João 9.27; cf. 12.38). Ouvir, então, fala de uma relutância em crer em Hebreus 2.1 e 12.25, a ênfase em ouvir e atentar se refere à necessidade do leitor de crer na mensagem de Hebreus 1.1–14, bem como na mensagem falada pelo filho (12.25). Assim, a fé parece ser o impulso por trás do ouvir e atentar em Hebreus 2 e 12. Veja também E. W. Bullinger, *Figures of Speech Used in the Bible* (Grand Rapids: Baker, 1968), 828–29; Walter Brueggemann, *Reverberations of Faith* (Louisville: John Knox, 2002), 123–25.

[11] John Bowker identifica sete regras (ou *middot*) de Hillel (60 A.E.C..-20 E.C.?), Que foram particularmente observadas pelos intérpretes judeus. *Qal wahomer* é uma dessas regras. A regra afirma que, o que se aplica em um caso menos importante certamente se aplicará em um caso mais importante. O caso menos importante em Hebreus será sempre os eventos da era anterior, enquanto o caso mais importante sempre se referirá aos eventos da era atual (2.2–4; 9.13–14; 10.28–29; 12.9; 25). Alguns comentaristas podem usar o termo a *fortiori*. Veja Victor C. Pfitzner, *Hebrews*, ANTC (Nashville: Abingdon Press, 1997), 57, 129, 147, 175, 187. Para uma lista de outras regras judaicas de exegese, veja J. Bowker, *The Targums and Rabbinic Literature: An Introduction to Jewish Interpretations of Scripture* (1969; Reprint, New York: Cambridge, 1979), 315.

[12] Donaldson argumenta que, embora Jesus possa mediar a mensagem divina em relação as

toda a parte nas passagens de advertências. Mas é particularmente importante para essa primeira advertência. Seguindo a expressiva lista de atributos do Filho (v. 2b-3), o nome do Filho é declarado maior que o dos anjos (v. 4).[13] O autor sustenta sua afirmação com uma impressionante catena de referências escriturísticas do Antigo Testamento nas quais Deus descreve o Filho como um rei-sacerdote davídico a quem os anjos oferecem adoração e serviço (v. 5–14).[14]

Por outro lado, Hebreus 2.1-4 parece interromper momentaneamente o ensino do autor sobre o Filho. O autor retarda sua apresentação da humilhação e entronização do Filho (2.5–9) e da sua relação solidária e familiar com a humanidade (2.10–18), particularmente aquelas pessoas que são súditas do reino (2.11–12,17). No entanto, essa "interrupção" extremamente breve, mas claramente conectada e saliente, em Hebreus 2.1-4, fornece uma expectativa seguida imediatamente por uma advertência, e conclui com uma exortação da história judaica:

> ¹Por isso é (*dia touto*), devemos prestar atenção (*dei ... prosechein*) ao que temos ouvido, para que jamais nos desviemos

---

pessoas, é Deus quem finalmente fala. Na era anterior, Deus falava sua palavra (a lei) por meio de um agente (anjos, Moisés, profetas) para os antepassados judeus, tendo por objetivo uma bênção de descanso e herança, mas eles respondiam em desobediência. Nesta nova era, o Pai falou sua palavra (de salvação) mediante o Filho, desejando que recebessem a sua bênção e respondessem com obediência em fidelidade. Nos dois casos, ele continua sendo a fonte que emana essencialmente a mesma mensagem. Deus fala, e espera uma resposta. Em ambas as épocas, quando Deus falou ao seu povo, seu relacionamento com eles é descrito em termos de uma aliança. Veja Amy M. Donaldson, "De Muitas Vezes, e de Muitas Maneiras, Deus Falou..." (Hb 1.1): a mensagem divina em Hebreus" (documento apresentado no encontro da The Society of Biblical Literature, Grand Rapids, Março de 2002), 1–27.

[13] Embora o "nome" específico (ὄνομα; onoma) nunca seja explicitamente declarado, o "nome" parece referir-se à designação "Filho". É uma designação usada para Adão (Lc 3.38) e para os seres angélicos (Jó 1.6; 2.1; 38.7), bem como para os monarcas davídicos anteriores. Originalmente, o conceito de "filiação" no Salmo 2 serviu para reforçar a nomeação de Yavé da realeza davídica (Sl 2.2, 6–7), igualmente para descrever seu relacionamento singular com o rei (veja "Tu és meu filho" em Hb 5.5). Deus chama a herança de Davi no Salmo 2 "filho", que está em consonância com a promessa de Yavé a Davi em 2 Samuel 7.14. Alguns em Qumran acreditavam que um sucessor humano do trono de Davi iria surgir, aquele que "será chamado grande" e "será chamado filho de Deus, eles o chamarão de filho do Altíssimo" (4.246; 1.9; 2.1; cf. Lc 1.32–33, 35; "Apocalipse Aramaico", em EDSS 51; e Michael Wise, Martin Abegg e Edward Cook, *The Dead Sea Scrolls: A New Translation* [San Francisco: Harper San Francisco, 1996], 268-70). A superioridade do nome, no entanto, não se limita à ordenação de alguém para governar, porque como os monarcas davídicos, os seres angélicos recebem autoridade de governante (Dn 10.13; Jd 9; 1 En 20. 1-8). Antes, a superioridade do nome "Filho" em Hebreus 1.4 (e validada nos v. 5–13) reside no fato de que essa designação "Filho" fala literalmente de um herdeiro de Davi sendo divino.

[14] Herbert W. Bateman IV, *Early Jewish Hermeneutics and Hebrews 1:5–13* (New York: Peter Lang, 1997); idem, "Salmos 45:6–7 e suas Contribuições Cristológicas a Hebreus", *TJ* n.s. 22 (2001): 3–21.

ou percamos de vista *isso* (*mēpote pararyōmen*).² Porque se (*ei gar*) a mensagem transmitida por anjos provou a sua firmeza, e *se* todos que deliberadamente desobedeceram a palavra *estabelecida por Deus* receberam um castigo justo,³ como (*pōs*) escaparemos nós (*ekpheuxometha*) se negligenciarmos tão grande salvação? Esta salvação, *primeiramente anunciada pelo Senhor* (Jesus), foi-nos confirmada pelos que a ouviram.⁴ *Ao mesmo tempo*, Deus, de acordo com sua própria vontade, deu testemunhos tanto por sinais e maravilhas, como através de poderes e pelas distribuições do Espírito Santo.

A exortação de abertura é clara: "devemos prestar atenção", ou, traduzindo a frase de maneira mais literal, "é necessário prestar atenção" (*dei ... prosechein*) ao que foi "ouvido" (*akoustheisin* 2.1a). Em outras palavras, os crentes devem acreditar. Eles devem "agarrar-se" à mensagem de Deus entregue em Hebreus 1.1–14.

O autor então passa rapidamente a exortar os crentes para que não se "desviem" ou "se apartem de seus olhos" (*pararreō*)¹⁵ a mensagem falada por intermédio do Filho (1.2a), sobre o Filho (1.2b-4), e para o Filho (1.5-13). Assim, Hebreus 2.1-4 parece abordar um possível problema de negligência espiritual, um retrocesso espiritual, ou talvez até uma imprudência espiritual sobre o que os leitores sabem sobre o Filho. Nesse momento do texto, é difícil determinar como exatamente entender a metáfora "se apartar". Ainda assim, uma preocupação implícita parece

---

¹⁵ O verbo *pararreō* aparece somente aqui no NT. Frequentemente traduzidos como "se afastaram" (NASB, RSV, NIV, ESV, NET, NLT), os comentaristas tendem a dar a *pararreō* uma nuance náutica. Veja Brooke Foss Westcott, *The Epistle to the Hebrews* (Grand Rapids: Eerdmans, 1984), 37; F. F. Bruce, *The Epistle to the Hebrews*, NICNT (Grand Rapids: Eerdmans, 1964), 27; Pfitzner, *Hebrews*, 58. Embora tal aplicação náutica possa ser tomada como um bom sermão, uma interpretação alternativa é "escapar" (cf. KJV). Plutarco fala de um homem magro que prende seu anel para que ele "não escorregue" de seu dedo (*Mor.* § 754a). Na tradução da Septuaginta de Provérbios 3.21, pararreō é usado para traduzir a palavra hebraica *lavâ* ("perder de vista"). Imediatamente, após vinte versículos de instrução (Pv 3.1-20), o autor exorta "filho, não deixem que minhas palavras de sabedoria *se apartem* de seus olhos, mas atente a meu conselho e compreensão" ou "filho, que nenhuma palavra de sabedoria se apartem dos teus olhos (cf. Pv 4.21; TDOT, 7: 478-79). Em Hebreus 2.1, o autor exorta seus leitores a "prestar atenção" (prosechein) ao que tem ouvido e não deixar que o que foi falado por meio do Filho (1.2a), sobre o Filho (1 2b-4), e para o Filho (1: 5-13) "se apartem" deles (cf. Ceslas Spicq, *L'Épître aux Hébreux*, [Paris: J. Gabalda, 1952-1953], 1: 66-67). Embora tanto "se apartar" quanto "desviar-se" sejam possíveis, a primeira tradução é preferencial. Assim, os leitores são exortados a não permitir que os ensinamentos do capítulo l se apartem de sua memória, ou podemos dizer que os leitores não devem esquecer o ensinamento sobre o filho. Fazer isso ameaça o recebimento de sua herança por intermédio do Filho divino davídico, que é digno de adoração e serviço. Jesus e o que é falado sobre ele deve ser o ponto principal para o leitor (12.2).

estar vinculada à mensagem, o que pode ser dito é que Hebreus 2.1 é um chamado para crer e não esquecer a mensagem de Hebreus 1:1–14.

Naturalmente existe uma razão (*gar*) para essa exortação de alerta a ouvir a mensagem do Pai mediada pelo Filho. A partir das páginas da história judaica, o autor chama a atenção para um grupo de antepassados, a saber, os da comunidade do deserto do Sinai. Embora seja de um período ou era anterior, eles receberam a lei como estabelecida[16] por Deus no Monte Sinai por meio dos seres angélicos (2.2a; cf. 1.1).[17] No entanto, eles se recusaram a atentar à palavra falada de Deus por meio dos anjos (por Moisés) e aparentemente "escaparam de", ou "perderam de vista", ou simplesmente "esqueceram" a mensagem de Deus. Eles não «se apegaram» a isso. Assim sofreram um castigo físico justamente merecido (2. 2b). As conclusões do menor para o maior do autor são bastante interessantes. Uma vez que Jesus é um mediador maior do que os anjos, sua mensagem é ainda mais essencial do que a mensagem da aliança dada no Monte Sinai. Portanto, os crentes nesta nova era (cf. 1.2a) que "ignoram" (*ameleō*)[18] a mensagem atual de Deus, a qual teve sua

---

[16] O adjetivo, "firme" (*bebaios*), ocorre quatro vezes em Hebreus (2.2; 3.14; 6.19; 9.17) e quatro vezes em outras partes do NT (Rm 4.16; 2 Rs; 1.7; 2 Pe 1.10,19). A conexão de bebaios com "a palavra", a saber, a lei de Deus mediada por anjos, sugere que algo é "válido" (rsv; BAGD, 138b 2; BDAG, 172d 2), "inalterável" (NASB), "firme" (KJV), "confiável" (ESV),"provou ser verdade" (NLT),"obrigatório" (NIV) ou uma garantia legal (TLNT, 1: 280-83; TDNT, 1: 602–3). Para Filo, as leis de Moisés são "firmes, inabaláveis, impressas, por assim dizer, com os selos da própria natureza" (*Mos.* 2,14; cf. *Hypoth* 6,8-9). Embora Hebreus não apresente a lei Mosaica do AT como eterna (cf. 7.12, 18; 8.13), a declaração de Filo reflete uma perspectiva judaica comum a respeito da certeza da lei (*Jos. Ag. Ap* 2.15§156; Jesus, Mt 5.18). Assim, de acordo com o judaísmo do primeiro século, a outra lei Mosaica é apresentada aqui como tendo sido o contrato "firmado" por Deus com Israel (cf. Êx 19.3-20.21).

[17] "A palavra falada pelos anjos" nos diz de seres angélicos que mediam a lei de Deus a Moisés. Embora Êxodo 20.1 diga: "Deus falou todas estas palavras", em outras partes da Torá parece que seres angélicos estavam envolvidos no processo. Enquanto no AT Deuteronômio 33.1–2 diz: "o Senhor veio do Sinai... ele veio com miríades de santos do sul..." (NIV), a septuaginta interpreta a passagem dessa maneira: " os anjos estavam com ele à sua direita". Fontes do segundo templo veem claramente seres angélicos como mediadores da lei de Deus no Sinai (*Jub.* 1: 27,29; 2:1; *Jos., Ant.* 15.5.3 §136; At 7.53).

[18] Este verbo "ignorar" (*ameleō*) ocorre quatro vezes no NT (Mt 22.5; 1 Tm 4.14; Hb 2.3; 8.9). O termo é traduzido como "negligência" (KJV, RSV, NASB), "ignorar" (NIV, ESV) e "indiferente" (NLT). Normalmente fala de (1) negligenciar ou não cuidar de pessoas (Pais: Filo, *Decal.* 118; *Virt.* 202; viúvas, órfãos, pobres: Filo, *Spec.* 2.108; os doentes: idem, *Prob.* 87; e costumes antigos do povo: Filo, *Flacc.* 43; Israelitas: Hb 8.9) e (2) ignorando ou desconsiderando alguma questão espiritual (lei Mosaica: Filo, *Spec.* 4.41; serviço do templo: Jos., *Ant.* 4.4.3§67; sacrifícios: 2 Mc 4.14, aprendizado espiritual: Filo, *Som.* 1,52, dom espiritual: 1 Tm 4.14). Na parábola do banquete de casamento (Mt 22.5), Jesus fala de um rei que envia seus servos pela segunda vez àqueles que foram convidados a comparecer ao banquete de casamento. Todavia, aqueles que ouviram o convite "*não atentaram* e foram — um para o seu campo, outro para o seu negócio*" (NIV; cf.Sab. 3:10 = ignorar o homem justo). Aqui, em Hebreus 2.3, como foi o caso da parábola de Jesus, a mensagem ou chamamento

origem em Jesus e foi verbalmente confirmada aos seguidores de Jesus, não terão como escapar do futuro castigo de Deus (2. 3-4).[19] Que tipo de punição divina é essa? O castigo de Deus é eterno, físico ou algo mais? Nesse ponto do texto, só podemos presumir sobre o juízo.

Independentemente de como podemos lidar com certos aspectos dessa passagem de advertência (Hb 2.1-4), o argumento do autor é simplesmente o seguinte: A razão para crer na mensagem de Deus — uma mensagem que se originou com Jesus e mais tarde foi verbalmente confirmada por seus seguidores — é porque os crentes que se recusarem a crer não escaparão ao futuro castigo divino. De uma maneira similar, o autor reitera essa expectativa de ouvir a Deus em sua derradeira passagem de advertência em 12.14-29.

### Hebreus 12.14–29

Ao contrário do texto em 2.1–4, em que a advertência do autor ocorre no meio de uma discussão sobre o Filho, a advertência em Hebreus 12.14–29 ocorre durante uma discussão sobre os crentes. O capítulo 12 pode ser dividido em duas maiores unidades de consideração: Os versículos 1–13 e os 14–29. Na primeira dessas unidades, que poderíamos intitular "Perseverando como um atleta e como uma criança na família de Deus", o autor começa falando de atividades típicas de um esportista greco-romano (v. 1-4) e depois passa as atividades típicas de uma família greco-romana (v. 5-13). De um lado, em Hebreus 12: 1-4 enfatizam a vida continua como crente mediante a imagem das competições atléticas greco-romanas de corrida e luta.[20] A ênfase do autor não é tanto em *vencer* mas sim em

---

de Deus pode ser ignorada, mas com consequências terríveis. Assim, o perigo é desconsiderar ou não atentar à mais recente mensagem de salvação de Deus.

[19] DeSilva pode estar correto em sua avaliação de que Hebreus 1.1-2.4 recorre ao raciocínio dos leitores mediante um dispositivo retórico conhecido como silogismo. A primeira premissa do silogismo é que o Pai falou por meio do Filho. A segunda premissa é que o Filho é maior que os anjos. A conclusão é que seus leitores atentem à mensagem do Filho, sabendo o que ocorreu com aqueles que transgrediram a mensagem anterior que Deus falou por meio dos anjos. Veja *Perseverance in Gratitude*, p. 103–4.

[20] Em Hebreus 12.4 lemos: "Vocês ainda não resistiram até o ponto de derramar o próprio sangue". O verbo "resistir" ou "opor-se" (*antikathistēmi*) ocorre apenas aqui no NT. O verbo pode falar de "reunir" as tropas para resistência militar (Dion. Hal., *Ant. rom.* 6.11), bem como para realmente "se opor" a alguém em um sangrento confronto militar (TH 4.93; Jos., *Ant.* 17.10 .9 § 289). Em outros documentos, o verbo fala daqueles que simplesmente "se opõem" a outro na arena política (Jos., JW 4.7.1 § 393; talvez *Ant.* 18.1.1 § 8) ou em um tribunal de direito sobre a propriedade de um escravo (POxy 1.97: 9) ou alguma outra disputa legal (BGU I 168.11; cf. LXX Deut. 31:21). Em Hebreus 12.4, o conceito de resistir ou opor-se a algo é mais do que simplesmente fazer uma defesa em um

*terminar* a competição. O objetivo da fé não é receber honra individual, mas servir aos outros e contribuir com a comunidade (6.10; 13.1-17). Por outro lado, Hebreus 12.5-13 volta-se para exortar: "Vocês se esqueceram da palavra de exortação[21] que lhes dirige como a filhos?" Aqui a ênfase muda de ser um atleta para ser um filho legítimo na casa de Deus que assim recebe instrução divina para uma vida responsável, instrução que parece não ser punitiva, mas instrutivamente desafiadora, que era típica de uma situação familiar greco-romana.

Na segunda unidade em destaque, Hebreus 12.14-29, outra advertência é dada.[22] O autor retorna e mais uma vez aborda a necessidade de ouvir a mensagem de Deus, particularmente aquela falada por intermédio do Filho (cf. 1.2 com 3.1 e 12.24). Enquanto os versículos 14-24 servem para introduzir a advertência por meio de uma série de exortações, os versículos 25-29 claramente servem como advertência direta, uma repri-

---

tribunal. A imagem é mais combativa, mas não necessariamente de resistência militar. O autor parece deslocar a imagem de uma corrida em uma arena esportiva (v. 1b-3) para outra competição esportiva dos jogos olímpicos. No versículo 4, o verbo "resistir" pode se referir a dois pugilistas "adversários" no pancrácio — uma forma brutal de esporte que combina luta romana e boxe com chutes, estrangulamento e torção dos membros para derrotar o oponente. Costumava ser uma competição sangrenta (TLNT, 1: 128–30; cf. William Lane, *Hebrews 9–13*, WBC 47b [Dallas, Word, 1991], 417–18; e Craig R. Koester, *Hebrews: A New Translation with Introduction and Commentary*, AB [New York: Doubleday, 2001], 36: 525). Assim, as imagens podem ser mais metafóricas dos oponentes que lidam com os desafios cotidianos que a vida traz. Ou, mais provavelmente, a referência a uma resistência sangrenta pode descrever a ferocidade da oposição de um competidor, talvez até mesmo o aspecto brutal da luta com aqueles que se opõem à fé que podem de fato levar à morte física (MM; BAGD, 74b; BDAG, 88d).

[21] O termo "exortação" (*paraklēsis*) na cláusula "vocês esqueceram a exortação" em 12.5 é traduzido de várias maneiras. Ocorrendo pela segunda vez em Hebreus (veja 6.18), alguns traduzem esse substantivo como "encorajamento" (NIV, NLT), enquanto outros traduzem como "exortação" (KJV, NASB, RSV, NRSV, NET). Evidentemente, os elementos de exortação e encorajamento na citação de Provérbios 3.11,12 no AT (citados apenas aqui no NT) são os motivos que levam a várias interpretações. A identificação do público como "Meu filho" é reconfortante (cf. 2.10); mas a admoestação mais saliente é que, como "filho", eles não devem tratar com descuido a disciplina instrutiva do Senhor (paideia, cf. Dt 8.5), que o autor define como sofrimento ("suportem seu sofrimento como disciplina". 12.7). O material extrabíblico favorece a segunda interpretação e também revela uma disciplina paterna semelhante à do pai / Deus para educar um filho / alguém amado (de Deus: Filo, *Congr.* 177; Sir 22: 27-23: 6; Jdt 8:27; cf. Sl 94 [93]. 10; de Sabedoria: Sir 4:11, 17-19). Finalmente, a aplicação enfática que se segue em Provérbios 3.11,12 é um lembrete de que a filiação e o sofrimento estão ligados entre si (12.7–13; cf. Jesus em 5.8,9). Assim, essa exortação de Provérbios 3.11,12, dirigida a essa comunidade cristã de crentes (Hb 12.1-6), bem como a subsequente aplicação (v. 7–13), serve para lembrar aos crentes que a filiação implica em disciplina/sofrimento, o que evidencia que eles pertencem ao filho, o divino rei-sacerdote davídico.

[22] Guthrie limita essa advertência a 12.25-29. Veja Guthrie, *Structure of Hebrews*, 133–34. No entanto, McKright argumenta que 12.1-29 é a quinta passagem de advertência, embora admita que alguns podem até diferir com a inclusão de qualquer parte do capítulo 12 como uma passagem de advertência ("As passagens de advertência," 21–29). Como Mcknight, Buist Fanning também incluirá uma maior variedade de versículos como parte dessa advertência.

menda que ecoa uma expectativa anteriormente expressada em Hebreus 2.1-4. Vocês precisam crer e não deixar de ouvir a mensagem de Deus.

A passagem começa com uma exortação a "buscar a paz com todos" e buscar a santidade (Hb 12.14). Essa é uma tradução sucinta do Salmo 33.15 (LXX).[23] O autor então contrasta a era anterior e a palavra falada que foi outorgada no Monte Sinai (Hb 12.18-21) com a palavra consumada, que na era presente vem do céu (v. 22-24). Finalmente, nossa atenção é direcionada para uma advertência explícita nos versículos 25–29, na qual o autor primeiro exorta, então adverte, em seguida fornece um alerta da história judaica e, finalmente, conclui com um chamado à adoração:

> [25] Não rejeitem (*mē paraitēsēsthe*) aquele que fala. Se (*ei gar*) os que se recusaram a ouvir aquele que os advertia na terra não escaparam, quanto mais nós (*poly mallon*), se nos desviarmos daquele que nos adverte dos céus?[26] Aquele cuja voz outrora abalou (*esaleusen*) a terra, agora (*nyn de*) promete (*epēngeltai*): "Ainda uma vez abalarei não apenas a terra, mas também o céu".[27] As palavras "ainda uma vez" indicam a remoção do que pode ser abalado, isto é, coisas criadas, de forma que permaneça o que não pode ser abalado.[28] Portanto (*Dio*), já que estamos recebendo um Reino inabalável, sejamos agradecidos (*echōmen charin*) e, assim (*di' hēs*), adoremos a Deus de modo aceitável (*latreuōmen*), com reverência e temor,[29] pois (*gar*) o nosso "Deus é fogo consumidor!

A exortação é ao mesmo tempo simples e direta: "não rejeitem (*mē paraitēsēsthe*)[24] aquele que fala" (12.25a). A expectativa é clara: os leitores

---

[23] O Salmo 33 (LXX; 34 MT) é um Salmo de louvor declarativo que chama o povo de Deus para louvar o Senhor pela sua salvação (33.1–10) e exorta-os a *ouvir* (ou seja, a crer) e *aprender* a viver uma vida longa (33.11-22). O versículo ao qual o autor alude em Hebreus 12.14 é o Salmo 33.14 (LXX; 34:15 MT). Em seu contexto original, ele é parte da exortação de viver uma vida longa. O povo de Deus não deve falar traiçoeiramente sobre os outros, mas sim buscar e promover a paz. O autor recontextualiza o versículo em Hebreus 12.14 para começar sua última advertência.

[24] Em contraste com o verso 19, em que paraiteomai é empregado para representar "rejeição de" (*parētēsanto*) ou "implorando" (NET) para não ouvir mais (BAGD, 616c 2c; BDAG, 764b 1b), aqui o termo negado "não rejeitar" (*mē paraitēsēsthe*, BAGD, 616c 2a; BDAG, 764c 2b) capta o relato do Sinai no que se refere ao" ignorar "ou" repúdio da revelação divina "(Harold W. Attridge, *The Epistle to the Hebrews: A Commentary on the Epistle to the Hebrews*, Hermeneia: um Comentário Crítico e Histórico sobre a Bíblia [Philadelphia: Fortress, 1989], 379); assim, significa "ouvir e implicitamente obedecer" a ele, a saber, Deus, um objeto divino (Paul Ellingworth, *The Epistle to*

não devem ignorar ou rejeitar a mensagem de Deus. Aquele que está falando parece ser Jesus, que atualmente medeia a nova aliança (cf. v. 24) e assim fala do céu. Assim, a exortação é ouvir a Jesus. Eles devem *crer* no que ele diz.

Um evento no Sinai serve como precedente histórico para o autor, permitindo que ele defina outro argumento do menor para o maior em Hebreus 12.25. A razão (gar) dada para a exortação é mais uma vez extraída dos anais da história judaica. Quando a comunidade no deserto do Sinai deixou de dar atenção ou ignorou seu mediador, Moisés (v. 25b-26a; cf. v. 18-21), eles não escaparam do juízo divino, mas morreram no deserto. Como em Hebreus 2.2-4, aqui também, há uma advertência sobre a impossibilidade de escapar do juízo vindouro de Deus. O argumento do autor, do menor para o maior, mais uma vez nos chama a atenção. Seu ponto é este: se a comunidade primitiva sofreu um castigo físico, certamente existe um castigo semelhante ou talvez maior ainda para os crentes que ignoram o Filho de Deus e a mensagem presente do Pai mediada pelo Filho (cf. 1.2). O quanto é mais severo o juízo que sobrevém aos crentes? Esse juízo é apenas uma forma maior de castigo físico ou é algo eterno? Se é eterno, é uma perda de recompensa, ou é a eterna separação de Deus? No entanto, entendemos que esse castigo, 2.1-4 e 12.25-29 são advertências paralelas. Na verdade, Cockerill argumentará em sua contribuição a este livro que, a primeira advertência "atinge seu ápice" em 12.25-29.

Ao contrário da primeira advertência em Hebreus 2.1-4, no entanto, o autor recontextualiza um versículo do Antigo Testamento.[25] Por meio de sua interpretação subsequente e editada de Ageu 2.6[26] os crentes

---

the Hebrews: A Commentary on the Greek Text, NIGTC [Grand Rapids: Eerdmans, 1993], 683 ). Veja Jos. Ant. 7.8.2 § 167; Let. Aris 184; Philo, Det. 38.

[25] O livro citado, Ageu, consiste em três oráculos, ou sermões, falados ao povo judeu que retornou do cativeiro babilônico. Os oráculos foram feitos para *motivar* as pessoas a reconstruir o templo, despertar a satisfação com o templo que construíram e, ainda assim, *aguardar ansiosamente* por um futuro templo. O primeiro oráculo em 1.1–11 exorta o povo a reorganizar as prioridades e a reconstruir a casa de Deus e é datado de 1 Elul (= 29 de Agosto de 520 a.C.). Ageu 2.1-9 contém o segundo oráculo, o qual aborda a glória da nova casa, a saber, o templo. Deus falou o segundo oráculo a Ageu durante o mês judaico de Tisri, no sétimo dia da Festa dos Tabernáculos (datada de 17 de Outubro de 520 a.C.). O terceiro oráculo (datado de 24 Kislev = 18 de Dezembro, 520 a.C.) faz uma promessa de um futuro bençoado (2.15-19)

[26] Ageu 2.6 é retirado do segundo oráculo de Ageu (2.1-9). O oráculo pode ser dividido em duas seções principais. A primeira seção destina-se a ser uma exortação ao governador Zorobabel, o sumo sacerdote Josué e o remanescente da comunidade judaica na Judeia (v. 1-5). A segunda seção contém a promessa de uma nova casa gloriosa (v. 6–9). Há pelo menos duas certezas dadas

são chamados a atentar para um futuro quando Deus "abalará" a terra: "todavia, mais uma vez, abalarei *não só* a terra, *mas também* o céu" (Hb 12.26b).²⁷ Obviamente, a frase "mais uma vez" indica um abalo anterior da Terra. Talvez isso tenha ocorrido no Monte Sinai, um evento aludido em Hebreus 12.18-21 (cf. Êx 19.16-19; Dt 4.11-13; 5.22-26; Sl 68.7,8), bem como em Cades-Barneia, aludido em Hebreus 3.19 (cf. Sl 29.8).

Em contraste com a era anterior, quando a voz de Deus abalou o Monte Sinai e a Cades-Barneia, no entanto, Deus prometeu "mais uma vez" abalar todas as coisas, mas em uma escala muito maior. Da perspectiva recontextualizada e interpretativa do autor, tanto a terra (o mundo físico) quanto os céus (o mundo espiritual) devem ser abalados. O futuro abalar de Deus do "céu e da terra" não será local, mas um tremor todo inclusivo do universo criado. De fato, todas as coisas criadas serão removidas (cf. Sl 102.25-27 em Hb 1.10-12). No entanto, podemos interpretar esse "abalar do universo", quando a poeira assenta o que resta é descrito em Hebreus 12.28 como "um reino inabalável", ou seja, o reino do Filho (cf. Hb 1.2b, 8). Assim, a intenção de Deus em repetir um evento do passado, com força muito maior, é para que ele possa estabelecer o reino do Filho.

Ainda durante essa advertência, os crentes são convidados a adorar a Deus (Hb 12.28b). Baseado (dio) no fato de que eles estão *para receber o reino inabalável do Filho* (1.14; cf. 4.3; 5.9-10; 9.28; 10.39), o subsequente convite para adorar advém — "agradeçamos" e "ofereçamos adoração a Deus em devoção e reverência" (NET). Uma razão a mais (*gar*) também é dada para essa "oferta de agradecimento e adoração a Deus", a saber, que

---

nessa seção: Uma é que a riqueza de outras nações, "coisas desejadas" ou "seus tesouros" (NET), serão trazidas para Jerusalém (Ag 2.6-7; cf. Is 60.5; Ed 6.8–12 [de Dario, o Grande], 7.12-26 [de Artaxerxes], 2 Mc 3.3 [de Seleuco, IV]. A outra certeza advém das duas promessas feitas por Deus: (1) que a casa atual, ou templo, seria maior que a glória da antiga casa e (2) que ele concederia paz ao lugar. As promessas teriam sido entendidas com um acontecimento terreno e não algo celestial. Pois o templo como sendo de maior glória do que o primeiro na perspectiva terrena, veja Joachim Jeremias, *Jerusalem in the Time of Jesus* (Philadelphia: Fortress, 1969, 1988), 73-84; e Oskar Skarsaune, *In the Shadow of the Temple* (Downers Grove, IL: InterVarsity, 2002), p. 87–102. Para um panorama histórico da ascensão de Dario o Grande, veja Pierre Briant, *From Cyrus to Alexander: A History of the Persian Empire*, trad. Peter T. Daniels (Lago Winona, IN: Eisenbrauns, 2002), 107–38.

²⁷ Em Ageu 2.6 lemos: "além disso, o Senhor soberano diz: 'daqui a pouco farei tremer mais uma vez o céu e a terra, o mar e a terra seca'" (NET). Na época de Ageu, o objeto abalado por Deus é o céu (o firmamento) e a terra. A completude do Senhor abalando tudo é evidente na formulação acrescentada de "o mar e a terra seca", uma frase excluída da citação do versículo pelo autor de Hebreus. Com toda a probabilidade, essas metáforas em Ageu fazem referência à instabilidade política da ascensão de Dario ao poder em 522 a.C. após a morte de Cambises. Essa interpretação pode ser apoiada pelo versículo subsequente (2.7).

o Senhor é "um fogo consumidor".²⁸ Assim, os crentes são convidados a dar graças e adorar ao Pai porque estão para receber o reino do Filho e por causa da alternativa menos que atraente — o juízo de Deus (cf. Hb 1.8).

Não é preciso dizer que o versículo 28 parece nos orientar para a dimensão atual da jornada de salvação de um crente, pois os crentes *estão para receber* o reino inabalável do Filho. Na verdade, no capítulo 2, Fanning admite que, embora a salvação em Hebreus seja "predominantemente direcionada para o futuro", com uma futura consumação ainda por vir, a palavra em vigor é *predominantemente*. Ele então apresenta um caso para as atuais dimensões da salvação, evidente não só aqui em 12.28, mas através de Hebreus. Como Osborne e Cockerill abordam esse problema? Como é que Gleason o faz? Independentemente de como podemos definir ou interpretar a questão da salvação nesse momento ou como podemos definir a extensão ou o tipo de juízo divino para a desobediência, o que podemos concluir sobre os versículos 25–29? Por enquanto, vamos sugerir que a razão para ouvir Deus é porque ele julga ou castiga os crentes que o ignoram ou a seu mediador, o Filho.

### Conclusão

Hebreus 2.1-4 e 12.14-29 (especificamente os v. 25–29) dividem uma exortação similar e advertência paralela: a saber, "ouvir" ou "atentar" a mensagem sobre ou falada pelo Filho, porque se vocês não o fizerem, não escaparão do juízo futuro do Pai. Assim, o autor pede aos leitores que creiam na mensagem de Deus.

O autor emprega duas formas de argumentação do menor para o maior, por meio das quais ele apela aos eventos históricos judaicos da comunidade do deserto no Sinai. Primeiro, ele direciona a atenção para os mediadores da era anterior — anjos e Moisés — e o mediador mais recente de Deus na era presente, o Filho (cf. 1.1-2). Depois, ele aponta às terríveis consequências da comunidade do deserto no Sinai por

---

²⁸ É um pouco irônico que o autor apele aqui para Deuteronômio 4.23-24, que diz: "Guardai-vos e não vos esqueçais da aliança do Senhor vosso Deus, que tem feito convosco, e não façais para vós escultura alguma, imagem de alguma coisa que o Senhor vosso Deus vos proibiu. Porque o Senhor teu Deus é um fogo que consome, um Deus zeloso". (NET; cf. Dt 6.15; 9.3). Originalmente, o juízo de Deus, que era físico, era dirigido contra aqueles que rejeitavam a aliança Mosaica do Sinai, mas agora Deuteronômio 4 é recontextualizado em Hebreus para falar do juízo futuro de Deus, que é dirigido contra aqueles que rejeitam a nova aliança inaugurada pelo Filho (cf. Hb 12.22). A questão é se esta é uma forma melhor de juízo (ou seja, juízo eterno: Osborne, Cockerill, Fanning) ou apenas outra forma de juízo físico (ou seja, 70 d.C. destruição de Jerusalém: Gleason).

ignorar a mensagem de Deus, que são contrastadas com um conjunto de consequências futuras que são ainda menos desejáveis. Assim como o castigo físico de Deus para a geração do Sinai foi severo para aqueles que rejeitaram a sua mensagem apresentada por meio de mediadores anteriores, também são os futuros juízos (sejam quais forem) para aqueles que recusam a mensagem do Pai mediada pelo Filho. O gráfico a seguir resume 2.1-4 e 12.14-29.

|  | **Hebreus 2.1-4** | **Hebreus 12.14-29** |
|---|---|---|
| Exortação | Preste atenção na mensagem do Filho (1.1–14; 2.4) | Segui a paz e a santidade (12.14)<br><br>Não se prive da graça de Deus (12.15)<br><br>Não pratique a imoralidade sexual (12.16)<br><br>Não rejeitem a mensagem do céu / advertência do Filho (12.25)<br><br>Seja grato (12.28) |
| Apreensão (isto é, pecado) | Há uma apreensão em desviar-se ou não considerar a mensagem sobre o Filho (2.1)<br><br>Há uma apreensão sobre ignorar, rejeitar ou negligenciar a salvação pessoal (2.3) | Há uma apreensão sobre privar-se da graça de Deus (12.15a)<br><br>Há uma preocupação em tornar-se amargo (12.15b)<br><br>Há uma apreensão sobre se envolver em imoralidade sexual (12.16)<br><br>Há uma apreensão sobre crer na mensagem do Filho (12.25a)<br><br>Há uma apreensão em rejeitar Jesus (12.25b |
| Precedente histórico judaico | A comunidade do deserto no Monte Sinai | A comunidade do deserto no Monte Sinai |

| Mediador do menor para o maior | Seres angélicos (menor: 2.2; cf. 1.4–14) O Filho (maior: 2.3,4) | Moisés (menor: 12.18-20 com 12.25b; cf. 3.1-6) O Filho (maior: 12.25c) |
|---|---|---|
| Consequência terrível do menor para o maior | Juízo da comunidade do Sinai no deserto *versus* não escaparão de algum juízo futuro (2.2,3) | Juízo da comunidade do Sinai no deserto *versus* não escaparão de algum juízo futuro (12.25) |
| Consequência desejável | | A comunidade Cristã está recebendo um reino inabalável |
| Citações do AT usadas como testemunho ou testemunha | | Citações sobre os juízo de Deus: Ageu 2.6; Deuteronômio 4.24b |

## Advertências sobre confiar e obedecer

Enquanto Hebreus 2.1-4; 12.14-29 advertem os leitores usando termos como "ouvir" ou "atentar" à mensagem de Deus (ou seja, para crerem na mensagem), as próximas duas passagens de advertência, Hebreus 3.7–4.13 e 10.19-39, enfatizam com a linguagem de encorajamento a necessidade de confiar e obedecer à mensagem de Deus, em vez de desobedecer e desviar-se dela. Mais uma vez, ambas as passagens de advertência contrastam a era anterior e seus mediadores da mensagem do Pai com a era presente e com a mensagem mais recente dele mediada pelo Filho. Essas duas advertências, todavia, são mais extensas e oferecem muito mais desafios interpretativos. Mais significativamente, elas diferem das advertências anteriores, pois ambas fazem apelos exortativos explícitos "ao temor". No entanto, ambas fornecem argumentos persuasivos e provocativos, do menor para o maior, para que a resposta desejada do autor, por parte de seus leitores, possa ser entendida, a saber: confie e obedeça a Deus.

### Hebreus 3.7-4.13

Embora Hebreus 3 comece retratando Jesus como um Filho fiel (v. 1-6), o capítulo muda rapidamente para um exemplo negativo da história judaica de crentes judeus que falharam com Deus devido à sua infidelidade, ou desobediência (v. 7-19). Saber exatamente onde essa passagem de advertência começa é um desafio. Gostaria de sugerir, no entanto, que ela tem três partes distintas, mas gradualmente enfáticas: 3.7-19; 4.1–10; e 4.11–13.[29] Enquanto Hebreus 3.7–19 resgata a morte da comunidade do deserto, Hebreus 4.1-10 exorta aos crentes para não se rebelarem como a comunidade do deserto, mas sim que obedeçam à palavra mais recente do Pai mediada pelo Filho. O autor então conclui com uma exortação final a seus leitores para que sejam diligentes em sua fé e obediência a Deus (4.11-13).

### Hebreus 3.7–19

Em Hebreus 3.7–19 o autor introduz essa extensa passagem de advertência com uma longa citação do Salmo 94 (LXX; Sl 95 MT),[30] na qual a antiga comunidade do deserto do Sinai é mencionada. Ele então passa a aplicar o texto a seus leitores. Assim, o autor cita a tradução grega do Salmo 95 (Sl 94.7b-11 da LXX).

⁷ Portanto (*dio*), assim como o Espírito Santo diz, "hoje, se vocês ouvirem (*akousēte*) sua voz,⁸ não endureçam (*mē sklērynēte*) seus corações como na *rebelião, nos dias de provação no deserto.*⁹ *Aonde seus pais me*

---

[29] DeSilva observa corretamente o uso repetitivo do verbo "entrar" (3.18,19; 4.1, 3 [duas vezes], 5-6, [duas vezes], 10–11), bem como a recontextualização repetitiva do Salmo 94. 11 (LXX; Sl 95.11 MT) como um meio de criar coerência para essa passagem de advertência. Veja deSilva, *Perseverance in Gratitude*, 152–53.

[30] Reconhecido como um "Salmo de Ascensão", o Salmo 95 foi cantado por peregrinos que vieram a Jerusalém para festas, três vezes por ano (Êx 23.14-19). Embora o Salmo comece com louvor ao criador e ao rei (v. 1-7a), ele muda para uma advertência para os adoradores não "endurecerem" seus corações e, assim, perderem a oportunidade de entrar no lugar de descanso de Deus, ou seja, o santuário do templo (v. 7b-11).

*testaram* pondo me a prova e *viram* minhas obras por quarenta anos".[10] Portanto (*dio*), *eu fiquei irado* com aquela geração e *disse*: "seus corações estão sempre se desviando e não conhecem meus caminhos".[11] Assim (*hōs*) eu jurei (*ōmosa*) na minha ira, "Jamais entrarão no meu lugar de descanso".

O uso desse salmo serve para chamar a atenção para a geração do deserto no Sinai (Hb 3.7-11). Contudo, em seu cenário histórico e literário original, o Salmo 94 (LXX) é uma intimação para louvar e homenagear o rei-criador (v. 1-7a), bem como uma advertência a obedecer a Deus e não se rebelar contra ele, como "na *rebelião*, nos dias de *provação* no deserto" (v. 7b-11).[31] A última parte desse salmo serve como uma advertência a todos os leitores: Não siga como exemplo para sua vida aqueles da congregação do deserto que "endureceram seus corações"[32] contra Deus por não confiar e desobedecê-lo. Assim, como o salmista chama a atenção em particular para eventos específicos da história judaica, o mesmo acontece com o autor de Hebreus por meio das palavras recontextualizadas do salmista. Depois de citar o Salmo 94 (LXX), o autor de Hebreus aplica o texto a seus leitores mediante duas exortações, uma advertência e uma exortação da história judaica, especificamente, os eventos de Cades-Barneia (Hb 3.12-19):

> [12] Cuidado (*blepete*), irmãos e irmãs (*adelphoi*), para que não haja (*mēpote estai*) em qualquer um de vocês um coração maligno e incrédulo levando-o a se afastar do Deus vivo.[13]

---

[31] O termo hebraico Meribá, que significa "contenda" (Êx 17.1-7; Nm 20.1–13) e Massá, significa "provar" (Êx 17.1-7; Dt 6.16; 9. 22; 33.8), são traduzidas "rebelião" (*parapikrasmos*) e "prova" (*peirasmos*) na Septuaginta. A tradução literal da Septuaginta de Meribá como "rebelião" e Massá como "prova" fala mais claramente dos eventos de Cades-Barneia, nos quais a comunidade do Sinai não confiava e desobedecia a mensagem de Deus. Eles não confiavam nem obedeciam.

[32] O verbo Hebraico *qsh* no Salmo 95.8 é traduzido como *sklērynō* ("endurecer") na Septuaginta (94.8). O termo tem o sentido metafórico de enrijecer o pescoço, que transmite uma atitude de teimosia. É usado para descrever o Faraó e o rei Zedequias (Êx 13.15; 2 Cr 36.13), a comunidade do Êxodo/deserto (Êx 32.9; 33.5; 34.9; Dt 9.6,13; 31.27), a comunidade pré-dinástica (Jz 2.19), as comunidades dinásticas de Judá e de Israel (2 Rs 1714; 2 Cr 30.8; Is 48.4; Jr 7.26; 17.23; 19.15; Ez 2.4; 3.7), e os antepassados da comunidade judaica (2 Cr 30.8; Ne 9.16-17; 9.26; 4Q504; frag 4.7), e é uma característica a *não ser observada* na comunidade de Qumran (1Qs 5.5, 26; cf. Pv 28.14; 29.1). O Salmo 94 [95] cita especificamente a teimosia da comunidade do deserto em "meribá como no dia de massá no deserto" (cf. Êx 17.1-7; Nm 20.1–13). Esse conceito também é transportado para o grego. Como o jumento ou o cavalo que se recusa a mover seu pescoço tornando-o enrijecido, porque os esforços para resistir estão localizados no pescoço (Philo, *Leg.* 3.136), metaforicamente falando, enrijecer o pescoço ou "endurecer" (*sklērynō*) significa ser teimosamente desobediente ou obstinado em rebelião contra Deus (TLNT, 3: 260-61). Embora o autor de Hebreus modifique aspectos do Salmo 95, a advertência dos versículos 7-11 fornece um modelo a não ser seguido. Assim, o ponto é simplesmente esse: não ser um jumento ou cavalo obstinado de dura-cerviz.

Mas (*alla*) encorajem-se (*parakaleite*) uns aos outros todos os dias, durante o tempo que se chama "hoje", de modo que (*hina*) nenhum de vocês seja endurecido pelo engano do pecado.¹⁴ Pois (*gar*) passamos a ser participantes de Cristo, se (*eanper*) nos mantivermos firmes até o fim (*kataschōmen*) à confiança que tivemos no "princípio" (NET).¹⁵ Por isso é que se diz: "Se hoje vocês ouvirem a sua voz, não endureçam o coração, como na rebelião".¹⁶ Quem (*gar*) foram os que ouviram e se rebelaram? Não foram todos os que Moisés tirou do Egito?¹⁷ E com quem (*tisin*) ficou irado (*prosōchthisen*) por quarenta anos? Não foi com aqueles que pecaram, cujos corpos caíram no deserto?¹⁸ E a quem (*tisin*) ele jurou (*ōmosen*) que eles não entrariam em seu descanso? Não foi àqueles que foram desobedientes?¹⁹ Vemos, assim (*hoti*) que foi por causa da incredulidade que não puderam entrar.

Considerações sobre a desconfiança e a desobediência deliberadas estão evidenciadas na exortação à autoavaliação (*blepete*) (Hb 3.12a). Os crentes são chamados a serem vigilantes. Obviamente, o autor não quer que os eventos históricos de Cades-Barneia sejam repetidos (Êx 17.1-7; Nm 14). Assim, ele claramente adverte sobre os perigos de um coração perverso e incrédulo que leva alguém a "abandonar" (*aphistēmi*)³³ a Deus (Hb 3.12b).

Na segunda exortação (Hb 3.13-15), os crentes são instigados a encorajar uns aos outros continuamente (v. 13a). A intenção (*hina*) para esse encorajamento mútuo entre os crentes é evitar ou ajudar a evitar o

---

³³ O verbo *aphistēmi* é traduzido de várias formas neste versículo: "*desviando-se* do Deus vivo" (NASB, RSV, ESV, BAGD, 127a; BDAG, 157d), "*afastando-se* do Deus vivo" (NIV, NRSV, NLT), "*abandonar* o Deus vivo" (NET), "em *apartando-se* do Deus vivo" (KJV). Contudo, todas as traduções ecoam o mesmo conceito de apostasia evidente no século XX; e eles reverberam a pulsação da comunidade do Êxodo, que tinha um coração que *se afastou* de Deus (Nm 14.9; 32: 9; cf. 13.1-14.45). Ezequiel faz um paralelo com a comunidade do deserto se afastando de Deus com a do primeiro templo (966-586 A.E.C.), o apartar-se da comunidade judaica do Deus vivo (Ez 20.8,38; cf. Jr 2.5; Dn 9.5). 9; Bar 3: 8; Sir 47: 23-24; 48:15). Da mesma forma, a comunidade judaica do segundo templo (515 A.E.C. -70 E.C.) apartaram-se de Deus por causa do "abandono da religião de seus pais" (1 Mc 219) por meio das ações "dos iníquos que se rebelaram contra Deus" (1QpHab 8. 11, 16; s.v. *mrd*, TDOT, 9: 1–5). Afastar-se de Deus, então, é uma rebelião deliberada contra o Senhor: "Nuca aconteça que nós venhamos a nos rebelar (*apostraphēnai*) contra o SENHOR e nos afastarmos (*apostēnai*) hoje de seguir o SENHOR" (Js 22.29 LXX; cf. Sab 3:10). Como é o caso em Hebreus 3.12, em que o estado do coração humano em seus conflitos tende a abandonar o Deus vivo (Jr 17.5; Sir 10.12). Assim, o autor adverte ("cuide-se" ou "veja que", *blepete*) sobre corações endurecidos (Hb 3.8,15) ou corações perversos (v. 12) que afetam o relacionamento de alguém com o Deus vivo.

endurecimento dos corações (*sklērynēte tas kardias*, v. 8, 15)[34] pelo engano do pecado (v. 13b). Assim, o autor parece reconhecer um perigo real, não imaginário para os crentes. Os crentes são obviamente propensos a se distraírem com a mensagem de Deus e seu mensageiro.

A razão (*gar*) para evitar esse afastamento de Deus é porque os crentes são agora "participantes" (*metochoi*)[35] com o Filho (3.14a). Mas a "participação" de um crente no Filho é *dependente* ("se", *eanper*) do crente continuar crendo no que o Pai falou por intermédio, e sobre o Filho (v. 14b)? Quem é exatamente o responsável por manter a "participação" com o Filho? É o crente que mantém sua fé, ou é Deus que guarda o crente? É a segurança fundamentada em uma "causa" (os crentes são responsáveis por manter sua fé em fidelidade) e "efeito" (assim eles permanecem participantes com Jesus) entendendo a cláusula "se"? Fanning abordará essa importante questão gramatical no capítulo 2. Nesse ponto, deixe-me sugerir que os crentes devem encorajar uns aos outros continuamente porque a participação que eles têm com o Filho parece ser *dependente* de sua fé constante no que o Pai falou, por, e sobre

---

[34] Ao contrário, Hebreus 3.8,15; e 4.7 (cf. n. 28), aqui em 3.13 o termo "endurecer" não se refere ao povo da comunidade do Êxodo, mas serve como uma exortação aos crentes atuais para que resistam a "tornar-se endurecidos". Em contraste com as crianças que precisam de disciplina para não se tornarem "teimosas" e desobedientes (Sir 30.12), os crentes aqui são convocados para encorajar uns aos outros continuamente nesta era presente. Considerando que o relato negativo dos dez espias desencorajou os corações de toda a comunidade (Nm 13.32-4.4; 32.9), compartilhando e lembrando uns aos outros da fidelidade de Deus de forma contínua, isso ajudará os crentes semelhantemente a evitar a incredulidade irreversível.

[35] O termo "participantes" (*metochos*) é um termo importante em Hebreus. Com exceção de Hebreus 1.9, em que *mevtocos* é traduzido por "companheiros", o termo geralmente descreve a parceria do crente com Deus e com os outros em um sentido técnico e moral (cf. Sl 119.63 [118.63]). Em Hebreus 3.1 o termo é usado em conexão com "irmãos santos". Ele enfatiza a parceria da comunidade uns com os outros, que juntos dividem realidades espirituais como filhos de Deus (2.9, 13), como membros da mesma família (2.11), e como aqueles que em comum recebem das riquezas de Deus (6.4; TLNT, 2: 490). Eles também estão unidos a Deus devido ao seu "chamado celestial". Assim eles são "companheiros cristãos", parceiros uns com os outros devido ao chamado do Pai por meio de Jesus, o Filho (cf. 2.11-12). Aqui em Hebreus 3.14, metochos enfatiza a parceria da comunidade com a linhagem davídica divina e, portanto, com Deus. Existem três traduções diferenciadas ligeiramente diferentes. (1) "nos tornamos participantes de Cristo" (NASB; cf. KJV) e o parente próximo (2) "nós... participantes em Cristo" (RSV, NIV, ESV, cf. NLT) aplica-se tanto à possessão como às práticas com Cristo. A melhor tradução, (3) "nos tornamos participantes com Cristo" (NRSV, NET) implica que a comunidade participa de atividades e experiências com o rei Jesus. A presença ademais de *bevbaios* com metochos parece enfatizar uma "parceria" associada a Cristo em um sentido legal, semelhante a uma relação comercial. Na verdade, metochos é usado em Lucas 5.7, quando Simão e os outros que estavam no mesmo barco "sinalizavam aos *seus companheiros* (ou parceiros) no outro barco que eles deveriam vir ajudá-los" (cf. 2 Co 6.14); William l. Lane, *Hebrews* 1–8, WBC 47a [Dallas: Word, 1991], 87). Assim, pode-se dizer que os crentes são descritos como tendo uma parceria juridicamente legalizada "com Cristo".

o Filho (1.1-14). No entanto, ao ler os ensaios a seguir, esteja aberto a essa questão: "existe outra opção para essa cláusula condicional?", se assim for, é uma opção válida? Se é válido, como isso pode afetar sua compreensão da segurança?

Em Hebreus 3.16-19, o autor continua a fornecer exortação a partir das páginas da história judaica. As três perguntas retóricas seguidas de três respostas sucintas sobre a comunidade de Cades-Barneia fornecem uma razão tripla (*gar*) para que os crentes não repitam seus erros registrados. Primeiro, o povo de Cades-Barneia recebeu uma promessa de Deus, mas eles endureceram seus corações e "se rebelaram"[36] contra Deus (v. 16). Segundo, sua desobediência deliberada (Nm 14.22) e a falta de confiança enfureceram ao Senhor (Hb 3.17; cf. Nm 14.11-12a). A ira de Deus contra aqueles que deliberadamente pecaram durou quarenta anos, até que todos morreram no deserto. Mesmo depois que eles se arrependeram, Deus condenou aqueles da comunidade do deserto que tinham vinte anos ou mais a morrer no deserto (Hb 3.17; cf. Nm 14.23, 29, 39-45). Terceiro, o Senhor jurou que esses rebeldes nunca entrariam no lugar de descanso que ele havia prometido, a terra de Canaã (Hb 3.18). Então (hoti) o povo de Cades-Barneia nunca entrou no "lugar de descanso" prometido em Canaã. Essa punição, mais tarde, serviu como uma advertência a uma geração judaica subsequente para que desconfiança e desobediência semelhantes não ocorressem (Hb 3.19; cf. Nm 32.13-15; Ez 20.4-8, 38).

Assim, a referência à história judaica se repetindo parece ser uma realidade potencial. A dupla citação feita em Hebreus 3.12-13 para estar atento (blepete) e encorajar uns aos outros (*parakaleite*) destina-se

---

[36] "Rebelião" e "rebeldia" (*parapikrasmos, parapikrainō*) ocorrem apenas em Hebreus. O substantivo parapikrasmos não é encontrado antes da LXX e, mesmo assim, ocorre apenas uma vez (Sl 94 [95].8). Seu uso é igualmente escasso no NT, ocorrendo apenas duas vezes, quando o autor aos Hebreus cita o Salmo 94 (95):.8 em Hebreus 3.8 e 3.15. O verbo "rebeldia" (parapikrainō) ocorre no NT apenas em Hebreus 3.16. Existem duas versões inglesas diferentes desse termo. Alguns utilizam "o" para indicar que Deus está sendo irritado ou provocado: "Pois quem O provocou quando o ouviram?" (NASB, segundo a Septuaginta "para *me* provocar", referindo-se a Deus em Jr 39.29) [32 29 MT]; 51.3, 8 [44.3, 8 MT]. Outras traduções não inserem o objeto direto "o" e assim enfatizam a rebelião da comunidade do deserto: "quem eram aqueles que ouviram e ainda eram rebeldes?" (RSV, NRSV) ou "quem eram aqueles que ouviram e ainda se rebelaram" (ESV) e, de maneira mais simples, "quem se rebelou (contra Deus)" (MLT, NET, cf. BADG, 621b 2, BDAG, 769d, TDNT, 6: 125–27). O reflexo da Septuaginta do evento no deserto/Êxodo (Sl 77 [78].17, 40, 56), como é aludido aqui em Hebreus 3.12b, favorece a última tradução em inglês (cf. Dt 31.27; Sl 5.10 [11], 106 [107].11). Assim, o autor recorre a comunidade do deserto israelita como um exemplo negativo, um exemplo de uma comunidade infiel que não deve ser seguida ou imitada.

a combater a propensão para a incredulidade deliberada e a rebelião e, assim, impedir que os eventos da história judaica ocorram novamente. Ainda assim, o cuidado se intensifica em Hebreus 4.1-10 com uma dedução dupla. O primeiro é um apelo de encorajamento (v. 1–5) e o outro é apresentado na forma de uma exortação (v. 6–10); ambos são claramente separados por, "portanto" (*oun*).

### Hebreus 4.1–10

A primeira dedução do autor (*oun*) ocorre em Hebreus 4.1–5. Ele faz um apelo exortativo explícito para temer o fracasso, a saber, o fracasso em garantir o "descanso de Deus". As pessoas que creem nesta era atual são privilegiadas, tanto por entrar no "descanso de Deus" quanto de participar da "celebração do descanso sabático" porque a comunidade do Êxodo não conseguiu fazê-lo. Como ele fez nas passagens de advertência anteriores, o autor mais uma vez apresenta uma exortação, seguida por uma admoestação, seguida por mais uma exortação relacionada à história judaica:

> ¹Portanto (*oun*), temamos (*Phobēthōmen*) que, porventura, deixada a promessa de entrar no seu repouso, pareça que alguns de vós fique para trás.² Porque (*gar*) também a nós foram pregadas as boas novas, como a eles, mas (*alla*) a palavra da pregação nada lhes aproveitou, porquanto não estava misturada (*mē synkekerasmenous*) com a fé naqueles que a ouviram.³ Porque (*gar*) nós, os que temos crido, entramos no repouso, tal como disse: Assim jurei na minha ira que não entrarão no meu repouso; embora as suas obras estivessem acabadas desde a fundação do mundo.⁴ Porque (*gar*) em certo lugar disse assim do dia sétimo: E repousou Deus de todas as suas obras no sétimo dia.⁵ E outra vez neste lugar: "Não entrarão no meu repouso".

Os crentes são claramente exortados a temer (4.1a). O apelo exortativo direto "Temamos" (*phobēthōmen* NASB, KJV) é perturbador para a maioria dos crentes do século XXI, porque o conceito de "temor" raramente faz parte da mensagem cristã. Na verdade, algumas versões traduzem *phobēthōmen* como "devemos ser cautelosos" (NET) ou "tenhamos cuidado" (NIV, TNIV; cf. NRSV). No entanto, a exortação é mais direcionada ao "temor". Assim, devemos perguntar: "o que exatamente deve ser temido?", parece que os crentes devem temer o fracasso em assegurar o "descanso de Deus", que está atualmente disponível para eles (v. 1b). Essa é a advertência. Os crentes podem falhar em entrar no "descanso de Deus". Obviamente, devemos definir o que significa "entrar no descanso de Deus".

Por um lado, a frase poderia falar da capacidade de um crente de entrar no "lugar celestial de descanso "prometido por Deus.[37] Assim, um crente não entraria no céu e, assim, renunciaria ao privilégio de participar da "celebração do descanso sabático" de Deus.[38] Mas o que isso

---

[37] Laansma argumenta convincentemente que o conceito de repouso em Hebreus 3–4 aborda duas comunidades "paralelas" e suas respectivas respostas à voz de Deus, a saber, a comunidade de Cades-Barneia e a comunidade atualmente lendo o livro de Hebreus. O termo "descanso" (katapausis), derivado da tradução da Septuaginta do termo Hebraico m$^e$nûah no Salmo 95.11, ocorre apenas em Hebreus 3.7–4: 13. O Salmo 95.7–11 chama a atenção para o fracasso da comunidade do Êxodo em entrar e guardar seu local de descanso (Veja Número 14). "Meu descanso" (Hb 4.3), citado do Salmo 94.11 (LXX; 95:11 MT), é ambíguo. Pode falar da terra como o "lugar de descanso" de Israel (Dt 12.9; cf. Is 11.10; 32.18, que promete um "lugar de descanso seguro"), ou pode se referir ao templo como o lugar de descanso de YHWH (Sl 132.14; cf. Is 661 com 2 Cr 6.41). A última opção, no entanto, fala indiretamente da terra como lugar de descanso de Israel, em que o templo simboliza o lugar onde YHWH intermedeia o "descanso" para a comunidade fiel em toda a terra (cf. 1 Rs 8.27-53;9. 1–9; Jr 7.1–15). Qumran capta essa conexão do AT quando fala do futuro davídico para e por meio de quem YHWH concederá descanso (4T174 2: 18–3: 13; 4Q504 4; cf. Sl 132; Is 66.1). Assim "o juramento [no Salmo] 95.11" resume as bênçãos da aliança prometidas ao povo de Deus — bênçãos de uma vida segura na terra — que estavam relacionadas com a presença de Deus [templo] entre eles "(Jon Laansma,"*I Will Give You Rest*": *The "Rest" Motif in the New Testament with Special Reference to Mt 11 and Heb. 3–4*, WUNT 98 [Tubingen: Mohr-Siebeck, 1997], 41–45, 67–75; BAGD, 416a 2; BDAG, 523d 2). Mais tarde em 4.4, o "lugar de descanso" na terra por meio do templo muda para um lugar de descanso que pertence a Deus. Assim, em Hebreus, "*meu lugar de descanso*" muda para além de um local terreno-físico de repouso para um local celestial.

[38] Uma suposição errônea frequentemente feita sobre o "sábado de Deus" é que é sinônimo de "descanso de Deus" ou que eles são intercambiáveis em Hebreus 3.11, 18; 4.1, 3, 5, 10–11. Algumas das razões apresentadas para um entendimento sinônimo são: (1) sabbatismos ocorre somente aqui no NT. (2) Os substantivos "sábado" (*sabbatismos*) e "descanso" (katapausis) são paralelos em 4.5 e 4.9; e (3) sabbatismos é frequentemente traduzido como "*repouso* sabático", que limita sabbatismos em Hebreus 4.9 para falar de um "descanso de obras" (KJV, RSV, NASB, NIV, ESV, NET; "descanso especial" NLT). Laansma define sabbatismos como uma celebração sabática e não um local ou ideal quietista. Ao reconhecer os dois termos como distintos, ele define katapausis como uma realidade local, um lugar semelhante a outras realidades locais escatológicas (isto é, o mundo vindouro em 2.5; a cidade celestial em 11.10, 16; 12.22, 13.14, o reino inabalável em 12.28 etc.). Em sua exposição de Hebreus 4.1–11, ele demonstra que o local de descanso de Deus é onde ele realiza sua própria celebração do sábado, um lugar que sempre foi destinado à estadia humana e foi prometido aos "pais" e ainda está para ocorrer no paraíso. Laansma, "*I Will Give You Rest*", 252-366. Além disso, deSilva observou corretamente que não há reino milenar terrestre aludido em Hebreus (deSilva, *Perseverance in Gratitude*, 157-63). Isto não quer dizer, entretanto, que não haja reino milenar terrestre. Eu apenas reconheço que o autor de Hebreus dirige sua atenção para uma existência na terra contrastante com uma futura existência no céu.

significa? Pode um crente, como Osborne sugere, no capítulo 1, perder a oportunidade de entrar no "lugar celestial de descanso" de Deus por completo e, assim, renunciar a eternidade?

Por outro lado, a frase poderia falar da perda da celebração celestial de um crente? No capítulo 4, Gleason irá contrapor que, os crentes genuínos não podem perder sua salvação. Assim, em vez de perder a oportunidade de entrar no "lugar de descanso celestial" de Deus, o céu se torna um lugar onde os pecados são expostos (4.12-13), recompensas são perdidas (10.35-39) e disciplina é recebida (12.4–11) por todos aqueles que "caem". Assim, o que é perdido não é a entrada no "lugar celestial de descanso" de Deus, mas sim um crente entrando na "celebração do descanso sabático" de Deus. Ainda assim, ao ler os ensaios seguintes, esteja aberto a esta questão: "Como podemos entender o descanso de Deus"? Como Fanning e Cockerill o veem? Eles são semelhantes? Eles são diferentes? Enquanto você lê, reúna e pondere as evidências bíblicas apresentadas pelos colaboradores em Hebreus, avalie seus pontos fortes e fracos, e então tome uma decisão.

Em Hebreus 4.2-5, o autor passa da advertência para a afirmação baseada (gar, três vezes) em três fatos históricos. (1) Semelhantemente a comunidade do Sinai, os crentes ouviram a mensagem de Deus, e ainda assim, a comunidade do Êxodo não se beneficiou em ouvir a palavra divina, porque eles não creram como aqueles que ouviam com fé (v. 2). (2) Os crentes em Hebreus parecem *estar no processo de entrar no* "lugar de descanso" de Deus, enquanto o Senhor jurou que a comunidade do Êxodo não entraria no "descanso de Deus" (v. 3). (3) Enquanto Deus repousou no sétimo dia depois que toda a sua obra de criação foi completada, a comunidade do Êxodo não entrará no "descanso de Deus" (v. 4-5). Assim, a exortação da história judaica parece ser esta: Há um lugar para os crentes entrarem no "descanso de Deus" — por mais que o definamos — mas a comunidade do Êxodo falhou em acreditar em Deus e, assim, perdeu suas oportunidades legítimas com Deus.

Em resumo, então, o objetivo de Hebreus 4.1-5 parece ser uma advertência para temer o fracasso de assegurar o "descanso de Deus", que novamente encontra sua exortação no insucesso da comunidade do Êxodo de entrar no "lugar de descanso" prometido por Deus. A comunidade de Cades-Barneia ouviu a mensagem divina mediada por Moisés; eles não acreditaram e, assim, a desobedeceram. De uma maneira similar, os crentes nesta nova era também ouviram a mensagem de e estão no processo de entrar no "lugar de descanso" de Deus mais uma vez, independentemente de como definimos o "descanso de Deus", os crentes são exortados a temerem para que *não deixem de confiar* no Pai e em sua mensagem mediada por meio do Filho, *desobedeç*am a Deus e a sua mensagem, assim *rejeitando* as oportunidades eternas de adoração ao Senhor.

A segunda dedução do autor (*oun*) é indicada em Hebreus 4.6–10. Diferentemente dos versículos 1–5, os versículos 6–10 parecem fazer um apelo aos crentes de uma maneira mais positiva. Uma oportunidade de entrar no "lugar celestial de descanso" de Deus para a "celebração do descanso sabático" foi instituída pelo Senhor durante esta era atual para aqueles que continuam a confiar nele e não o desobedecem. O autor transmite essa oportunidade por meio de um contraste entre dois períodos de tempo (ou seja, eras), seguida por uma promessa reformulada. No entanto, a ênfase continua sendo um chamado explícito para confiar e obedecer à mensagem de Deus:

> [6]Portanto (*oun*), resta (*apoleipetai*) para alguns entrarem nela. Todavia, aqueles a quem as boas-novas eram proclamadas anteriormente não entraram por causa da desobediência,[7] ele novamente determina (*palin ... horizei*) um certo dia, "hoje", dizendo através de Davi depois de muito tempo, como já foi dito antes, "hoje, se ouvir a sua voz, não endureça os seus corações".[8] Pois se (*ei gar*) Josué lhes tivesse dado descanso, Deus não falaria de outro dia depois disso.[9]Assim, então (*ara*) uma *celebração do descanso* sabático permanece (*apoleipetai*) para o povo de Deus.[10] Pois (*oun*) aquele que entra no seu descanso também descansou de suas obras, como Deus *descansou* das suas.

No desenvolvimento do debate sobre o "descanso de Deus", o autor deixa claro que "o descanso de Deus" permanece disponível para os crentes devido ao fracasso da comunidade de Cades-Barneia. Por que? Eles falharam em confiar em Deus e obedecer à sua mensagem (4.6). Embora o Senhor tenha declarado a eles que a terra do Canaã e o "descanso" subsequente eram seus para ser experienciados (Dt 12.9-10; Js 21.44), mas a eles não foi permitido entrarem por causa da desobediência.

Assim, Deus traça uma linha no tempo entre duas eras e dois grupos de crentes. Então ele prossegue para anunciar uma nova mensagem para um novo grupo de crentes.

De fato, o Senhor estabelece outro período de tempo em que as pessoas são novamente chamadas a entrar em seu "lugar de descanso" (Hb 4.7a). Em outras palavras, ele estabelece este novo período (ou seja, "hoje")[39] mediante o Salmo 94.7a (LXX), um salmo que o autor de Hebreus atribui a Davi (4.7b). Mesmo assim, este grupo atual de crentes deve ouvir a mensagem divina. Eles são exortados a não endurecer seus corações, mas sim obedecer à nova mensagem de Deus (v. 7c). A suposição ponderada (*ei gar*) é simplesmente que Deus, por intermédio de Josué, não permitiu à segunda geração da comunidade do Êxodo a entrada em seu "lugar de descanso"[40] prometido e, portanto, a torna disponível aos crentes nesta nova era (v. 8). Existe, entretanto, uma exata correspondência equivalente entre o "descanso" negado aos crentes do Êxodo e o descanso prometido aos crentes abordados em Hebreus? De que maneira eles são semelhantes, e de que maneira diferem, se é que o são? Como Cockerill e Gleason veem as semelhanças e diferenças? Como suas respectivas visões enfatizam a continuidade ou a descontinuidade do Antigo e do Novo Testamento?

A conclusão (*ara*), e fundamentação (*gar*) está sobre as ações de Jesus e Deus, que descansaram no "lugar do descanso celestial" onde

---

[39] O termo "hoje" (*sēmeron*) ocorre oito vezes em Hebreus (1.5; 3.7, 13, 15; 4.7 [duas vezes]; 5.5; 13.8). Em cada caso, não se refere a um dia literal de 24 horas, mas sim a um período de tempo prolongado ou era. Seu primeiro uso chama nossa atenção no Salmo 2.7 citado duas vezes, o qual enfatiza a entrada do Filho em seu papel como rei-sacerdote (realeza, 1.5; sacerdócio, 5.5), bem como a eternidade do Filho (13.8). As cinco ocorrências em 3.7-4.11 chamam a nossa atenção devido ao seu uso no Salmo 94 (LXX; 95 MT), em Hebreus 3.7, 15; 4.7. Em Hebreus 3.13, "hoje" fala da era atual (BAGD, 749a; BDAG, 921d), na qual a palavra de Deus, a saber, as outras Escrituras do AT, permanecem vivas e ativas. Em Hebreus 4.7, o termo "dia" e sua conexão com "hoje" nos versos 4 e 7 relacionam o Salmo 94 [11] e Gênesis 2.2. Indo além dos eventos históricos da comunidade do Êxodo e de Moisés (3.16-19; 4.2), da comunidade do deserto de Josué (4.8) e da comunidade de Davi (4.7), o autor enfatiza uma promessa que permanece não realizada "depois de muito tempo" (4.1a, 6a) em que mesmo os antepassados que entraram em Canaã nunca entraram no "lugar de descanso de Deus" (veja 4.4). Assim, "hoje" é a presente era.

[40] Enquanto alguma forma de descanso foi alcançada sob a liderança de Josué (Js 21.43-45), estava obviamente incompleta porque uma maior advertência também foi dada para afastar-se dos povos da terra de Canaã para que o Senhor não os tirasse da terra (Js 23). Outra evidência da incompletude desse repouso é evidente no Salmo 95, no qual Davi suscista o tema do descanso muitos séculos após os eventos da geração do Êxodo. Assim, a geração do Êxodo serve como paradigma de infidelidade. Subsequentemente, os crentes que ouvirem (ou seja, confiarem) e obedecerem à nova mensagem divina, nesta nova era, entrarão no "descanso" de Deus, um "descanso" que não foi concedido a Josué durante a era anterior (Hb 4.7-8).

"celebrações de descanso sabático" ocorrem, permanece acessível ao crente "de hoje" uma oportunidade de entrar no "lugar de descanso celestial" de Deus (4: 9-10). Em consequência, os crentes irão para onde Deus e Jesus estão. Além disso, a oportunidade existente de entrar no "lugar de descanso celestial" de Deus, o qual tem uma promessa, a saber, participar da "celebração do descanso sabático" de Deus.[41] Enquanto o "descanso de Deus" pode ser um lugar celestial para experimentar descanso, envolve a cessação do trabalha e, portanto, a participação na celebração do Senhor.

A questão em Hebreus 4.6-10 é simplesmente esta: Existe uma oportunidade para os crentes de hoje entrarem no "lugar de descanso celestial" de Deus para a "celebração do descanso sabático". Neste ponto, parece que o fracasso de uma comunidade (Cades-Barneia) é a oportunidade de outra comunidade (crente "de hoje"). Deus estabeleceu uma nova era, ou período de tempo, para um novo grupo de pessoas. Parece que essa nova oportunidade para os crentes entrarem no "lugar de descanso celestial" existe *desde* que eles continuem a confiar e obedecer à mensagem de Deus. Assim, a exortação à diligência em Hebreus 4.11-13 parece ser um caminho natural para pôr um fim nessa advertência dos versículos 1–10.

### Hebreus 4.11–13

Hebreus 4.11–13 conclui (*oun*) essa passagem extremamente longa de advertência com um pedido de diligência.[42] Mais uma vez o autor exorta, adverte e traz encorajamento:

---

[41] De acordo com o conceito judaico e a teologia do sábado, o sábado de Deus fala não apenas da cessação das obras (Êx 20.8-10; cf. 31.13-17; 35.1–3; Ne 13.15-22 58.13), mas também de celebração festiva de Deus com visitas ao templo, comidas especiais e cânticos sabáticos que unem o adorador com os adoradores angélicos no céu (Is 56.2, 7; Jr 17.19-27). *Jub* 50.8-11, "os cânticos do sacrifício do sábado" [4Q403]; DJBP, 538–39). "Pois grande é a honra que o Senhor deu a Israel, de comer e de beber e de se satisfazer no dia de festa [de sábado] e de nela repousar de todo o trabalho" (*Jub*. 50.10, cf. 2.21). –22; 2 Mc 8.27). Assim σαββατισμός mais apropriadamente fala de uma "celebração sabática", *que inclui* uma cessação do trabalho, mas mais especificamente fala de uma celebração da salvação no sábado em que os crentes se juntam na celebração do sábado de Deus, juntamente com uma miríade de seres angélicos (Hb 24; cf. Ap 4.1-11; Laansma, "*I Will Give You Rest*,", 276-77).

[42] Assim como essa passagem começou com uma maior advertência em 4.1, também termina com uma grave admoestação. Estruturalmente, os subjuntivos exortativos com força imperativa "tememos" (Phobēthōmen) em 4.1 e "esforcemo-nos para entrar" (spoudasōmen ... eiselthein) em 4.11 marcam está subseção dentro do debate mais amplo do autor. A última expectativa, no entanto, baseia-se e intensifica a primeira. Obviamente, o autor está preocupado com a possibilidade da falta de confiança e desobediência à palavra de Deus e à punição subsequente.

¹¹Portanto (*oun*), esforcemo-nos (*spoudasōmen*) para entrar (*eiselthein*) nesse descanso para que (*hina*) ninguém venha a cair (*pesē*) seguindo o mesmo exemplo de desobediência.¹² Pois (*gar*) a palavra de Deus (*hologos*) é viva e eficaz e mais afiada do que qualquer espada de dois gumes, e penetrante até a divisão da alma e do espírito, juntas e medulas, e capaz de julgar os pensamentos e intenções do coração.¹³ e não há criatura oculta aos olhos de Deus (*autou*), mas todas as coisas estão abertas e expostas aos olhos da palavra de Deus a quem devemos prestar contas.

A expectativa do autor é claramente afirmada: os crentes devem estar especialmente conscienciosos ou zelosamente comprometidos (*spoudasōmen*)[43] para entrarem no "descanso de Deus"; podemos definir "o descanso de Deus", como algo a ser perseguido com diligência. A intenção (*hina*) do autor também é claramente declarada. Ele espera urgência de entrar no "lugar de descanso" de Deus para que os crentes não caiam (pevsh; 4: 11b). Mais uma vez, a intenção dele serve como uma advertência aos crentes para não desconsiderarem ou desobedecerem a mensagem do Senhor. Implicitamente assumido a partir desse versículo é o seu desejo de que seus leitores não repitam a forma de desobediência que assolou os crentes Judeus em Cades-Barneia.

Como é costume do autor, ele nos fornece uma razão (*gar*) para sua exortação à diligência. Aqui em Hebreus 4.12–13, ele estabelece o juízo de Deus como a razão para o zelo, a saber, que o poder atemporal e eficaz da mensagem de Deus[44] perscrutam seu juízo divino e assim

---

[43] A palavra grega *spoudazō* em Hebreus 4.11 foi traduzida como "façamos o nosso melhor" (NLT), "sejamos diligentes" (NASB), "façamos todo o esforço" (NIV, NRSV, NET), "vamos nos esforçar"(RSV, ESV), e " vamos trabalhar" (KJV). Com efeito, spoudazō transmite a ideia de ser "especialmente consciencioso", de "aplicar-se diligentemente" ou de ser "zelosamente engajado" para entrar no lugar de descanso de Deus (BAGD, 763b 2; BDAG, 939b 3; TDNT, 7: 559– 68; TLNT, 3: 276-85). Assim como Paulo "buscou arduamente" honrar a preocupação do conselho apostólico pelos pobres (Gl 2.10) e exortou Timóteo a "fazer todos os esforços para vir" a Roma antes de sua morte (2 Tm 4.9), assim também uma sensação de zelo e urgência existe com o uso de spoudazō aqui em Hebreus 4.11. Assim, não se esforçar seriamente para entrar no lugar de descanso celestial de Deus e, portanto, não participar da celebração do descanso sabático divino, é uma clara rebelião.

[44] No versículo 12, o autor cria um panorama surpreendentemente poderoso da "palavra de Deus" usando uma imagem tradicional da palavra de Deus como uma espada (Is 49. 2; Sab. 18: 15–16; Ef 6.17). Tomōteros ocorre apenas aqui no NT. Falando comparativamente (hyper pasan), a palavra de Deus é descrita como "mais aguçada (tomōteros) do que qualquer" espada de dois gumes. Em questão *não* é se a "espada" (machairan) representa uma *pequena espada/*punhal (JZ 3.16, 21-22; marca 14.43, 48; Hb 11.34, 37; 1 Mc 3.12; cf. 1Qm 5.11-14; 6.2-6) ou uma *faca afiada* (Gn 22. 6, 10; Lc

penetra, separa e julga os pensamentos e atitudes mais íntimos de todas as criaturas vivas. Ninguém escapa da palavra do Senhor. Tudo está nu e prostrado[45] perante ele. A necessidade de diligência baseia-se então no juízo vindouro de Deus.

Obviamente Hebreus 3.7-4.13 é uma passagem de advertência extremamente longa com três partes distintas e gradualmente intensificadoras. Ainda assim, a resultante dessa admoestação como um todo pode ser simplesmente declarada dessa maneira: os crentes devem temer que não consigam uma destas duas coisas: (1) entrar no "lugar de descanso celestial" de Deus, perdendo assim a oportunidade de participar da "Celebração do descanso sabático" de adoração (Osborne); ou (2) apenas a perda de recompensa, perdendo assim a oportunidade de participar da celebração do descanso sabático de adoração (Gleason). Você precisará avaliar essas duas opções, bem como as respostas de Fanning e Cockerill.

### Hebreus 10.19–39

Igualmente longa e também complexa é a passagem de advertência em Hebreus 10. 19–39. O capítulo 10 tem duas unidades principais de considerações: os versículos 1–18 e os versículos 19–39. Na primeira unidade (v. 1-18), o autor indica a ineficácia do sistema sacrificial israelita

---

22.38; BDAG, 622a 1). Em vez disso, *a tradução* "espada de dois gumes" (NIV, NET; Lane, *Hebrews* 1–8, 47a: 93, 102), "espada de dois gumes" (KJV, RSV, NRSV, NASB, ESV), ou "faca afiada" "(NLT, TDNT, 4: 526–27) *revelam a poderosa função da palavra de Deus*. "A palavra de Deus" sonda ("penetrante") como uma faca afiada, coloca o juízo divino ("capaz de julgar") como uma espada, como no caso do juízo físico de Israel após o evento de Cades-Barneia (Nm 14.43–45), e assim torna as pessoas totalmente indefesas (cf. 1Qe 14: 29-33; v. 19:15; cf. Ellingworth, *Hebrews*, 262).

[45] O verbo tetrachēlismena ocorre apenas aqui no NT. a palavra paralela "nu" (gymnos) no contexto imediato complementa a tradução em inglês de "desnudo" (NIV, NASB, NRSV, BAGD, 824d-25a; BDAG, 1014a) ou "exposto" (ESV, NET, NLT). É uma metáfora difícil de entender, mas tem sido sugerido que o termo fala (1) do encurvamento do pescoço de um animal sacrificado, exposto à faca, antes do abate (veja Attridge, *Hebrews*, 136) ou (2) de ser agarrado pelo pescoço em uma competição atlética. Filo usa o termo para falar da razão, que "luta com um grande número de sujeitos em particular... se esgota e desmorona apenas como um atleta com a cabeça presa por um golpe de retenção" (ektrachēlizomenos) por um poder superior" (*Praem*. 29; cf. de uma pessoa oprimida pelo sofrimento que aflige sua alma, *Cher*. 78 de paixões que mantem a alma de uma pessoa em seu controle, *Mut*. 81; da alma impotente nas mãos da ira, *Prob*. 159). Embora ambas as opções tenham mérito, nesse contexto, o autor de Hebreus parece mudar a metáfora para uma competição atlética. A palavra de Deus, como um lutador que agarra seu oponente pelo pescoço, coloca a comunidade prostrada diante do árbitro divino. A força do versículo 13 afirma que toda a criação, tudo, está nu e como se a nudez não fosse o suficiente, o estado resultado é de desconforto diante de Deus, aquele a quem a comunidade deve dar conta.

no Antigo Testamento. Ele aborda a lei (10.1–4; cf. 5.1–5) e, em seguida, aponta rapidamente a superioridade do sacrifício de Jesus (10.5–10), do sacerdócio (v. 11–14) e da aliança (v. 11–14 comparar com v. 15-18).

A segunda unidade em consideração (10.19-39) introduz a quarta passagem de advertência. De modo notório, essa passagem de repreensão pode ser limitada aos versículos 26–31. No entanto, a admoestação é colocada entre os apelos. Hebreus 10.19–25 é um apelo para que os crentes adorem a Deus, enquanto que os versículos 32–39 são um apelo para os crentes perseverarem. Colocada entre esses dois apelos está a advertência explícita para os crentes manterem seu relacionamento com Deus (v. 19; cf. v. 35), sabendo que ele julga a desobediência intencional severamente (v. 26-31). Assim, Hebreus 10.19-39 começa e termina com declarações para afirmar a confiança, mas entre estas há uma advertência direta e severa que provoca temor.

### Hebreus 10.19–25

Em Hebreus 10.19–25,[46] o autor relata brevemente o que Jesus fez e, em seguida, apresenta três expectativas para o adoração dos crentes:

> [19]Portanto (*oun*), meus irmãos (*adelphoi*), desde que temos (*echontes*) confiança para entrar no santuário pelo sangue de Jesus,[20] que ele abriu para nós pelo novo e vivo caminho através da cortina (isto é, através de sua carne),[21] e desde que temos (*echontes*) um grande sacerdote sobre a casa de Deus,[22] aproximemo-nos (*proserchōmetha*) com um verdadeiro coração em inteira certeza de fé, porque nós tivemos nossos corações aspergidos para nos purificar (*rherantismenoi*) de uma consciência maligna e porque nossos corpos são lavados (*lelousmenoi*) com água pura.[23] Apeguemo-nos com firmeza (*katechōmen*), *sem hesitação*, à confissão de nossa esperança, pois aquele que prometeu é fiel.[24] E *consideremo-nos (katanoōmen*) uns aos outros para estimularmo-nos em amor e as boas obras,[25] sem deixar de nos reunir, como é o hábito

---

[46] Gramaticalmente, os versículos 19–25 formam uma unidade elegantemente planejada e bem elaborada, classificada como um período (cf. Lc 1.1–4; BDF § 464). Elegância estilística semelhante existe em outros lugares em Hebreus (1.1–4; 2.2–4; 3.12–15; 4.12–13; 5.1–3, 7–10).

de alguns, mas encorajando-nos uns aos outros, e ainda mais porque vocês veem que se aproxima o dia.

Essa seção é uma reminiscência do que escritor introduziu em Hebreus 6.19-20 e mais tarde se desenvolveu em 9.11-12, 24-28, pois ele mais uma vez ressalta o fato de que Jesus torna possível aos crentes entrar com confiança (parrēsia)[47] na presença de Deus, isto é, no santuário celestial no qual ele habita (10.19-20). O autor então afirma que Jesus é o grande sumo sacerdote que governa o povo de Deus (10.21; cf. 3.6). Lembrando Hebreus 4, ele enfatiza novamente o "livre" acesso a Deus.[48] Assim, por causa do autossacrifício de Jesus, os crentes têm livre acesso ao Pai, e eles têm, por meio do Filho, um grande sumo sacerdote governando sobre eles (10.19–21a).

Com base em duas reformulações em Hebreus 10.19-21a, o autor faz três exortações: (1) aproveite a oportunidade para adorar a Deus em unidade (*proserchōmetha*, 10.22; cf. 4.14–16), (2) mantenha a confissão da nossa esperança (*katechōmen*, 10.23),[49] e (3) atentem às situações e

---

[47] O termo *parrēsia* ocorre quatro vezes em Hebreus (3.6; 4.16; 10.19, 35). Com poucas exceções, a maioria das traduções verte parrēsia como "confiança", mas seu significado varia em Hebreus. Por exemplo, em 3.6 o contexto sugere uma *convicção, uma decisão ou uma determinação* que "toma posse de" ou "mantém firmemente" o status de um membro da casa de Deus ("somos de sua casa"). A casa (talvez reino, 1.8–9) é governada pelo Filho divino real (3.6a; 10.21; cf. 1 Mc 13.42), cuja função é a de rei (1.5 –13) sacerdote (3.1). Assim, "manter firmemente a nossa confiança" também pode ser traduzido como "manter firmemente a sua decisão em Cristo" (Gareth Lee Cockerill, *Hebrews: A Bible Commentary in the Wesleyan Tradition* [Indianapolis: Wesleyan, 1999], 92), ou parafraseado como "não desista dos seus direitos de cidadania" (Ellingworth, *Hebrews*, p. 211). Aqui em Hebreus 10.19, no entanto, parrēsia foi traduzido "desde que temos confiança" (RSV, NASB, NRSV, NIV, NET), "tendo... ousadia para entrar" (KJV), "e assim podemos entrar com ousadia" (NLT). Essas traduções parecem ecoar Hebreus 4.16, em que o autor pede ousadia para entrar na presença de Deus; em 10.19 essa qualidade é assumida. Não obstante, o autor adverte os leitores em 10.35 "não rejeite a sua confiança" ou "não abandone a sua decisão", que por sua vez, lembra a sua preocupação por esses crentes em Hebreus 3.6.

[48] Jesus "abriu" (enekainisen) o caminho a Deus para nós. O verbo "aberto" (enkainizō) foi usado pela primeira vez em Hebreus 9.18, no qual o sacrifício de animais colocou em vigor a primeira aliança e, assim, concedeu às pessoas acesso a Deus por meio do santuário terrestre. Em Hebreus 10.20, o termo refere-se ao acesso ao "santuário celestial" pelo sangue de Jesus, que pôs em prática a nova aliança de Deus (10.1-18). Embora às vezes traduzidas como "consagrou" (KJV), as traduções em inglês "inaugurou" (NASB, NET) ou "abriu" (RSV, NIV, NRSV, ESV, NLT) são duas traduções preferíveis. Assim, Jesus abriu para a comunidade de crentes de Deus um novo caminho para a presença de Deus (6.20; 9.24-28), que por sua vez contribui para um relacionamento muito mais amplo e íntimo com Deus (4.16; 10.19-22).

[49] O verbo *katechō* aparece em Hebreus três vezes (3.6,14; 10.23). Quando usado no contexto de ensinamentos recebidos, como acontece aqui, o verbo assume um sentido técnico, a saber, lembrar o que você aprendeu. Filo lamentou, em relação, as pessoas perversas que têm sede de conhecimento humano, mas são indecisas e precisam de mestres para doutriná-las, de modo que possam "manter-se firmes" naquilo que são ensinadas (*Fug.* 199–200). Paulo, por outro lado,

necessidades pessoais uns dos outros (*katanoōmen*, v. 24-25). Por quê? Por que (echontes; cf. 10:19) Jesus colocou em prática uma nova maneira de entrar na presença de Deus e tem uma influência presidindo/governando como o rei-sacerdote (cf. 1.1–14 com 5.5–6 6.20-7.1; 7.11-28). Os crentes são, portanto, convidados a adorar a Deus.[50] Contudo, em Hebreus 10.26-31, o autor fornece uma advertência, com linguagem vívida e encorajadora, para os crentes que poderiam rejeitar o sacrifício de Jesus.

### *Hebreus 10.26–31*

Historicamente, Hebreus 10.26–31 suscitou grande consternação para os teólogos bíblicos, e com razão, porque o autor declara que os efeitos do sacrifício de Jesus não se estendem a pecadores persistentemente obstinados:

> [26]Porque (*gar*) se voluntariamente continuarmos no pecado (*hamartanontōn*), depois de recebermos o conhecimento da verdade, não resta mais sacrifício pelos pecados,[27] mas (de) *apenas* uma perspectiva terrível de juízo e um ardor de fogo que há de consumir os adversários (ou *"inimigos de Deus"*).[28] Havendo alguém rejeitado Moisés morre sem misericórdia "pelo testemunho de duas ou três testemunhas".[29] De quanto maior (*posō ... cheironos*) castigo cuidais vós será julgado merecedor aquele que desprezar o Filho de Deus e tiver por profano o sangue da aliança pela qual foram santificados, e ultrajado o Espírito da graça?[30] Porque (*gar*) nós sabemos (*oidamen*) aquele que disse: "Minha é a vingança, eu retribuirei". E *ele disse novamente*: "o Senhor julgará seu povo".[31] É terrivel (*phoberon*) cair nas mãos do Deus vivo.

A exortação a adorar a Deus em 10.19–25 é fundamental para que a advertência presente do autor em temer nos versículos 26–27. O culto coletivo é importante porque negligenciar as reuniões de adoração

---

elogia os crentes quando ele diz "vocês mantêm firme as tradições" da fé e mais tarde confirmam a sua salvação "se eles se apegarem firmemente à mensagem" (1 Co 11.2; 15.1-2). Aqui em Hebreus, espera-se que a comunidade *retenha ou mantenha em sua memória* o que eles aprenderam sobre o Filho, a saber, sua "confiança" (*parrēsia*).

[50] James Kurianal, *Jesus Our High Priest: Ps. 110,4 As the Substructure of Heb. 5, 1–7:28*, EUS (New York: Peter Lang, 2000).

leva a (1) comportamento desprezivel ou (2) uma rejeição deliberada de Deus e sua mensagem outorgada ou falada pelo Filho. Obviamente, a preocupação do autor é a desobediência; ele aponta que os efeitos do sacrifício de Jesus não se estendem aos crentes que pecam persistente ou voluntariamente (hekousiōs ... hamartanontōn).[51] Tais pessoas enfrentarão a "horrível" (*phoberos*)[52] realidade do juízo divino (Hebreus 10.26-27; cf. Nm 15.30-36). Mais uma vez, um apelo é feito aos anais da história judaica (Hb 10.28; cf. 3.7-4.13), e um argumento do menor para o maior é dado. O autor sustenta que os crentes que vivem nesta era presente, que pisam o atual mediador de Deus, que profanam a nova aliança e que arrogantemente insultam o Espírito de Deus, sofrerão

---

[51] O termo "intencionalmente" (*hekousiōs*) ocorre duas vezes no NT (Hb 10.26; 1 Pe 5.2). Refere-se a fazer algo sem compulsão - intencionalmente ou deliberadamente (BAGD, 243c; BDAG, 307b). O desejo parece se originar dentro da pessoa e é *voluntário* (*hekousiōs*, substantivo; Filo, *Decal.* 142; cf. idem, *Spec.* 4.157; e idem, *Praem.* 54). De um lado, pessoas por sua própria vontade empregam habilidades para construir o tabernáculo (Êx 36.2), oferecem um sacrifício (Sl 54.6 Mt; 53.8 LXX), suportam o sofrimento (4 Mc 5.23), exercem liderança da igreja (1 Pe 5.2; cf. a forma do substantivo em Filemon 14), e se submetem a um governante (Jos., *Ant.* 12.3.3 § 133). Por outro lado, um sumo sacerdote profana intencionalmente a si mesmo (2 Mc 14.3), um casal faz sexo antes do casamento (Jos., *Ant.* 4.7.23 §251), as pessoas se negam ao serviço de Deus (Jos., *JW* 2.16. 4 § 394), uma pessoa fala falsidades (substantivo: Jos., *Ag. Ap.* 1.1 §3), e as pessoas cometem assassinato (Jos., *Ant.* 7.8.4 § 185; Filo, *Det.* 26 § 97; até mesmo suicídio: Jos., *JW* 4.7.5 § 435). O advérbio também é usado para falar de uma multidão de pessoas na geração de Noé que, voluntariamente e com premeditação, competiam para ver quem seria o mais pecaminoso (Philo, *Abr.* 40). Em Hebreus 10.26, o autor está preocupado com o pecado premeditado. "Se continuarmos a pecar *intencionalmente*" (NASB, cf. KJV), ou "se *intencionalmente* persistirmos em pecado" (NRSV), ou "se *deliberadamente* continuarmos pecando" (NIV, NET), ou "se continuarmos *deliberadamente* a pecar" (NLT), nenhum sacrifício resta para nós. Uma questão nos é deixada aqui, o que exatamente é esse pecado voluntário? É pecado em geral, ou é limitado à apostasia?

[52] Esse adjetivo, "horrível" (*phoberos*) ocorre apenas em Hebreus (10.27, 31; 12.21). Embora mais frequentemente traduzido por "horrível" (KJV, RSV, NIV, NRSV, ESV, NET), também é traduzido por "aterrorizar" (NASB; Lane, *Hebrews 9–13*, 47b: 273; Koester, *Hebrews*, 36: 452) ou "terrível" (NLT) por razões justificáveis. O termo ocorre com mais frequência em Josefo para falar da atitude de uma pessoa em relação a alguém no poder. Às vezes essa pessoa é uma figura política (Herodes: *Ant.* 14.11.5 § 286; *JW* 1.32.3 § 631; Antipater: *Ant.* 17.2.4 § 33; Agripa: *Ant.* 19.8.2 § 344; cf. Filo, *Mut* 173). Em um sentido similar, o LXX usa o termo para falar de Xerxes como temeroso (acres. Est. 15: 5-6) e até Deus (Sl 46.3 [47.2 MT]; 95.4 [96.4 MT]; Sir. 1: 8; cf. Filo, *Her.* 23-24). Outras vezes, em Josefo, essa pessoa ou grupo de pessoas adquiriu poder militar (Judas: *Ant.* 17.10.5 §272; Simão: *JW* 4.9.4, 10 §§ 510, 558; os mercenários judeus no Egito: *Ant.* 12.2. 5 § 45). Aqui em Hebreus 10.27 não é uma pessoa a ser temida, mas sim a perspectiva de juízo. Uso semelhante ocorre em outra literatura. Por exemplo, há a perspectiva terrível de castigo por negligenciar o dever de alguém como soldado romano (Jos., *JW* 3.4.7 § 103; cf. Atos 12: 1-4, 18-19) e de "coisas horrendas e lamentáveis vir à alma da pessoa por viver de maneira antiética (*Pl Phlb* 32c; cf. *Filo Det.* 140; idem, *Gig.* 47). Aqui em Hebreus, o autor usa o adjetivo para dar uma maior advertência que tem como base a prática judaica do sacrifício (10.26-31). Enquanto a resposta apropriada ao sacrifício de Jesus é apresentada nos versículos 19–25, nos versículos 26–31, o escritor adverte contra uma resposta inapropriada (ou seja, pecar deliberadamente). A atitude de um crente em ser julgado por um pecado persistente e intencional deve ser de temor ou terror (BAGD, 862b; BDAG, 1060d).

um castigo maior do que o sofrido pelo povo de Cades-Barneia. (*gar*) O Senhor se vinga do pecado e julga o povo (10.30).

Mas como, exatamente, devemos entender esse "pecado voluntário"? É uma alusão ao pecado por deliberação no Antigo Testamento, como sugerido, no capítulo 1, por Osborne? O que é "pecado por deliberação" no Novo Testamento? É quando um crente rejeita o Filho, profana a nova aliança e insulta o Espírito, e é assim punido com à condenação eterna? É esse "pecado por deliberação" no Novo Testamento, o que o autor quer dizer quando fala de apostasia? Se assim for, Osborne corretamente reconhece em sua discussão que "a comunhão coletiva é um impedimento para a apostasia".

Ou é possível que haja graus de apostasia, como sugere Gleason, no capítulo 4? Talvez o autor não esteja falando da apostasia absoluta aqui, mas meramente de uma recusa em prosseguir até a maturidade, o que representa uma condição de retrocesso espiritual. No entanto, podemos definir "pecado intencional", a questão parece ser simplesmente isso: Os crentes precisam uns dos outros, a fim de impedi-lo. Mas o "pecado intencional" está limitado à apostasia? Ou se estende a todas as formas de comportamento desdenhoso? Como você decidirá depois de ler e pesar as evidências bíblicas apresentadas nos capítulos subsequentes? Independentemente de nossos pensamentos neste momento sobre o "pecado intencional", a advertência repetida é baseada no fato de que Deus se vinga do pecado intencional. Ele julga e, portanto, deve ser temido (Hb 10.30-31). Assim, o incitamento dos crentes para temer ocorre porque Deus julga aquele que não confia e o desobediente. Ainda que Hebreus 10.32-39, que segue essa maior advertência, tenha um tom totalmente diferente.

### *Hebreus 10.32–39*

Por outro lado (*de*) quanto a consideração expressa em 10.26–31, o autor interrompe sua maior advertência e ligeiramente perturbadora para o momento com um apelo recorrente ao passado o qual parece ser um esforço para manter a confiança de seus leitores:

> ³²Mas (*de*) lembrai-vos (*anamimnēskesthe*) dos dias passados, em que depois de serdes iluminados, suportastes grande combate (*thlipsesin*) de aflição,³³ às vezes sendo exposto

publicamente a abusos e perseguições, e às vezes sendo participantes (*koinōnoi*) com aqueles que assim foram tratados.³⁴ Porque (*gar*) também vos compadecestes dos que estavam em prisão, e com alegria permitistes o roubo dos vossos bens, sabendo que em vós mesmos tendes nos céus uma possessão melhor e permanente.³⁵ Portanto (*oun*), não rejeiteis (*mē apobalēte*), pois (*hētis*), a vossa confiança, que tem grande e avultado galardão (*megalēn*).³⁶ Porque (*gar*) necessitais de paciência, para que (*hina*) depois de haverdes feito a vontade de Deus, *possais alcançar* a promessa.³⁷ Por (*gar*) ainda "um pouquinho de tempo, e o que há de vir virá, e não tardará.³⁸ Mas o justo viverá pela fé; e, se ele recuar, a minha alma não tem prazer nele".³⁹ Mas (de) não somos daqueles que se retiram para a *perdição*, mas *daqueles que* creem para a conservação da alma (*eis peripoiēsin psychēs*).

Um apelo é feito imediatamente para refletir sobre sucessos passados, depois que esses crentes "foram iluminados" (talvez uma referência a "receber o conhecimento da verdade" em 10.26; cf. 6.4). O autor espera que os crentes lembrem "aqueles dias anteriores" (10.32a), em que eles suportaram grande aflição" (athlēsin) com sofrimento, às vezes com "humilhação pública" (*theatrizō*; v. 32b – 33a).⁵³ Em outras ocasiões eles eram "participantes" (*koinōnoi*)⁵⁴ com aqueles que sofreram abuso

---

⁵³ A palavra usada para transmitir humilhação pública é theatrizō (BAGD, 353c; BDAG, 446a). Essa palavra extremamente rara nunca ocorre na Septuaginta, apenas uma vez no NT (Hb 10.33), e somente uma vez em uma inscrição no tempo de Trajano (ca. 102 a 114 E.C.). Uma forma prefixada do verbo ocorre em uma obra da história do segundo século para falar dos cartagineses "dando uma exibição espetacular" da timidez de seus inimigos (*Plb Hist* 3.91.10; cf. 5.15.2; 11.8.7). O substantivo "teatros" (theatron), no entanto, tipicamente serve para descrever o lugar onde a Diáspora e os judeus palestinos foram feitos um espetáculo público. Foi "no meio do teatro" (ou "anfiteatro") que Flaco, governador de Alexandria e Egito (32 anos) nomeado por Roma, torturou os judeus com fogo e espada (Filo, *Flacc.* 84-85; cf. Jos., *Ag. Ap.* 1.8 § 43). Um historiador romano descreve a humilhação pública dos cristãos por Nero, que foram torturados ou usados como tochas para iluminar o circo à noite em 63 E.C. (Tacito, *Annales* 15,44; TDNT, 3: 42-43; Attridge, *Hebrews*, 298). Em Hebreus 10.33 o verbo é traduzido "[vós] fostes feitos um espetaculo" (KJV), "sendo feito um espetáculo público" (NASB), "sendo exposto publicamente" (RSV, NRSV), "vocês foram expostos publicamente" (NIV, NET; similarmente NLT). Embora a comunidade não tenha sofrido o martírio, o autor indica o sucesso da comunidade em suportar o sofrimento pela sua exposição à humilhação pública (cf. 1 Co 4.9).

⁵⁴ Esse substantivo, "parceiro" (koinōnos), ocorre dez vezes no NT (Mt 23.30; Lc 5.10; 1 Co 10.18, 20; 2 Co 1.7; 8.23 Fl 17, Hb 10.33, 1 Pe 5.1, 2 Pe 1.4), mas o termo é traduzido de várias maneiras: "parceiros" (RSV, NRSV, ESV), "compartilhadores" (NASB) e "companheiros" (KJV). Embora semelhante em significado "participante" (metochos; 1.9; 3.1, 14; 6.4; 12.8), koinōnos não divide o mesmo sentido

público (v. 33b –34). Se "esses dias anteriores" estão no passado remoto ou recente não é claro. Não obstante, a razão (*gar*) para recordar tais dificuldades é porque o autor quer lembrá-los de qu e eles fizeram tais sacrifícios pessoais porque esperavam uma recompensa eterna 10. 34b).

A passagem conclui (*oun*) com uma exortação: não abandone sua decisão de confiar e obedecer à mensagem (v. 35a). A disposição para manter esta decisão é tríplice: (1) porque (*hētis*) traz uma "recompensa estupenda" (*misthapodosian*; v. 35b),[55] (2) porque (*gar*) os crentes precisam perseverar a fim de receber a recompensa (v. 36), e (3) porque (*gar*) Jesus está voltando brevemente (v. 37). Em contraste (*alla*) com aqueles que "recuam" e perecem (*apōleia*), os crentes que vivem pela fé "preservarão" (*peripoiēois*) suas vidas (*psychē*, v. 39).[56] Assim, Hebreus 10.32-39 muda de uma reminiscência positiva sobre a capacidade da comunidade de suportar os sofrimentos passados para um apelo: Continuar a suportar ou perseverar em sua fé juntos como uma comunidade.

Essa longa passagem de advertência em Hebreus 10.19-39, com suas numerosas questões interpretativas, pode ser resumida desta maneira: Os crentes são chamados à adoração coletiva a Deus por numerosas razões. Ainda assim, em última análise, os apelos ao culto coletivo parecem

---

técnico e moral de significado em Hebreus (ver nota de rodapé 34). A ênfase de *koinōnos* em Hebreus 10.33 aponta para uma pessoa compartilhando a experiência de outra pessoa, a saber, a da perseguição. O NIV captura esse sentido com "vocês permaneceram juntos com aqueles que foram assim tratados" ou como a NET traduz "outras vezes vocês compartilharam com outros que foram tratados dessa maneira". O que parece ser difícil de determinar é se os crentes compartilhavam o mesmo tipo de perseguição (como a de um mártir que participa de uma morte sangrenta *com* Cristo: BAGD, 4539d 1b; BDAG, 553d 1b) ou se eles ajudaram uns aos outros durante a perseguição que sofriam, como é entendido no NLT: "às vezes *vocês ajudam* outras pessoas que estavam sofrendo as mesmas coisas". Independentemente de qual seja a melhor tradução, a questão é simplesmente esta: eles partilharam juntos de uma experiência comum e difícil.

[55] O termo *misthapodosia* é um termo raro do NT que ocorre três vezes em Hebreus (2.2; 10.35; 11.26; BADG, 523a, BDAG, 653a). Diferentemente de 2.2 em que *misthapodosia* serve para exortar a comunidade a atentar a sua advertência em 2.3, aqui "recompensa" tem um aspecto positivo (cf. Is 40.10; 62.11; 5.15; sir 2.8; 11.22).

[56] O substantivo "perecer" ou "destruição" (*apōleia*) aparece 18 vezes no NT, mas apenas uma vez em Hebreus. Único para o NT é a sua referência a um estado eterno de tormento para as pessoas ímpias (2 Pe 3.7; cf. Mt 7.13) e para a besta e as pessoas cujos nomes não estão escritos no livro da vida (Ap 17.8, 11). Também fala de pessoas que tentam frustrar o plano de Deus (Judas, Jo 17.12; Anticristo, 2 Ts. 2.3) e distorcem a mensagem de Deus (2 Pe 2.3; 3.16). É usado especificamente para aqueles que se opõem à igreja em Filipos. Paulo diz que eles estão condenados à destruição (Fl 1.28 e 3.19, cf. Herbert W. Bateman, "Eram os Adversários em Filipos Necessariamente Judeus", *BSac* 155 [Janeiro-Março de 1998]: 39-62). Aqui em Hebreus 10.39, o autor encoraja os crentes observando que aqueles que continuam perseverando em sua confiança na libertação de Deus não perecerão ou experimentarão um estado eterno de tormento e morte como aquelas pessoas que se opuseram ao Senhor e seu programa. Veja também TDNT, 1: 394–96.

ser dados para ajudar os crentes a manterem seu relacionamento com Deus (v. 19; cf. v. 35), sabendo que ele julga a desobediência intencional severamente (v. 26-31).

## Conclusão

Hebreus 3.7–4.13 e 10.19–39 tem em comum uma advertência explicitamente similar sobre a desobediência. Claramente, o chamado é para os crentes *não desobedecerem ao Senhor*, ou para declará-lo positivamente, é um chamado para confiar e obedecer a Deus (3.18-19; 4.11; 10.19-20, 26, 39). A força exortativa usada para persuadir os crentes a confiar e obedecer em Deus é o apelo explícito ao temor, a saber, temor de ser negada a oportunidade de garantir oportunidades associadas ao "lugar de descanso celestial" de Deus (4.1), bem como o temor do juízo divino (4.1, 7–8, 11–13; 10.27). Como em Hebreus 2 e 12, a mediação de Moisés durante a era anterior (3.16; 4.2a; 10.28) é contrastada com o mediador mais recente do Pai da presente era, o Filho (4.2b; 10.29). No entanto, os argumentos do menor para o maior são um pouco mais atrativos. Servindo como precedente histórico judaico do autor, a comunidade do deserto do Sinai e particularmente os eventos em Cades-Barneia (3.16-19; 4.11; 10.26-28) são usados para lembrar os crentes da severa punição física que a geração anterior sofreu por sua desobediência. De fato, seu castigo é apresentado como um encorajamento para confiar e obedecer, porque a futura punição de Deus, por mais que a definamos, será muito maior (4.1, 12-13; 10.29).

|  | **Hebreus 3.7–4:13** | **Hebreus 10.19-3** |
|---|---|---|
| Exortação | Não se rebelar (3.8, 15; 4.17) | Acheguemo-nos a Deus com confiança (10.22) |
|  | Atentar aos corações incrédulos (3.12) | Retenhamos a confissão da nossa esperança (10.23) |
|  | Encorajar uns aos outros (3.13) | Encorajar uns aos outros (10.24) |
|  | Temamos não conseguir entrar no descanso de Deus (4.1a) | Lembrar dos dias passados (10.32) |
|  |  | Não rejeitar a sua confiança com a sua recompensa (10.35) |
|  | Ser diligente para entrar no descanso de Deus (4.11a) |  |
| Apreensão (isto é, pecado) | Há uma apreensão com um coração pecaminoso e incrédulo (3.12a) | Há uma apreensão com o pecado deliberado (10.26) |
|  | Há uma preocupação em se afastar de Deus (3.12) | Há uma apreensão em se tornar um inimigo de Deus (10.27) |
|  | Há uma preocupação em tornar-se endurecido pelo engano do pecado (3.13) | Há uma apreensão em rejeitar o sacrifício de Jesus (10.28) |
|  |  | Há uma apreensão em pisar o Filho (10.29) |
|  |  | Há uma apreensão em tratar o espírito com desprezo (10.29) |
|  | Há uma preocupação com a desobediência (3.16, 18; 4.6, 11b) | Há uma apreensão em rejeitar sua confiança (10.35) |

| Precedente histórico judaico | A falha em confiança e desobediência da comunidade do deserto em Cades-Barneia (3.16-18; 4.2b, 6) | Alusão à desobediência da comunidade do deserto em Cades-Barneia (10.26-28)<br><br>Desobediência à antiga lei da aliança de Moisés (10.27-28 |
|---|---|---|
| Mediador do menor para o maior | Moisés (menor: 3.16; 4.2b; cf. 3.1-6)<br><br>O Filho (maior: 4.2a) | Aliança mediada por Moisés (menor: 10.28; cf. 9.1-10)<br><br>Nova aliança mediada pelo Filho (maior: 10.29; cf. 8.6–13; 9.15–28) |
| Do menor para o maior e as terríveis consequências | Enquanto os desobedientes são impedidos de entrar em Canaã e condenados a morrer no deserto (3.17-18), os desobedientes em Hebreus são julgados por Deus que negou a oportunidade de experimentar o lugar de descanso celestial de Deus (4.1, 12-13). | Considerando que houve um sacrifício no AT, em Hb (10.26) não há mais sacrifício<br><br>Enquanto o desobediente sofreu morte física sob a lei (10.28), o desobediente em Hebreus sofrerá maior castigo diante de um Deus vingativo (10.27, 29, 30–31 |
| Consequência desejável | Entrada no lugar de descanso de Deus (4.10–11)<br><br>Participar da celebração do descanso sabático de Deus (4.9) | Receber a grande recompensa (10.35)<br><br>Ter perseverança (10.36)<br><br>Atentar para o retorno do Filho (10.37)<br><br>Viver pela fé (10. 38–39) |

| Citações do AT usadas como testemunho ou testemunha | Advertência sobre o juízo de Deus: Salmos 95.7b-8, 11; v. 7b-8 (duas vezes), v. 11 (duas vezes) Citação sobre o descanso de Deus: Gênesis 2.2 | Alusão ao juízo de Deus: Sofonias 1.18; Deuteronômio 17.6 Citação sobre o juízo de Deus: Deuteronômio 32.35–36 |

## Uma Maior Advertência (Hb 5.11–6.12)

Ao contrário das quatro advertências anteriores, esta prepara os crentes para mais ensinamentos sobre o Filho. Mas, como nas passagens de anteriores, o início e o término da advertência parecem revelar problemas. Deixe-me sugerir mais uma vez que, embora muitos possam limitar essa terceira passagem de admoestação a Hebreus 6.4-8, ela também parece ter sido colocada entre duas outras unidades de pensamento intimamente relacionadas: Hebreus 5. 11–6.3 e 6.9–12 a exortação começa com um chamado para que os leitores sejam aprendizes (5.11–6.3), prossegue com uma dura realidade para aqueles que rejeitam as promessas de Deus (6.4–8), mas termina com um chamado para perseverar (6. 9-12). Diferentemente das quatro passagens de advertência anteriores, contudo, esta não faz nenhum apelo *explícito* à história judaica, ainda assim há a expectativa de "ouvir" ou "atentar" Deus (2.1-4; 12.25-29), bem como o chamado explícito e exortativo para não desobedecer ao Senhor (3.7-4.13; 10.19-39). No entanto, é evidente que os fracassos do passado de Israel estão em foco nessa passagem.

### *Hebreus 5.11–6.3*

Hebreus 5.11–6.3 fornece *insights* do por quê algumas dificuldades cercavam o ensino de verdades mais desenvolvidas sobre o Filho como rei-sacerdote. A passagem começa com uma descrição dos destinatários da carta, seguida de uma exortação explícita:

> [11]Do qual (o Filho) *temos* muito a dizer, e de difícil interpretação, porque (*epei*) vos fizeste negligente para ouvir.[12] Porque (*kai*

*gar*) embora devendo já ser mestres *pelo* tempo (*ton chronon*) ainda necessitais de que se vos torne a ensinar quais sejam os primeiros rudimentos da palavra de Deus, necessitais de leite e não de alimento sólido.¹³ Porque (*gar*) todo aquele que se alimenta *somente* de leite não está experimentado na palavra (*logou*) da justiça, pois ele é uma criança.¹⁴ Mas (*de*) o alimento sólido é para os adultos que, por causa da prática (*dia tēn exin*), tornaram-se aptos para discernir o bem e o mal.⁶:¹ Portanto (*dio*) deixemos os ensinos rudimentares a respeito de Cristo e avancemos até a maturidade, sem lançar novamente o fundamento do arrependimento de obras mortas e de fé em Deus,² da instrução sobre batismos e da imposição de mãos, e da ressurreição dos mortos e do juízo eterno.³ E isso faremos, se Deus o permitir.

A transição de Hebreus 4.14-5.10 [57] para 5.11-12 introduz uma descrição muito imprópria dos destinatários originais. Eles são negligentes (lit. "duro de ouvir"). Apesar do desejo do autor de abordar o tópico sobre a relação tipológica do Filho com Melquisedeque como rei-sacerdote, ele parece se sentir em desvantagem pela simples motivo (*epei*) de que os leitores são "indolentes" (*nōthros*),[58] ou mais incisivamente, eles são

---

[57] Pouco antes desta terceira advertência, é dada atenção à obrigação do crente de observar Jesus como sumo sacerdote (4.14–5.10). Baseado no fato de que Jesus é um sumo sacerdote que serve aos crentes no céu, espera-se que os crentes se apeguem às suas convicções sobre Jesus como o rei-sacerdote e se aproxime de Deus com um grau de certeza (4.14-16). Semelhanças entre os sumos sacerdotes anteriores e Jesus são abordadas. De um lado, os sumos sacerdotes anteriores, que são muito parecidos com outros homens e mulheres, são homens divinamente escolhidos da linhagem de Levi, designados para representar a Deus para com a humanidade e para exercer deveres sacerdotais para si mesmos e para os outros (5.1–5a). Por outro lado, o Jesus exaltado, que também foi divinamente designado por Deus para ser *rei-sacerdote* de acordo com a ordem de Melquisedeque, aprendeu experimentalmente o que implica a obediência em essência e está totalmente capacitado para o serviço sacerdotal como rei-sacerdote de Deus. (5b-10).

[58] O adjetivo "indolente" (*nōthros*) ocorre duas vezes no NT, ambas vezes em Hebreus (5.11; 6.12). Na literatura sapiencial da Septuaginta, o termo fala de trabalhadores não qualificados (Pv 22.29), de trabalhadores que falam muito, mas fazem pouco (Sir 4:29; Patrick W. Skehan e Alexander A. Di Iella, *The Wisdom de Ben Sira*, AB (New York: Doubleday, 1987], 177), e de uma pessoa pouco ambiciosa (Sir 11:12; Skehan, Di Iella, *Wisdom of Ben Sira*, 239). Plutarco usa o termo para falar do esforço de uma pessoa nos estudos: "em seus estudos, Cato *era preguiçoso* e lento para aprender" (*Cat. Min.* 1.6). Expressões figuradas do termo falam da capacidade intelectual de uma pessoa. "Esse mesmo homem era *lento de raciocínio*, tímido em realização e incapaz de encarar o perigo de frente" (*Plb Hist* 4.8.5). Também pode ser usado para caracterizar (1) um asno como "o mais lento entre os seres vivos" (Filo, *Post.* 161; idem, *Abr.* 266) ou (2) uma pessoa como "pouco inteligente" (Filo, *Sac.* 32); idem, *Deus* 63). Filo argumenta que uma das duas linhas de pensamento que existe na abordagem da lei "os modos de pensar do povo sem interesse, de quem se diz: 'o Senhor Deus irá

negligentes em sua responsabilidade de estudar, aprender e ensinar a verdade sobre o Filho. O motivo do autor é apoiado (*kai gar*) pelo simples fato de que eles mesmos precisam de um mestre. Assim, ensinar esses leitores sobre Jesus como o rei-sacerdote será difícil.

Depois, por meio de metáforas, dois grupos de pessoas são descritos: Aqueles que relutam em ir além dos ensinamentos básicos sobre o Filho, são contrastados com aqueles que são aprendizes por toda a vida, capazes de discernir entre o bom e o mau ensino (5. 13-14). De um lado, esses crentes são acusados de relutar em aprender, pessoas "inexperientes" (*apeiros*)[59] que, ainda se alimentam de leite. Eles não têm as habilidades para ir além e aplicar o fundamento às situações da vida cotidiana. Assim, a necessidade de voltar ao fundamento sobre Jesus, em vez de lutar com o ensino mais profundo sobre o Filho como rei-sacerdote, é porque os crentes são aprendizes relutantes (5.13). Em contraste com os aprendizes relutantes (de), o autor descreve outro grupo de pessoas. Eles são aprendizes por toda a vida, se alimentam daquilo que é sólido, capazes de absorver ensinamentos sobre o Filho como rei-sacerdote e capazes de discernir entre o bom e o mau ensino (5.14).

Portanto, os crentes (dio), de acordo com o autor de Hebreus, devem passar de aprendizes relutantes a aprendizes contínuos (6.1a). Eles precisam crescer em seu entendimento sobre Jesus. A aprendizagem contínua ocorre por meio de ensinamentos mais profundos sobre o Filho como rei-sacerdote. (Esse aprendizado não se limita aos fatos, mas inclui a ideia de experiência de vida.) O aprendizado não ocorre

---

castigá-lo, como se um homem castigasse seu filho' (Dt 8.5)" (Filo, *Somn*. 1.237). Aqui em Hebreus 5.11, o autor acusa seus leitores de se tornarem e permanecerem (γεγόνατε) indiferentes, indolentes, negligentes de sua responsabilidade de estudar, aprender e ensinar a verdade cristã. Não é tanto que eles sejam lentos e incapazes de aprender; é mais que eles se tornaram lentos em aprender devido à preguiça ou indiferença e, assim, negligenciam a verdade (cf. 2.3; cf. TLNT, 2: 552-54).

[59] O substantivo apeiros, traduzido como "inexperiente" (NET), "não acostumado" (NASB), ou "não qualificado" (RSV, NRSV) ocorre apenas aqui no NT. Refere-se à falta de conhecimento ou conhecimento de alguém (de astrologia: Filo, *Opif*. 171; de interpretação: Jos., JW 6.5.3 § 291; de lugares: PGiss 1.68.17), falta de habilidade (nas artes e nas ciências: Filo, *Gig*. 2, em náutica: Filo, *Deus* 129, em natação: Filo, *Plant*. 144), ou falta de experiência ou proficiência (de um iniciante: Filo, Agr. 160; de uma criança em relação à vida: Filo, *Ios* 225, Jos., *Ant*. 7.14.1 § 336; de pessoas em relação à conduta: Filo, *Prob*. 52). Devido ao contraste entre o alimento (*nēpios*) de uma criança de instrução simples ("leite") e a capacidade de um adulto (*teleios*) de digerir ensinamentos mais significativos ("alimento sólido") nos versículos 12–14, a tradução "falta de experiência" ou "inexperiência" captura o mais verdadeiro sentido de apeiros no versículo 13. Assim, os leitores não têm as habilidades para ir além e aplicar o fundamento às situações da vida cotidiana, particularmente porque isso diz respeito ao que é certo, em contraste com a maturidade espiritual dos adultos que são capazes de discernir entre o bem e o mal (v. 14).

refazendo os fundamentos da fé (6.1b-3). A questão é simplesmente esta: Os crentes não devem refazer e chafurdar no fundamento como aprendizes relutantes, mas precisam avançar e continuar aprendendo por toda a vida sobre o Filho como rei-sacerdote. Assim, parece haver uma recusa intencional aqui pelo autor em refazer questões fundamentais da fé. Eventualmente, ele volta a ensinar sobre o Filho como rei-sacerdote, começando em 7.1, mas primeiro ele fornece informações adicionais (*gar*, 6.4-8) sobre a importância para os crentes em ampliarem seu lastro de conhecimento sobre Jesus.

### Hebreus 6.4-8

Enquanto que Hebreus 5.11–6.3 revelam uma atitude nada saudável que torna os crentes vulneráveis, 6.4–8 adverte que tal atitude pode levar a abandonar o único fundamento para a fé, que resulta em juízo divino:

> ⁴Porque (*gar*) é impossível (*adynaton*) renová-*los* novamente para o arrependimento, *ou seja*, que os que já uma vez foram iluminando e que provaram o dom celestial e se tornaram participantes do Espírito Santo, ⁵e provaram a boa palavra de Deus e *experimentaram* os poderes da era vindoura, ⁶e *ainda* (enfatizando um fato como surpreendente ou inesperado ou mostrando sucessão temporal, "e então") tendo caído, porque eles crucificam outra vez o Filho de Deus, e porque eles o expuseram a vergonha pública. ⁷Porque (*gar*) a terra (*gē*) que absorveu (*piouda*) a chuva que frequentemente cai sobre ela e produz erva proveitosa para aqueles por quem ela é cultivada recebe a bênção de Deus. ⁸Mas (*de*) se produz espinhos e abrolhos, é inútil e logo será amaldiçoada e seu fim é ser queimada.

Obviamente, Hebreus 6.4-8 apresenta uma dura realidade, mas o faz de maneira positiva e negativa. Positivamente, alguns crentes parecem ter recebido a promessa e a participação na salvação e provaram os dons do Espírito e as obras de Deus (v. 4–5). negativamente, esses mesmos crentes "se afastam" (parapiptō)[60] de serem participantes com

---

[60] O verbo parapiptō (forma: *parapesontas*) é traduzido "cometemos apostasia" (NET; cf. RSV), "caímos" (NASB, NRSV; cf. NIV, KJV, ESV), ou "se afasta" (NLT). Ocorre apenas aqui no NT. Parapiptō tem o sentido literal inconfundível de perder alguma coisa. "Desde que seu vínculo foi perdido

Deus, e assim nenhuma esperança existe para eles, na medida em que é "impossível" (*adynaton*)[61] para estes serem novamente renovados (*anakainizein*)[62] ao arrependimento" (v. 6). Mas o que exatamente significa que, é "impossível" (*adynaton*) para esses crentes se arrependerem novamente?

Por um lado, Osborne argumenta no capítulo 1 que, rejeitar ativamente o Filho, como descrito em Hebreus 6.4-6, é cometer "o pecado imperdoável". Aqueles que são culpados desse pecado serão impossibilitados de desejar um retorno. Na verdade, Deus nunca mais convencerá essa pessoa. De uma maneira similar, Cockerill argumenta que os verbos nos versículos 4-6 retratam uma rejeição voluntária de

---

e não pode ser encontrado, eu declaro que é nulo" (POxy 8.1133: 12; 42.3015: 24; cf. Jos., *Ant.* 19.5.2 § 285). Figuradamente, o termo pode significar "cometer um erro" (*Plb Hist* 18.36.6), preencher uma posição que é "vaga" (POxy 40.2894: ii.14, iii.14), ou deixar de manter um acordo contratual com uma pessoa ("se os termos do contrato 'devem ser quebrados' ou é de qualquer outra forma invalidado ..."; POxy 1.95: 34) ou *com Deus* ("se um país pecar contra mim" "por agir sem fé"; Ez 14.13; 22.4; cf. Êx 19.1-20.21; Dt 11.26-29; 28.58-68; CD, 1: 3; 4T266 2i: 8; BAGD, 621b; BDAG, 770a; MM 88-89). Aqui em Hebreus 6.6, *parapiptō* fala de pessoas (se uma comunidade ou grupo de indivíduos dentro de uma comunidade maior) que podem se afastar ou deixar de ser participantes na aliança com Cristo (cf. 3.14). Assim, depois de "ter sido iluminado" e ter experimentado com a comunidade de crentes o "dom celestial", "a palavra de Deus" e "os milagres da era vindoura", existe um perigo iminente para todos aqueles que se afastam — a impossibilidade de serem novados para o arrependimento (cf. Fc, 28.51-56).

[61] O adjetivo "impossível" (*adynatos*) deriva de um grupo de palavras, que sempre transmite a ideia de poder, força e capacidade (*dynamai, dynamis,* etc; cf. BAGD, 207-9, BDAG, 261-64). O prefixo negativo "a" (*adynatos*) sinaliza a ideia oposta: (1) impotente (de pessoas: Bar. 6: 53–54; de ídolos: Ep Jr 6.27; de violência: 4 Mc 11.26; da lei: Rm 8.3), (2) *fraqueza ou desamparo* (de pessoas: Jl 3.10; Bar 6.28; da lei: Rm 8.3), e (3) *uma impossibilidade* (para restaurar a paz: 2 Mc 14.10; para realizar uma tarefa: 3 Mc 4.18, Jos., *Ant.* 3.14.2 § 304; para oferecer um sacrifício: Jos., *Ant.* 3.9.3 § 230; para as pessoas, mas não para Deus: Mt 19.26, Mc 10.27, Lc 18.27, José, Ant. 1.11.2 §198, Filo, *Mos* 1.174-75 e para escapar ou se esconder de Deus: Jos. *Ant.* 5.1.26 § 109; Filo, *Leg.* 3.4; idem, *Det.* 155; cf. TLNT, 1:37 n. 7). Em Hebreus, existem quatro tipos diferentes de impossibilidades. Em 6.4 o autor afirma que é impossível levar uma pessoa a se arrepender depois de se afastar de Deus. Em 6.18, enquanto fala do vínculo imutável da promessa de Deus (v. 13-18), à luz da esmagadora convicção judaica de que Deus não pode mentir (1 Jo 1.10; 5.10; cf. 1 cl 27,1-3 TDNT, 9: 600-603), o autor declara a impossibilidade absoluta do Senhor fazer uma falsa afirmação. Em Hebreus 10.4, o autor afirma a impossibilidade absoluta de sacrifícios de animais remover o pecado. Finalmente, 11.6 declara a impossibilidade absoluta de agradar a Deus sem fé. Como Enoque, agradar a Deus *começa* crendo que ele existe e que recompensa aqueles que vivem à luz dessa crença.

[62] O verbo "renovar" (*anakainizō*, texto: *anakainizein*) ocorre apenas aqui no NT. Fontes extrabíblicas, por vezes, usá-lo em conexão com a restauração ou reconstrução do templo (do desejo de Joás: Jos., *Ant.* 9.8.2 § 161, da promessa de Demetrio: Jos., *Ant.* 13.2.3, 57, e de uma restauração futura: *T. Levi* 17:10; cf. *TBenj* 9: 2). Na Septuaginta, *anakainizō* fala de Deus, que renova nossa juventude (Sl 102.5; 103.5 MT) e quem renovará a terra (Sl 103 [104].30). Lamentações faz um chamado a Deus para que a nação de Israel seja restaurada: "Renovai nossos dias como antigamente" (5.21). Aqui em Hebreus, o autor parece advertir inequivocamente: A restauração não existe para aqueles que se afastam do rei divino (Jesus, o Cristo; cf. 1.5–2.4). A restauração é "impossível". Um paralelo próximo pode existir em Filo: "Educar um incrédulo (*apistounta*) é difícil ou quase impossível (*adynaton*)" (*Praem.* 49).

Cristo e separação de Jesus. Mas ele não chega a chamá-lo de "pecado imperdoável". Como exatamente o Cockerill difere do Osborne?

Por outro lado, Fanning e Gleason argumentam que a segurança de Deus é inabalável. Embora Fanning forneça uma leitura direta de Hebreus 6.4–6, suas conclusões diferem de Gleason. Mas indo além das diferenças dentro de suas respectivas tradições, como as interpretações reformadas e arminianas diferem? Como elas são semelhantes? Onde você se encontra nesse debate? Como sua avaliação da evidência bíblica apoia sua visão?

No entanto, entendemos essa incapacidade de nos arrepender, o motivo é afirmado de forma clara: Os crentes criam uma experiência lastimável para si mesmos quando "se afastam" e, em essência, se unem àqueles que humilharam Jesus publicamente durante sua experiência de crucificação (6.6). A incapacidade de se arrepender parece ser ilustrada com um excurso agrícola. Considerando que os fiéis prosperam nos dons de Deus, respondem e, assim, são abençoados (6.7), a pessoa apóstata não responde ao Senhor e, portanto, é consignada ao juízo (6.8). Assim, parece que os aprendizes relutantes que se limitam a lançar mão do fundamento da fé são confrontados com o perigo de "se afastar" do Filho e, finalmente, se sujeitando a expectativa do juízo divino (no entanto, podemos definir o juízo de Deus aqui). Talvez a questão em Hebreus 6.4-8 possa ser afirmada desta maneira: Os crentes que são aprendizes relutantes tendem a abandonar o único fundamento existente para o arrependimento e a fé e, portanto, sujeitos a algum tipo de punição divina.

### Hebreus 6.9-12

No entanto, há um tom totalmente diferente. Apesar de sua advertência severa em Hebreus 6.4–8, em 6.9–12 o autor contrasta (de) aqueles dos versículos 4–8 com seus leitores nos versículos 9–12. A passagem começa com uma declaração da convicção do autor e um fundamento para essa. Isto é seguido por uma exortação intencionalizada:

> ⁹Mas (de) de vós, ó amados (agapētoi), estamos convencidos (pepeismetha) de coisas melhores, isto é, coisas relacionadas à salvação, mesmo falando dessa forma. ¹⁰Porque (gar) Deus não é injusto para esquecer a vossa obra e amor que

mostraste para com o seu nome, enquanto servistes aos santos e continuam a servis *aos santos*. ¹¹E nós queremos que cada um de vós mostre o mesmo cuidado até o fim para que tenhais a plena certeza da esperança, ¹²para que (*hina*) vos não façais negligentes, mas (*de*) imitadores daqueles que, pela fé e perseverança (*makrothymias*) herdam as promessas.

Essa declaração exortativa começa com o autor expressando claramente sua convicção, ou uma grande dose de "confiança" (v. 9),[63] sobre a salvação dos seus leitores e seu "desejo afetuoso" (*epithymeō*, v. 11)[64] que eles continuem com propósito — não como crentes indiferentes, negligentes ou indolentes (*nōthroi*, v. 12a)[65], mas como imitadores daqueles que fielmente perseveram e, assim, herdam o que Deus prometeu (v. 12b). Ademais, o trabalho da comunidade e as expressões de amor uns pelos outros fornecem uma razão a mais (*gar*) para a certeza expressa do autor sobre seu destino eterno (v. 9-10). Hebreus 6.9-12 serve como uma passagem de segurança extremamente importante para Fanning e Gleason. Por quê? Como essa passagem apoia os argumentos para a

---

[63] A frase "ó amados, estamos convencidos... de coisas melhores" serve como uma expressão poderosa da certeza do autor de que a comunidade experimentará as "coisas melhores" da salvação (ou seja, "a bênção de Deus", 6.7). Embora "estamos convencidos... de coisas melhores" é traduzido de várias maneiras (KJV: 'persuadido'; NRSV, NIV, NLT: 'confiante'; NASB, NET: 'convencido'; e ESV, RSV: 'temos certeza'; BAGD, 639d 4–640a BDAG, 792a 2b), o uso retórico do autor com o plural "nós" é uma expressão enfática de sua confiança pessoal neles. Além disso, o uso dos afetuosos "ó amados" (NIV, NET) ou "amados" (KJV, NASB, RSV, RRSV, ESV), uma abordagem direta usado apenas aqui em Hebreus, também serve para reforçar o desejo do autor em encorajar em vez de desencorajar a comunidade em sua atual condição espiritual.

[64] A afeição do autor pela comunidade continua com "nosso grande desejo" (NLT) ou "nós queremos afetuosamente" (NET). Mais uma vez, o uso retórico do autor do plural masculino "nós" é uma expressão enfática de sua confiança pessoal neles. Embora, às vezes, traduzidas como "desejamos" (KJV, NASB, RSV, ESV) ou "queremos" (NIV, NRSV), tais traduções minimizam o desejo sincero e tranquilizador do autor por esse grupo de "amigos estimados" em outros contextos, esse verbo muitas vezes comunica fortes anseios de paixões sexuais (Mt 5.28; Rm 13.9 e 4 Mc 2.5, ambos citam Êx 20.15, 17; Dt 5.17, 21), de coisas desejadas (At 20.33; Rm 7.7; 1 Mc 4.17; cf. 11: 2: 8 [Is 2.8]; 57.20-21), de vontade de se alimentar (Dt 14.26; 2 Rs 23.15; 1 Cr 11.17; Lc 15.16; 16.21), ou de aspirar por coisas de valor (Is 26.9; Lc 22.15; 1 Tm 3.1; Sab. 6:11; Sir 1:26; 4Q372 f2: 6). Em Hebreus 6.11, o desejo do autor é um anseio enfático, um desejo urgente, um desejo afetuoso por cada indivíduo ("cada um de vós"; cf. 3.12-13; 4.1, 11; 10.25; 12. 15) que se desenvolvam na fidelidade para com Deus e com os outros, continuando como cada um tem feito (v. 10).

[65] Essa segunda ocorrência do adjetivo "negligente" ou "indolente" (*nōthros*; veja 5.11) lembra a crítica inicial do autor à comunidade em 5.11–14, que precedeu sua exortação (6.1-3) e advertência (6.4-8). Nos versos 9-12, no entanto, o autor expressa sua confiança e desejo de que eles continuem e herdem o que Deus prometeu.

segurança eterna? Como Osborne abordam essa passagem à luz dos versículos 4–8?

Independentemente de como poderemos responder a alguns dos debates teológicos típicos em torno de Hebreus 5.11-6.12, a unidade como um todo parece ser um excurso para repreender os crentes a avançar em seu conhecimento sobre Jesus. Essa advertência bem conhecida ocorre no meio do que parece ser o coração do livro aos Hebreus, pois o autor agora dará mais ênfase no Filho como rei-sacerdote na ordem de Melquisedeque (5.1-10; 6. 13-7.28 ou talvez em 8.2).

## Conclusão

Obviamente minha intenção com esta orientação contextual não foi tirar quaisquer conclusões teológicas. Tampouco foi meu objetivo resolver os numerosos problemas que cercam essas passagens. Em vez disso, é servir como um meio para apresentá-lo às passagens de advertência e a algumas das questões discutidas nos capítulos subsequentes deste livro. Além disso, não é intenção dos colaboradores, necessariamente, representar todos os aspectos de seus respectivos sistemas teológicos. Isso será particularmente verdadeiro para aqueles que representam a visão reformada. Nem é sua intenção resolver todas as tensões que essas passagens de advertência trazem para os sistemas de teologia que eles representam. Em vez disso, *Apostasia em Hebreus* procura expor as tensões existentes e fornecer várias maneiras pelas quais quatro eruditos com grades teológicas diferentes os interpretam no contexto literário e histórico de Hebreus.

Quanto à minha organização e apresentação das advertências, devo confessar que a propensão do autor de Hebreus a organizar seu material por meio do uso dos padrões literários reconhecíveis de quiasmos evidentes ao longo das unidades menores de pensamento do livro[66] me interessam. Talvez, o autor tenha organizado as passagens de advertência na forma de um quiasmo para reforçar a ideia de que eles são de fato "um todo orgânico" como sugerido por McKnight.[67]

---

[66] Victor Rhee, "Quiasmo e o Conceito de Fé em Hebreus 12:1–29", *WTJ* 63.2 (2001).

[67] Mcknight, "As Passagens de Advertência de Hebreus", 21–59; Guthrie, *Structure of Hebrews*, 136; Buck, "Arranjo Retórico e Função das citações do AT."

A Hebreus 2.1–4: "ouça" (acredite)

B Hebreus 3 .7–4.13: Confie e obedeça (apreensão explícita com a desconfiança e a desobediência) C Hebreus 5.11–6.12: Aprendizes por toda a vida

B Hebreus 10.19–39: Confie e obedeça (apreensão explícita com a desconfiança e a desobediência)

A Hebreus 12.14-29: "ouça" (acredite)

Jogando com a perspectiva de que as passagens de advertência possam ser um quiasmo para o livro de Hebreus serve muito bem para introduzir *Apostasia em Hebreus*. Obviamente, dentro da minha apresentação, Hebreus 5.11-6.12 é o coração do interesse do autor.[68] Mas as cinco passagens de advertência juntas são todas exortações de encorajamento para os crentes perseverarem porque o Filho é aquele por intermédio o qual Deus falou e aquele por meio do qual o Antigo Testamento foi cumprido. Eles chamam os crentes a crer (2.1-4; 12.14-29) em vez de desconfiar e desobedecer (3.7-4.13; 10.19-39) o que Deus prometeu mediante o Filho. Além disso, os crentes devem crescer em seu entendimento sobre o Filho (5.11-6.12). Em geral, as passagens de advertência em Hebreus referenciam os eventos históricos e o fracasso da geração do deserto do Sinai, bem como o castigo de Deus àquela comunidade como um exemplo a não ser repetido. A comunidade do deserto serve como uma advertência de que o Senhor, em uma época anterior, castigava aqueles que não confiavam e o desobedeciam e a seus mensageiros. Deus não mudou. As passagens de advertência revelam que ele é consistente ao lidar com a incredulidade e desobediência. As consequências, no entanto, parecem ser maiores nesta nova era. Como resultado, essas cinco passagens de advertência não apenas desafiam nossos sistemas teológicos, mas, mais importante, elas devem nos desafiar na forma pela qual devemos viver e oferecer adoração a Deus.

---

[68] Compare com George E. Rice, "A Estrutura Quiástica da Seção Central da Epístola de Hebreus", *AUSS* 19 (1981): 245.

# A perspectiva arminiana clássica

*Grant Osborne*

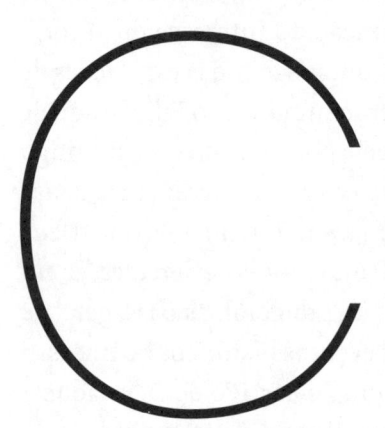

Certamente um dos exercícios teológicos mais difíceis é encontrar o equilíbrio entre a soberania de Deus e o livre-arbítrio da humanidade. Depois de quase 1600 anos de especulação sobre as questões, a discussão fundiu-se em duas escolas de pensamento concorrentes, os seguidores de Calvino e os seguidores de Armínio.[69] Ambos os lados concordam amplamente sobre o significado da depravação total — que quando a uma pessoa é dada a escolha para aceitar o Cristo, essa pessoa o rejeitará. É na solução do dilema colocado (alguém pode ser salvo?) que as diferenças surgem. Para o calvinista não há esperança até que Deus soberanamente atue e com base em sua vontade misteriosa eleja alguns para a salvação e então os subjugue com sua graça irresistível para que eles escolham a Cristo (é aqui que entra a vontade da humanidade). Aqueles que são eleitos, então, são "mantidos pelo mesmo poder" (1 Pe 1.5), de modo que estejam absolutamente protegidos da apostasia.

Para o arminiano, Deus ainda age soberanamente, mas envia seu Espírito que convence cada pessoa (assim, um convencedor de oportunidades iguais!) e supera sua depravação total, de modo que eles façam

---

[69] Para um modelo e discussão do que segue, veja Grant Osborne, *The Hermeneutical Spiral: A Comprehensive Introduction to Biblical Interpretation* (downers grove, il: interVarsity, 1991), 306-7.

uma escolha por meio da presciência, Deus sabe quem escolherá a Cristo (mas não os força a fazê-lo) e, com base nessa presciência, os predestina a "se conformarem à semelhança de seu Filho" (Rm 8.29). Ademais, para o arminiano, a decisão da fé não é uma obra (Ef 2.8-9) porque não é um agente ativo pelo qual nos salvamos (a heresia pelagiana, com frequência é erroneamente atribuída à posição arminiana). Antes, a fé é uma rendição passiva ao Deus que nos salva, uma abertura de nós mesmos a ele, que opera a salvação em nós. Mas ainda é uma escolha livre. Essa liberdade passa então para a vida de santificação, enquanto o Espírito continua a trabalhar em nós. Mas também decidimos por nós mesmos deixar o Espírito trabalhar ou viver em nós. Assim, podemos (1) recair e, em algum momento, permitir que o pecado separe Cristo de nossa vida (Tg 5.19-20) ou (2) ativamente repudiá-lo (Hb 6.4-6). No primeiro caso, o apóstata pode ser trazido de volta a Cristo; no segundo, cometeu o pecado imperdoável e nunca mais quererá voltar, nem Deus jamais o convencerá novamente.

Obviamente, as passagens de advertências em Hebreus são um componente-chave desse debate. Contudo, antes de nos voltarmos para elas, devemos entender a situação e a estratégia do livro aos Hebreus. Quase tudo sobre o livro é debatido; a única área de acordo geral é que o perigo abordado no livro é a apostasia. Lane diz: "O escritor sentiu que alguns membros dos grupos estavam em grave perigo de apostasia, que ele definiu como um afastamento do Deus vivo (3.12) e a exposição de Jesus Cristo a desonra pública (6.4– 6; 10.26–31)."[70] Ellingworth acrescenta: "A fraqueza interna pode ter sido uma condição crônica, pressupondo que alguns dos leitores abandonassem, em algum ponto crítico, sua fé em Cristo, mas o escritor enfatiza nos termos mais fortes, a responsabilidade pessoal daqueles que (quase por definição intencionalmente) apostatam".[71]

Observemos também brevemente a situação social por trás do livro.[72] Existe um consenso de que a igreja em pauta é Roma (talvez uma igreja doméstica em particular) e duas fases da história da igreja

---

[70] William L. Lane, *Hebrews 1–8*, WBC 47a (Dallas: Word, 1991), lxii.

[71] Paul Ellingworth, *The Epistle to the Hebrews: A Commentary on the Greek Text*, NIGTC (Grand Rapids: Eerdmans, 1993), 80.

[72] Para o que segue, veja Grant R. Osborne, "O Cristo de Hebreus e Outras Religiões", *JETS* 46.2 (2003): 249–54.

são apresentadas. A igreja provavelmente foi fundada por uma equipe evangelística semelhante à de Estevão e Paulo, cujo ministério foi acompanhado por milagres e dons carismáticos (Hb 2.4). Nos primeiros anos, a igreja era predominantemente judaica (havia 40 a 50.000 judeus em Roma), embora os gentios tenham começado a adentrar a igreja e, no momento do relato, fosse uma congregação mista. Os primeiros anos também viram muita perseguição (10.32-34), a recusa dos cristãos em participar das festividades nas guildas, honrando seus deuses patronos e na vida cúltica em geral dos romanos, resultaria em sérias repercussões.[73] Tais conversões causaram uma grave desavença social, já que eles se afastavam de seu mundo social anterior e lentamente eram assimilados em sua nova comunidade de fé. DeSilva rotula essa nova autopercepção como "morrendo para sua antiga vida" e "renascendo para a nova", resultando em sua marginalização em relação à sociedade passada e seus valores.[74] A perseguição assumiu a forma de ridicularização pública, aprisionamento, e perda de propriedade (10.33-34a), mas triunfaram sobre isso, compreendendo que suas novas "possessões eram melhores e duravam para sempre" (10.34b NIV) e seguindo a influência e o exemplo de seus líderes (13.7).

Muitos anos depois, o aprisionamento e a desonra estavam mais fortes do que nunca (13.3), mas a situação espiritual havia mudado. Os crentes tinham sido cristãos por tanto tempo que, poderiam ser mestres (5.12), mas um mal-estar espiritual se instalou, uma "negligencia" que os levou a se recusar a buscar entender as implicações de sua caminhada com Cristo e fez com que eles fossem " mentalmente negligentes" (nōthros, 5.11; 6.12). Eles ouviram, mas não conseguiram crescer ou mesmo responder às verdades do ensino cristão. Isso levou a vários perigos. Devido à severidade da perseguição e ao desânimo que se seguiu, muitos estavam voltando a suas antigas práticas e "se afastando" (2.1). Nesse sentido, havia uma "incapacidade comum de viver dentro do status inferior que as associações cristãs haviam imposto a eles, o desejo menos agudo (ainda que potente) de apreciar mais uma vez os bens e a estima

---

[73] Veja C. R. Koester, *Hebrews: A New Translation with Introduction and Commentary*, AB 36 (New York: Doubleday, 2001), 65–67.

[74] David A. deSilva, *Perseverance in Gratitude: A SocioRhetorical Commentary on the Epistle "to the Hebrews"* (Grand Rapids: Eerdmans, 2000), 10–11.

de sua sociedade".⁷⁵ Para outros, no entanto, havia o perigo (ainda não realizado, mas ainda muito real) de um repúdio ativo a Cristo, uma apostasia que significava um retorno às suas raízes judaicas (ou ao paganismo pela minoria gentílica). O autor está alertando ambos os grupos sobre as consequências de seu destino.

A questão é obviamente a definição de apostasia e a estrutura espiritual daqueles que estão sendo advertidos. Pode um verdadeiro crente, um dos eleitos, verdadeiramente apostatar e perder sua salvação? Por isso, é importante estudar a identificação espiritual dos destinatários. McKnight faz um excelente trabalho ao reunir os lugares onde o autor descreve sua audiência:⁷⁶ Ele se identifica com os mesmos e usa a abordagem "nós" (2.1–4; 3.14; 4.1, 11, 14–16; 6.1; 10.19–26; 12.1–3, 25–29) e assim inclui-se nas advertências; ele os chama de "irmãos e irmãs" (3.1 ["Irmãos santos participante da vocação celestial"], 12; 10.19; 13.22); eles são salvos e santificados por Cristo (2.11, 12, 17); são crentes (4.3); são santificados (10.29); experimentaram a conversão (2.3-4; 10.22); eles foram iluminados (10.32); viveram a vida cristã (6.10; 10.32-34). Além disso, há a lista em 6.4-6 que será discutida a seguir. A conclusão mais provável é que eles são regenerados e não apenas quase cristãos. Isso se encaixa bem nas descrições anteriores; de fato, é difícil ver essa linguagem como apropriada para aqueles que são membros da igreja, mas que na verdade não foram salvos. Representações tão fortes dificilmente podem descrever tais pessoas — elas devem ser verdadeiras crentes. Se esse for o caso, as advertências são entregues aos verdadeiros fiéis. É essa faceta do livro que estamos estudando. Conforme acordado pelos autores deste livro, as passagens de advertência são 2.1–4; 3.7–4.13; 5. 11-6.12; 10.19-39; 12.14-29. Vamos discutir cada uma por sua vez.

## O Perigo de se Afastar (Hb 2.1–4)

A primeira advertência ocorre no meio da passagem sobre a superioridade do Filho em relação aos anjos (Hb 1.5-2.18),⁷⁷ mas na verdade se baseia

---

⁷⁵ Ibid., 19.

⁷⁶ Scot Mcknight, "As Passagens de Advertência de Hebreus: Uma Análise Formal e Conclusões Teológicas", *TJ* n.s. 13 (1992): 43–44.

⁷⁷ Albert Vanhoye, *Structure and Message of the Epistle to the Hebrews* (Rome: Pontificio Istituto Biblico, 1989), 24, aborda o arranjo simétrico do material sobre a relação de Cristo com Deus (1.5-14) e com os homens (2.5-18) em torno da exortação central de 2.1-4.

no conjunto de Hebreus 1.1–14. Aqui o autor mostra a superioridade de Jesus à antiga revelação, culminando em "(Deus) nos falou em seu Filho" (en huiō, 1.2a), seguido por uma afirmação credal da morte de Cristo e exaltação que fornece o tom para o resto da epístola.[78] De fato, essa seção é estruturada via Salmo 110.1 (1.3, 13), uma passagem de entronização que ocorre quatro vezes em pontos críticos no livro (1.3, 13; 8.1; 10.12) e fornece uma orientação espacial envolvendo a sessão celestial de Jesus à direita de Deus.[79] Então uma catena de citações de cumprimento (1.5–13) estabelece Jesus não apenas como acima dos anjos e o objeto de sua adoração, mas também como o Messias davídico e o Filho divino que é o único digno de adoração.[80]

Após esse começo impressionante, o autor sente que deve parar e abordar o perigo a que os leitores estão expostos. DeSilva vê um silogismo na progressão do pensamento do capítulo 1 ao capítulo 2:[81]

- Deus nos falou pelo Filho (1.2);
- O Filho é maior que os anjos (1.4–14);
- Devemos ouvir e obedecer a essa mensagem, vendo o castigo que ocorreu com as transgressões anteriores (2: 1-2).

Esta, a mais branda das advertências, centra-se não apenas no processo, mas também nas consequências da queda. A solução é "prestar a maior atenção possível" (*perissoterōs*, *prosechein*, com o advérbio comparativo tendo força superlativa),[82] possivelmente utilizando uma metáfora náutica para manter um navio no rumo à medida que se aproxima de um porto.[83] Os leitores[84] precisam (*dei*) manter a mais estrita

---

[78] Ellingworth, *Hebrews*, 95, aponta para um arranjo quiástico envolvendo a entronização de Cristo (nomeado como herdeiro = sentado à direita de Deus), sua ação no universo (criou o mundo = sustenta o universo) e sua relação com Deus (reflete a glória de Deus = tem o selo de Deus).

[79] Veja George Guthrie, *The Structure of Hebrews: A TextLinguistic Analysis* (Leiden: e. J. Brill, 1994), 123–24; e igualmente, "Teologia da Exaltação em Hebreus: Uma Análise do Discurso da Função do Salmo 110.1 em Hebreus 1.3" (Teses de Mestrado no Trinity Evangelical Divinity School, 1989), 117–19.

[80] Veja Herbert W. Bateman iV, "Salmo 45.6-7 e sua Contribuição Cristológica a Hebreus", *TJ* n.s. 22 (2001): 3–21.

[81] DeSilva, *Perseverance in Gratitude*, 104.

[82] Veja Lane, *Hebrews 1–8*, 34n.

[83] Koester, *Hebrews*, 205; e DeSilva, *Perseverance in Gratitude*, 104.

[84] Na verdade, o autor se inclui com eles dizendo "nós". Gerald L. Borchert, *Assurance and Warning* (Nashville: Broadman e Holman, 1987) 162, diz que o autor "usou um tipo de tratamento de choque, juntando-se a eles como estando em perigo de se afastar".

disciplina em atentar para o ensino dado em 1.1-14. A situação é séria e envolve "afastar-se" (*pararyōmen*), outro conceito náutico que envolve um navio saindo do curso e se despedaçando (neste contexto, veja a seguir) contra os rochedos. Esse verbo também poderia significar que um anel escorregando do dedo,[85] mas a combinação com o outro verbo provavelmente favorece a ideia náutica[86] (combinada) de "permanecer no curso do ensinamento e não se deixar desviar para o perigo".

Parece que o autor está preocupado com os cristãos que "se afastaram" que perderam suas amarras e precisam se recompor mais uma vez. Mas é mais do que isso. A consequência/perigo é enunciado em Hebreus 2.2–3, usando-se um *qal wahomer* (menor para o maior) raciocinando e construindo a revelação superior de 1.1-2a. O "menor" é a antiga revelação (em particular, a comunidade do Sinai que recebeu a Torá que foi "falada pelos anjos"),[87] que era legalmente "válida, obrigatória" (*bebaios*, um termo forense para leis legalmente estabelecidas) e exigia que toda "transgressão" da lei de Deus fosse punida. Também, essa punição era um "castigo justo" (*endikon misthapodosian*, 2: 2), refletindo tanto "justiça" quanto um "pagamento" adequado (uma metáfora comercial para o que foi merecido). Ligado aos termos legais negativos "transgressão" e "desobediência", significa que toda violação da lei teve um "castigo justo" equivalente. Muitas vezes, como visto em muitas histórias do Antigo Testamento, o castigo era a morte física.

A revelação "maior" é a mensagem do evangelho revelada por intermédio de Jesus primeiramente (1.2a-2.3–4) e declarada mediante a cruz.[88] A lei "foi falada pelos anjos" (2.2), mas o evangelho "foi falado pelo

---

[85] Usado dessa forma em Plutarco, *Amatorius*, 754a, e preferido por Hugh Montefiore, *The Epistle to the Hebrews*, HNTC (New York: Harper and Row, 1964), p. 51; D. A. Carson, "Fluir", em NIDNTT, 1: 683. A metáfora náutica é rejeitada por C. Spicq, *L'Épître aux Hébreux* (Paris: J. Gabalda, 1952-1953), 1: 66-67; e por Ellingworth, *Hebrews*, 137, que dizem que a metáfora náutica não é provada. Eles preferem o sentido que o verbo tem em Provérbios 3,21 LXX: "Não deixes (meu conselho) se apartar de teus olhos".

[86] Lane, *Hebrews 1–8*, 35, aponta que essas são metáforas opostas para "agarrar-se" (imagem de âncoras que prendem um navio às amarras) e "afastar-se" (imagem de um navio saindo lentamente do curso). I. Howard Marshall, *Kept by the Power of God: A Study of Perseverance and Falling Away* (London: Epworth Press, 1969), 134, diz que a metáfora não descreve tanto o perigo das rochas e águas rasas como a negligência dos próprios marinheiros.

[87] Anjos não são mencionados no MT, mas estão presentes na Septuaginta (Dt 33.2), bem como em *Jub.* 1:27; 2: 1; e Jos., *Ant.* 15.5.3 § 136; At 7.38, 53; Gl 3.19.

[88] Veja Erich Grässer, "Das Heil as Wort: Exegetische Erwägungen zu Hebr 2, 1-4", *Neues Testament und Geschichte, zum 70*, Oscar Cullmann, ed. H. Baltensweiler e B. Reicke (Tübingen: Mohr, 1971), 263-65, que argumenta que a "palavra" de Jesus inclui tanto seus ensinamentos quanto seus feitos

Senhor", utilizando o contraste do capítulo 1 entre os anjos e o Filho. O paralelo para " afastar-se" (2.1) é "ignorar, desconsiderar" (*amelēsantes*, v. 3), que em outro lugar fala de "não prestar atenção" a um convite para o banquete (Mt 22.5) ou seu povo desobediente "afastando-se" de Deus (Hb 8.9, uma citação de Jr 31.32). Conota a ideia de um povo que conhece a verdade, mas não se importa o suficiente para dar-lhe qualquer atenção. O que eles estão desconsiderando é "uma tão grande salvação", que é algo "muito maior" do que a Torá. Paulo diz ao longo de suas cartas que a Torá só poderia apontar pecados individuais (isto é, mostrar que são transgressões, a saber, que eles quebram as leis de Deus), mas nunca poderia resolver o problema do pecado (isto é, Rm 3.20; 4.13-15; Gl 2.16; 3.19-4.7). A lei apontou para Cristo que providenciou o sacrifício de uma vez por todas e, portanto, produziu a ("tão grande") salvação final.

A realidade da nova aliança tem uma confirmação maior: Anunciada pelo próprio Senhor (2.3; o mesmo Senhor exaltado de 1.2b-3), garantida ou "comprovadamente precisa" (ebebaiōthē, o cognato de bebaios em 2.2 remete a outro termo legal) pelo testemunho ocular (em 1 Co 15.6 Paulo disse, "muitos ainda estão vivos e vocês podem perguntar a eles mesmos"). Finalmente, o próprio Deus "endossou sua testemunha"[89] (o forte *synepimartyrountos* significando que o Senhor acrescentou de forma legal seu testemunho oficial ao deles) de duas maneiras: Por sinais, maravilhas e milagres (como visto em Atos, onde os milagres serviram para validar o testemunho apostólico, cf. At 2.22, Rm 15.19, 2 Co 12.12) e pela "distribuição" dos dons espirituais pelo Espírito (demonstrado em Rm 12.4-8 e 1 12.7-11). Em outras palavras, a autenticidade e a grandeza da nova aliança estão fora de questão, e a pessoa a ignora para seu eterno risco.

Então, se a salvação é "maior", seria de se esperar que o castigo fosse maior também. Conhecemos o castigo por quebrar a aliança; algo veio sob as maldições da aliança, o que muitas vezes significava a morte do transgressor da lei. Então, que tipo de "castigo" seria apropriado para aquele que "se afasta" e "desconsidera" a salvação de Cristo? O autor não diz aqui, pois ele está introduzindo uma questão que deve ser explicada com maior detalhe nas outras passagens de advertência. Ele começa *suavemente*, mas aos poucos vai *intesificando* à medida que a

---

em um evento escatológico de salvação, centralizando-se na cruz e exaltação.

[89] A tradução de Lane, *Hebrews* 1–8, 39.

temática vai surgindo. Ele nos deixa com a pergunta básica, "Como nós escaparemos?" A resposta implícita é: "Nós não escaparemos".

## *O Grande Perigo de Perder o Descanso de Deus (Hb 3.7-4.11)*

A segunda passagem de advertência é de longe a mais extensa; de fato, é a mais antiga exposição midráshica de um texto do Antigo Testamento na epístola.[90] Domina a seção que trata da superioridade de Cristo em relação a Moisés e Josué (3.1-6; 4.8). No entanto, está intimamente relacionada, pois utiliza o Salmo 95. 7-11 (que se desenvolve em Nm 14) como um chamado para se submeter a Deus, ao contrário de Israel no deserto. Há também uma conexão literária, como Hebreus 3.1 chama os "santos irmãos e irmãs" para katanoēsate ou "observar atentamente, manter seus pensamentos" em Jesus, conotando cuidadosa atenção à "confissão" de fé que lhes foi ensinada. Isso prepara para 3.6b, o desafio que leva especificamente à passagem de advertência. Tendo desenvolvido a ideia de que tanto Moisés quanto Jesus eram "fiéis na casa de Deus", o autor conclui que "nós somos sua casa (a igreja como a casa de Deus), se de fato (eanper) nós continuarmos…" Como disse Lane, isso "implica que o resultado é contingente à resposta dos ouvintes".[91] Essa é uma das várias declarações condicionais do Novo Testamento a respeito da salvação (Hb 3.14; cf. Rm 8.9, 17; 11.22; 2 Co 13.5; Cl. 1.23; e outros) E deve ser considerada outra passagem de advertência, bem como a introdução em Hebreus 3.7 e seguintes. Os crentes aqui devem "manter-se firmes" ou manter o controle (*kataschōmen*) em sua "ousadia" (possivelmente perante Deus [Lane] e em seu testemunho [Ellingworth]) e com um "orgulho" estabelecido na "esperança" (genitivo objetivo, to kauchēma tēs elpidos) que eles têm diante de Deus. Finalmente, há um contraste entre Moisés, que era "fiel" (3. 2, 5) e Israel, que foi infiel (3.7ss.). Os leitores são chamados para serem como Moisés, não como Israel.

O *midrash* no Salmo 95 vai além disso. Há duas partes principais: Hebreus 3.7-9, centrado na descrença passada de Israel e sua terrível consequência (todos eles morreram no deserto) como uma advertência aos crentes; e 4.1-11, baseando-se no Salmo 95, mas voltando-se para a

---

[90] Simon Kistemaker, *The Psalm Citations in the Epistle to the Hebrews* (Amsterdam: Wed. G. Van Soest NV, 1961), 74-75, chamam esse midrash pesher de acordo com as linhas de 1 Qphab, envolvendo uma contemporização do texto em termos da crise atual.

[91] Lane, *Hebrews* 1–8, 71; cf. BDF § 454[2].

promessa futura de um descanso final com Deus (e a perda disso) como advertência. Então Hebreus 4.12-14 forma uma conclusão em duas partes que trata do poder da palavra (v. 12-13) e a necessidade de "reter a confissão" (v. 14, em um *inclusio* com 3.6b).

### O Modelo Passado (Hb 3.7–19)

Aqui também há duas partes, a citação do Salmo 94.7-11 (LXX; 95:7-11) em Hebreus 3.7-11 e a exposição midráshica do autor nos versículos 12–19.[92] A citação em si parece à terrível rebelião de Números 14, quando Israel estava acampado em Cades, pronto para entrar na terra prometida. No entanto, quando os líderes enviados para espionar a terra retornaram com um relato terrível (contra Josué e Calebe) a respeito da estatura e proeza dos habitantes ("parecíamos gafanhotos", Nm 13.33 NIV, NRSV), os israelitas se rebelaram, e se recusaram a entrar na terra. Com isso, a ira de Deus ardia contra o povo, e ele se recusou a permitir que eles entrassem na terra, de modo que morreram no deserto.[93] Vamos percorrer o Salmo 95, juntamente com a exposição que o autor usa. Observe que o Espírito Santo é visto como a fonte última da citação (Hb 3.7; cf. 9.8; 10.15), enfatizando a natureza reveladora do salmo e tornando-a uma mensagem direta de Deus para os ouvintes.[94]

A seguir, prosseguiremos discutindo a citação e a exposição em paralelo, e seus fundamentos, mostrando como o autor desenvolve o Salmo 95, ponto a ponto. A primeira admoestação é "obedecer a sua voz", que tanto no salmo quanto em Hebreus 3 é exatamente o que Israel não conseguiu fazer (e onde os leitores são tentados a falhar

---

[92] Dana Harris, "As Citações do A.T. na Epístola de Hebreus: Uma Discussão Teológica em Desenvolvimento" (manuscrito não publicado), diz que o autor normalmente escolheu textos posteriores como o Salmo 95, em vez dos textos originais (como Nm 14) porque ele queria estruturar suas reflexões teológicas sobre o evento original. Ao fazê-lo, há três fases para a relação tipológica – como pregrinos no deserto para a comunidade do saltério, bem como para a comunidade do primeiro século a.C., por exemplo. O padrão do agir de Deus assim estabelecido é ainda mais poderoso por causa de seus múltiplos relacionamentos.

[93] Jon Laansma, *"I Will Give You Rest": The "Rest" Motif in the New Testament with Special Reference to Mt 11 and Heb. 3–4*, WUNT 98 (Tübingen: Mohr-Siebeck, 1997), 260, observa que essa passagem se concentra na advertência e na necessidade concomitante de perseverança. O midrash em si é subordinado a esses temas.

[94] Philip E. Hughes, *A Commentary on the Epistle to the Hebrews* (Grand Rapids: Eerdmans, 1977), 141, diz que "tem o efeito de exigir a atenção séria dos leitores e enfatizar a extrema seriedade da advertência viculada na citação: é ninguém menos que o Espírito Santo que os está admoestando por meio dessa passagem das Escrituras".

também). No versículo 12, o autor começa similarmente com blepete ("tome cuidado, veja"), o desafio básico do Novo Testamento à vigilância espiritual e obediência (significa "ver, compreender e obedecer") dos mandamentos de Deus (por exemplo, é uma chave para o tema da vigilância no discurso do Monte das Oliveiras em Mc 13.2, 5, 9, 23, 33).[95] Nesse contexto negativo, também significa "cuidado" com o mesmo "coração perverso e incrédulo" que Israel demostrou no deserto. A imagem do "endurecimento"[96] do coração" (Hb 3.8) também é analisada nessa imagem; incredulidade e endurecimento são sinônimos virtuais aqui. "Incredulidade" (*apistia*) estrutura a exposição (v. 12, 19) e assim torna-se a principal advertência.[97] O versículo 12 é um genitivo descritivo que significa um "coração incrédulo" que então se torna "maligno" (*ponēra*), ou cheio de maldade, interpretando "seus corações estão sempre se desviando" no versículo 10b. Essa incredulidade também os levou a "abandonar o Deus vivo" (*en tō apostēnai apo theou zōntos*), ampliando a imagem de "eles não conheceram os meus caminhos" no versículo 10b. Esse é o cerne da questão, preparando-se para o pleno uso dessa imagem de apostasia em 6.6 (onde será debatido de forma mais ampla). A modificação é da incredulidade, do mal, da queda, e isso é obviamente uma séria advertência com terríveis consequências.

A ideia de "hoje (veja a seguir em 4.7-8), se vocês ouvirem a sua voz, não endureçam os seus corações como vocês fizeram na rebelião" (3.7b-8a NIV) é desenvolvida mais adiante nos versículos 15–16, ligado a "provação" de Israel no deserto. Na verdade, as duas ideias no Salmo 95.8–9 são *Meribá* (rebelião = "se rebelaram" contra Deus) e *Massá* ("tentaram" Deus), que introduz um segundo fato — as murmurações de Israel

---

[95] A declaração de Ellingworth (*Hebrews*, 221), que blepete é uma "metáfora morta", não poderia estar mais errada.

[96] "Endurecer" (*sklērynēte*) significa um espírito "teimoso e obstinado" que permanece fechado à verdade de Deus. É usado nas escrituras sobre Faraó (Êx 7.3, 13-14 e outros), Israel no deserto (Êx 32.9), Zedequias (2 Cr 36.13) e todos os que se colocam acima de Deus. No NT é usado para os discípulos (Mc 6.52; 8.17), bem como para os líderes de Israel (Mc 3.5).

[97] DeSilva, *Perseverance in Gratitude*, 144, acredita que ajpistiva significa falta de confiança ou falta de confiabilidade, decorrente do fenômeno social da patronagem e do cumprimento de obrigações. Deus tinha uma obrigação na aliança em trazer Israel para a terra e tinha dado provas de sua confiabilidade (Nm 14.11, 22; Sl 95.9). Mas acreditando nos espiões, as pessoas começaram a vacilar e duvidar que Deus, seu patrono, cumprisse sua promessa. Quando eles queriam voltar ao Egito, isso era um insulto e desprezo a Deus, seu patrono (14.11), e o provocou a ira. DeSilva provavelmente está correto em relação à história em Números 14, mas "incredulidade" significa mais do que isso em Hebreus, como será visto em 6.4–6 e 10.26–31. Isso se refere a uma rejeição absolutamente pagã de Deus, não apenas uma falta de confiança.

sobre a água no Êxodo 17.1–7 (pecado recorrente em Nm 20.2-13). Os dois incidentes em Êxodo 17 e Números 14 tornaram-se exemplos importantes sobre a rebelião[98] da nação e são combinados aqui. A esperança do autor é que a comunidade cristã judaica não caia no mesmo pecado de rebelião/apostasia. Ele usa uma tipologia negativa, uma antítese que os leitores *não* devem imitar.

Os dois resultados do coração endurecido de Israel são a ira de Deus (Hb 3.10a, elaborada no v. 17) e seu castigo de que eles nunca entrariam em seu descanso (a terra prometida em Nm 14, o templo em Sl 95[99] — Hb 3.11b, elaborado no verso 18). A ira divina se intensificou em Números 14.11-12 ("Eu os ferirei com uma praga") até o versículo 23 ("nenhum deles jamais verá a terra que eu prometi") até o versículo 32 ("seus corpos cairão no deserto") até o versículo 43 ("cairás à espada"), sempre por causa de sua incredulidade obstinada. A base para a ira e o juízo de Deus é repetida em 3.18b-19 — eles falharam em entrar no descanso divino por causa da desobediência e incredulidade.

Mas há esperança. Em Hebreus 3.13–14, o autor diz a seus leitores como eles podem emergir triunfantes sobre o terrível perigo. Ambos os versículos lidam com a dimensão coletiva da vida cristã. Em nossa época de individualismo exacerbado (um conceito muito antibíblico!), isso é ainda mais importante. Em Hebreus, de fato, existem dois antídotos para a apostasia: O lado vertical, a confissão de nossa esperança diante de Deus; e o lado horizontal, o envolvimento da comunidade na vida do crente em particular.

Este é o aspecto horizontal: (1) dentro da comunidade, eles devem parakaleite heautous, muitas vezes traduzido erroneamente aqui como "encorajar uns aos outros".[100] O verbo na verdade significa "exortar" e em um contexto positivo significa "encorajar"; mas em um contexto negativo (como aqui) significa "admoestar, advertir".[101] O positivo é

---

[98] Wilhelm Michaelis, "parapikrainō", TDNT, 6: 125–27, nos diz que os termos parapikrasmos não existiam antes da Septuaginta, mas ocorrem quarenta vezes lá e significam não apenas "provocar" ou "enfurecer", mas também "ser obstinado, recalcitrante" e, assim, "se rebelar". O último está mais alinhado com o significado aqui.

[99] Veja Laansma, "*I Will Give You Rest*", 101.

[100] Enquanto Westcott e Spicq acreditam que heautous é mais forte do que allēlous, isto é, enfatizando a interação, é comumente reconhecido que heautous frequentemente tem um impulso recíproco (BDF § 287). Brooke Foss Westcott, *The Epistle to the Hebrews* (Grand Rapids: Eerdmans, 1984), 84.

[101] Hughes, *Hebrews*, 147, reconhece isso, mas estranhamente Ellingworth, *Hebrews*, 223, parece ignorar. Harold W. Attridge, *The Epistle to the Hebrews: A Commentary on the Epistle to the Hebrews*,

encontrado em 10.25, "não deixando de se reunir... mas encorajando-se uns aos outros" (cf. Gl 6.2), mas aqui o perigo de ser "endurecido pelo engano do pecado" exige advertência (cf. Gl 6.1). Os leitores são confrontados com uma enorme pressão, e em sua letargia espiritual (Hb 5.11; 6.12) estão em grave perigo de permitir que o pecado os engane e, portanto, de "cair" na "incredulidade" (3.12-19). A necessidade primordial, portanto, é constantemente "advertir uns aos outros" (observe o tempo presente) à medida que a comunidade utiliza a vigilância espiritual, com cada membro ajudando o outro a não se descuidar da tentação. (2) eles devem manter sua relação com Cristo como "participantes"[102] na vida cristã. Para fazê-lo, no entanto, eles devem[103] "continuar firmes" (o mesmo verbo em 3.6) manter sua "confiança" em Cristo até o fim. "Se continuarmos" refere-se não apenas a "confiança" (*hypostaseōs*) mas ainda mais a uma "segurança" de que Jesus está lá. Ellingworth argumenta que isso significa um "estado de espírito" confiante como eles tinham quando foram convertidos.[104] A principal ideia aqui é uma participação coletiva de Cristo na comunidade que produz um senso de confiança que, se estivessem no Filho, o Pai continuaria a estar com eles.

A primeira metade da passagem é resumida em Hebreus 3.15-19[105] com uma série de três perguntas retóricas projetadas para centrar os ouvintes no paralelo com a geração do deserto que "ouviu e se rebelou" e que, desse modo, "caíram no deserto. As razões para um maior castigo são duas: desobediência e incredulidade. A seriedade disso é vista em ta kōla, um termo para "cadáveres" não sepultados (v. 17), descrevendo

---

Hermeneia: Um Comentário Crítico e Histórico sobre a Bíblia (Filadélfia: Fortress, 1989), 117, traduz-o como "exortação" neutra. Lane, *Hebrews* 9–13, WBC 47b (Dallas: Word, 1991), 290, observa o ponto, mas ainda por algum motivo o traduz como "encorajar".

[102] *Metochos* significa que, ao se tornarem seguidores de Cristo, eles "participam completamente" em sua vida e missão. A palavra é usada em Hebreus 3.1, em que significa que eles participam de "um chamado celestial", e em 6.4 significa que eles participam "no Espírito Santo". Em certo sentido, a divindade inteira é sua "parceira" em viver a vida cristã. Há um debate significativo sobre se o termo conota uma participação em Cristo (Spicq, Bruce, Montefiore, Lane, Attridge, Guthrie) ou uma participação entre si em Cristo (Hughes, Ellingworth), mas concordo com Otto Michel, *Der Brief an die Hebräer*, 13ª ed. (Göttingen: Vandenhoeck e Ruprecht, 1975), 189, que essa é uma falsa dicotomia, pois são dois lados da mesma moeda.

[103] O autor usa a mesma construção de *eanper* que ele utilizou em 3.6, significando que a relação é condicional.

[104] Ellingworth, *Hebrews*, 228 (seguindo BAGD, 847).

[105] Enquanto Lane, *Hebrews 1–8*, 88, acredita que o verso 15 resume o que precede, Erich Grässer, *An die Hebräer, Teil 1, Hebr 1–6*, EKKNT (Zurique: Benziger, 1990), 192; e Koester, *Hebrews*, 261, reconhece que isso leva ao que segue.

uma morte execrável (Gn 40.19; Dt 28.26; 1 Rs 14.11) que era apropriada para os apóstatas (Is 66.24).[106] Desobediência é a ação resultante da incredulidade e significa não uma queda ou afastamento casual, mas uma rebelião deliberada que tem um significado bilateral — o fracasso das pessoas no deserto em confiar em Deus e a consequente interrupção desse relacionamento.

### A Promessa Presente (Hb 4.1-11)

Enquanto Hebreus 3.12-19 mantém o foco na última linha do Salmo 95.7-11 (*"Eles nunca entrarão no meu descanso"*), Hebreus 4.1-11 se concentra na primeira linha (*"Hoje, se vós ouvirdes a sua voz"*) e acrescenta Gênesis 2.2 (*"E no sétimo dia Deus descansou de toda a sua obra"*) para transformar a advertência de juízo em uma promessa de descanso. Nisso, há duas partes (v. 1–5 e v. 6–11) que cobrem quatro questões: A promessa de descanso que resta (v. 1, 6a); as boas-novas recebidas anteriormente com incredulidade (v. 2, 6b); Salmo 95 vinculado à geração atual (v. 3, 7-8); bem como a Gênesis 2.2 (v. 4–5, 9–11).[107]

Será útil observar a tônica em desenvolvimento do tema do descanso no Antigo Testamento. Primeiro, claro, é Gênesis 2.2, o "descanso sabático" de Deus depois dos seis dias da criação. Então, há o restante de Israel entrando na Terra Prometida, seguido pelo descanso de Israel ao experimentar as bênçãos de ser o povo da aliança. Finalmente, no período intertestamental desenvolveu-se a ideia de repouso como vida eterna, utilizando todos os três já citados em um sentido metafórico de entrar no prometido reino eterno. Todos os quatro estão entrelaçados em Hebreus 4.1-11. Também é importante entender o conceito de "descanso" como usados aqui. Hurst estudou o debate sobre se a entrada no descanso de Deus ocorre agora mediante a fé, na morte (12.23), ou na consumação final (13.14), e concluiu corretamente que todos os três são encontrados aqui.[108]

Vamos proceder da mesma maneira que fizemos em Hebreus 3.7–19, mostrando como a segunda metade da passagem desenvolve

---

[106] Koester, *Hebrews*, 261.

[107] Ibid., 275–76.

[108] Lincoln D. Hurst, *The Epistle to the Hebrews: Its Background of Thought*, SNTSMS, 65 (Cambridge: Cambridge University Press, 1990), 71. Laansma, "*I Will Give You Rest*", 277-873, argumenta ainda que existe um sentido local e que ele deveria ser traduzido como "lugar de descanso", não tanto no sentido de um local celestial, mas como um lugar onde o povo de Deus descansa de suas obras (talvez semelhante aos "lugares celestiais" em Efésios), contra Attridge, *Hebrews*, 282– 83.

a primeira. Toda a passagem, no entanto, começa com "temamos que não" (*Phobēthōmen ... mēpote*). Isso resume as implicações de 3.7-19; como Israel foi excluído do descanso de Deus e morreu no deserto, e os leitores estão expostos perigosamente a ter o mesmo destino. Não obstante, o autor introduz um novo tópico, a promessa para o povo de Deus que ainda permanece, ou seja, a herança do descanso divino como vida eterna. Ao mesmo tempo, isso cria novas expectativas, pois agora seu destino eterno está em risco. Então esta seção busca se equilibrar entre promessa e advertência.

Primeiro, vejamos a promessa em si (4.1, 6a). O versículo 1 continua a advertência: "uma vez que a promessa permanece" (particípio causal), é preciso haver um temor real de que "alguns de vocês" (*tis ex hymōn*) possam "parecer ter falhado" (*dokē ... hysterēkenai*)[109] disto. Enquanto a promessa permanece, o perigo é bem real, pois alguns podem falhar em receber a promessa devido à incredulidade. Attridge pega a tônica de "parecem falhar", observando que duas grandes opções estão em aberto: (1) "pensando que eles ficaram para trás", tornando isso uma advertência contra uma pressuposição equivocada por parte dos leitores, que não se ajusta na gravidade da advertência aqui; e (2) a melhor opção para considerá-lo é "encontrado como tendo falhado", uma verdadeira advertência de um perigo real.[110] É difícil saber se é Deus ou a comunidade que encontra alguém falhando. É provável que Ellingworth esteja correto em dizer que em Hebreus dokeō normalmente se refere ao juízo humano (10.29; 12.10-13),[111] portanto, isso implica que o povo de Deus deve estar atento em observar uns aos outros em relação a esse perigo.

Esse é o primeiro lugar em que a promessa (*epangelia*) aparece em Hebreus. Mas é um tema importante, sempre focado na natureza infalível das promessas de Deus. O tema é a certeza em 10.23 de que "aquele que prometeu é fiel". Em 6,12,13,15,17 refere-se ao crente "herdando" a

---

[109] Desde que dokeō pode significar "pensar, encontrar" (TNIV, REB) ou "parecer" (NASB, NRSV), isso poderia conotar uma opinião da comunidade quanto ao problema espiritual ou um abrandamento da advertência. Enquanto o último é possível (assim Ellingworth), ele não se encaixa no contexto maior. O todo tem a ver com a conscientização da comunidade, e o "encontrar" é o melhor (assim, Hughes, Attridge).

[110] Attridge, *Hebrews*, 124. Westcott, *Hebrews*, 93, diz ser isso algo mais abrangente ainda, que mesmo a suposição é algo a ser temido.

[111] Ellingworth, *Hebrews*, 239. Ele segue Michel, *Hebräer*, 191-92, na interpretação de δοκέω como um abrandamento estilístico de "falhando", mas a ideia de envolvimento da comunidade se encaixa muito bem no contexto maior de Hebreus.

promessa como ocorreu a Abraão, uma promessa garantida pelo juramento divino. Em 7.6 Melquisedeque abençoa Abraão como "aquele que tem as promessas", ou seja, as promessas específicas de Deus, e em 8.6 a nova aliança que Jesus traz é superior à antiga porque é "fundamentada em melhores promessas". Em 9.15 temos "a herança eterna prometida", e em 10.23 e 36 a promessa (jogo de palavras intencional) de que aqueles que perseverarem "receberão o que ele prometeu". Finalmente, em uma série de passagens no capítulo 11 (v. 9, 13, 17, 33, 39) a certeza é exemplificada nos "heróis da fé" que esperaram pelas promessas, mas "as receberam a distância" (v. 13) e não as receberam até depois de sua morte. Em outras palavras, as promessas de Deus são absolutamente garantidas, mas se referem à vida eterna, e o crente é chamado a perseverar na fé e na esperança.

Em Hebreus 4.2, 6b, esse perigo é destacado pela recorrência à história do Salmo 95 do fracasso de Israel em entrar na terra "prometida" por causa da incredulidade (v. 2) e da desobediência (v. 6b). As "boas-novas" que Israel ouviu foram o bom relato de Calebe e Josué que Deus os ajudaria a tomar a terra. As "boas-novas" para os cristãos, é claro, foi o evangelho (v. 2a), e por causa disso "alguns" (*tinas*, v. 6a), ao contrário da geração do deserto, realmente "entrariam" no descanso de Deus. No entanto, eles devem certificar-se de que não são culpados da mesma incredulidade (4.2b = 3.12, 19) e desobediência (4.6b = 3.18).

O autor aborda a atual geração de cristãos em Hebreus em 4.3,7–8. Embora as pessoas do deserto fossem excluídas, a promessa de descanso permanece acessível a «nós que cremos" (hoi pisteusantes, com o particípio aoristo provavelmente tendo um aspecto perfectivo, olhando para o ato de crer como algo totalmente concluído).[112] Como diz Lane "A fé traz para o presente a realidade daquilo que é futuro, invisível ou celestial. Por essa razão, pode-se dizer que aqueles que creram entraram no descanso de Deus".[113] A última parte do versículo 3 diz que a obra de Deus foi terminada desde que o mundo foi criado. Essa ideia, que o Senhor terminou sua obra e mesmo que o crente esteja "entrando" nesse descanso, tem provocado um debate vigoroso sobre se o descanso é apocalíptico, experimentado apenas no final dos

---

[112] Stanley E. Porter, *Idioms of the Greek New Testament* (Sheffield: Academic Press, 1996), 27–2.
[113] Lane, *Hebrews* 1–8, 99.

tempos,¹¹⁴ ou uma experiência presente começando agora com o crente andando com Deus.¹¹⁵ Isso é provavelmente muito disjuntivo, e é melhor ver uma tendência inicial, com o "descanso de Deus" começando um processo agora (observe o tema "hoje" v. 7-8) e finalizado com o término da vida. Em outras palavras, a vida cristã é de fato uma peregrinação a cada momento experimentada no "hoje". Bengel disse que enquanto cada um dos seis dias da criação teve uma noite, o sétimo não é assim é ilimitado. Assim, o descanso de Deus é um eterno "hoje" para aquele que persevera na fé.¹¹⁶ Para o autor, "hoje" é o dia da decisão, e pode não haver outra oportunidade. Os leitores não podem adiar a decisão de permanecer fiéis a Cristo.

A seção final concentra-se na ligação do Salmo 95 com Gênesis 2.2 (Hb 4.4-5, 9-11). O link é feito em Hebreus 4.4-5 usando a técnica judaica de *gezārah šāwāh* ou "analogia verbal", com a palavra-chave sendo "descanso" (*katapausis*). Aqui a ligação é feita sem explicação. O significado é explicado nos versículos 9-11. Desde que o descanso de Deus é ilimitado, ainda "permanece para o povo de Deus". Israel falhou em entrar no "descanso" na Terra Prometida, mas os leitores podem entrar em um descanso muito melhor, o "descanso sabático" (*sabbatismos*) do sétimo dia da criação. O sabbatismos— que o autor está usando normalmente — denota a atividade sabática de louvor e celebração. Juntando-se a isso a ideia de "descanso" aqui, pode muito bem conotar "um novo dia da aliança da expiação sabática, no qual eles são purificados de seus pecados", combinando assim as imagens sabáticas no Dia da Expiação (Lv 23.26 28, 32) com a ideia de Jesus "passando pelos céus" para o Santo dos

---

¹¹⁴ Otofried Hofius, *Katapausis: Die Vörstellung vom endzeitlichen, Ruheort im Hebräerbrief*, WUNT, 11 (Tübingen: Mohr, 1970), 57; Ellingworth, *Hebrews*, 246. Veja também David A. DeSilva, "Entrando no Descanso de Deus: A Escatologia e a Estratégia Sócio-Retórica dos Hebreus", TJ n.s. 21 (2001): 29-34, que diz que o descanso não está inserido no presente, mas é inteiramente futuro, entrando no reino divino na eternidade; e Herold Weiss, "*Sabbatismos* na Epístola aos Hebreus", *CBQ* 58.4 (1996): 687, que diz que os crentes ainda não entraram no descanso, embora possam reivindicá-lo.

¹¹⁵ Gerd Theissen, *Untersuchungen zum Hebrebrief*, ST NT 2 (Gütersloh: Mohn, 1969); Attridge, *Hebrews*, pp. 126-28 (com um excelente resumo do assunto); Guthrie, *Structure of Hebrews*, 151-52. veja também Peter E. Enns, "Criação e Recriação: Salmo 95 e sua Interpretação em Hebreus 3: 1-4: 13," *WTJ* 55.2 (1993): 255-80, que diz ser o descanso uma recriação em termos de libertação assim como o descanso que Deus desfrutou é divido pelos fiéis como coerdeiro com Cristo; e Randall C. Gleason, "O Contexto do Antigo Testamento de Descanso em Hebreus 3.7-4.11", *BSac* 157 (2000): 296-97, diz que "não entrar no descanso" significa não ter oportunidade de adorar a Deus com alegria ou desfrutar das bênçãos do aliança atual

¹¹⁶ Em Hughes, *Hebrews*, 159.

Santos celestial (Hb 4.14).[117] Em outras palavras, há um último Sábado disponível que envolverá o verdadeiro descanso do pecado e um eterno tempo de alegria e celebração. "Hoje" é o tempo do labor,[118] quando o crente deve "fazer todo esforço" ou "trabalhar duro" (*spoudasōmen*, não "precipitadamente" aqui, mas "esforço zeloso") para entrar no descanso de Deus (v. 11), mas nesse período, os fiéis, "descansarão de seu trabalho". Isso primeiramente fala do descanso escatológico final na eternidade, mas também se aplica ao crente atualmente ("hoje") descansando em Deus e desfrutando do fortalecimento que ele fornece (1 Pe 1.5).

### Conclusão: O Poder da Palavra (Hb 4.12–13)[119]

O principal objetivo aqui, certamente, é a força do Salmo 95.7–11 e Gênesis 2.2, com suas respectivas exposições, para penetrar e mudar as vidas dos cristãos hebreus a quem esta carta é dirigida. Contudo, enquanto em um nível tal descrição da palavra do Senhor[120] é de fato "uma rapsódia na palavra penetrante de Deus",[121] em outro nível, ela fornece uma séria advertência sobre a importância de "ouvir" a "voz" dele no Salmo 95.[122] Primeiro nos é dito que ela é "viva e eficaz", uma força dinâmica (observe "o Deus vivo" em 3.12) que está sempre em ação em nossas vidas. Tem o poder do Senhor para penetrar e mudar nossa perspectiva. A espada de dois gumes não deve ser alegorizada para significar os dois testamentos ou algo semelhante, mas refere-se à espada romana afiada como navalha e, portanto, fala de seu poder de "perfurar ou penetrar" (*diiknoumenos*) o coração. As três áreas (alma — espírito, juntas — medula, pensamentos — atitudes) não são categorias separadas, nem são dicotômicas. O terceiro define os dois primeiros, e todos significam que a palavra penetra e discerne os pensamentos mais íntimos, de modo que tudo é exposto à luz divina. Como Attridge coloca, eles servem "como um sumário complexo de toda a natureza

---

[117] Guthrie, *Structure of Hebrews*, 154–55. Veja também Laansma, "*I Will Give You Rest*", 276–77.

[118] Weiss, "*Sabbatismos*", 679, fala de "a crucialidade do presente na continuidade da graça de Deus".

[119] É geralmente aceito (Vanhoye, Grässer, Lane, Attridge, Ellingworth, Guthrie, Koester) que os versículos 12–13 sejam uma unidade separada usada para concluir 3.7–4: 11, com o enquadramento da "incredulidade" 4.6–11 (e, até certo ponto, 3.19–4: 11) e "entrar no descanso" estruturado em 4.1–11.

[120] Alguns como J. Swetnam, "Jesus como Logos em Hebreus 4, 12–13", *Bib* 62 (1981): 214–24, acreditam que isso se refere a Jesus como o *logos*, mas que a tendência joanina dificilmente é o ponto aqui.

[121] Attridge, *Hebrews*, 133.

[122] Guthrie, *Structure of Hebrews*, 155

humana".¹²³ Tudo, igualmente "em toda a criação", é posto nu diante de Deus.¹²⁴ Essa seção termina com "a quem devemos prestar contas". Uma referência importante para o grande tribunal, quando nos deparamos com Deus e formos "julgados por nossas obras" (Mt 16.27; Rm 2.6; 1 Co 3.12-15; 1 Pe 1.17; Ap 2.23; 11.18; 14.13; 20.12-13; 22.12). Os leitores não ousem pensar que podem escapar de tais coisas.

## O Perigo da Apostasia (Hb 5.11-6.12) ¹²⁵

### O Problema (Hb 5.11-6.3)

Como as outras passagens de advertência, essa ocorre no meio de uma passagem crítica que contrasta Jesus com os princípios judaicos centrais. É o cerne do argumento do escritor, tendo em vista que aborda o ministério sacerdotal de Jesus. Em Hebreus 4.14–5.10, o autor demostrou como Jesus cumpriu as qualificações para o sacerdócio e se tornou "sumo sacerdote segundo a ordem de Melquisedeque" (5.10). No entanto, o autor se sentiu obrigado a interromper a discussão naquele momento e desafiar os leitores que eram nōthros, um termo negativo que significa "preguiçoso, indolente, enfadonho, idiota, estúpido, negligente". Esse é o termo chave que, enquadra a seção parentética (5.11–6.12)¹²⁶ com o problema basilar dos leitores, seu cristianismo letárgico.¹²⁷

---

¹²³ Attridge, *Hebrews*, 135.

¹²⁴ Alguns viram uma metáfora de luta aqui, como a pessoa indefesa deitada, estendida no chão, indefesa diante do poderoso oponente (F.F. Bruce, *The Epistle to the Hebrews*, NICNT [Grand Rapids: Eerdmans, 1964], 83), ou talvez a imagem de um animal de sacrifício impotente diante da faca (Attridge, *Hebrews*, p. 136). No entanto, é provavelmente uma metáfora simples em estar "nu" e totalmente "exposto" antes do poder da palavra.

¹²⁵ Considerarei isso em três etapas: o problema (5. 11-6. 3), o perigo (6.4–8) e o encorajamento (6.9–12).

¹²⁶ Alguns eruditos dividiram a seção em duas partes (5.11-6.8; 6.9-20, assim Michel, Spicq) devido ao tom forte de 6. 8 e a aparente alteração em 6.9, mas a maioria fica sensibilizado com a inclusão de 5.11 e 6.12 e admite duas seções principais (5.11–6.12; 6.13–20), com a primeira consistindo de duas partes, 5.11–6.3 e 6.4–12.

¹²⁷ Veja David Peterson, "A Situação de 'Hebreus' (5.11–6.12)", *RTR* 35 (1976): 15–16, que responde àqueles que tomam ejpeiv (5:11) em seu sentido clássico como "de outra forma" e vê isso como um problema potencial em vez de real (por exemplo, Paul Andriessen, "A Comunidade de Hebreu tinha Caído em Negligência?" *NRTh* 96 (1974): 1054–66). Seria de se esperar um tempo futuro ("caso contrário você se tornaria") em vez do perfeito *gegonate*, e o contexto a seguir se baseia em um problema presente e não em uma possibilidade futura.

Isso é amplificado no que segue. Eles foram crentes o suficiente para serem mestres, mas recuaram em vez de avançarem. Assim, por um lado, eles precisam reaprender os fundamentos[128] (5.12) e, por outro lado, precisam do "alimento sólido" que lhes dará a maturidade para evitar a apostasia (v. 14). Os dois contrastes entre o leite e a comida sólida e entre a infância e a maturidade destinam-se a despertar os leitores para sua perigosa falta de receptividade às verdades da fé. Alguns argumentaram que esse não é o seu verdadeiro estado, mas que a ironia e o sarcasmo são usados para despertá-los, e seu verdadeiro estado é a maturidade expressa no versículo 14.[129] Mas isso parece muito improvável, pois as advertências tanto em 2.1-4 quanto em 3.7-4.13 apoiariam a visão de que os leitores são verdadeiramente negligentes, embora deveriam ser adultos. A realidade aqui é a falta de maturidade e o perigo de não estarem prontos para ouvir ou atender às advertências que o autor deve dar. O "ensino sobre a justiça" (*logou dikaiosynēs*) em 5.13 poderia se referir ao lado ético da *dikaiosynēs*, ou seja, "viver corretamente diante de Deus", e a tão desenvolvida instrução no discipulado,[130] ou poderia ser equivalente a "discernir entre bem e mal" em 5.14 e referem-se ao discernimento espiritual.[131] Ambos fazem sentido, mas o primeiro se ajusta melhor ao significado da frase. O ponto de 5.14, em seguida, detalha a razão pelo qual eles devem se esforçar em buscar a maturidade,[132] para se nutrir de "alimento sólido". O modo como eles podem fazer isso é trabalhar duro em seu conhecimento. As imagens de "treinamentos" (*gegymnasmena de gymnazō*) e "prática constante" (*hexis*) levaram muitos, no passado, a considerar ambas as metáforas atléticas. Mas é mais provável que seja uma metáfora filosófica, e a tendência hoje é considerar (*hexis*) mais um estado definido (condição, hábito),[133] de modo que o significado é

---

[128] Stoicheia é frequentemente usado em relação aos "espíritos rudimentares do mundo" (Cl 2 > 8, 20), mas aqui se refere aos "ensinamentos fundacionais" da fé cristã.

[129] Lane, *Hebrews, 1- 8*, 145.

[130] Lane, *Hebrews*, 1-8, 138; Gutrie, *Structure of Hebrews*, 202-3; e Ellingworth, *Hebrews*, 307.

[131] Koester, *Hebrews*, 202.

[132] Sobre a linguagem da "perfeição" aqui e em Hebreus, veja David Peterson, *Hebrews and Perfection: An Examination of the Concept of Perfection in the "Epistle to the Hebrews"*, SNTSMS 47 (Cambridge: Cambridge University Press, 1982), 176–82; e DeSilva, *Perseverance in Gratitude*, 194-204.

[133] Mark Riley, "Uma Nota sobre Hebreus 5.14", CBQ 48 (1980): 501-3; John A. I. Lee, "Hebreus 5:14 e hexis uma história de equivoco," *NovT* 39 (1997), 151-76 (o mal-entendimento de hexis como "prática" começou com a Vulgata); Attridge, *Hebrews*, 161; Ellingworth, *Hebrews*, 309; Koester, *Hebrews*, 303; Guthrie, *Structure of Hebrews*, 203; contra Bruce, Hebrews, 109; Hughes, *Hebrews*,

que o maduro se torna assim por treinamento ou por desenvolver uma condição espiritual que sabe distinguir o bem do mal.

A solução para sua letargia espiritual é desenvolvida em 6.1-3, quando os leitores são desafiados a "avançar para a maturidade", o que significa começar a responder ao seu "treinamento" e desenvolver os "hábitos" (5.14) que finalmente os aperfeiçoara em Cristo para lidar com o ensino solido introduzido em 5.10. Então o autor quer que esses cristãos imaturos parem de negligenciar as verdades basilares e mudem sua dieta para "comida sólida". Observe como os pronomes continuam mudando: o autor usa o retórico "nós" em 5.11; 6. 1, 3, 9a, a segunda pessoa "vós" em 5.12; 6.10, a terceira pessoa em 5.13-14; 6.4-8 e combina primeira e segunda pessoas em 6.9-12. O autor está lutando para transmitir seu ponto de vista a um grupo de crentes que obviamente ainda não responderam bem à exortação. A lista de verdades fundacionais em 6.1b-2 são aquelas questões basilares" (*themelion*) que devem permanecer. Muitos acham que isso é apenas uma lista de ensinamentos judaicos,[134] mas pelo menos essas são questões comuns ao judaísmo e ao cristianismo,[135] e algumas (como "batismos") podem ser plurais para enfatizar a superioridade dos batismos cristãos em relação as abluções israelitas.[136] Enquanto a organização dos seis tópicos não é fundamental para este artigo, provavelmente é melhor ver três grupos de pares, possivelmente consistindo como "alicerce" de arrependimento e fé com "instrução" em relação a batismos e imposição de mãos. Bem como na ressurreição e juízo (Bruce, Grässer, Attridge, Guthrie, Koester). Esses são os ensinamentos elementares que não são descartados, mas construídos com as verdades mais profundas que o autor quer introduzir.

### O Perigo (Hb 6.4-8)

Esta é naturalmente a passagem e a questão-chave. À luz do pouco compromisso espiritual exemplificado nesta igreja doméstica, o autor

---

192-93; e Lane, *Hebrews 1-8*, 131.

[134] Veja J. C. Adams, "Exegese de Hebreus VI. 1f", NTS 13 (1966-67): 378-85; e N. Weeks, "Admoestação e Erro em Hebreus," WTJ 39 (1976): 72-80.

[135] Donald A. Hagner, *Hebrews*, Novo Comentário Bíblico Internacional (Peabody, MA: Hendrickson, 1990), 87, diz que isso pode sugerir que "os leitores estavam tentando de alguma forma permanecer no judaísmo enfatizando aspectos mantidos em comum entre judaísmo e cristianismo".

[136] Hughes, *Hebrews*, 199; e Koester, *Hebrews*, 305.

tem um temor terrível de que alguns possam cometer apostasia. Ele não acha que eles irão (6.9-12), mas precisa adverti-los, porque essa é a direção que eles estão tomando no presente. É difícil ser imparcial nesse ponto, pois essa passagem provocou um debate tão acalorado que todos, na maior parte, assumiram posições firmes. Na verdade, eu estou defendendo uma dessas posições, então como posso ser objetivo? Apesar disso, devo fazer o meu melhor ao tentar!

A estrutura de 6.4-6 é difícil devido aos particípios paralelos e a coordenação complexa com te e kai. A melhor solução é provavelmente tomar kai como o maior e te como menor,[137] produzindo essa estrutura:[138]

> foram de uma vez por todas iluminados
> provaram o dom celestial
>    e
> tornaram-se participantes do Espírito Santo
>    e
> provaram a bondade da palavra de Deus
>    e os poderes da era vindoura
>       e então
> caíram.

Primeiro, a NIV errou ao traduzir o particípio paralelo final "se eles caírem"[139] (isto é corrigido no TNIV; veja mais adiante). Segundo, é quase impossível relegar essas descrições a não cristãos.[140] Se essa pas-

---

[137] É comum dizer que a contrução te ... kai "fornece uma conexão de maior proximidade do que o simples kai". BDF § 444; cf. também Nigel Turner, A Grammar of New Testament Greek, vol. 3, Syntax (Edinburgh: T. and T. Clark, 1963), 338-39.

[138] Isto também é encontrado em Guthrie, Structure of Hebrews, 217.

[139] Para uma defesa detalhada e (eu acredito) demonstração de que o particípio é parte de uma série de adjetivos, veja Fred Vonkamecke, "implicações a tradução de parapesontas em Hebreus 6.4-6" (Ph.D. diss., Trinity Evangelical Divinity School, 2004), 153–67 (depois de uma longa discussão de critérios para identificar o uso de particípios, 106–57), resumiu em seu artigo ETS, "A Tradução de Παραπεσόντας em Hebreus 6.4-6", em San Antonio, Texas, 18 de novembro de 2004.

[140] Não obstante, veja Wayne Grudem, "Perseverança dos Santos: Um Estudo de Caso das Passagens de Advertência em Hebreus", em Still Sovereign: Contemporary Perspectives on Election, Foreknowledge, and Grace, ed. Thomas R. Schreiner e Bruce A. Ware (Grand Rapids: Baker, 2000), 133-82, uma reimpressão de The Grace of God, the Bondage of the Will (1995). Ele acredita que isso implica exposição à graça de Deus em um cenário cristão, mas não conversão. Veja também Roger Nicole, "Alguns Comentários sobre Hebreus 6.4–6 e a Doutrina da Perseverança de Deus com os Santos", em Current Issues in Biblical and Patristic Interpretation: Studies in Honor of Merrill C. Tenney, ed. Gerald F. Hawthorne (Grand Rapids: Eerdmans, 1975), 360-61; e a resposta de Mcknight, "As

sagem fosse encontrada em Romanos 8, todos a consideraríamos como a maior descrição de bênçãos cristãs em toda a Bíblia. Terceiro, considerar "provado" como referindo-se a um mero beber parcial ou superficial é bastante errôneo, pois em 2.9 o autor diz que Jesus "provou a morte", e isso dificilmente foi uma coisa parcial, mas uma experiência completa de morte (cf. também 1 Pe 2.3, "provou a bondade do Senhor").[141]

Enquanto alguns buscam considerar os seis itens, um de cada vez, é importante perceber seus efeitos acumulados. "Uma vez iluminado" (*hapax phōtisthentas*) é mais provável uma referência a completude de sua conversão.[142] A ideia de "provar o dom celestial" (geusamenous tēs dōreas tēs epouraniou) aprofunda ainda mais a imagem, retratando a plena experiência da graça de Deus no dom da salvação. A palavra "celestial" é usada porque vem de cima (cf. Jo 3.3, "nascido de cima") e, assim, abrange o perdão, o Espírito e a santificação.[143] "Participantes do Espírito Santo" (genitivo objetivo) continua o significado de 3.1, 14 (veja anteriormente) que eles participam plenamente do dom do Espírito (incluindo os "dons ... distribuídos" em 2.4). Isso aprofunda o significado da experiência de salvação que tiveram quando o Espírito veio sobre eles (cf. Rm 8,9-11, 14-17), pois participaram de um chamado celestial, de Cristo e agora do Espírito. Em seguida, a ênfase muda para a vida cristã, como eles "provaram" (de geuomai) ou experimentaram completamente duas coisas: (1) "a boa palavra de Deus", frequentemente descrita como boa para o paladar (Sl 19.10; 34.8; 119. 103; Ez 3.1–3; 1 Pe 2.2–3; Ap 10.9–10) e significa que a bondade da palavra de Deus foi experimentada em suas vidas (cf. em 4.12-13 anteriormente); (2) "os poderes da era vindoura", sem dúvida referindo-se aos "sinais, prodígios, milagres e dons" de 2.3–4. A "era vindoura" refere-se ao reino final, inaugurado na primeira vinda de Jesus (Mc 114–15; Lc 11.20) e ativo no fato de que o crente está igualmente agora vivendo nos "lugares celestiais" (Ef 1.3, 20;

---

Passagens de Advertência em Hebreus", 49–53. Veja também a resposta a Calvino e Owen em Marshall, *Kept by the Power of God*, 137–38.

[141] Veja Hughes, *Hebrews*, 209, entre outros.

[142] O passivo divino mostra que Deus os trouxe à luz, e hapax (cf. 9.26, 28, em que é usado o sacrifício completo e ininterrupto de Cristo) indica a plenitude da experiência; cf. Koester, *Hebrews*, 313, que aponta que a imagem poderia conotar mudança do pecado para Deus, da ignorância para o conhecimento, da morte para a vida. É extremamente improvável que o batismo seja retratado; como mostra Attridge (*Hebrews*, 169), que corre posteriormente.

[143] Veja Attridge, *Hebrews*, 170. Essa não é a eucaristia, contra Bruce, *Hebrews*, 120-21. Isso é uma leitura muito literal e desnecessária aqui.

2.6–7; 3.10; 6.12). Eles experimentaram o Espírito Santo e o poder visto nos dons carismáticos.

Essa é uma lista verdadeiramente singular de experiências, e dificilmente há algo para se comparar com ela em outros lugares, em termos de uma apresentação breve e credal dos privilégios em ser um cristão. Ainda assim, ocorre na passagem de advertência mais forte das Escrituras. De fato, o autor diz que é "impossível" (*adynaton*) outra vez "trazê-los de volta ao arrependimento" visto que, de novo, eles "caíram" (*parapesontas*), não um particípio condicional como a NIV erroneamente traduz (corrigido na TNIV, mas estranhamente retido em uma nota de rodapé), mas parte da série de particípios substantivados ("aqueles que já foram iluminados ... e caíram"). Praticamente todos os comentaristas recentes[144] admitem que isso deve ser a apostasia final, a rejeição absoluta de Cristo. A principal questão é identificar os leitores. Poderiam eles ser verdadeiros crentes que estão em tão grande perigo? Nosso estudo anterior dos termos da epístola para os leitores, bem como os seis particípios nessa passagem nos forçam a responder afirmativamente. Assim é este o pecado imperdoável? Koester indica as opções: (1) impossível para o apóstata se arrepender; (2) impossível para outros cristãos restaurarem a pessoa (mas não Deus, cf. Mc 10.27, "impossível aos homens, mas não para Deus"); (3) impossível que Deus restaurasse tal (não "não poderia" mas "não deveria").[145] Essa terceira opção é de longe a mais provável à luz de passagens como 10.26–31 e 12.15–17. Nos ensinamentos de Jesus o pecado imperdoável era uma blasfêmia contra o Espírito Santo (Mc 3.28-30), mas Jesus é agora o Senhor exaltado, e a apostasia final é imperdoável.[146]

Os particípios em Hebreus 6.6 ("crucificando", *anastaurountas* e "expondo a desonra publica", *paradeigmatizontas* são certamente

---

[144] Cf. Hughes, *Hebrews*, 211–12; Bruce, *Hebrews*, 118–24; Attridge, *Hebrews*, 167–73; Lane, *Hebrews* 1–8, 1:141–42; ae Koester, *Hebrews*, 321–23.

[145] Koester, *Hebrews*, pp. 312–13. Veja também o excurso em DeSilva, *Perseverance in Gratitude*, 234-36, 240-44, que observa o "pecado para morte" de 1 João 5.14-17, bem como citações patrísticas a respeito de uma segunda chance, e conclui que Deus como um benfeitor/patrono continuará a mostrar graça, embora Hebreus para seus propósitos retóricos não considerem esse aspecto.

[146] A propósito, Tiago 5.19-20 é uma apostasia da qual se pode retornar a Deus. Há uma diferença entre o pecado intencional e o pecado inadvertido. Em Tiago 5, o pecado atrai a Cristo da vida da pessoa (apostasia passiva), e aqui a pessoa voluntária e ativamente repudia Cristo (apostasia ativa). Este último cometeu o pecado imperdoável.

causais (assim Bruce, Lane, Attridge, Guthrie, Koester)¹⁴⁷ e detalham tanto a razão devido a qual eles não podem ser restaurados e como, no tempo presente, a atitude contínua que eles manterão. Aqueles que vêm e dizem que desejam, que poderiam se arrepender mostram por suas próprias palavras que não cometeram esse pecado. Se tivessem, não teriam nada além de "desprezo patente" por coisas cristãs pelo resto de suas vidas.

Em 6.7-8, o autor ilustra seu argumento ao se basear na parábola de Israel como a vinha de Deus em Isaías 5.1–7, que explica o fundamento do juízo divino. Existem dois tipos de terra, ambas abençoadas pela chuva abundante de um Deus.¹⁴⁸ Aquele que produz uma boa colheita é abençoado, mas a terra que produz apenas "espinhos e cardos" será amaldiçoada. O significado é claro: A terra boa refere-se àqueles que "avançam para a maturidade" (Hb 6.1), enquanto a terra ruim se refere àqueles que "caem" (v. 6). O solo espinhoso alude à Gênesis 3.17-18, à maldição de Adão, a quem foi dito, "amaldiçoado é o solo... produzirá espinhos e cardos" (NIV). O fato de que "ao final será queimado" (Hb 6.8) refere-se ao juízo final em fogo (Hb 10.27; 12.29, cf. Mt 13.30, 42, 50; Jo 15.6).

## *O Encorajamento (Hb 6.9–12)*

Depois de desafiar a falta de maturidade de seus leitores (5.11–6: 3) e alertá-los sobre o grande perigo que eles enfrentarão (6.4–8), o escritor muda totalmente seu tom ganhando assim um viés de encorajamento. Ele os chama de "amados", sendo essa a única vez na epístola (assegurando assim que, ele disse essas coisas devido a uma preocupação amorosa) e lhes fala de sua absoluta "confiança" (*peithō*, mostrando firme segurança) de que eles não estão indo para a apostasia, mas para "coisas melhores" (*kreittōn*, o termo usado através de Hebreus para as coisas "superiores" de Cristo [cf. 1.4; 7.19, 22; 8.6; 9.23; 12.24], bem como

---

¹⁴⁷ Contra aqueles que os tomam temporariamente, "enquanto" eles fazem isso, cf. Robert Shank, *Life of Son* (Springfield, MS: Westcott, 1960), 309-29; e J. K. Elliott, "O Pecado Pós-batismal é Perdoável?" *BT* 28 (1977): 330-32. Mas isso dificilmente se ajusta no teor dessa passagem.

¹⁴⁸ Andrew H. Trotter, *Interpreting the Epistle to the Hebrews* (Grand Rapids: Baker, 1997), 219, aponta como isso pode ser usado por qualquer um dos lados. Ao enfatizar a provisão de Deus para ambos, pode-se enfatizar o fato de que Deus está trabalhando em ambos os tipos de terra (verdadeiro se ligamos mais com 6.9-12), ou podemos supor que o tipo de terra faz a diferença (verdadeiro se ligado mais com 6.4-6). Há um elemento de verdade em ambos, mas 6.6 diz que Deus não trabalha mais no apóstata, então o último é mais correto.

do povo de Deus [cf. 10.34; 11.16, 35, 40]). São melhores porque dizem respeito à "salvação" (*sōtēria*), que em Hebreus é uma conquista futura,[149] mais do que uma possessão atual (1.14, "herdará"; 5.9, "para todos os que lhe obedecem"; 9.28 "Apareça uma segunda vez (...) para trazer a salvação".[150] Em outras palavras, ele está confiante de que os leitores não estão recaindo, para a apostasia, mas mantendo-se firmes para a salvação que herdarão. Eles são o solo bom do versículo 7 e não o solo ruim do versículo 8. Entretanto, isso não garante uma visão hipotética da apostasia, como se o perigo fosse declarado apenas como um meio de estimulá-los a perseverar, mas nunca poderia acontecer. O perigo é muito real, mas o autor deseja encorajá-los com uma afirmação positiva a respeito de sua verdadeira posição em relação a Cristo.

A razão pela qual Deus ainda é gracioso com eles é o seu "trabalho" árduo e seu "amor" tanto como Deus quanto pelos outros (mostrado em seu "serviço" uns aos outros). É também por isso que o autor está convencido de coisas melhores para eles; embora sejam realmente letárgicos em sua espiritualidade (5.11; 6.12), eles ainda não estão mostrando sinais da derradeira espiral descendente. Continua sendo um perigo e não uma realidade. Na verdade, isso resume as soluções verticais (amor a Deus) e horizontais (relações com a comunidade) à apostasia discutidas anteriormente.

O escritor conclui com uma advertência semelhante à 5.11– 6.12. A chave é que eles, como comunidade, continuem a ser "diligentes" (*spoudē*, demonstrando ação zelosa e esforço ávido em união) para "garantir [sua] esperança" (*pros tēn plērophorian tēs elpidos*), mostrando que o objetivo (*pros*) é a "inteira certeza" (também em 10.22) de que a sua esperança é uma realidade que em breve se concretizará (capítulo 11 [e que Deus será fiel às suas promessas (10.23)]. "Até o final" (6.11) traz de volta a dimensão futura da salvação discutida anteriormente, no verso 9. O problema é

---

[149] É geralmente aceito que a salvação é uma condição futura, cf. Marshall, *Kept by the Power of God*, 133; Attridge, *Hebrews*, 28, que chama isso de uma perspectiva apocalíptica; Guthrie, *Structure of Hebrews*, 222; Borchert, *Assurance and Warning*, 165; e Mcknight, "Passagens de Advertências em Hebreus", 5-9. É claro que existe uma perspectiva inicial, pois a salvação é presente e futura, ou seja, está presente agora, mas será finalizada no futuro.

[150] A perspectiva escatológica presente em Hebreus é também inaugural, com uma tensão entre o "já" e o "ainda não". James W. Thompson, *The Beginners of Christian Philosophy: The Epistle of the Hebrews*, CBQMS 13 (Washington, DC: Catholic Biblical Association of America, 1982), 42, discute a distinção entre as duas eras em 2.8; 3.13; 9.9, 11; 10.1 com uma orientação futura em 4.1; 6.12, 15, 17; 7.6; 8.6; 9.15; 10.36; 11.9, 13, 17, 39; 12.26 e ênfase na esperança cristã em 3.6; 6.11, 18; 7.19; 10.23. Então ele encontra um presente e uma orientação futura no livro.

a sua letargia espiritual (*nōthros*, veja 5.11 já mencionado), e a solução é "imitar" (mimētēs, o que significa não somente padronizar sua vida seguindo alguém, mas também ser obediente aos ensinamentos dessa pessoa[151]) os exemplos do passado, provavelmente os heróis da fé, no capítulo 11, assim como os líderes mencionados em 13.7. Mais uma vez, o objetivo é a futura herança da salvação, alcançada pela perseverança na fé.[152] Esse é o ponto no qual o calvinismo e o arminianismo se encontram, na percepção de que os eleitos serão conhecidos depois de terem perseverado até o fim.

## As Consequências da Apostasia (Hb 10.19-39)

O padrão ABA em Hebreus 10.19-39 é claro – a advertência austera (v. 26-31) é moldada pelo conforto de saber o que Cristo fez por nós (v. 26-31e (v. 19-25) e o exemplo positivo da perseverança passada daqueles que receberam (v. 32-39). A primeira seção (v. 19-25) recapitula a mensagem positiva do livro, com os versículos 19–21 resumindo a obra superior de Cristo em 1.1–10.18 (Jesus, o grande sacerdote, que abriu um novo caminho a Deus tornando-se o sacrifício de uma vez por todas) e os versículos 22–25 fornecendo uma palavra de exortação por meio de três subjuntivos exortativos. O resultado do que Cristo realizou é um novo "caminho" (*enekainisen de enkainizō*, que tem um colorido litúrgico conotando dedicar ou inaugurar uma nova prática) para entrar no interior do santuário na presença do próprio Deus (v. 20), com uma nova "ousadia" (*parrēsia*, que também tem um ímpeto real que significa que somos "autorizados" ou "livres") para entrar na presença de Deus (v. 19).[153]

As três exortações de 10.22–25 resumem a solução para o grande perigo de apostasia que ameaça esses crentes. O aspecto vertical é visto no primeiro, pois o tempo presente exige uma "abordagem" contínua (*proserchōmetha*) que reitera a nova relação da aliança (vista no uso desse

---

[151] Wilhelm Michaelis, "mimētēs" TDNT, 4:668–72.

[152] Veja Grässer, *Hebräer*, 373, que mostra como a fé não é completa sem perseverança à luz da promessa divina. Attridge, *Hebrews*, 176, chama *pisteōs kai makrothymias* uma hendíadis, "perseverança fiel".

[153] Neles veja Lane, *Hebrews 9–13*, 274; Ellingworth, *Hebrews*, 517-18; e Koester, *Hebrews*, 442-43. Vanhoye, *Structure and Message*, 71, diz que Cristo removeu quatro separações: entre a vítima sacrificial e Deus (Cristo é a vítima), entre adoração e vida (Cristo transformou aflição humana em oferenda), entre sacerdote e vítima (Cristo é sacerdote e vítima), entre sacerdote e povo (Cristo é um com seus irmãos, 2.17; 5. 9; 10.14).

verbo em 4.16; 7.25; 10.1; 11.6; 12.18, 22).[154] As quatro características dessa nova adoração com ousadia são um «coração verdadeiro» (*alēthinēs kardias*), que significa adoração pura e una; inteireza de fé (a mesma *plērophoria* já discutida em 6.11), significando uma certeza absoluta de que Deus ouvirá e responderá; e então duas imagens do coração purificado que resultam da salvação ("corações aspergidos" e "corpos lavados"). A segunda exortação (10.23) é tanto vertical quanto horizontal, com uma confissão coleitva que é feita diante do Senhor. A ideia é estimular um ao outro a "manter-se firme" (*katechō*, o mesmo verbo discutido em 3.6, 14), ou manter controle sobre sua "confissão" (homologia, tanto o ato de confessar quanto o credo que é confessado) e fazê-lo "sem vacilar", um perigo muito real à luz de sua letargia espiritual (cf. 2.1 apresentado anteriormente). Terceiro, há o aspecto horizontal de encorajamento ao amor e boas ações em 10.24-25. Essa é a exortação mais profunda sobre o amor e as boas obras no Novo Testamento, pois foi além do mandamento comum. Em primeiro lugar, devemos "estimular" tal ação (*paroxysmos*, um termo às vezes usado para "incitar um motim", por isso devemos incitar os outros a uma profusão de boas obras!). Em segundo lugar, devemos "considerar" formas de fazê-lo, ou seja, procurar oportunidades. É claro que trabalhos amorosos são uma necessidade em qualquer grupo cristão. O problema era que alguns dos membros pararam de participar do culto congregacional, então o autor os exorta a continuar "reunindo-se" (*episynagōgē*). Isso se refere principalmente à frequência na igreja, mas inclui também outros tempos de comunhão. Em Hebreus, a comunhão coletiva é o principal impedimento à apostasia.

A partir da abordagem adequada a Deus em Hebreus 10.19-25, o autor agora se volta para o terrível perigo de uma resposta imprópria. O perigo de 6.4–8 é reiterado em 10.26–31, o que acrescenta as consequências de um pecado tão terrível. Muitos chamaram essa advertência de "indiscutivelmente a mais severa do livro"[155] devido à gravidade da linguagem. A coisa mais próxima de uma definição de apostasia em Hebreus é encontrada em "nós voluntariamente continuaremos

---

[154] Veja a ampla discussão em John M. Scholer, *Proleptic Priests: Priesthood in the Epistle to the Hebrews*, JSNTSup 49 (Sheffield: JSOT Press, 1991), 125-31 (cf. 95-149), que chama essa linguagem "cúltica" que pede um "aproximar-se" de Deus por meio do culto, da oração ou da eucaristia e projetado para contrastar a atividade ineficaz dos antigos sacerdotes e dos leitores cristãos.

[155] Guthrie, *Structure of Hebrews*, 355.

pecando depois de termos recebido o conhecimento da verdade" (v. 26).[156] A ênfase está em "voluntariamente" (*hekousiōs*), uma alusão ao conceito do Antigo Testamento de "pecado deliberado" (Nm 15.30-31). Pecados involuntários podem ser expiados com uma oferta de sacrifício, mas pecados deliberados significam exclusão de Israel.[157] Assim é com a apostasia aqui. A ideia de "receber o conhecimento da verdade" (o forte termo *epignōsis*, com "verdade", também em 1 Tm 2: 4; 2 Tm. 2.25; Tt 1.1) refere-se definitivamente ao arrependimento e à conversão, favorecendo a visão de que a apostasia implica verdadeiros crentes que negam sua fé.

As consequências são severas. "Não há mais sacrifício pelos pecados" (Hb 10.26) usa a linguagem do Antigo Testamento do sacrifício de Cristo de uma vez por todas (9. 23-28; 10.10-14), significando que eles rejeitaram o sangue de Jesus e rejeitaram a misericórdia divina. A dupla expectativa[158] de "juízo e fogo ardente" (10.27, *pyros zēlos*, uma vingança [cf. v. 30] em "zelo ardente" que consome)" alude a Isaías 26.11: "que eles vejam seu zelo... o fogo reservado para seus inimigos os consome" (NIV). Esse juízo é certo (*esthiein mellontos*, "prestes a consumir", 10.27),[159] pois eles se tornaram "os inimigos" (*tous hypenantious*, significando aqueles a quem Deus "se opõe") de ambos, Deus e Cristo.

A razão para essa inacreditável dura sentença é tríplice (10.29; cf. 6.6; observe o argumento *qal wahomer* [cf. em 2.1-2] anterior com 10.28, a pena de morte por rejeitar a Torá). Primeiro, eles "pisaram no Filho de Deus", uma metáfora do Antigo Testamento de vilipêndio ou desprezo (cf. 2 Sm 22.43; Is 63.18; Mq 7.10). Segundo, eles "tratam o sangue da aliança" (a nova aliança estabelecida pelo sangue de Cristo, Hb 9.20-28) como *koinos*, isto é, como "profano, pecaminoso". Terceiro, eles "insultaram o Espírito da graça", com *enybrizō* conotando a "arrogância" ou insolente

---

[156] Lane, *Hebrews 9-13*, 291, mostra como isso se assemelha à estrutura de quatro partes de 6.4-8: (1) a experiência cristã ("pleno conhecimento da verdade"); (2) o fato da apostasia ("deliberadamente persistir no pecado"); (3) a renovação é impossível ("não há mais sacrifício pelo pecado"); (4) a maldição das sanções da aliança ("inevitável expectativa aterrorizante de juízo e de fogo ardente").

[157] Veja grässer, *Hebräer*, 3, 34-35; Attridge, *Hebrews*, 292; DeSilva, *Perseverance in Gratitude*, 344-45; e Koester, *Hebrews*, 451.

[158] Ellingworth, *Hebrews*, 534, diz que *ekdochē* "não é apenas um sentimento", mas "a perspectiva de eventos que certamente acontecerão".

[159] Enquanto *mellō* substitui o infinitivo ou particípio futuro que está desaparecendo (BAGD, 501), frequentemente mantém a ideia de destino inevitável, e isso se encaixa bem no contexto aqui.

altivez¹⁶⁰ e arrogância ultrajante do apóstata; o "Espírito da graça" pode ecoar Zacarias 12.10 LXX (o "Espírito da graça e misericórdia" derramado na casa de Davi) e se referir ao derramamento de Pentecostes.¹⁶¹ Juntos eles se referem a um desprezo e repúdio planejado de tudo o que Deus fez na salvação. Não é de admirar que Deus se "vingará" (cf. Dt 32.35) e "julgará" (cf. Dt 32.36) tais pessoas que "caiam em suas mãos"; *deveria* ser uma coisa "aterradora" cair nas mãos de tal juiz (Hb 10.30–31).¹⁶²

DeSilva chama Hebreus 10.26–31 *"páthos"*, ou um apelo ao temor (note "temeroso" v. 27, 31) o Deus que vem como juiz e vingador: "O apóstata ultrajou a personificação da virtude de benevolência e gratuitamente insultou o Espírito da graça e assim pode esperar ser visitado por um ato do poder de Deus que busca satisfação".¹⁶³ O fato de que isso segue a solução para a apostasia, a saber, a adesão fiel às dimensões verticais e horizontais da vida cristã (v. 22-25), acrescenta-se a esse *páthos*. Os leitores estão em grande e grave perigo de colocar tudo a perder.

### Enfrentando o Fogo Consumidor (Hb 12.14-29)

Essa advertência segue uma das belas passagens em Hebreus 11.1-12.13, em que os heróis da fé do Antigo Testamento fornecem modelos de perseverança fiel para estes cristãos em sua grande corrida (12.1-2), ao ultrapassar os obstáculos no decurso imposto por um Pai amoroso que os disciplina (v. 6-10) para que eles possam ter uma "colheita de paz e retidão" (v. 6-10 e v. 11). Uma passagem-chave sobre a solução para a apostasia ocorre nos versículos 12-13 (com base em Is 35.3–8 e Pv 4.26), na qual os crentes fracos com "braços débeis e joelhos fracos" estão prestes a abandonar a corrida, mas são ajudados nos obstáculos até a linha de chegada pelos membros mais fortes. Os plurais fazem disso uma atividade coletiva e não apenas uma determinação individual.¹⁶⁴

---

¹⁶⁰ Attridge, *Hebrews*, 295.

¹⁶¹ Michel, *Hebräer*, 353; Lane, *Hebrews 9–13*, 294.

¹⁶² Ainda que, veja J. Swetnam, "Hebreus 10, 30–31: uma proposta", *Bib* 75.3 (1994): 388–94, que considera isso como uma afirmação positiva, a "incrível" experiência de ser "julgado" até a salvação. No contexto da advertência mais forte do livro, isso é muito improvável.

¹⁶³ DeSilva, *Perseverance in Gratitude*, 353.

¹⁶⁴ Veja Ellingworth, *Hebrews*, 657, que intitula isto, "os leitores são encorajados a fortalecer-se uns aos outros", contra Koester, *Hebrews*, 530, que vê isso como um esforço individual por parte do competidor.

Thompson diz sobre Hebreus 12.12-17 que "a existência cristã é uma peregrinação à *klēronomia* celestial (9.15; 11.8; cf. 6.17; 11. 7; 1.14; 6.12)".[165]

O chamado à santidade em Hebreus 12.14–17 contém um chamado para a vigilância espiritual (*episkopeō*, olhando para as imagens de v. 12–13) e três mē tis advertências que se baseiam em material anterior: (1) perder a graça de Deus significa que eles "estão aquém da" (*hystereō*) salvação graciosa de Deus (cf. 2.1; 4.1; 6. 4–6; 10.26–29). (2) permitir que uma "raiz de amargura" (*rhiza pikrias*) se desenvolva e "corrompa" (*miainō*), muitos aludem a Deuteronômio 29.18, o que ocorre dentro de um contexto de idolatria e apostasia da comunidade da aliança, e aí não há amargura, mas um "veneno amargo" que destrói. O perigo da "contaminação" espiritual é uma metáfora do Antigo Testamento para a impureza de toda a comunidade como resultado do pecado. Toda a passagem em Deuteronômio refere-se a uma pessoa que é caleijada com uma falsa sensação de segurança em sua condição endurecida.[166] (3) uma "pessoa imoral ou ímpia como Esaú" é alguém que é sexualmente imoral (mais tarde o judaísmo considerava seus casamentos com mulheres hititas em Gn 26.34 como sendo imoralidade) e espiritualmente infidelidade a Deus (*pornos*). O ponto é que, como Esaú foi "rejeitado" quando procurou obter sua herança novamente, assim será que tal incrédulo também será rejeitado por Deus. Isso ecoa o ponto de 6.4-5 e 10.26-27 que tal apóstata cometeu o pecado imperdoável e não será aceito novamente. É importante notar que o arrependimento (*metanoia*) aqui não é o verdadeiro arrependimento, mas uma mudana "mudança de mente" e "com lágrimas" também não são lágrimas de arrependimento, mas lágrimas mundanas de quem quer sua herança.[167]

Um padrão ABA em Hebreus 12.14–29, com o contraste entre as alianças (v. 18–24) colocado entre as duas passagens de advertência (v. 14–17 e v. 25–29).[168] A poderosa antítese (*ou ... alla*) entre as duas mon-

---

[165] Thompson, *Beginnings of Christian Philosophy*, 43. Para uma abordagem de Hebreus centrados no tema da peregrinação, veja Robert Jewett, *Letters to Pilgrims: A Commentary of the Epistle to the Hebrews* (New york: Pilgrim Press, 1981).

[166] Assim P. Katz, "As Citações de Deuteronômio em Hebreus", ZNW 49 (1958): 214; Lane, *Hebrews* 9–13, 452–53.

[167] Assim Lane, *Hebrews* 9–13, 458 (que compara isto ao pecado imperdoável de 6.4-6); Ellingworth, *Hebrews*, 668, contra Attridge, *Hebrews*, 370, que diz que a ênfase está na incapacidade de Esaú de se arrepender.

[168] Victor Rhee, "Quiasmo e o Conceito de Fé em Hebreus 12.1-29", WTJ 63.2 (2001): 279, chama isso de quiástico. Guthrie, *Structure of Hebrews*, 408–9, fornece razões convincentes para se tomar

tanhas, o Sinai terreno (Moisés) e o Sião celestial (Cristo) não é uma advertência, mas centra-se no contraste entre o temor da antiga aliança e a alegria festiva da nova aliança. A mensagem reencena o contraste entre as antigas praticas do judaísmo e os novos caminhos que Cristo trouxe que, permeiam Hebreus 1.1-10.18 e novamente levanta uma questão: "Por que você iria querer retornar ao menor quando em Cristo você tem o maior?" O Sinai "não pode ser tocado" (cf. Êx 19.12), e o autor de Hebreus centra-se nos elementos visuais palpáveis de fogo, escuridão, tristeza e tempestade (Êx 19.16-19), bem como o impacto do som da trombeta (cf. Êx 19.16, 19; 20.18) e voz (cf. Dt 4.12). O resultado em cada instância foi o terror.

Em Sião, não se encontra o inacessível Deus do Sinai, mas o Deus pessoal de Sião, levando a uma atmosfera festiva de adoração e alegria quando se entra na "cidade do Deus vivo, a Jerusalém celestial" (Hb 12.22). Uma imagem apocalíptica não para a Nova Jerusalém de Apocalipse 21, mas para a experiência "celestial" da igreja no culto coletivo[169] (cf. os "lugares celestiais" de Ef 1.3, 20; 2.6; 3.10; 6.12), em que se tem uma antecipação da "cidade com fundamentos" que Abraão aguardava (Hb 11.10, 16). Nessa cidade, os santos são "escritos" ou "registrados" no livro celestial (Êx 32.32; Sl 69.28; Ez 13.9; Dn 7.10; 12.1; Lc 10.20; Fp 4.3, 3.5, 20.12) como cidadãos do céu (Ef 2.19; Fp 3.20). Eles são a "assembleia do primogênito" (*ekklēsia prōtotokōn*, Hb 12.23) e são participantes da herança de Jesus, o primogênito (Rm 8.29; Cl 1.15, 18; Rm 1.5). Eles também participam na adoração com "miríades de anjos em uma assembleia festiva" (*panēgyrei*, Hb12.22, enfatizando a festividade e a reunião de anjos no culto cristão) e "desfrutam de comunhão com antecedência com os justos das gerações anteriores com as quais eles serão aperfeiçoados no final".[170] Finalmente, na vida da igreja, os crentes ousadamente aproximam-se de " Deus, o juiz de todos os homens" (Hb 12.23; para os justos, um juízo de recompensas [cf. 22.12], mas talvez uma

---

os versículos 14–17 com os versículos 1–13 e não os versículos 18–29. Eu, por outro lado, tenho frequentemente colocado os versículos 12-13 como segue e assim agrupei os versículos 1–11, 12–17, 18–29. As duas seções (v. 12–13, 14–17) são transitórias, com os versículos 12–13 somando-se com os versículos 1–11 e os versículos 14–17 bem como, com os versículos 18–29. Assim, a melhor opção é provavelmente ver duas seções principais, versículos 1–13 e versículos 14–29.

[169] Lane, *Hebrews 9–13*, 469; e Ellingworth, *Hebrews*, 678.

[170] Ellingworth, *Hebrews*, 680. Scholer, *Proleptic Priests*, 200, diz que isso significa que esses heróis da fé entraram na presença de Deus, e o verbo em hebraico aponta para "a penúltima etapa da cronologia da era escatológica". Ou seja, o tempo em que o povo de Deus entrará em sua presença.

sugestão de advertência na preparação para os . 25-27) e "Jesus, mediador da nova aliança" (v. 24, enfatizando a experiência superior do cristão), cujo "sangue aspergido" tornou a salvação possível. Mais uma vez, por que retornar a uma religião de temor e austeridade quando se tem uma religião de alegria e festividade coletiva?

A advertência final do livro segue. A cena é semelhante à 2.1–4. Como o caminho de Cristo é tão superior, o castigo por cair também é mais severo. O tema é o "Deus que fala", tanto no Sinai (v. 19) como em Sião (v. 24). Quando ele fala, as pessoas devem responder. Se aqueles que "recusaram" (especialmente a geração do deserto em 3. 7-4.13) não "escaparam" de seu juízo, quanto menos "nós escaparemos" (note o enfático hēmeis), incluindo o autor e, portanto, uma advertência para os verdadeiros cristãos) se "nos afastamos" (apostrephomenoi, enfatizando não apenas um afastamento gradual, mas um repúdio intencional; cf. 2 Tm 4.4; Tt 1.14[171]) da admoestação celestial (Hb 12.25).

Isso, de fato, resume as advertências anteriores do livro e acrescenta uma nota de juízo final centrada no "abalar dos céus", uma alusão a Ageu 2.6 (um tema apocalíptico visto em Is 13.10; 34.4 Jl 2.10–11; 2 Bar. 32: 1; Sib. Or. 3.675; Mc 13.24–25; Ap 6.12–14; 16.18–21) e "de uma vez por todas (hapax significa tanto uma ação definitiva quanto um evento único) a destruição da criação presente (cf. 2 Pe 3.7, 10; Ap. 21. 1). No contraste entre "removido" (metathesis) e "permanecer" (menō) no versículo 27, não apenas a terra e os céus são atingidos, mas também as pessoas que habitam a terra.[172] Há uma escolha a ser feita pelos leitores, e essa escolha determinará se eles são eternamente "removidos" ou "permanecem".

Há tanto encorajamento quanto advertência na conclusão (12.28–29). Há um comentário positivo semelhante a Hebreus 6.9-12 e 10.39 no versículo 28. Os crentes estão "no processo de receber" (tempo presente paralambanontes) "um reino inabalável" (12.28; cf. 11.10; 13.14), um lar eterno que é uma posse presente e ainda uma conquista futura. Isso fornece uma âncora aos problemas atuais e deve levar tanto a ação de graças[173] quanto a um temor reverente (com eulabeias kai deous a hendíadis, retornando à ideia de 10.22–23). A solução para a letargia (5.11;

---

[171] Veja TDNT, 7:722.

[172] Thompson, Beginnings of Christian Philosophy, 42, chama os versículos 27–28 de "a descrição mais detalhada do eschaton em Hebreus".

[173] Com echōmen charin uma expressão idiomática de gratidão, cf. 1 Timóteo 1.12; 2 Timóteo 1.3.

6.12) é a adoração dinâmica. Então a seção termina com uma advertência muito séria tirada de Dt 4.24 — admoestação de Moisés a Israel sobre idolatria e apostasia da aliança. A ideia de Deus como "fogo consumidor" (*pyr katanaliskon*) é usada frequentemente para o juízo ardente (Is 33.14; Jl 2.3; Dn 7.11; Sls Sl 15.4; Mt 25.25. 41; 1 Co 3.13, 15; v. 19.20; 20.10, 14–15) as opções são absolutamente claras: Os leitores ou enfrentarão um Deus amoroso em adoração reverencial ou um Deus julgador em terror absoluto.

## Conclusão

O que faremos com todos esses dados? Certas posições estão claramente erradas desde o início: (1) pensar que isso representa apenas a perda de recompensas[174] é virtualmente impossível porque a linguagem é muito forte. (2) considerar isso como uma advertência hipotética que não pode ser cometida, mas é usada para estimular a perseverança (por exemplo, NIV), por causa de sua natureza artificial.[175] Uma possibilidade interessante é a visão de Verbrugge de que a queda é feita não por indivíduos, mas por uma comunidade, e assim a salvação individual não está em jogo.[176] Entretanto, esse tipo de separação entre indivíduo e comunidade é difícil de manter, e se a comunidade cai, é difícil compreender como os indivíduos dentro dela não o farão. Assim, McKnight aponta que Hebreus enfatiza o indivíduo em "qualquer um de vós" em 3.12 e 4.1 e nas passagens de advertências em geral (3.13, 17–18; 4.3, 10–11). Ademais, as ilustrações da apostasia não são apenas coletivas (a geração do deserto), mas também individuais (Esaú; cf. os indivíduos como modelos em 11.1-40).[177]

A melhor opção de uma perspectiva calvinista é abordar a questão do ponto de vista da eleição: há um perigo real de apostasia, e é dirigido aos membros da igreja; mas aqueles que cometem o pecado não eram verdadeiros crentes, isto é, não eram eleitos. Só conheceremos

---

[174] Assim Zane Hodgesa, "Hebrews", em *The Bible Knowledge Commentary*, edição NT, ed. John F. Walvoord e Roy B. Zuck (Wheaton, II: Victor Books, 1983), 795-96; e Joseph c. Dillow, *The Reign of the Servant Kings: A Study of Eternal Security and the Final Significance of Man* (Miami Springs, FL: Schoettle, 1992), 448-53.

[175] Veja Nicole, "Alguns Comentários sobre Hebreus 6.4-6", 356.

[176] Verlyn D. Verbrugge, "Para uma Nova Interpretação de Hebreus 6.4-6", CTJ 15 (1980): 61-73.

[177] McKnight, "Passagens de Advertências em Hebreus", 54.

os eleitos quando perseverarem até o final.[178] Isso faz muito sentido teologicamente, mas ainda é vítima do problema básico de ter que dizer que as descrições de Hebreus 2.3b-4; 3.1, 6; 6.4; 10.26; e 12.22–24 e o "nós" de 12.25, 28 nada dizem sobre os crentes verdadeiros. É difícil ver como isso pode ser defendido à luz do material que temos exposto. As descrições são representações incrivelmente poderosas da experiência cristã verdadeira. Então a conclusão que se impõe como a mais provável das várias opções viáveis: Hebreus está descrevendo um perigo muito real de apostasia que os verdadeiros crentes podem cometer, e se o fazem é um pecado imperdoável do qual não há possibilidade de arrependimento, mas somente de juízo eterno.

---

[178] D. A. Carson, "Reflexões sobre Segurança", em Schreiner e Ware, *Still Sovereign*, 403, fala de "uma espécie de fé temporária, uma forma de conversão que, como a semente semeada em solo rochoso, tem todos os sinais de vida, mas que não persevera". Portanto, há iluminação inicial e alguns provam dos poderes da era vindoura, mas a perseverança não é duradoura. Veja também Thomas R. Schreiner e Ardel B. Caneday, *The Race Set Before Us: A Biblical Theology of Perseverance and Assurance* (Downers Grove, Il: InterVarsity, 2001), 201-3, que utiliza condições como 3.6, 14 para desenvolver o argumento de que o chamado à perseverança é o verdadeiro propósito das passagens de advertência.

# Resposta calvinista clássica

*Buist Fanning*

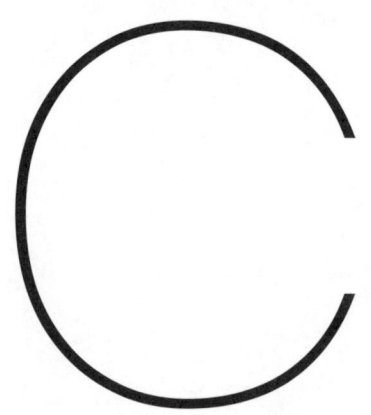

Como eu respondo a Grant Osborne, quero agradecê-lo por seu trabalho completo neste ensaio e por suas muitas outras contribuições significativas para a interpretação bíblica ao longo dos anos. É especialmente útil encontrar no início de seu ensaio um resumo imparcial das construções teológicas padrão (isto é, calvinismo e arminianismo) que entram em confronto sobre a interpretação das advertências em Hebreus com suas áreas de concordância e discordância claramente estabelecidas.

Outra característica do ensaio de Osborne que eu particularmente gostaria de elogiar é seu exemplo de como a exegese e a teologia devem proceder no manuseio de evidências e conclusões. Em vários pontos ele reflete a necessidade de todos os intérpretes pesarem evidências exegéticas à luz das opções disponíveis e fazer um julgamento bem ponderado sobre o que é mais provável ou "O" mais *provável* entre essas opções. Dependendo do nível de ambiguidade na evidência, chegamos a diferentes níveis de certeza sobre as conclusões.[179] Portanto, Osborne não fala sobre como *deve* ser em relação às passagens de advertência, mas sobre como é mais ou menos *provável*. É instrutivo vê-lo em vários pontos reconhecer formas alternativas de juntar as peças e, em seguida,

---

[179] Veja Grant Osborne, *A Espiral Hermenêutica* (São Paulo: Edições Vida Nova, 2009), por sua discussão sobre "Possibilidade e Autoridade de Afirmações Teológicas".

continuar a sua avaliação franca de quão plausíveis são, deixando algumas que ele considera "praticamente impossíveis" para outros que são quase certamente verdade em sua opinião. Isso é revigorante de se ver, dada a história de postura e criatividade que às vezes acompanha a controvérsia sobre essas passagens.

Da mesma forma afirmo sobre os outros dois ensaios deste livro, quero reconhecer aqui também minha concordância com muito do que Osborne conclui sobre Hebreus. Por causa das limitações de espaço, esta resposta se concentrará em áreas de discordância, mas isso não deve obscurecer o quão próximos estamos de muitos pontos.

Nesta resposta, o leitor notará paralelos em minha resposta a Gareth Cockerill, uma vez que eles seguem abordagens semelhantes e chegam a conclusões semelhantes. Entretanto, nestas duas respostas, abordarei assuntos ligeiramente diferentes, baseados em temas proeminentes ou pontos distintos em cada tratamento.

## Identificação Espiritual dos Destinatários

A minha primeira área de resposta diz respeito à maneira como o escritor de Hebreus descreve aqueles a quem está advertindo. Essa característica parece ter um peso considerável para Osborne, levando-o para longe da conclusão que eu prefiro e, em vez disso, para a visão de que eles são cristãos genuínos em perigo de rejeitar a Cristo e sofrer juízo eterno como consequência. Muitos, ao longo dos séculos, adotaram a mesma visão de Hebreus e a consideraram como o sentido óbvio (e, para alguns, embora aparentemente não para Osborne, a única interpretação defensável).

Ao interagir com essa linha de evidência, acho importante examinar cuidadosamente as descrições específicas de como Hebreus as usa e fazer algumas distinções, pelo menos inicialmente. Se essas descrições se aplicam às mesmas pessoas, devem ser analisadas como parte do processo de avaliação.

Primeiro, podemos observar as descrições usadas diretamente para abordar ou retratar os *leitores* em geral. Estes consistem em vocativos e pronomes de segunda pessoa e referência de verbo (dirigindo-se diretamente aos leitores), pronome de primeira pessoa e referência de verbo (enquanto descrevendo os leitores e o escritor juntos), e implicações mais amplas do seu argumento em vários lugares.

Por exemplo, usando a abordagem direta, o escritor refere-se a seus leitores como santos (3.1), participantes de um chamado celestial (3.1), irmãos (3.1, 12; 10.19; 13.22) e amados (6.9). Ele declara que eles amam a Deus e a seu povo de uma maneira louvável (6.10) e que suportaram fielmente o sofrimento e a perseguição (10.32–34). Eles são tratados pelas Escrituras como filhos do Senhor, receberam sua disciplina paterna (12.5, 7) e entraram em contato com Deus e seu povo de todas as eras (12. 22-24).

Ao usar as formas "nós", o escritor inclui a si mesmo junto com seus leitores como aqueles a quem o evangelho chegou e foi "confirmado" (2.1, 3; 4.2), como aqueles que acreditaram (4.3) e receberam conhecimento da verdade (10.26), como aqueles que participam do cumprimento da salvação de Deus e são aperfeiçoados junto com os fiéis da antiguidade (11.40), e como aqueles que devem ser advertidos e exortados a continuar na fé (2.1, 3; 3.6, 14; 4.1; 6.1; 10.23; 12.25).

As implicações mais abrangentes de sua abordagem envolvem os paralelos do Antigo Testamento traçados nos capítulos 3–4 (isto é, que eles são o povo de Deus assim como a geração do deserto era o povo de Deus) ou a citação do Antigo Testamento em Hebreus 10.30 (que Deus julgará seu povo). Estas implicam que os leitores são cristãos genuínos; se não forem, o argumento falha de acordo com alguns intérpretes.[180]

Mas como essas abordagens e descrições dos leitores devem ser interpretados? Há várias opções: (1) são designações absolutas e possuem autoridade (ou seja, inspiradas por Deus) do verdadeiro status espiritual de todos os destinatários; ou (2) são descrições do que se supõe ser verdadeiro para a maioria dos destinatários, e se acontecer de não ser verdade para alguns, as exortações e advertências não são realmente destinadas aos seus ouvidos; ou (3) constituem uma forma de discurso amoroso e pastoral descrevendo os leitores de acordo com sua postura pública de se associarem à assembleia cristã e se identificar com o escritor em relação à sua posição, mas com plena consciência e preocupação de que alguns podem não ser realmente cristãos. Eu prefiro essa terceira visão por razões que serão desenvolvidas conforme esta seção avançar.

Segundo, devemos examinar as descrições usadas para retratar os *apóstatas* em particular, aqueles que dizem que abandonaram ou repudiaram Cristo. Estas ocorrem predominantemente na terceira pessoa

---

[180] Como Cockerill afirma sobre os leitores em seu ensaio, "Sua identidade e a Identidade da geração do deserto como o povo de Deus é essencial para o argumento".

e referência genérica. Na verdade, as advertências mais severas do livro são quase inteiramente expressas em terceira pessoa, e não em formas de referência a "nós" ou "vós". Por exemplo, as descrições de 6.4-8 são inteiramente em terceira pessoa do plural (genéricas "eles") ou singular ("isto" se refere ao rudimento abençoado ou amaldiçoado). Isso está em marcante contraste com a passagem anterior da exortação (5.11–6.3) e a subsequente passagem de segurança (6.9–20), que são preenchidos com referências a "nós" e "vós". O mesmo é válido para Hebreus 10.27–31, especialmente o versículo-chave 10.29 (em contraste com as formas "nós" nas exortações dos v. 19–25 e as formas "vós" na segurança dos v. 32–39).

Há um exemplo de referência em primeira pessoa nas passagens mais severas: A referência ao pecado voluntário em que "nós" podemos cair, resultando em nenhum outro sacrifício pelo pecado (10.26). As outras advertências também que se combinam mais livremente ao abordarem os leitores com expressões menos severas de consequências para aqueles que se afastam. Vemos exemplos disso nas formas "nós" em Hebreus 2.3 e 12.25, a referência genérica juntamente com a segunda pessoa em 3.12–13 e a referência genérica e a primeira ou segunda pessoa em 4.1, 11 e em 12.15-16.

Novamente devemos perguntar quais opções devem ser consideradas para interpretar essas descrições daqueles que se afastam (predominantemente na terceira pessoa) e como eles se relacionam com as descrições dos leitores (primeira e segunda pessoa) avaliadas anteriormente. Uma possibilidade é não ver distinção entre elas. Nessa leitura, as referências em terceira pessoa são uma forma indireta de expressão mais branda comparada ao ditos "nós" ou "vós", mas elas potencialmente descrevem os leitores: Todos são cristãos genuínos, e o escritor teme que alguns possam se desviar. Contudo, mesmo nessa visão, há uma distinção entre os leitores em geral e os apóstatas em particular: O que se imagina não é que todos eles se desviem, mas que alguns entre eles possam fazê-lo (como 3.12-13; 4.1, 11 e 12.15-16 refletem explicitamente).

Minha opinião é que o escritor mantém uma distinção similar entre dois grupos, mas indica explicitamente uma diferença mais fundamental entre eles. O autor aborda todos os leitores juntos de forma caridosa e pastoral como fiéis, pois é assim que se identificaram associando-se à comunidade cristã. Com base nisso, ele também se identifica com eles em sua preocupação como pastor. É claro que, até hoje, é comum nos sermões e na comunicação pastoral abordar os grupos de crentes dessa maneira, sem pretender definir o verdadeiro status espiritual de cada indivíduo.[181]

Como o escritor aborda essa comunidade, ele está ciente de evidências combinadas sobre a sua saúde espiritual. Enquanto ele tem visto indicações em geral positivas de seu amor, serviço e perseverança mediante o sofrimento (6.9-10; 10.32-34), há também sinais preocupantes de enfraquecimento do compromisso com Cristo por parte de alguns. O escritor não é onisciente, ele não conhece verdadeiramente a condição do coração de todos os leitores, e eles ainda não caíram em apostasia, mas o escritor teme que alguns possam, embora isso seja ameaçador. Ele está preocupado sobre como alguns se sairão quando forem atingidos pela nova crise que os pressiona. Então se dirige a todos eles de acordo com sua ocupação como cristãos. No caso de alguns não serem genuínos, ele indica que o verdadeiro teste é a perseverança e aqueles que se afastam demonstram que não participaram genuinamente da nova aliança salvadora de Deus (3.6, 14). O autor emite fortes advertências de que qualquer um que repudiar a Cristo, apesar do claro conhecimento das alegações cristãs sobre sua pessoa e obra, enfrentará o merecido juízo por sua rejeição deliberada da salvação plena e final de Deus (6.4-8; 10.29). Mas para a comunidade restante, ele encoraja que sua fidelidade passada e presente seja um sinal claro de sua participação na salvação permanente de uma nova aliança com Cristo, um encorajamento destinado a exortá-los à fé perseverante, não à complacência ou à autoconfiança (6.9–10; 7.25; 9.14–15; 10.39; 12.28).

Em defesa dessa visão que envolve as várias descrições, cito tanto o contexto mais amplo do livro quanto o contexto imediato dos versículos sobre aqueles que se afastam. A evidência contextual mais ampla é a soteriologia em Hebreus, que se concentra no caráter permanente e transformador da salvação.[182] Qualquer leitura das advertências em He-

---

[181] Cf. Wayne Grudem, "Perseverança dos Santos: Um Estudo de Caso das Passagens de Advertência em Hebreus", em *Still Sovereign: Contemporary Perspectives on Election, Foreknowledge, and Grace*, ed. Thomas R. Schreiner e Bruce A. Ware (Grand Rapids: Baker, 2000), 173, uma reimpressão de *The Grace of God, the Bondage of the Will* (1995).

[182] Veja minha resposta a Cockerill e o tratamento de "Encorajamento aos Leitores Sobre a Fidelidade de Deus", em meu ensaio neste livro. Essa soteriologia baseia-se em declarações explícitas e não qualificadas em Hebreus, no sentido de que a salvação de Cristo é poderosamente transformadora e eternamente duradoura. Assim, a perseverança não depende da capacidade humana de continuar na fé, mas da fidelidade de Deus para sustentar seu povo nesta salvação.

breus deve levar em conta essa soteriologia e não se concentrar apenas nas descrições de 6.4–5 e 10. 26-29 como se fossem a única consideração. Mas, muitas vezes, a avaliação das advertências em Hebreus começa e termina em 6.4-5 e quando um intérprete chega ao final de 6.5, ele decide que cristãos genuínos devem estar em vista e nenhuma outra evidência conta.[183] Porém, como McKnight e muitos outros argumentaram, uma abordagem sintética é necessária, uma que pese todos os fatores relevantes antes de tirar conclusões.[184]

Como argumentei em meu ensaio, uma abordagem tão sintética leva a uma tensão inevitável em colocar todas as evidências juntas de forma coerente. Deus é absolutamente fiel para trazer cristãos genuínos à salvação eterna, mas eles podem de fato repudiar a Cristo e cair em condenação eterna? Uma leitura "direta" de todos os elementos leva à contradição, por isso devemos fazer ajustes a partir do sentido preliminar em algum lugar, Osborne e Cockerill fariam ajustes no primeiro ponto (embora eles deixem de olhar mais detalhadamente seus ensaios). Eu acho que o último ponto; sobre os cristãos genuínos rejeitando a Cristo; deve ser ainda mais sutil devido à grandeza e adequação da salvação como apresentada em Hebreus. Eu afirmo que o escritor explicitamente aponta para isso em Hebreus 3.6 e 3.14 em citar a fé permanente como a *evidência* da salvação genuína (não sua *causa* e não uma *condição* para manter a salvação genuína).[185] E assim o repúdio a Cristo não causa a perda da participação salvadora na salvação de Jesus, mas indica que foi apenas uma participação aparente e superficial.

Dado a abrangência desse quadro teológico, o contexto imediato também sustenta essa visão das descrições em Hebreus 6.4-8 e 10.26-29. O que peço aqui é a necessidade de ler toda a descrição em todas as passagens. Assim, em 6.4-6, é o particípio atributivo final da série (v. 6a, "caíram") e os dois adverbiais (v. 6b, "crucificando e desprezando o Filho de Deus"), que dão à luz em que as descrições dos versículos 4–5 devem ser vistas. Contudo, quantos intérpretes decidem sobre o sentido teológico de toda a sentença depois de estudar apenas os dois primeiros terços dela

---

[183] Eu não estou dizendo que Osborne é culpado disso.

[184] Scot McKnight, "As Passagens de Advertências em Hebreus: Uma Análise Formal e Conclusões Teológicas", *TJ* n.s. 13 (1992): 21-59.

[185] Sobre esse ponto veja, D. A. Carson, "Reflexões Sobre Segurança", em Schreiner e Ware, *Still Sovereign*, 264, 267.

(v. 4-5)? Similarmente a descrição de 10.26 ("pecando intencionalmente depois de receber o conhecimento da verdade") deve ser lida à luz do que se segue, na qual a declaração introdutória geral ("pecado voluntário") é certamente completa e especificamente definida pelos particípios de 10.29 ("desprezando, profanando, insultando")[186] é somente quando lemos a descrição completa que compreendemos o verdadeiro sentido da primeira parte desta. Isso é comumente verdadeiro em descrições focadas em como as coisas parecem ser: toda a expressão é necessária para ver que aquilo que aparenta não é realmente o caso, e não podemos ver que é uma linguagem fenomenológica até que leiamos o final.[187]

Por isso concluo, no meu ensaio, que em Hebreus 6.4-6; 10.26-29, e assim por diante, o escritor está descrevendo os *fenômenos* da conversão daqueles que se afastam. Enquanto os detalhes dessas descrições, por si mesmos, parecem apontar para a verdadeira experiência cristã, as afirmações como um todo desmentem essa impressão. O autor retratou os apóstatas em termos distintamente cristãos para enfatizar o quão próximos eles estiveram da salvação na nova aliança e o que estarão rejeitando se partirem.[188] Sua iluminação, experiência do Espírito, arrependimento, conhecimento da verdade, participação na santificação como efeitos do sangue de Cristo, e assim por diante, provariam ser apenas preliminares e espúrios se de fato eles repudiarem Cristo. A sua renúncia constituirá um afastamento intencional, ou apostasia, das

---

[186] Eu tenho que pensar que Osborne é imprudente e inconsistente em suas declarações sobre 10.26 no sentido de que "pecar intencionalmente depois de receber o conhecimento da verdade" é "o mais próximo de uma definição de apostasia em Hebreus". E ver que o pecado em vista não é apenas um fracasso ocasional, não importa quão voluntarioso ou entendido, mas é o repúdio da obra de Cristo como especificado em 10.29 (e 6.6b) — uma conclusão que Osborne realmente concorda, eu acredito. Só isso dá o verdadeiro sentido à segunda metade do versículo 26 ("não resta mais sacrifício pelos pecados. Cf. Victor (sung-yul) Rhee, *Faith in Hebrews: Analysis within the Context of Christology, Eschatology, and Ethics*, studies in biblical literature 19 (New York: Peter Lang, 2001), 168–71.

[187] Alguns exemplos do dia a dia seriam: "Ele pagou a conta com um cheque quente". "Ela limpou a casa inteira e então notou o quarto do filho". "Eu fiquei bem, fui trabalhar e vomitei de novo". Em face disso, "pago", "limpo" e "ficou bom" significa uma coisa, mas à luz de toda a expressão eles devem ser lidos diferentemente.

[188] À luz da teologia mais abrangente em Hebreus, quero enfatizar que essas descrições refletem os fenômenos *externos* da experiência dos apóstatas na comunidade de fé. Não há nada em Hebreus que sugira que 6.4-5; 10.26 e assim por diante descreva uma obra *interior* e genuína por parte de Deus, mas preliminar, que ele subsequentemente abandona por não serem eleitos, como Calvino especula em seu comentário. Veja João Calvino, *The Epistle of Paul the Apostle to the Hebrews and the First and Second Epistles of St. Peter*, trad. William B. Johnston (1549; reimpressão, Grand Rapids: Eerdmans, 1963), 76.

convicções religiosas e da postura pública que uma vez pareciam ter.[189] Somente um juízo irrevogável pode ser a consequência de tal rejeição, apesar da estreita familiaridade e experiência com a provisão completa e final de Deus para a salvação. A soteriologia mais abrangente em Hebreus e as declarações explícitas de 3.6 e 3.14 devem nos sensibilizar a ver que esse é o significado pretendido dessas descrições. Em qualquer caso, as descrições sozinhas não devem ser o único fator considerado na interpretação das passagens de advertência.

### Contingência de Salvação em Hebreus

Minha segunda área de resposta a Osborne diz respeito a seus comentários sobre a contingência de salvação em Hebreus. Em dois lugares diferentes, em meu ensaio neste livro, discuto suas ideias sobre a condicionalidade da salvação (como refletido em seus escritos anteriores) e busco mostrar por que acho que ele interpretou erroneamente Hebreus sobre esse ponto. O leitor pode consultar essas páginas para detalhes. Aqui, eu quero responder a vários comentários sobre o assunto de seu ensaio atual.

Em sua exposição de Hebreus 3.6, Osborne cita o versículo da seguinte forma: "nós somos sua casa (a igreja como a casa de Deus), se de fato (*eanper*) nós continuarmos..." Ele então cita o comentário de Lane de que isso "implica que o resultado é contingente à resposta dos ouvintes".[190] Com isso Osborne quer dizer que manter seu relacionamento atual com Deus até a salvação final depende dos leitores mantendo a fé contínua em Cristo. Mas ele lida com a sentença condicional de maneira muito simplista e não considera outros possíveis sentidos para essa afirmação.[191] Concordo que o "resultado é contingente", mas afirmo, em meu ensaio, que o versículo aponta explicitamente para um "resultado" diferente de fé contínua como condição. O resultado não é se eles *manterão* seu status atual até a consumação futura, mas se eles *são* sua casa

---

[189] Cf. Carson, "Reflexões sobre Segurança", 267.

[190] William L. Lane, *Hebrews 1–8*, WBC 47a (Dallas: Word, 1991), 71.

[191] Esse é um equivoco surpreendente, uma vez que outros pesquisadores, incluindo um de seus próprios colegas, propuseram um significado consideravelmente diferente para as condições de 3.6 e 3.14. Veja F. F. Bruce, *The Epistle to the Hebrews*, NICNT, ed. rev. (Grand Rapids: Eerdmans, 1990), 94; Grudem, "Perseverança dos Santos", 175; George H. Guthrie, *Hebrews*, NIV Comentário de Aplicação (Grand Rapid: Zondervan, 1998), 134-36; D. A. Carson, *Exegetical Fallacies*, 2d ed. (Grand Rapids: Baker, 1996), 84-85 (1ª ed., 1984); e idem, "Reflexões sobre Segurança", 264, 267.

mesmo agora (observe os tempos verbais em 3.6). A fé permanente é a evidência do genuíno cristianismo; o fracasso em continuar na fé é uma evidência de que uma pessoa não é genuinamente cristã.[192]

Em seu tratamento em Hebreus 3.14, Osborne inclui uma nota de rodapé dizendo que a construção em grego é a mesma que em 3.6, e então "o relacionamento é condicional". Novamente, eu concordo que o relacionamento é condicional, mas devemos perguntar, que *relacionamento* (futuro ou passado-presente) e que tipo (lógico) de *condição*? Eu argumento que a condição não é de causa e efeito, como é frequentemente assumida sem verificação, mas é uma evidência de inferência. Assim, o argumento do escritor não é que manter firme a fé até o fim *faz* com que sua participação salvífica com Cristo continue até a salvação final, mas manter firme a fé até o fim é a *evidência* de que eles se tornaram e são verdadeiramente participantes com Cristo. Eu acredito que os tempos e o caráter lexical dos verbos usados em 3.6 e 3.14 fazem dessa a interpretação preferida, mas não é dependente, em minha visão, dos tempos verbais gregos somente.[193] Nem é uma nova explicação das sentenças condicionais que eu tenho composto devido a pressuposições teológicas. Há uma existência longa, se não amplamente conhecida, entre os linguistas sem conexão com essas questões.[194]

Como Osborne continua a explicar Hebreus 3.14, ele acrescenta o comentário, "*eles devem manter* sua relação com Cristo como 'participantes' na vida cristã. *Para fazer isso*, no entanto, eles devem 'manter firme'...sua 'confiança' em Cristo até o fim" (itálico meu). Eu afirmo que a soteriologia em Hebreus focaliza a perseverança cristã na capacidade

---

[192] Esse é talvez o melhor lugar para incluir uma nota demasiadamente inapropriada sobre a aplicação pastoral desse ensinamento. É certo que o princípio, como dito anteriormente, parece gritante e inflexível, enquanto a vida real normalmente aparece em vários tons de cinza. O propósito em Hebreus, neste ponto, não é analisar quanto de fé é necessária, quão firmemente ela deve ser mantida, ou como decidir quando alguém provou ser falso. Essas questões surgem em todas as interpretações das passagens de advertência, e o escopo deste livro não permite o tratamento adequado delas. Como ponto de partida para a reflexão sobre a aplicação pastoral, recomendo Guthrie, *Hebrews*, 216–39.

[193] Entre outros que têm uma visão diferente dos tempos gregos, ainda assim entendem esses versos, veja Carson, *Exegetical Fallacies*, 84–85; e K. L. Mckay, *A New Syntax of the Verb in New Testament Greek: An Aspectual Approach*, Estudos em Grego Bíblico 5 (New York: Peter Lang, 1994), 172 (que traduz 3.14 como, "porque nós (realmente) chegamos a participar em Cristo se mantivermos nossa atitude inicial firme até o fim").

[194] E.g., H. C. Nutting, "Os Modos do Pensamento Condicional", AJP 24 (1903): 288-89; e Rodney Huddleston, Geoffrey K. Pullum e outros., *The Cambridge Grammar of the English Language* (Cambridge: Cambridge University Press, 2002), 740; e outros estudos citados no meu ensaio.

de Deus de salvar até o fim, não na capacidade humana ou disposição de continuar a aceitar sua obra salvadora. Sim, é verdade que, de acordo com Hebreus, os verdadeiros cristãos manterão sua fé firme até que a salvação final seja alcançada, de modo que, nesse sentido, é um processo de "ambos" e não um "ou outro". Mas como isso é feito de acordo com Hebreus? Parece inválido falar da responsabilidade humana de manter o relacionamento baseado em nossa livre escolha para mânter-se firme,[195] sem falar como Hebreus aborda o poder de Deus em ação para nos levar até o fim. Infelizmente, o tratamento de Osborne está longe disso, porque ele diz pouco sobre as fortes declarações em Hebreus sobre segurança. Como eu desenvolvo no meu ensaio e na minha resposta a Cockerill, os versículos em Hebreus sobre a segurança cristã (por exemplo, 7.25; 9.14-15; 10.14) não falam de forma alguma sobre a contínua resposta cristã como um meio necessário para o cumprimento da salvação final. Os versículos dizem que aqueles que se tornaram participantes da obra salvífica de Cristo certamente alcançarão a salvação final por causa e por meio da capacidade de *Deus*, não da sua própria. A manutenção do relacionamento depende, em última análise, de sua ação permanente e transformadora em nós, pelo qual somos capazes de continuar na fé.

Finalmente, ao discutir Hebreus 3.6, Osborne cita uma lista de "várias declarações condicionais do Novo Testamento sobre a salvação", incluindo Romanos 8.9, 17; 11.22; 2 Coríntios 13.5 e Colossenses 1.23. A implicação é que estes apoiam sua interpretação de 3.6. Embora eu não rejeite inteiramente esse tipo de apelo, acho importante insistir que as evidências em Hebreus por si só, sejam analisadas antes de nos voltarmos para a teologia de outros livros para *insights*. Como repeti, talvez com demasiada frequência aqui, acho que Osborne deveria ter considerado outras características da teologia de Hebreus por si mesmo, mais do que ele o fez. Além do que, não está claro que os outros versículos que ele cita realmente apoiam o ponto que está defendendo. Essas afirmações condicionais são mais bem vistas, penso eu, como condicionais de inferência de evidências ou deveriam ser interpretadas em sentido diferente do que Osborne preferiu.[196]

---

[195] Veja o resumo de Osborne sobre o ensino arminiano no início de seu ensaio.

[196] Não há espaço aqui para discutir os detalhes dessas passagens, mas veja, por exemplo, Judith M. Volf, *Paul and Perseverance: Staying In and Falling Away*, WUNT 37 (Tübingen: Mohr-Siebeck, 1990), 19, 61-62, 197-99, 223-25, 284, em Romanos 8.9, 17; 2 Coríntios 13.5 e Colossenses 1.23; Douglas J. Moo, *The Epistle to the Romans*, NICNT (Grand Rapids: Eerdmans, 1996), 706–7, sobre Romanos

## A Questão Final

Uma área final de resposta sucinta diz respeito à questão da segurança cristã. Em vários comentários Osborne conclui que a segurança não é possível para os cristãos até que eles atinjam o fim da vida. Em sua exegese de Hebreus 6.11, ele diz que "o objetivo é a futura herança da salvação, alcançada pela perseverança na fé. Esse é o lugar onde o calvinismo e o arminianismo se encontram, na percepção de que os eleitos serão conhecidos depois de terem perseverado até o fim". Em sua conclusão, ele acrescenta a palavra "somente" à afirmação: "Conheceremos os eleitos somente quando perseverarem até o fim". Osborne não se aprofunda sobre esse ponto, mas seus comentários ecoam a visão de outros escritores que acusam que uma compreensão reformada da perseverança impede qualquer segurança de salvação nesta vida ou que não há diferença entre calvinista e não calvinista em relação à base ou possibilidade de segurança.[197]

É certamente verdade que, isoladamente, um verso como Hebreus 3.14 (segundo meu ponto de vista) poderia ser usado para negar qualquer segurança até que o fim da vida seja alcançado: "Nós nos tornamos participantes de Cristo [inferência], se de fato mantivermos o começo de nossa firme confiança até o fim [evidência]". Se a continuação é o teste da realidade, então não podemos conhecer nosso status real com Cristo se não perseverarmos até o fim, ou assim continua a acusação. Mas, como tentei mostrar, não devemos ler algo em Hebreus isoladamente! Devemos combinar o significado de Hebreus 3.6 e 3.14 com as surpreendentes declarações do que Deus realiza na vida daqueles que "se tornaram participantes" da obra sacerdotal de Cristo. É a obra de salvação poderosa, transformadora e permanente do Pai, que é a principal base de segurança para os cristãos. Os princípios de segurança obtidos ao ver essa obra salvífica, iniciada e promovida em minha vida, são imensamente reforçados pela compreensão de que Cristo é completamente capaz de me levar à salvação final, não por causa de minha contínua resposta a ele, mas por seu ministério sacerdotal eternamente

---

11.22; e Guthrie, *Hebrews*, 135-36, em todas as passagens.

[197] Essa acusação pode ser encontrada em escritores de diferentes convicções teológicas. Por exemplo, veja I. Howard Marshall, *Kept by the Power of God: A Study of Perseverance and Falling Away*, 3d ed. (Carlisle: Paternoster, 1995), 275-78; e Zane Hodges, *The Gospel Under Siege: Faith and Works in Tension*, 2d ed. (Dallas: Redención Viva, 1992), 9-19.

eficaz. Parece-me que, no que diz respeito à possibilidade da segurança cristã, há uma grande diferença entre essa compreensão da visão em Hebreus e Osborne.[198]

Em conclusão, o que estou argumentando na resposta em geral a Osborne é a *probabilidade* de várias interpretações. Em consonância com os seus próprios sentimentos expressos ao longo dessa linha, eu não estou dizendo que a sua interpretação de Hebreus absolutamente não pode estar certa e o minha deve estar. Ambas são opções viáveis e defensáveis. Mas em relação à identificação espiritual dos destinatários, bem como a contingência de salvação em Hebreus, tentei argumentar aqui e em meu ensaio que minha interpretação é mais provável de estar correta com base na exegese e na teologia de Hebreus por si mesma.

---

[198] Compartilho os sentimentos expressos por Carson, "Reflexões sobre a Segurança", 268-76, em sua resposta ao tratamento que Marshall faz dessa questão. Veja também o resumo de Carson de uma doutrina bíblica mais abrangente, baseado no mesmo ensaio e nos comentários de Grudem, "Perseverança dos Santos", 165, 175.

# Resposta armínio-wesleyana

*Gareth Cockerill*

Se os wesleyanos são conhecidos como arminianos com ênfase na religião experiencial e expressiva, seria apropriado que alguém da tradição respondesse a essa perspectiva arminiana de Osborne dizendo "amém!"

Ele nos forneceu um estudo claro e bem escrito que permite que o texto de Hebreus possa falar por si. Seus parágrafos iniciais dão um resumo justo e equilibrado dos entendimentos calvinistas e arminianos do modo como Deus trabalha para realizar a salvação. Assim, ele coloca o debate sobre Hebreus diretamente dentro desse contexto teológico mais abrangente.

Neste estudo, estamos tratando com uma exposição abrangente de cada passagem de advertência em Hebreus. Osborne faz mais do que perguntar o que cada passagem diz sobre apostasia. Ele apresenta uma exposição abrangente de cada uma, destacando os aspectos do texto que identificam a condição espiritual dos leitores, a natureza do pecado contra o qual eles são advertidos e os resultados ameaçadores desse pecado. Embora essa abordagem seja menos direta e exija a perseverança [sic] do leitor, isso garante a atenção ao contexto e o equilíbrio no manuseio das evidências. Na conclusão de seu trabalho, Osborne avalia visões alternativas à luz das evidências que apresentou.

No meu julgamento, ele está correto em sua avaliação dos ensinamentos em Hebreus sobre a apostasia. A maneira pela qual o escritor descreve os leitores, seu pecado potencial e suas consequências indicam que os destinatários em Hebreus eram verdadeiros crentes em perigo de perdição eterna. Eles corriam o risco de rejeitar a única provisão suficiente de Deus para o pecado. Tal rejeição definitiva do único meio de salvação os deixaria aquém da possibilidade de retorno.

## O Contexto de Hebreus

Osborne começa com o estabelecimento da situação social por trás de Hebreus. Hebreus foi escrito para uma igreja romana mista judaico-gentílica que havia sofrido perseguição no passado e estava novamente enfrentando pressão da sociedade circunvizinha. Ele encontra apoio sólido para essa posição na localização dos Hebreus em deSilva no ambiente da retórica greco-romana.[199] Essa reconstrução está em muito mais concordância com os dados no texto em Hebreus e tem apoio de um consenso acadêmico muito mais amplo do que o destino palestino proposto por Gleason, que será apresentado posteriormente no livro. Diferentemente da interpretação de Gleason, Osborne não sofre a vulnerabilidade da dependência de sua visão em relação à situação dos leitores. Ele ganha credibilidade ao fornecer uma situação plausível, embora não necessária, à qual Hebreus, como ele a interpreta, poderia ter sido escrita.

Osborne acredita que alguns daqueles a quem Hebreus estava endereçada, estavam em perigo de "se afastar" e outros de "uma rejeição ativa de Cristo" e retornar às suas raízes judaicas ou gentílicas. No meu julgamento, é mais provável que Hebreus alerte contra um "afastamento" que pode levar a uma "rejeição ativa". Em 2.1–4 eles estão "se afastando", o que pode resultar em "negligência" intencional da provisão de Cristo. A negligência descrita em 5.11-6.3 é fundamental para o perigo de apostasia descrito em 6.4-8. Os ouvintes devem superar sua negligência para não se exporem à possibilidade de apostasia. O reconhecimento desse fato apenas teria fortalecido a interpretação em geral das passagens de advertência de Osborne.

Todos os colaboradores deste livro concordam que o autor de Hebreus parece descrever seus leitores como cristãos genuínos. Osborne começa seu estudo sintetizando as evidências da integridade de sua fé.

---

[199] Veja Osborne página 88, citando D. A. deSilva, *Perseverance in Gratitude: A SocioRhetorical Commentary on the Epistle "to the Hebrews"* (Grand Rapids: Eerdmans, 2000), 10–11.

Ele argumenta, com razão, em meu julgamento, que os destinatários de Hebreus são descritos em termos que excluem membros não convertidos da igreja. Quando se discute 6.4-8 Osborne diz: "Se essa passagem fosse encontrada em Romanos 8, todos a consideraríamos como a maior descrição de bênçãos cristãs em toda a Bíblia". Da mesma forma, poderíamos dizer: "Se as descrições dos destinatários de Hebreus, espalhados pelo livro, acontecessem em qualquer outro livro, ninguém duvidaria de que aqueles assim descritos fossem verdadeiros crentes".

Depois de organizar essa evidência para a fé dos destinatários, Osborne brinda-nos com uma análise criteriosa de cada passagem de advertência. Ele é sensível ao contexto de cada um e à contribuição distinta feita por cada um ao argumento do todo.

### Hebreus 2.1-4

Osborne claramente percebe o papel que Hebreus 2.1-4 desempenha na preparação para as advertências posteriores. Embora o escritor não descreva as consequências do pecado contra o qual ele adverte nessa passagem, o fato de que esse pecado é "negligência" intencional de "tão grande salvação" que o Filho proveu, previne a natureza eterna dessas consequências. Como Osborne diz, o escritor de Hebreu "começa *suavemente*, mas aos pouco vai se *intensificando*".

A exposição sólida de Osborne dessa passagem poderia ter se fortalecido, todavia, dando ainda mais atenção ao termo "tão grande salvação". Deus falou sua "palavra" por meio dos anjos, mas forneceu "tão grande salvação" no Filho. Assim, a revelação de Deus no Filho tem uma eficácia salvadora antecipada pela revelação anterior. Essa salvação não é apenas maior que a Torá, mas eficaz onde a Torá não foi. É uma salvação totalmente suficiente e, portanto, completa e final.

"Tão grande salvação" não apenas antecipa as consequências eternas da negligência, mas também fornece uma ligação direta com as outras passagens de advertência. A severidade da advertência em Hebreus 6.1-8 e 10.26-31 é baseada na descrição do escritor de quão grande é essa salvação.

Eu expressaria apenas uma advertência com a exposição em Hebreus por Osborne 2.1-4. Ele argumenta: "Então, se a salvação é 'maior', seria de se esperar que a castigo fosse maior também". No entanto, um olhar mais atento aos detalhes dessa passagem indicaria que o escritor não está preocupado com a severidade, mas com a certeza do castigo. Ele não diz: "Quanto mais padeceremos nós?", mas "Como escaparemos nós?", uma vez que o castigo pela desobediência da antiga aliança foi assegurado, o castigo para aqueles que se afastam de Cristo é ainda mais certo. De fato, como a análise em Hebreus 3.7–4.11 a seguir mostrará, o fracasso sob a antiga aliança também levou à perda eterna.

### Hebreus 3.7–4.11

A segunda passagem de advertência, Hebreus 3.7–4.11, é a mais longa do livro.[200] A primeira metade, 3.7–19, descreve a perda passada de "descanso" pela geração do deserto; a segunda metade, 4.1-11, descreve a consequente promessa atual de "descanso" ainda para os destinatários em Hebreus. Osborne reconhece que essa passagem esclarece a natureza eterna da perda prevista em 2.1–4. Ele demonstra cuidadosamente a seriedade da incredulidade da geração do deserto e a natureza terrível das consequências descritas em 3.7-19. Essa incredulidade era desobediência a Deus, rebelião e queda. A geração do deserto sofreu a sua "ira" e foi excluída da terra prometida. Osborne observa que a queda de seus "cadáveres" no deserto designa "uma morte amaldiçoada" apropriada para os apóstatas.

Em Hebreus 4.1-11, o escritor adverte contra a perda do descanso eterno prometido aos destinatários em Hebreus. Osborne mostra quão apropriada a imagem da celebração do Sábado era para tal descanso eterno. Em 4.12-13 o autor deixa claro que não há como os leitores evitarem a questão da fidelidade colocada diante deles.

Enquanto Osborne afirma claramente a natureza eterna do "descanso" aguardado pelos destinatários em Hebreus, seu argumento poderia ter sido reforçado por uma apresentação direta da maneira pela qual o escritor de Hebreus fundamenta essa realidade eterna.[201] O mais próximo que ele fica disso é sua discussão *gezārah šāwāh* da conexão com Gênesis 2.2 em Hebreus 4.4-5. Ele faz referências aos "heróis da fé" no capítulo 11, mas poderia ter reforçado a natureza eterna do "descanso",

---

[200] Osborne inclui 4.12-13 em sua discussão desta seção. No entanto, os problemas abordados nessa resposta referem-se principalmente a 3.7–4.11.

[201] Para tal argumentação, veja meu capítulo neste livro.

demonstrando sua identidade com a pátria celestial para a qual aqueles fiéis dirigiram sua peregrinação.

Osborne concorda que esse "descanso" é basicamente "o descanso escatológico final na eternidade", embora ele tente abrir espaço para o atual descanso do crente em Deus. Enquanto o escritor de Hebreus certamente ensina uma experiência presente de purificação interior (9.14), acesso a Deus (4.14-16; 10.19-21), perdão e a inscrição da lei divina no coração (10.15-18), em 3.7–4.11 seu foco está no descanso eterno final. Essa orientação é fundamentada pelo fato de que o descanso oferecido (4.1) é o descanso mencionado no Salmo 95 e, portanto, o descanso perdido pela geração do deserto em Números 14. Eles definitivamente não participaram da purificação e do acesso disponíveis para os crentes atuais por intermédio de Cristo (Hb 11.39-40), mas aguardavam a mesma recompensa eterna. Essas sugestões não mudariam essencialmente, mas fortaleceriam e esclareceriam as conclusões pautadas por Osborne em relação a Hebreus 3.7-4.11

### Hebreus 6.4–8

Osborne examina a advertência fundamental em Hebreus 6.4–8 dentro da passagem mais abrangente de 5.11–6.12. Ele está correto em sua alegação de que o que foi indicado nas passagens de advertência anteriores agora se tornou explícito. Como já observado, Osborne apresentou provas conclusivas do descanso em Hebreus de que os destinatários eram pessoas de fé genuína. As quatro frases participiais usadas aqui substanciam essa conclusão anterior — "foram iluminados", " provaram o dom celestial", "se tornaram participantes do Espírito Santo" e "provaram a bondade da Palavra de Deus e os poderes da era vindoura". Suas palavras citadas anteriormente estão certamente corretas: "Se essa passagem fosse encontrada em Romanos 8, nós todos a saudaríamos como a maior descrição de bênçãos cristãs em toda a Bíblia". Ademais, a "queda" aqui mencionada deve ser apostasia, porque é causada por mostrar desprezo patente por Cristo e resulta na impossibilidade de arrependimento.

É instrutivo comparar a forma que Osborne e Gleason manejam esses textos. Gleason argumenta que a geração do deserto em Hebreus 3.7-4.11 não era apóstata. Então ele tenta fazer uma clara descrição da apostasia em Hebreus 6.4-8 conforme seu entendimento da geração do deserto. Osborne, no entanto, segue o fluxo do pensamento do autor. A apostasia prevista em Hebreus 2.1-4 e esclarecida em 3.7–4.11 é agora explicita em 6.4-8. Como mencionado, na introdução de seu estudo, Osborne fala de dois problemas enfrentados pelos destinatários de Hebreus. Alguns estavam em perigo de letargia ou "se afastando". Outros corriam o risco de "rejeição ativa de Cristo". No entanto, em sua exposição de Hebreus 5.11–6.12 ele trata corretamente esses problemas como um só. A imaturidade anormal descrita em 5.11–6.3 é o obstáculo que impede os destinatários de Hebreus de agarrarem o "alimento sólido" necessário para perseverar e evitar a apostasia. Osborne identifica corretamente essa "comida sólida" com o sacerdócio de Cristo introduzido em 5.10, mas ele não diz claramente que essa "comida sólida" será demonstrada em Hebreus 7.1-10.18.

Osborne corajosamente enfrenta a questão espinhosa levantada por Hebreus 6.6: "Porque é impossível renová-los novamente ao arrependimento". Ele situa corretamente essa "impossibilidade" em Deus, que não renovará aquele que rejeitou sua provisão em Cristo. Ele também está correto ao argumentar que os tempos verbais no particípio presente "crucificado outra vez" (*anastaurountas*) e "tendo exposto à ignomínia" (*paradeigmatizontas*) expressam tanto a causa da apostasia final como a atitude contínua do apóstata. Tal desprezo perpétuo caracterizou a geração do deserto pós-Cades-Barneia.

Não obstante, tenho certa hesitação quanto à distinção entre "apostasia passiva" e "apostasia ativa". Osborne define a primeira como o pecado que expulsa Cristo da vida de uma pessoa e a última como o repúdio ativo de Jesus. Ele parece associar o pecado inadvertido do Antigo Testamento com a "apostasia passiva" e o pecado intencional com a "apostasia ativa".[202] Do primeiro pode haver um retorno a Cristo. Os culpados deste último não têm qualquer possibilidade.

O autor de Hebreus teria chamado o pecado que expulsa Cristo "pecado inadvertido"? Ele não acharia que "se afastar" equivalia a "negligenciar" a provisão de Deus em Cristo (2.1-4)? A descrição da imaturidade dos leitores em 5.11-6.3 tem impacto porque é uma imaturidade

---

[202] Em seu ensaio Osborne repete a afirmação frequentemente feita de que o sistema sacrifical expia o pecado não intencional, mas não o pecado intencional. Ele cita Grässer, Attridge, deSilva e Koester em apoio a essa posição. No entanto, em Levítico 6.1-7, são oferecidos sacrifícios para vários pecados intencionais. Nem todos os pecados intencionais afastam as pessoas da antiga aliança.

anormal. Eles não deveriam estar nesse estado. Eles são tão culpados por sua imaturidade tanto quanto um adolescente de quinze anos seria culpado por agir como um menino de seis anos. Não é a apostasia aqui entendida como uma persistência na desobediência até a rejeição final de Cristo?

O exemplo da geração do deserto é favorável a esse modelo. Seus muitos atos de desobediência antes de Cades-Barneia foram certamente intencionais,[203] mas culminaram na rejeição final de confiar em Deus para cumprir a promessa pela qual ele os havia tirado do Egito. Se eles rejeitassem ao Senhor, trazendo seus deuses para a terra prometida, que outra bênção ele poderia conceder-lhes? A apostasia imaginada pelos Hebreus é a rejeição final e definitiva da provisão de Deus em Cristo. Quando as pessoas rejeitaram a Cristo, de uma vez por todas e o único sacrificou eficaz, o que mais Deus pode oferecer a elas?

"Apostasia", por definição, é um desvio definitivo de Deus. Assim, a "apostasia passiva" para a qual o arrependimento está disponível é um equívoco. Pode-se chamá-lo de "recuo", mas não de apostasia. Além disso, em Hebreus, qualquer inocência que exista em "se afastar" ou imaturidade não exclui o fato de que, persistindo, tal comportamento pode levar à verdadeira apostasia.

### Hebreus 10.19–31

Osborne manuseia Hebreus 10.19–31 com habilidade contextual adequada. Ele reconhece que essa passagem traz as terríveis consequências do pecado contra o qual o escritor adverte com muita clareza. O escritor de Hebreus pode agora falar com tanta lucidez por que descreveu a finalidade e a eficácia da obra do sumo sacerdócio de Cristo em 7.1-10.18 (Pode-se dizer 4.14–10.18). Hebreus 10.19-25 resume os gloriosos benefícios dessa obra sacerdotal e insta os ouvintes a entrar em suas bênçãos como meio de perseverança e de defesa segura contra a apostasia.

À luz dessas bênçãos, o escritor está em posição de tornar mais evidente as consequências de rejeitar essa obra final, conclusiva, e única suficiente de Deus para a salvação humana. Osborne argumenta convincentemente que tudo o que foi dito em Hebreus 6.4-8 é agora articulado com renovada perspicácia e objetividade em Hebreus 10.26-31.

---

[203] Em Números 14.22 Deus diz que eles o colocaram à prova "dez vezes".

Para aqueles que rejeitam esse único sacrifício eficaz, permanece "não há sacrifício pelo pecado", mas somente juízo eterno porque eles praticaram "um desprezo e repúdio deliberado de tudo o que a divindade fez na salvação".

Essa passagem consolida o ensino de Hebreus 6.4-8 sobre a natureza da apostasia. O autor enfatiza o advérbio "intencionalmente" (*hekousiōs*) situando-o no início de Hebreus 10.26. Todavia, a principal distinção aqui, como antes, não é entre o pecado intencional e o não intencional. A ênfase está na persistência do pecado voluntário. Observe a tradução da NRSV: "Pois se intencionalmente persistirmos no pecado depois de termos recebido o conhecimento da verdade", esse é um pecado persistente que leva a uma rejeição final da provisão de Deus em Cristo. Essa rejeição final é descrita no verso 29, como profanando "o Filho de Deus", rejeitando "o sangue da aliança", e ultrajando "o Espírito da graça".

### *Hebreus 12.14-29*

A advertência final em Hebreus 12.25-29 é apresentado dentro do contexto mais abrangente de 12.14-29. O uso dessa passagem maior é particularmente apropriado por causa do caráter de advertência dos versículos 14-17. Osborne corretamente vê que a rejeição de Esaú nessa passagem reforça o ensino de Hebreus 6.4-5 e 10.26-27 sobre a impossibilidade de restauração para o apóstata. Ele está correto em afirmar que Esaú não buscou arrependimento piedosamente, mas a restauração da bênção perdida. Osborne trata o contraste entre o "Sião" (12.22–24) e o "Sinai" (12.18–21) como uma comparação/contraste direto entre as duas alianças. Deve-se notar, no entanto, que o nome "Sinai" não aparece. Na minha opinião, a montanha inacessível não é a antiga aliança, *por si só*, mas a antiga aliança sem graça. Muitas das pessoas de fé descritas no capítulo 11 viviam sob a antiga aliança. O ponto é que, para os crentes de hoje, a rejeição do sacrifício final de Cristo é uma rejeição total da graça de Deus. Portanto, afastar-se de Jesus é se afastar da graça para o juízo.

Osborne deixa claro a natureza conclusiva da advertência final. Hebreus 12.25-29 "resume as advertências anteriores do livro e acrescenta uma nota de juízo final centrada no tremor dos céus"... e o "uma vez por todas"... destruição da presente criação". Com essa destruição, os fiéis "permanecerão", mas outros serão "removidos". "As opções são absolutamente claras: os leitores ou enfrentarão um Deus amoroso em adoração reverencial ou um Deus como juiz em terror absoluto".

Essa bela apresentação da advertência final poderia ter sido reforçada por mais atenção ao fato de que Deus agora fala do céu (v. 26). A abordagem de Deus não está mais no Sinai terrestre ou mesmo no Cristo encarnado e exaltado. A palavra final do juízo vem diretamente do próprio Deus, no céu.

### Uma Avaliação Conclusiva

Devemos elogiar Osborne por sua atenção para a dimensão coletiva da vida cristã em Hebreus. Ao comentar sobre Hebreus 3.13-14, ele aponta que o envolvimento da comunidade cristã na vida do crente é um grande antídoto contra a apostasia. Os membros devem advertir uns aos outros para que não caiam. De acordo com Hebreus 10.24-25, a participação na vida da comunidade cristã é "o principal impedimento à apostasia".

Como mencionado anteriormente, em sua conclusão Osborne avalia posições alternativas à luz das evidências que ele apresentou. Na minha opinião, ele está correto quando diz que a melhor opção de uma perspectiva calvinista é a opção baseada na eleição: enquanto o escritor aborda todos os seus leitores como verdadeiros crentes, alguns não têm fé genuína. Somente a perseverança final revelará os eleitos que verdadeiramente confiaram em Cristo. Esta é a posição defendida por Fanning no presente livro. No entanto, eu concordaria com Osborne que essa interpretação não faz justiça ao modo pelo qual os leitores são descritos como os crentes verdadeiros em Hebreus 2.3b-4; 3.1, 6; 6.4; 10.26; e 12.22-24. Nem concordaria suficientemente com o uso de "nós" em Hebreus 12.25 e 28. Estas não se encaixam facilmente com outras evidências apresentadas por Osborne. Na minha opinião, tal interpretação importa uma categoria estranha para o contexto de Hebreus. Não há razão para acreditar que ou o escritor ou os leitores em Hebreus mantiveram essa suposição.

A discussão anterior indicou vários pontos de discordância com Osborne. Eu diria que o problema enfrentado pelos destinatários de Hebreus é um, não dois. Não há dois grupos de pessoas, uma em perigo à "deriva" e outra em perigo de repúdio patente. Existe um grupo de pessoas. Eles correm o risco de estarem "se afastando" ou de uma "negligência" que pode levá-los no final a um repúdio evidente. Osborne parece sentir essa unidade em essência entre "negligência" e "apostasia" em seus comentários a respeito de Hebreus 6.4-8.

Eu argumentei que a preocupação do autor em Hebreus 2.1-4 era com a certeza e não com o grau de punição por negligenciar a salvação em Cristo. Sugeri que o tratamento dado por Osborne a Hebreus 3.7–4.13 poderia ganhar uma maior força com uma descrição mais clara de como o escritor fundamenta a natureza eterna do "descanso". Também argumentei que em 3.7–4.13 o foco do escritor está no "descanso" da entrada final, em vez da experiência presente. Essa preocupação com o "descanso" final torna o paralelo entre a geração do deserto e os crentes atuais mais direta.

Por fim, essa resposta proporia a Osborne um ajuste ao entendimento do pecado que leva à apostasia. A principal distinção não é entre pecado deliberado/inadvertido e intencional. Certamente, o pecado que leva à apostasia é "deliberado", mas também é contínuo. A causa da apostasia é a continuidade no pecado intencional, culminando na rejeição total ou na rejeição de Cristo. Esse entendimento é paralelo à constante desobediência e rejeição final da geração do deserto em Cades-Barneia. Está de acordo com a ansiedade do escritor sobre a negligência, a imaturidade e a indiferença dos ouvintes que podem levar à desobediência contínua. Está de acordo com o modo como o ato final da apostasia é descrito como rejeitar "o Filho de Deus", profanando "o sangue da aliança" e ultrajando "o Espírito da graça" (10.29).

Essas ressalvas, no entanto, não diminuem a persuasão em geral do estudo de Osborne. Ele compreendeu e expressou claramente a natureza eterna e final da apostasia em Hebreus. Seus argumentos são moderados e irênicos. Ele deve ser elogiado por reunir as evidências relevantes e interagir efetivamente com as outras opiniões. Em resumo, a apresentação de Osborne é completa e equilibrada. A evidência apresentada por seus principais embates é bastante convincente.

# Resposta calvinista moderada

*Randall Gleason*

Gostaria de começar expressando minha gratidão a Osborne que concedeu seu livro *A Espiral Hermeneutica*, tendo me ensinado muito sobre a ciência e a arte da interpretação bíblica. Eu também admiro sua habilidade em combinar a exegese bíblica com um espírito irênico em sua contribuição para este volume. Consequentemente, acredito que há muito a concordar em seu tratamento das passagens de advertência em Hebreus. Primeiro e mais importante, eu concordo fortemente com Osborne que aqueles advertidos em Hebreus "são regenerados e não apenas quase cristãos". Isso faz o melhor sentido em sua descrição como "irmãos santos" (3.1, 12) que "uma vez foram iluminados" (6.4) e "purificados da má consciência" (10.22) "depois de receberem o conhecimento da verdade" (10.26). Para mim, esse é tanto o argumento mais convincente para uma interpretação arminiana quanto o maior obstáculo a leituras alternativas que, frequentemente, parecem sufocar as advertências tanto por pressuposições teológicas quanto por conceitos importados de outros autores do Novo Testamento (por exemplo, eleição/predestinação em Paulo ou João).

Também recomendo Osborne pelo seu útil lembrete de que os arminianos compartilham com a tradição reformada fortes convicções relativas à depravação total da humanidade e à obra soberana de Deus na salvação. Esse ponto é frequentemente perdido na retórica sobre as diferenças teológicas e ajuda a descartar caricaturas comuns que injustamente rotulam a tradição arminiana como "pelagiana".[204] Agradeço a Osborne por enfatizar nosso terreno comum enquanto lidamos com esses textos difíceis. No entanto, acho que ele também parece assumir áreas de "concordância em geral" sobre as advertências em Hebreus, que rapidamente descartam certas características distintas da visão que afirmo em meu capítulo. É com várias dessas suposições que começarei minha crítica.

### Romanos ou Palestinos como destinatários?

Assumindo que o livro de Hebreus foi escrito para a igreja em Roma, Osborne perde as alusões do autor à vindoura destruição de Jerusalém. Isso leva-o a concluir que as advertências devem se referir à perda da salvação e do juízo final. A partir de que acredito que o autor adverte seus leitores do juízo físico que logo cairia sobre a nação israelita, eu devo ter problemas com a suposição de um destino romano de Osborne. A opinião de Osborne não é sem base, pois vários eruditos argumentam que o livro foi escrito para Roma por causa da saudação "os da Itália vos saúdam" (13.24).[205]

No entanto, essa saudação está longe de ser conclusiva, pois também poderia indicar a origem da carta "da" Itália;[206] a ênfase do autor no sistema sacrificial judaico (Hb 7–10) convenceu muitos intérpretes de uma audiência palestina.[207] Seus "dias antigos" de sofrimento (Hb

---

[204] Para um tratamento mais completo da teologia comum compartilhada entre muitos arminianos e calvinistas, veja Stephen M. Ashby, "Uma visão Arminiana Reformada", em *Four Views of Eternal Security*, ed. J. Matthew Pinson (Grand Rapids: Zondervan, 2002), 137-43.

[205] Outros que defendem um destino romano incluem William L. Lane, *Hebrews 1–8* 47a (Dallas: Word, 1991), lviii – lx; F. F. Bruce, *The Epistle to the Hebrews*, NICNT, rev. ed. (Grand Rapids: Werdmans, 1990), xxxi-xxxv; e Raymond E. Brown, *An Introduction to the New Testament* (New york: Doubleday, 1997), 699-701. Além da saudação pós-escrita "da Itália", eles geralmente apelam ao sofrimento dos leitores (10.32–34) como uma referência à expulsão de cristãos judeus de Roma pelo edito de Claudius em 49 d.C.. (cf. At 18.2) e à citação de Hebreus 1 por Clemente de Roma como prova de que seus primeiros leitores viviam em Roma.

[206] Uma antiga tradição que defende a origem romana de Hebreus é preservada na subscrição "escrita de Roma" (egraphē apo Rōmēs), encontrada no códice alexandrino do quinto século.

[207] A visão de Crisóstomo que Hebreus foi escrito aos cristãos em Jerusalém foi seguida pela maioria dos intérpretes até meados do século XVIII. Defensores modernos de um destino palestino incluem G. W. Buchanan, *To the Hebrews* (Garden City: Doubleday, 1972), 256-60; F. Delitzsch, *Commentary on the Epistle to the Hebrews* (Edimburgo: T. and T. Clark, 1871-1872), 1:21; Philip E. Hughes, *A Commentary on the Epistle to the Hebrews* (Grand Rapids: Eerdmans, 1977), 15-19; C.

10.32-34 poderia então referir-se à perseguição judaica de cristãos na Judeia após o Pentecostes (At 9.1; 12. 1-2; 1.2: 1 Ts 2.14-15). O uso do LXX não impede uma audiência palestina, já que os judeus helenísticos compunham uma porção significativa da igreja primitiva em Jerusalém (At 6.1-6, 9; cf. Jo 12.20).[208] Além disso, os textos bíblicos gregos encontrados em Qumran e Nahal Hever fornecem ampla evidência de que mesmo os judeus que falavam hebraico e viviam na Palestina usavam o LXX.[209] Uso semelhante em *Qumran* da expressão "fora do arraial" (Hb 13.11, 13) para significar fora de Jerusalém também sugere que a exortação de suportar a "reprovação" de Cristo "fora do portão" (v. 12) era destinada aos cristãos que moravam em ou ao redor da capital israelita.[210]

A identidade judaica e a localização palestina dos leitores são importantes porque ambas nos ajudam a entender a crise imediata em vista através de Hebreus. Embora os "últimos dias" (1.2) tivessem começado, o autor exorta seus leitores a se apegarem à sua confissão batismal (10.23) e a participar fielmente em sua congregação cristã "tanto mais quanto vós vedes o dia se *aproximando (engizousan)*" (10.25). Muitos afirmam que isso pode se referir apenas ao "derradeiro dia escatológico... do juízo" quando Cristo retorna (cf. 9.28).[211] Entretanto, no Antigo Testamento "o dia" era a designação comum para um tempo de destruição vindo sobre a terra de Israel devido à infidelidade à aliança (Is 24.21; Ez 7.7; Jl 1.15; Sf 1.14-18; cf. Mt 24.36). A palavra "dia" é modificada de três maneiras em Hebreus 10.25. Primeiro, o artigo (τήν) sugere estar apontando para uma crise definida, entendida pelos leitores. Isso naturalmente se referiria à queima da terra (6.8) e à destruição dos "primeiros" símbolos da aliança

---

Spicq, *L'Epître aux Hébreux* (Paris: Gabalda, 1952), 1: 247-50; e Brooke Foss Westcott, *The Epistle to the Hebrews* (Grand Rapids: Eerdmans, 1984), xxxix-xli. Para a mais abrangente e persuasiva defesa de um destino palestino, veja Carl Mosser, "Nenhuma Cidade Permanente: Roma, Jerusalém e o lugar de Hebreus na História do Cristianismo Primitivo" (Ph.D. diss., University of St. Andrews, Escócia, 2005), 275–321.

[208] Para evidências de que pelo menos 10 a 20 porcento da população de Jerusalém usavam o grego como língua materna, veja Martin Hengel, *The "Hellenization" of Judea in the First Century After Christ*, trad. John Bowden (Londres: SCM e Philadelphia: Trinity, 1989), p. 7–18.

[209] Para uma lista desses textos gregos, veja Emanuel Tov, "Uma Lista Classificatória de Todos os 'Textos Bíblicos' Encontrados no Deserto da Judeia," DSD 8 (2001): 79–80, 82.

[210] Por exemplo, 4QMMT lê: "Nós determinamos isso... [Je] rusalé [m] é o "arraial" e que fora do arraial [é "fora de Jerusalém"]... Pois Jerusalém é o arraial santo. É o lugar que Ele escolheu de todas as tribos de Israel, porque [Jer]usalém é o principal arraial dos Israelitas" (b: 29-30; 60-61).

[211] Hughes, *Hebrews*, 416. Veja também Paul Ellingworth, *The Epistle to the Hebrews: A Commentary on the Greek Text*, NIGTC (Grand Rapids: Eerdmans, 1993), 529.

mencionados anteriormente (8.13; 10.9). Segundo, "o dia" é descrito como "se aproximando" (*engizousan*), retratado pelo tempo presente um evento atual que se desdobra diante dos leitores. Isso é consistente com a expressão idiomática — "dia(s) próximo(s)" — usado no Antigo Testamento para denotar um evento que ocorreria imediatamente (por exemplo, proximidade da morte, Gn 27.41; Dt 31.14; 1 Rs 2.1; cf. 1 Mc 2.49). Terceiro, a terminologia de "se aproximando" (*engizousan*) liga esse evento à "proximidade" (*engys*) tanto da queima da terra (6.8) como da destruição do "primeiro" sistema de aliança e seu templo (8.13-9.1). Finalmente, a proximidade desse evento é confirmada pelas palavras "como vós vedes" (*blepete* — indicativo presente), indicando que os sinais da crise vindoura já eram visíveis para os leitores.[212] Embora todos os cristãos "aguardem ansiosamente" a segunda vinda de Cristo "para a salvação" (Hb 9.28), essa geração de leitores foi advertida contra a ameaça física específica que logo cairia sobre a nação de Israel e Jerusalém, como predito por Jesus (Mt 23.37-24.28).

Mesmo que os leitores vivessem fora de Israel, o futuro de Jerusalém teria sido uma preocupação vital para os judeus da Diáspora, já que a cidade continuava a ser seu centro de adoração.[213] Como também, as consequências devastadoras da guerra com Roma não eram limitadas aos judeus palestinos. Josefo registra como a ira de Roma caiu sobre muitas comunidades israelitas em toda a região. As hostilidades contra os judeus que começaram em Cesareia se espalharam rapidamente para as cidades da Síria (J.W. 2 §§ 457-66, 477-79). Em Alexandria, as legiões romanas não apenas saquearam e incendiaram casas israelitas, mas também mataram milhares de habitantes judeus (J.W. 2 §§ 494-98). Após a guerra, os judeus de Antioquia continuaram a sofrer represálias romanas sob o comando de Tito (J.W. 7 §§ 37-38, 46-62). A ameaça contra aqueles que se identificavam com os símbolos do nacionalismo judaico era real, independentemente de sua localização. Portanto, a exortação do autor de buscar a cidade celestial (Hb 11.10; 12.22; 13.14) em vez da

---

[212] F. F. Bruce concorda: "Pode ser que nosso autor, escrevendo (como pensamos) antes de 70 d.C., tenha a queda iminente de Jerusalém e a dissolução da antiga ordem em mente quando ele falou de 'o dia' se aproximando" (Hebreus, 259).

[213] Suas frequentes peregrinações à cidade santa para as festas (At 2.5–11; Jos., JW 6.9.3 § 425; Filo, *Spec.* 1,69) e pagamento do imposto do templo (Jos., *Ant.* 18.7.5 § § 310–13) indicam a grande importância de Jerusalém para a diáspora israelita no primeiro século. Veja também M. Goodman, "Reações da Diáspora à Destruição do Templo", em *Jews and Christians: The Parting of the Ways* 70 a 135, ed. J. D. G. Dunn (Tübingen: Mohr, 1992), 27-38.

Jerusalém terrestre teria sido significativa para os cristãos judeus em todos os lugares.

## A Definição de Apostasia

Uma segunda suposição de Osborne é que a apostasia em Hebreus deve referir-se a uma contínua e ativa rejeição da fé em Cristo. Ele considera o "pecado voluntário" (Hb 10.26) como sendo o mais claro desse tipo de apostasia no livro. Eu concordo que o "desvio" e "negligência" do ensino de Cristo (2.1-2), a imaturidade contínua (5.11-13), e "renúncia" da assembleia cristã (10.25) acabariam por resultar em "pecado voluntário." No entanto, eu não acredito que o "pecado voluntário" se refere a "um desprezo e rejeição deliberada de tudo o que a divindade fez na salvação", como afirma Osborne. Desde que chamamos o termo *apostasia* da advertência do autor contra "um coração perverso e incrédulo, que *se afasta* (aposēnai) do Deus vivo" (3.12), parece melhor definir seu significado de acordo com a rebelião e a incredulidade do povo de Cades-Barneia (14.9-11). Pois a advertência contra "um coração perverso e incrédulo" (*kardia ponēra apistias*) ecoa de volta na "má congregação" (*tēn synagōgēn tēn ponēran*, Nm 14.27 LXX) da qual eram culpados de "incredulidade" (*ou pisteuousin*) em Cades-Barneia (Nm 14.11 LXX). Além disso, a apostasia "do Deus vivo" (*en tō apostēnai apo theou zōntos*) ecoa em direção à apostasia de Israel (*apo tou kyriou mē apostatai*, Nm 14.9 LXX) do Deus que alegou "eu vivo e vivente é o meu nome" (*zō egō kai zōn to onoma mou*, Nm 14.21, LXX).[214]

Portanto, a apostasia em Hebreus refere-se à infidelidade deliberada da aliança que incitaria Deus a disciplinar seu povo sem "arrependimento". A severa "punição" (Hb 10.27–31) exigida por esse tipo de "pecado voluntário" (10.26) ecoa em direção à execução pública do homem desafiador encontrado recolhendo lenha no Sábado (Nm 15. 30–36; cf. Hb 10.28) e da praga mortal que caiu sobre Israel "das mãos do Senhor" (2 Sm 24.15; cf. Hb 10.31), porque Davi fez o censo (veja meu capítulo). No entanto, nenhum desses exemplos do Antigo Testamento retrata "uma rejeição absoluta pagã de Deus", como afirma Osborne. Ademais, o chamado do autor para encorajamento mútuo (Hb 10.24-25; 12.12-13) e adoração e responsabilidade coletiva (13. 15-17) são meios apropriados para prevenir o

---

[214] Para outros que viram esses paralelos textuais com Número 14, veja Otfried Hofius, *Katapausis: Die Vorstellung vom endzeitlichen Ruheort im Hebräderbrief* (Tübingen: Mohr-Siebeck, 1970), p. 131–32; e Radu Gheorghita, *The Role of the Septuagint in Hebrews* (Tübingen: Mohr-Siebeck, 2003), 80.

desvio espiritual, a negligência, a estupidez e a desobediência voluntária contra os mandamentos de Deus. No entanto, tais medidas parecem ter pouco efeito sobre aqueles que persistem em seu repúdio ateísta a Deus e a seu Filho Jesus Cristo. Também a identificação de Osborne de "caíram" em Hebreus 6.6 com o "pecado imperdoável" é improvável, visto que os particípios em Hebreus 6.4-5 são paralelos à descrição na Septuaginta da geração do Êxodo, a quem Deus tanto *perdoou* como julgou em Cades-Barneia (Nm 14.20-23). A impossibilidade de arrependimento (Hb 6.6) é, portanto, melhor entendida como um eco à tentativa fracassada de Israel de reverter o veredito de Deus no dia seguinte à sua rebelião (Nm 14.39-45). Eles aprenderam tarde demais que o Senhor era "um Deus que perdoa... ainda que, um vingador dos seus feitos malignos" (Sl 99.8 NASB).

## O Contexto das Advertências do Antigo Testamento em Hebreus 3-4

O Antigo Testamento era a "Bíblia" dos cristãos do primeiro século e, portanto, era mais do que um livro fonte de ilustrações para servir aos propósitos retóricos do autor do Novo Testamento. O Antigo Testamento forneceu-lhe uma teologia histórico-redentora a partir da qual se baseou para instruir e exortar seus leitores. Portanto, sugerir que a "salvação" em Hebreus é escatológica e espiritual, limitando a "salvação" de Israel à mera libertação física do Egito é descontruir a história redentora progressivamente revelada por meio das Escrituras. Embora o livro dos Hebreus enfatize como a nova aliança substituiu a antiga aliança, essa mudança não significa que haja variadas formas de salvação. A base para a salvação sempre foi a atividade graciosa de Deus, atingindo seu clímax na morte e ressurreição de Cristo. O único requisito para a salvação sempre foi a resposta humana da fé à provisão de Deus, como foi progressivamente revelada ao longo da história bíblica.[215] Por essas razões, a fé de Israel no Senhor (Êx 4.31; 14.31) e sua libertação dos egípcios (Êx 14.13, 30; 15.1–17) serviram como um importante arquétipo de salvação em outras partes das escrituras (por exemplo, Ne 9. 9-21; Sl 106.6–12; Is 63.8 –9; Hb 11.29). Portanto, é apropriado e necessário

---

[215] Em relação à continuidade do plano redentor de Deus em ambos os testamentos, veja John S. Feinberg, "Salvação no Antigo Testamento", em *Tradition and Testament: Essays in Honor of Charles Lee Feinberg*, ed. John S. Feinberg e Paul D. Feinberg (Chicago: Moody, 1981), 53-63.

recorrer às narrativas do Antigo Testamento sobre a redenção de Israel para determinar a relação entre a salvação e as advertências em Hebreus.

Osborne ignora muitos dos ecos do Antigo Testamento e seu significado interpretativo para as advertências. Isso é mais aparente na segunda advertência que contém a referência mais explícita ao fracasso de Israel no deserto (Hb 3.7-4.13). Por exemplo, a alegação de Osborne de que o autor chama os leitores a "serem semelhantes a Moisés, não a Israel" perde o ponto de contraste de Moisés com Cristo (3.2-5). É Jesus nosso perfeito "sumo sacerdote" (3.1; cf. 2.10, 17–18; 4.15) e "precursor" (6.20) em quem devemos "fixar nossos olhos" (12. 2). Pois, embora Moisés fosse considerado servo "fiel" (Hb 3.5; 11.23-29; Nm 12.7), em comparação, Jesus "foi considerado digno de maior glória do que Moisés" (Hb 3.3) porque ele, ao contrário de Moisés, era "sem pecado" (4.15). Com o relato do Antigo Testamento do deserto em vista, uma sutil alusão à culpa e ao destino compartilhado por Moisés com a geração do Êxodo pode ser encontrada na crítica do autor de "todos aqueles que saíram do Egito liderados por Moisés" (Hb 3.16). Pois, a menos que ele pretendesse chamar a atenção para a inclusão do líder no grupo, a frase acrescentada "liderada por Moisés" parece desnecessária.

Osborne também perde o significado contextual do Antigo Testamento (em Hebreus?) em sua definição de "descanso" como "vida eterna", o que o leva a concluir que "ficar aquém de [descanso]" (4.1) significa perda de "vida eterna". No entanto, há muitos indivíduos do Antigo Testamento que não conseguiram entrar no "descanso" sem perder a "vida eterna". Em primeiro lugar, e mais importante, está Moisés, que perdeu seu direito de entrar no "descanso" (ou seja, na terra prometida) devido à incredulidade (Nm 20.12) e rebelião (Nm 20.24) e ainda assim é contado entre os "os homens justos aperfeiçoados" na Jerusalém celestial (Hb 12.22–23; cf. 11.24–28). Portanto a perda de "descanso", no presente, não requer exclusão do "descanso" escatológico final no futuro como Osborne sugere.

### O Abalar da Terra e Céu em Hebreus 12

Para provar que o autor dos Hebreus está advertindo sua audiência cristã sobre o juízo escatológico final se eles não conseguirem perseverar, Osborne afirma que abalar a terra e o céu (Hb 12.26-27) refere-se à destruição da presente criação e de seus perversos habitantes. Portanto, ele argumenta que a advertência final em Hebreus 12.25-29 apresenta aos leitores a opção de serem *eternamente* "removidos" ou "permanecer". No entanto, uma "catástrofe cósmica" final que traz o fim ao universo criado não é mais considera como parte da escatologia cristã primitiva e judaica por um número crescente de eruditos.[216] Além disso, à luz do foco do autor sobre o iminente fim do sistema sacrificial (Hb 8-10), parece melhor "abalar a terra e o céu" como uma descrição simbólica da destruição do templo de Jerusalém.[217]

Isso é confirmado das seguintes maneiras. Primeiro, os judeus consideravam o templo um microcosmo do cosmo judaico — "a porta do céu"[218] e "o umbigo da terra".[219] Segundo, com Josefo e Filo, as cores do véu (Êx 26.31; 36.35) foram destinadas a simbolizar os elementos do universo e as sete lâmpadas para representar os sete "planetas".[220] Portanto, entrar além do véu do templo, no lugar santo, era atravessar os céus entrando na própria presença de Deus. Essa conexão entre o templo e o cosmos era tal que a glória do templo simbolizava a estabilidade do mundo israelita.

Segundo, o contexto da citação de Ageu usada em Hebreus 12.26 também sugere o simbolismo do templo, porque o profeta declara que "os céus e a terra" serão abalados a fim de estabelecer um templo maior e mais glorioso (Ag 2.6-9). Isso é consistente com o uso do simbolismo do templo em todo o Antigo Testamento.[221]

---

[216] Por exemplo, N. T. Wright argumenta que a linguagem cósmica que descreve a vinda da nova era não deve ser entendida literalmente, mas considerada como relatos metafóricos da destruição de Jerusalém e dos eventos cataclísmicos mundiais que levaram a ela. "Afinal, eram os estoicos, não os judeus do primeiro século, que caracteristicamente acreditavam que o mundo seria dissolvido no fogo... Muito mais importante para o judeu do primeiro século do que questões de espaço, tempo e cosmologia literal eram as questões-chave do Templo, da Terra e da Torá.". Ver N. T. Wright, *The New Testament and the People of God* (Minneapolis: Fortress, 1992), 280-86.

[217] Outros que ligam o "tremor dos céus" (Hb 12.25-27) à destruição do templo incluem Lincoln D. Hurst, "Escatologia e 'Platonismo' em Hebrus", *Society of Biblical Literature Papers* 23 (1984): 70-71; e Crispin H. T. Fletcher-Louis, "A Destruição do Templo e a Relativização da Antiga Aliança", em *The Reader Must Understand: Eschatology in Bible and Theology*, ed. Kent E. Brower e Mark W. Elliott (Leicester, England: Apollos, 1997) 156-62, esp. nota 58.

[218] Margaret Barker, *The Gate of Heaven: The History and Symbolism of the Temple in Jerusalem* (London: SPCK, 1991). Veja também Raphael Patai, Homem e Templo em *Ancient Jewish Myth and Ritual* (New York: KTAV Publishing, 1967), 105–39.

[219] Ben F. Meyer, "O Templo no Umbigo da Terra", em *Christus Faber: The Masterbuilder and the House of God* (Allisen Park, PA: Pickwick, 1992), 217–79.

[220] Jos., *J.W.* 5.6.1–3 §§ 212–13, 217; idem, *Ant.* 3.6.4 § 123, 3.7.7 §§ 179–81; e Filo, *Questões sobre o Êxodo* 2.85; e idem, *Vida de Moises* 2.88, 103. Veja também Barker, *The Gate of Heaven*, 105–11.

[221] Por exemplo, Salmo 78.69 declara: "Ele construiu seu santuário como os céus elevados, como a terra que ele fundou para sempre" (RSV). A estrutura do tabernáculo deveria representar o céu, que é "como uma tenda" (Sl 104.2; Is 40.22). O simbolismo do templo também explica por

Em terceiro lugar, a imagem cósmica é usada em outras partes do Novo Testamento para descrever a destruição do templo de Jerusalém. Por exemplo, Jesus resumiu sua profecia da destruição do templo com a promessa de que "o céu e a terra passarão" (Mt 24.35; Mc 13.31; Lc 21.33).[222]

Em quarto lugar, o uso próprio do simbolismo cósmico do autor ao longo de sua epístola também indica que a destruição do templo está em vista.[223] Por exemplo, o autor declara que o Tabernáculo terrestre é "uma cópia e sombra das coisas celestiais" (Hb 8.5; cf. 9.23). Desde o Lugar Santo tipificado "céu", o autor declara que Jesus passou tanto "através dos céus" (4.14) quanto "através do véu" (10.19; cf. 6.19) para oferecer o seu sacrifício. Isso também explica por que o autor descreve "céu" em Hebreus 12.27 como algo "feito" (*pepoiēmenōn*) dessa criação, como o Lugar Santo "feito com as mãos" (*cheiropoiēta*) mencionado em Hebreus 9.24. Assim, ele distingue o símbolo do "céu" que está prestes a ser abalado (isto é, o templo) do "próprio céu" (9.24), onde o verdadeiro Lugar Santo é encontrado — "o tabernáculo perfeito, não feito com as mãos... não desta criação" (9.11). Os "céus" e "a terra" do Salmo 102, citados em Hebreus 1.10-12, também podem se referir ao templo de Jerusalém, uma vez que o propósito original do salmo era lamentar a destruição do templo de Salomão. Observe que os israelitas exilados na Babilônia são lembrados no salmo que, embora as "pedras" de Sião estejam em "pó" (Sl 102.13–14), eles não devem se desesperar. Mesmo que "terra" e "céus" (isto é, o templo)... pereçam.. [e] se desgastem", ainda assim "tu permanecerás" — "tu és o mesmo e teus anos não chegarão ao fim" (Sl 102.26-27 NASB). De maneira semelhante, o autor de Hebreus recorre ao Salmo 102 para assegurar aos seus leitores a imutabilidade de Cristo, quando presenciam o desaparecimento do templo herodiano. Em vez de alertar sobre a destruição final do universo físico, o abalar do "céu" e da "terra" (Hb 12.26) refere-se à "remoção daquelas coisas que podem ser abaladas" (12.27 NASB), que é o templo judaico. Isso antecipa seu apelo final para "sair... fora do arraial"

---

que durante a dedicação do templo, Salomão se dirige a Deus "nesta casa" e "no céu" ao mesmo tempo (1 Rs 8.33–34). Em outros lugares, a criação de "novos céus e uma nova terra" é equiparada à criação de uma nova "Jerusalém" (Is 65.17-18).

[222] Observe o *inclusio* que liga a passagem do "céu e terra" com a referência à destruição do templo no início do discurso de Jesus (Mt 24.2; Mc 13.2; Lc 21.6). Para um argumento convincente de que a passagem do "céu e terra" é mais bem entendida como o "colapso de um universo *mítico* do espaço-tempo que é incorporado no templo de Jerusalém", ver Fletcher-louis, "A Destruição do Templo e da Relativização da Antiga Aliança", 145–69.

[223] Para uma discussão mais aprofundada, veja George W. Macrae, "Templo Celestial e Escatologia na Carta aos Hebreus", *Semeia* 12 (1978): 179–99.

(13.13) onde Jesus sofreu (13.11), isto é, deixar Jerusalém, "pois aqui não temos uma cidade permanente" (13.14 NASB) já que a Jerusalém terrena logo seria destruída junto com o seu templo.

### O Exemplo de Esaú

A descrição de Osborne de Esaú como "um incrédulo... rejeitado por Deus" é duvidosa por várias razões.[224] Primeiro, retrata uma divisão muito aguda entre a disciplina por açoite de um filho em Hebreus 12.5-10 e o exemplo de Esaú no parágrafo seguinte (Hb 12.14-17). O autor argumenta que a dura disciplina de Deus é destinada a nos treinar em retidão "para que possamos ser participantes de sua santidade" (12.10). Ele então adverte que aquele que "se priva" dessa "graça" (12.15) pode ser "rejeitado" como Esaú (12.17). Equiparando "graça" com salvação, Osborne usa Esaú para ilustrar como alguém pode perder a "salvação graciosa" de Deus. No entanto, "graça" não se limita à salvação final em Hebreus, mas descreve tudo que recebemos sem mérito por intermédio de Cristo, incluindo o "Graça" que fortalece o "coração" (13.9) em tempos "de necessidade" (4.16) e tentação (2.17–18). De acordo com esse sentido mais abrangente, Hebreus 12.15 adverte não contra a perda da salvação, mas, como Westcott explica, contra o fato de "ficar para trás [*hysterōn*]...o movimento da graça divina que assiste e estimula o desenvolvimento do cristão".[225] Portanto, Esaú ilustrado como o filho que negligencia tal graça é um convite à disciplina de Deus.

Segundo, o fato de que "pela fé Isaque abençoou Jacó e Esaú, mesmo com respeito às coisas futuras" (Hb 11.20) sugere que Esaú, apesar de seu comportamento irreverente, não foi cortado da "era vindoura" (Hb 6.5; cf. 13.14). Sendo assim, embora Esaú tenha perdido as bênçãos temporais de seu direito de primogenitura, ele não perdeu seu status de filho genuíno. Logo, parece melhor interpretar o verbo "rejeitado" (*apedokimasthē*) em um

---

[224] O uso da literatura israelita para determinar a condição espiritual de Esaú é problemático porque a tradição israelita é ambígua em relação ao caráter de Esaú. Por exemplo, uma tradição rabínica alegou que "Esaú chorou" porque seus dentes doíam depois de tentar *morder* Jacó, cujo pescoço milagrosamente se transformara em pedra (*Targum PseudoJonathan*, Gn 33.4), enquanto outra tradição acreditava que Esaú amava sinceramente seu irmão (*Genesis Rabbah*, 78: 9). A representação dos *jubileus* de Esaú como alguém que deveria "ser destruído da terra... já que ele abandonou o Deus de Abraão" tomando esposas cananitas (35.14) também é duvidoso, porque o livro pseudoepígrafo acrescenta muito material lendário em conflito com o relato bíblico, incluindo a morte de Esaú por Jacó em batalha (38. 2).

[225] Westcott, *Hebrews*, 408.

sentido similar ao seu cognato (*adokimos*) usado por Paulo para denotar o perigo de ser "desqualificado" como um apóstolo (1 Co 9.27).[226] Como Esaú sofreu a perda de seus direitos de primogenitura, Paulo expressa seu medo de perder seus direitos apostólicos. Nenhum dos exemplos adverte para a perda da salvação, embora ambos reforcem o custo da disciplina divina.

Terceiro, o fracasso de Esaú não foi uma rejeição total e definitiva de Deus e de sua obra redentora como Osborne sugere. Pois Esaú sofreu com a perda de seu direito de primogenitura e imediatamente buscou outra bênção (Gn 27.34-38). Além disso, apesar do engano de Jacó, Esaú eventualmente se reconciliou com seu irmão. Portanto, Esaú não é um exemplo de um apostata excluído permanentemente da vida por causa de seu repúdio ateísta a Deus. Antes, ele serve como uma advertência sóbria de disciplina divina para a infidelidade da aliança.

## Conclusão

Embora Osborne esteja correto em rejeitar as advertências como meramente "a perda de recompensas", sua visão negligencia o importante nexo entre a linguagem pactual do autor (isto é, *diathēkē* é usado dezessete vezes em Hebreus) e seus exemplos de disciplina divina extraídos do Antigo Testamento. Embora todo relacionamento entre Deus e seu povo tenha sido introduzido pela fé em suas promessas, as bênçãos desse relacionamento foram experimentadas seguindo as estipulações da aliança. A desobediência às estipulações não apenas resultou na perda da bênção da aliança, mas também envolveu a disciplina da aliança. Entretanto, essas estipulações da aliança nunca serviram como condições para a redenção, mas pressupunham uma resposta de fé por aqueles a quem Deus já havia redimido graciosamente.[227] De acordo com essa estrutura de aliança, os Hebreus advertem contra a ameaça da disciplina da aliança em vez da perda da salvação.

---

[226] Veja Judith M. Gundry Volf, *Paul and Perseverance: Staying In and Falling Away* (Louisville, KY: Westminster John Knox, 1991), 241–47.

[227] O padrão da fé genuína que precede a aliança de Deus é consistente em toda a história da redenção. Por exemplo, "Noé achou graça aos olhos do Senhor" (Gn 6.8 NASB; cf. Hb 11.7) muito antes de o Senhor estabelecer uma aliança com ele (Gn 6.18; 9.8–17). Da mesma forma, Abraão "acreditava no Senhor" (Gn 15. 6 NASB; cf. Hb 11. 8) antes de "fazer" a aliança Abraâmica (15.9-21). No NT, os discípulos também "creram nele" (Jo 2.11) muito antes de Jesus instituir o "novo pacto" (Lc 22.17-20) com eles (menos com Judas).

# A perspectiva calvinista clássica

**Buist Fanning**

Em muitos círculos reformados, as advertências em Hebreus exigem uma "solução", porque parecem ir contra nossa postura doutrinária mais abrangente em relação à segurança da salvação. Embora eu tenha chegado a uma visão de Hebreus que considero "reformada", há alguns que não pensam que minha posição seja consistentemente (ou verdadeiramente) assim.[228] Mas acredito que a essência da posição reformada sobre essas questões é o que Berkhof expressa sobre a perseverança e o que eu tenho argumentado é a teologia em Hebreus também: "A rigor, não é o homem, mas Deus que persevera. A perseverança pode ser definida como aquela operação contínua do Espírito Santo no crente, pela qual a obra da graça divina, que

---

[228] Embora eu escreva como alguém que representa a tradição reformada ou calvinista, a teologia da tradição é difícil de sintetizar, e as visões em Hebreus mantidas por seus expoentes são bastante variadas, como ilustram os dois ensaios "reformados" deste livro! Minha própria herança teológica ilustra parte dessa variedade. Fui convertido aos dezessete anos de uma formação nominal Metodista, embora não soubesse nada sobre distinções wesleyanas até muito mais tarde. Meu treinamento inicial na fé veio de uma igreja bíblica independente que se apegava firmemente à segurança eterna do crente, mas recuou na maior parte do que entendeu ser calvinismo. Minha lembrança mais antiga dos dias do seminário de exposição à controvérsia sobre Hebreus foi um desenho animado bem trabalhado no jornal estudantil durante meu primeiro ano. Era um desenho de uma figura risonha e mal-humorada sentada ao lado de um livro aberto, segurando uma enorme tesoura. A legenda dizia: "a última solução para Hebreus seis!", mas dentro do corpo docente do seminário de Dallas, naquela época, não havia uma única visão da qual vinha a solução. Um estudante podia seguir Dwight Pentecostes, Charles Ryrie, Zane Hodges ou Lewis Johnson, cada um dos quais detinha uma visão "reformada" diferente. No entanto, apenas um deles é bem-vindo por muitos que se consideram reformados hoje.

é iniciada no coração, é continuada e completada. É porque Deus nunca abandona sua obra que, os crentes continuam a se manter até o fim".[229]

Embora muitos debates cerquem o livro de Hebreus, a única coisa que quase todos podem concordar é o seu caráter enigmático. Embora profundo e recompensador, ainda assim é muitas vezes um quebra-cabeça.[230] Possui uma forma incomum. É uma carta, como tradicionalmente rotulada? Seu término é distinto da forma que começa. Traz um autor desconhecido e uma estrutura incerta. Como Hurst disse, o livro em si parece se ajustar na descrição de um de seus enigmáticos personagens: "sem pai, sem mãe, sem genealogia" (7.3). É irônico que "A Epístola aos *Hebreus*" seja considerada por muitos o livro mais completamente *grego* do cânon![231] Contém temas e modos de argumentar bastante desconhecidos para a maioria dos cristãos contemporâneos — Jesus como sumo sacerdote, o ritual do Antigo Testamento e sua contraparte celestial, o significado de Melquisedeque e assim por diante. Afirma ser breve (13.22), mas continua por treze capítulos. Talvez, isso não seja tão intrigante para pregadores cristãos e acadêmicos afinal. Mas, enfim, o mais enigmático em Hebreus são as "passagens de advertência" dos capítulos 6 e 10. Sobre estas parece haver muito pouco consenso entre os intérpretes, sejam eles populares ou acadêmicos.

As advertências aos leitores de Hebreus constituem algumas das passagens mais complexas do livro. Essas seções incluem 2.1–4; 3.6–4: 13; 5.11-6. 20; 10.19-39; e 12.1–29,[232] um conjunto desconcertante de questões e opções para interpretação — e seu significado para uma teologia cristã mais abrangente — significa que entender seu sentido é difícil e extremamente controverso. Sobre este ponto, Klein deu uma advertência salutar:

> Abraçar um ao outro em amor é o critério do discipulado de Jesus. Como o amor cobre uma multidão de pecados, ele deve também cobrir todas as nossas imperfeições de interpretação

---

[229] L Berkhof, *Systematic Theology*, 4th ed. (Grand Rapids: Eerdmans, 1941), 546.

[230] Harold W. Attridge *The Epistle to the Hebrews: A Commentary on the Epistle to the Hebrews*, Hermeneia: Um Comentário Crítico e Histórico sobre a Bíblia (Philadelphia: Fortress, 1989), 1.

[231] Lincoln D. Hurst, *The Epistle to the Hebrews: Its Background of Thought*, SNTSMS 65 (Cambridge: Cambridge University Press, 1990), 1.

[232] Escolhi incluir aqui uma gama maior de versículos do que, por vezes, é visto para garantir que elementos importantes não sejam negligenciados. Mesmo que as advertências em si sejam mais limitadas, os outros versículos ainda são partes relevantes do contexto imediato.

devido a nossos pré-entendimentos, e a outras falhas a que estamos propensos à medida que fazemos nosso trabalho interpretativo. Muitas vezes, os evangélicos com diferentes interpretações de questões como a eleição recorreram ao arremesso de pedras, contestando motivos, ou descartando de modo arrogante as opiniões de seus oponentes, como se um lado tivesse o monopólio da metodologia correta ou como se pré-entendimentos afetassem apenas o outro lado. Podemos aprender sobre os méritos de visões alternativas se não virmos seus proponentes como completamente equivocados ou sem capacidade exegética. Questões mais importantes lotam nossa agenda como cristãos em um mundo incrédulo do que atacar outros cristãos.[233]

Nesse espírito, sou grato por esta oportunidade de apresentar uma visão dessas passagens enigmáticas, ouvir atentamente as interpretações dos outros e aprender à medida que exploramos essas questões juntos. No processo, eu quero ser responsabilizado por lidar com o texto bíblico de forma responsável e por me concentrar nas questões e não buscar ataques pessoais ou depreciativos. Ao reler o material sobre tais questões, lembro-me de quantas vezes os intérpretes são acusados de ler sua própria teologia nos textos e de como é fácil ser culpado disso. Essa é, naturalmente, uma parte importante do diálogo, mas devemos trabalhar para explorá-lo com o espírito correto.[234] O que levou a tal divergência generalizada em relação a essas passagens? Certamente deve-se em parte ao fato de se fazer as perguntas erradas e a impor nossas estruturas de pensamento estranhas ao texto. Mas a única saída é atentar com mais

---

[233] William W. Klein, "Rigor Exegético com Humildade Hermenêutica: O Debate Calvinista-Arminiano e o Novo Testamento", em *New Testament Greek and Exegesis: Essays in Honor of Gerald F. Hawthorne*, ed. Amy M. Donaldson e Timothy B. Marinheiros (Grand Rapids: Eerdmans, 2003), 36.

[234] Juntamente com, tenho certeza, os outros colaboradores deste livro, identifico-me de bom grado com a descrição que Howard Marshall faz de si mesmo ao apresentar um ensaio sobre essas questões: "minha lealdade primária é à palavra de Deus contida nas Escrituras e não a qualquer denominação humana ou grupo teológico. Minha preocupação, portanto, é estabelecer o que a Escritura realmente diz, e agradeço o incentivo de teólogos de todos os campos que abrem meus olhos para ver coisas que, de outra forma, qualquer viés pessoal poderia me impedir de ver. Espero que não seja inapropriado para mim considerá-lo como parte da minha tarefa teológica ajudar outras pessoas a se livrarem de seus antolhos". I. Howard Marshall, *Kept by the Power of God: A Study of Perseverance and Falling Away*, 3d ed. (Carlisle: Paternoster, 1995), 261.

cuidado às próprias passagens, obter uma melhor compreensão de sua situação e mundo de ideias, e fazê-lo reverente e cordialmente.

## Uma Abordagem Sintética

As passagens de advertência em Hebreus são mais bem abordadas considerando a interpretação de quatro ou cinco elementos, ou temas, que todos elas têm em comum.[235] É importante considerar a evidência de todas as passagens em relação umas às outras para obter uma imagem mais ampla desses temas, e todos os elementos precisam ser avaliados juntos e mantidos em tensão por tempo suficiente para ver claramente o que cada um deles contribui para o todo. O que deve ser evitado é uma decisão definitiva sobre o sentido de uma passagem ou um elemento isolado, que é então imposto a todos os outros. Como será visto, o desafio que surge para todos os intérpretes é que há uma tensão inevitável em reunir esses elementos. Uma leitura direta dos temas parece produzir resultados incompatíveis quando tentamos sintetizá-los.

## Elementos na Interpretação

Nesta seção, pretendo examinar cinco elementos centrais ou temas que ocorrem nas passagens de advertências em Hebreus.[236] Para cada um deles, vou focar inicialmente em 5.11-6.20 (e a sequência dos elementos é extraída dessa passagem) e, em seguida, abordarei as outras passagens de advertência, bem como outros textos relevantes em Hebreus conforme a proposta for se desenvolvendo. Os parênteses nos subtítulos mostram os títulos de McKnight para os respectivos elementos.

---

[235] Essa abordagem é proposta e utilizada com bons resultados por Scot McKnight, "As Passagens de Advertência de Hebreus: Uma Análise Formal e Conclusões Teológicas", TJ n.s. 13 (1992): 21-59. Uma sugestão anterior ao longo dessa linha dando uma breve justificativa para tal método pode ser encontrada em Charles Edwin Carlston, "Escatologia e Arrependimento na Epístola aos Hebreus", JBL 78 (1959): 296. A afirmação do valor da abordagem do McKight pode ser encontrada em Dave Mathewson, "Lendo Hb 6.4–6 à Luz do Antigo Testamento", WTJ 61 (1999): 210–11.

[236] Estou adotando os quatro elementos propostos por McKnight, "As Passagens de Advertência em Hebreus", 22–29. O quinto elemento é aquele que ele sugere que poderia ser acrescentado: "encorajamento pastoral", uma vez que esta é uma característica significativa de uma das passagens (5.11-6.20, geralmente considerada a mais definitiva para entender as advertências em Hebreus) e é aludida nos outros, será incluída aqui. cf. Mathewson, "Lendo Hb 6.4–6", 211, que também acrescenta um quinto elemento aos quatro de McKnight: "Exemplo do A.T." é o seu acréscimo.

### Descrição Daqueles que Caíram (a Audiência)

Intérpretes das advertências em Hebreus têm razão em prestar cuidadosa atenção à sentença imponente e poderosa, tão característica do estilo dessa epístola, dada em 6.4-6. em sua proposição básica ("é impossível renovar outra vez ao arrependimento ..."), interrompida no grego por cinco descrições daqueles que não podem assim ser renovados (particípios substantivados funcionando juntos como objetos diretos de *anakainizein*), e terminados por mais duas indicações das ações de tais pessoas ("crucificando outra vez o Filho de Deus para si mesmo[237] e expondo-o ao desprezo"). Estas captam sucintamente tanto o grave perigo que o autor queria advertir quanto à dificuldade enfrentada por todos nós que tentamos entender e responder fielmente a essa advertência hoje.

São as descrições expressas pelos primeiros quatro particípios (6.4b-5) que exigem nossa atenção aqui: iluminação definitiva (isto é, "uma vez iluminado"), provando "o dom celestial", tornando-se participantes do Espírito Santo e provando a boa palavra de Deus e os poderes da era vindoura. Aparentemente, isso parece refletir diferentes facetas de uma experiência completa da verdadeira conversão cristã. Isso é confirmado quando os usos paralelos das palavras-chave são rastreados em outras passagens em Hebreus. Por exemplo, o verbo "iluminado", ocorre também em 10.32 em referência à vinda da luz espiritual na conversão, e a palavra "participantes" é usada em 3.14 "participantes em Cristo". Embora os paralelos verbais diretos não sejam tão impressionantes, a quarta frase (provando a boa palavra de Deus e os poderes da era vindoura) encontra vários paralelos conceituais importantes em 2.1-4, onde o autor descreve a pregação inicial do evangelho a esses leitores e a confirmação de Deus a eles. O sentido dessas frases individualmente e sua força cumulativa quando tomadas em conjunto levaram muitos à conclusão perfeitamente plausível de que as pessoas em vista em 6.4b-5 são cristãos genuínos.[238]

---

[237] Se esse verbo significa "re-crucificar" (ana = novamente) ou simplesmente "crucificar" (ana = para cima) parece irrelevante nesse contexto; o sentido é que eles se identificam com aqueles que executaram Jesus como um criminoso, não reconhecendo a missão divina que ele estava realizando. Veja BDAG, 72; TDNT, 7: 584.

[238] Por exemplo, Grant Osborne, "Soteriologia na Epístola aos Hebreus", em *Grace Unlimited*, ed. Clark H. Pinnock (Minneapolis: Bethany Fellowship, 1975), 149: "Não há descrição mais poderosa ou detalhada do verdadeiro cristão no Novo Testamento". Veja também Zane C. Hodges, "Hebreus", em *The Bible Knowledge Commentary*, edição NT, ed. John F. Walvoord e Roy B. Zuck

Outras linhas de evidência nessa passagem e em outros lugares tendem a apoiar essa conclusão. A proposição básica de Hebreus 6.4-6 aborda sobre "arrependimento", para o qual se poderia desejar que estes fossem "renovados", mas o que é impossível. A primeira parte da passagem (5.11-6.3) diz-nos sobre avançar para a maturidade cristã, assumindo que a conversão já tenha sido experimentada. Nesses versículos, e em outros lugares, o autor faz referência ao pronome na primeira pessoa, incluindo-se com seus leitores como aqueles que devem ser advertidos dessa maneira (6.1; 2.1,3; 3.6,14; 4.1; 10. 23,26; 12.25). Ele se dirige a seus leitores como irmãos (3.1; 10.19; 13.22), amados (6.9), crentes (4.3), santos (3.1) e participantes em um chamado celestial (3.1).[239] No capítulo 10, os que são advertidos receberam o conhecimento da verdade (v. 26) e, mais definitivamente talvez, foram santificados pelo sangue de Cristo (v. 29). Esses pontos, especialmente o último, parecem difíceis de entender de outra maneira que não como referências à genuína experiência cristã.

Outros intérpretes, entretanto, examinaram cuidadosamente as descrições em Hebreus 6.4b-5 e argumentaram que eles não chegam a se referir à verdadeira posição cristã. Uma linha de argumentação é que elas refletem uma exposição genuína e positiva ao evangelho, mas não denotam definitivamente a conversão cristã.[240] Receber iluminação ou conhecimento da verdade, provar a palavra, ouvir a mensagem e assim por diante poderia se referir a uma exposição ao evangelho e até mesmo uma

---

(Wheaton, IL: Victor Books, 1983), 794-95; William L. Lane, *Hebrews 1 - 8*, WBC 47a (Dallas: Word, 1991), 141-42, 145-46; Joseph C. Dillow, *The Reign of the Servant Kings: A Study of Eternal Security and the Final Significance of Man* (Miami Springs, FL: Schoettle, 1992), 435-44; McKnight, "As Passagens de Advertência de Hebreus," 45-48; Marshall, *Kept by the Power of God*, 142–44; Randall C. Gleason, "O Contexto das Advertências do Antigo Testamento em Hebreus 6.4-8", *BSac* 155 (1998): 75-78; e Thomas R. Schreiner, "Perseverança e Segurança: Uma Avaliação e uma Proposta", *Southern Baptist Journal of Theology* 2 (1998): 50–51. Deve-se notar que aqueles que tiram essas conclusões possuem perspectivas teológicas distintas e fazem diferentes usos dela em suas sínteses teológicas mais abrangentes das passagens de advertência.

[239] Osborne, "Soteriologia", 145, 146, 150, 161n. 16; McKnight, "As Passagens de Advertências em Hebreus", 43–44; e Marshall, *Kept by the Power of God*, 139, 147.

[240] A apresentação clássica dessa visão é de John Owen, *An Exposition of the Epistle to the Hebrews*, ed. W. H. Gould (Edinburgh: Johnstone and Hunter, 1855), 66-91. É encontrada também em Roger Nicole, «Alguns Comentários sobre Hebreus 6:4-6 e a Doutrina da Perseverança de Deus com os Santos», em *Current Issues in Biblical and Patristic Interpretation: Studies in Honor of Merrill C. Tenney*, ed. Gerald F. Hawthorne (Grand Rapids: Eerdmans, 1975), 355-64; e R. Bruce Compton, "Perseverança e Apostasia: uma reavaliação em Hebreus 6: 4–6", *Detroit Baptist Seminary Journal* 1 (1996): 135-67. A argumentação mais eficazmente apresentada é Wayne Grudem, "Perseverança dos Santos: Um Estudo de Caso das Passagens de Advertência de Hebreus", em *Still Sovereign: Contemporary Perspectives on Election, Foreknowledge, and Grace*, ed. Thomas R. Schreiner and Bruce A. Ware (Grand Rapids: Baker, 2000), 133-82, uma reimpressão de *The Grace of God, the Bondage of the Will* (1995).

resposta positiva preliminar a ele, sem acarretar a experiência decisiva e genuína da conversão cristã. Provar o dom do celestial e a associação com a obra milagrosa e poderosa do Espírito pode ser principalmente algo exterior, não envolvendo os efeitos de mudança de vida da própria salvação. Até o arrependimento ou algum nível de santificação pode ser superficial e preliminar, em vez de genuinamente pessoal e salvador.

Outra abordagem às descrições de Hebreus 6.4-6 que leva a um resultado semelhante é ver essas frases como alusões à experiência nacional da geração do deserto e, portanto, como não especificamente cristãs.[241] A geração do Êxodo experimentou as bênçãos de Deus corporativamente como parte da comunidade da aliança. Quando a maioria deles caiu devido à rebelião e à descrença, era evidente que eles não eram interior e verdadeiramente membros do povo de Deus.

Além disso, o uso de pronomes em primeira pessoa, chamando os destinatários de "irmãos", e assim por diante, pode ser o tipo de gesto carinhoso e pastoral comum até hoje no formato de sermão (cf. 13.22) que se identifica com o público e os trata de acordo com seu próprio oficio, sem presumir saber o verdadeiro status salvífico de cada pessoa presente.[242] Isso e os contra-argumentos à visão padrão citada anteriormente são seriamente formulados e devem ser avaliados em conformidade, não descartados como evasivos, meramente por motivação teológica, do sentido claro.

No entanto, uma leitura direta dessas descrições nos leva a entendê-las como se referindo à experiência cristã plena e genuína. Esta é nossa conclusão provisória sobre o primeiro elemento nas passagens de advertência. Mais tarde este elemento será avaliado em conjunto com os outros para chegar a uma síntese geral.

### A Natureza Desta Queda (o Pecado)

O segundo tema a examinar é a natureza da "queda" sobre a qual os leitores estavam sendo advertidos (6.6a).[243] Não há um desacordo tão

---

[241] Noel Weeks, "Admoestação e Erro em Hebreus", WTJ 39 (1976): 77; e Mathewson, "Lendo Hb 6.4–6", 213–25. Ao contrário Gleason, "Advertência em Hebreus 6.4-8", 74–78, vê um contexto no deserto para 6.4-9, mas argumenta que este é uma descrição tipológica da genuína experiência cristã.

[242] Grudem, "Perseverança dos Santos", 173.

[243] O quinto particípio é tomado separadamente aqui por razões temáticas, mas é uma parte integrante, embora final e surpreendente, da construção gramatical nos versículos 4-6a (cinco particípios governados pelo artigo único e unidos por conjunções te ou kai). Não é sintaticamente legítimo tomá-lo como condicional ("se eles caírem"), apesar de as principais traduções assim

forte entre os intérpretes em relação a esse elemento embora, dentro de um mais abrangente consenso, haja questões específicas em disputa.

Por meio do contexto, as passagens evidenciam que pelo menos alguns dos leitores estavam em uma espécie de letargia e infância espiritual. Eles não estavam fazendo progresso espiritual como deveriam (5.11; 6.12). Também estavam espiritualmente exaustos, enfraquecidos e coxos (12.12-13). Eles precisavam de força renovada para correr com perseverança a corrida proposta (10.36; 12.1-2) e manter firme a esperança que haviam confessado (3. 6, 14). Contra o que eles foram advertidos com mais vigor, entretanto, era pior que indolência e fraqueza.

As passagens descrevem o próximo passo em termos assustadores. Os leitores ainda não haviam dado este passo, mas estavam à beira para tal.[244] Corriam o risco de se desviar ou negligenciar o evangelho da salvação (2.1,3), de abandonar sua confiança ou retroceder na fé (10.35,38-39). Eles estavam na iminência da incredulidade com um coração endurecido (3.12, 19), desobediente (3.18; 4.6,11), recusando Deus e se afastando dele (12.25). Assim, foram advertidos contra serem endurecidos pelo engano do pecado (3.13) e pecar intencionalmente após ter o conhecimento da verdade (10.26). Eles estavam ameaçados de fracasso espiritual e se de privarem das promessas de Deus e de sua graça (4.1,11; 12.15). Eles corriam o risco de se afastar do status espiritual vigente (6.6a) ou de se afastar do Deus vivo (3.12).

O verbo usado em Hebreus 3.12 para "se afastar" e seu substantivo cognato frequentemente denota uma rejeição voluntária da salvação e rebelião contra Deus e seus caminhos,[245] e as passagens de advertência de Hebreus endossam esse forte significado (apostasia). Nossa passagem de Hebreus 6.4–6 parafraseia "caíram" (v. 6a) descrevendo-o como uma rejeição a Cristo e seu sacrifício: crucificando o filho de Deus outra vez e expondo-o à desonra pública (v. 6b).[246] Isto é espelhado pelo paralelo

---

o fazerem (RSV, NIV). Veja John A. Sproule, " Parapesontas em Hebreus 6.6", GTJ 2 (1981): 327-32

[244] O autor sempre fala dessa falha mais séria como *potencial* e não *real* (ver 2.1; 3.12-13; 41, 11; etc.). É por isso que ele pode dizer em 6.9: "estamos confiantes em coisas melhores no seu caso [isto é, melhor do que o fracasso e o juízo que acabamos de descrever]" (NIV). A única exceção a isso pode ser 10.25 (o costume de alguns de abandonar a assembleia cristã), mas considero que isso seja um precursor preocupante — um sinal de letargia — em vez de uma indicação de "se afastar".

[245] BDAG, 120, 157–58; TDNT, 1:512–13.

[246] Marshall, *Kept by the Power of God*, 144; e David A. deSilva, "Hebreus 6.4-8: Uma Investigação Sócio-Retórica (Parte 1)", *Tyndale Bulletin* 50 (1999): 48. Eu tomo esses particípios como causais (para ser discutido mais adiante em uma seção posterior), mas seu efeito é dar a razão para a

assustador em 10.29: pisando com os pés o Filho de Deus, tratando o sangue da aliança pela qual alguém é santificado como uma coisa comum, e insultando o Espírito da graça.

Essas descrições tornam-se mais fortalecidas à luz do tema maior em Hebreus. A epístola é um sermão em forma escrita (13.22) consistindo de uma exposição continua (o tema) que requer uma certa resposta (as advertências) por parte de seus destinatários, que estavam enfrentando tempos difíceis. O tema apresenta Jesus como o Filho exaltado e sumo sacerdote por meio de uma exposição cristológica de textos do Antigo Testamento. Em Jesus, Deus se revelou da maneira final e providenciou a purificação completa do pecado e o acesso aberto a si mesmo. Essa é a realidade que a ordem mosaica pretendia antecipar. As advertências constroem diretamente sobre esse tema, evocando a fé perseverante em Cristo e seu sacrifício: os destinatários podem e devem manter sua confissão de fé nele apesar das dificuldades.[247]

Tudo isso deixa claro que o "cair" não era o tipo de luta contra o pecado e a tentação que é a situação comum do povo de Deus. Cristo como sumo sacerdote misericordioso está pronto para oferecer misericórdia e graça para esse tipo de fraqueza (2.17–18; 4. 14–16). Em vez disso, os leitores foram advertidos contra uma rejeição intencional e consciente de Jesus e seu sacrifício. Repudiá-lo era rejeitar o último e eficaz sacrifício de Deus pelos pecados, e um maior juízo deve seguir-se depois de tal ato (10.26-27).

Como mencionado anteriormente, há amplo consenso entre os intérpretes de várias origens de que a rejeição a Cristo e à sua obra é a natureza do fracasso que essas passagens advertem contra. Alguns intérpretes, entretanto, não entendem que essa queda seja uma apostasia tão forte e desafiadora. Gleason, por exemplo, sustenta que a "apostasia absoluta" não está em vista, que "os leitores não estavam em perigo de desistir completamente de toda crença em Cristo".[248] Em vez disso, ele

---

impossibilidade na cláusula principal especificando a natureza da "apostasia".

[247] Mikeal C. Parsons, "Filho e Sumo Sacerdote: Um Estudo sobre a Cristologia de Hebreus", *Evangelical Quarterly* 60 (1988): 195-216; David J. Macleod, "O Centro Doutrinal do Livro de Hebreus", *BSac* 146 (1989): 291-300; Buist M. Fanning, "Uma Teologia de Hebreus", em *A Biblical Theology of the New Testament*, ed. Roy B. Zuck (Chicago: Moody, 1994), 369-70, 388, 400-405; Lanier Burns, "Questões Hermenêuticas e Princípios em Hebreus como Exemplificado no Segundo Capítulo", *Journal of the Evangelical Theological Society* 39 (1996): 592–93.

[248] Gleason, "Advertência em Hebreus 6.4-8", 79.

olha para o paralelo com a geração do Antigo Testamento introduzida no capítulos 3–4 e os problemas de negligencia espiritual mencionados na primeira parte dessa passagem (5.11–6: 2) e argumenta que o problema é "uma recusa... em prosseguir até a maturidade" e " um estado geral de retrocesso espiritual se estabeleceu mediante de uma rejeição final em confiar e obedecer a Deus".[249] Qual é a relevância, então, dos particípios em 6.6b? Gleason toma-os como descrevendo um retorno ao ritual de sacrifício do templo de Jerusalém, que de modo implícito, mas silenciosamente, implica em ofensa ao sacrifício de Cristo.[250]

Mas é difícil ver como esses elementos podem ser mantidos juntos. Se essas pessoas "considerassem a crucificação de Cristo como não tendo valor além da morte de um criminoso", como diz Gleason, isso pode ser simplesmente uma questão de "cair em um estado permanente de imaturidade" e não "uma rejeição total de Cristo"?[251] Parece desproporcional definir "caíram"em Hebreus 6.6a dando tal peso à evidência contextual dos capítulos 3–4 (o que aconteceu com a geração do Êxodo),[252] minimizando a relevância da evidência de Hebreus 6.6b (crucificando-o outra vez e submetendo-o à desgraça pública).

Outra característica de Hebreus 6.4-6 a ser considerada é a afirmação básica de que nenhuma restauração é possível para tal falha. Essa "impossibilidade", na verdade, funciona como uma ponte entre esse elemento na interpretação e o que será abordado a seguir, pois pertence em parte à natureza do pecado e em parte às consequências dele. Que tipo de ofensa é essa, a qual os culpados não podem ser renovados mediante o arrependimento? A aparente irrevogabilidade e rigor dessa afirmação tem sido uma fonte de consternação para intérpretes de Hebreus dos primeiros séculos do cristianismo.

É legítimo supor que a declaração simplesmente signifique que é "difícil" renovar tais pessoas, ou que é impossível para os humanos,

---

[249] Ibid., 81, 82. cf. J. Dwight Pentecost, "Cades-Barneia no Livro de Hebreus", em *Basic Theology Applied: A Practical Application of Basic Theology in Honor of Charles C. Ryrie and His Work*, ed. Wesley and Elaine Willis, e John e Janet Master (Wheaton, IL: Victor, 1995), 134, que similarmente enfatizam um paralelo próximo com a geração do deserto e diz que "cair" em 6.6 significa "falha em continuar no caminho em direção à maturidade".

[250] Gleason, "Advertência em Hebreus 6.4-8", 84-85.

[251] Ibid., 79.

[252] Ibid., 80. Gleason considera que a geração do deserto se afastou "da comunhão com Deus que acompanha a devoção e a obediência", mas não "renunciou totalmente à crença em Deus".

mas não impossível a Deus? Ou deveria ser entendido como dizendo, "Se é impossível recomeçar como cristão, então devemos prosseguir para a maturidade"?[253] Nenhum deles parece se encaixar na afirmação clara de 6.4-6 lida no contexto do argumento maior de Hebreus. A impossibilidade está quase certamente relacionada à finalidade do sacrifício de Cristo e a consequente falta de esperança de quem rejeita conscientemente esse sacrifício. O paralelo em Hebreus 10.26 e 10.29 (lido à luz de 10.19-21) confirma tal lógica: quem insolentemente rejeita o sacrifício do grande sacerdote sobre a casa de Deus descobrirá que nenhuma outra provisão para o pecado é disponível.[254]

A impossibilidade aparentemente absoluta é, às vezes, considerada atenuada pela compreensão dos dois particípios em Hebreus 6.6b como temporal: "impossível... desde que eles crucificaram outra vez... e expondo-o à desonra pública". O argumento contra essa leitura é que tal afirmação dificilmente precisa ser feita.[255] Elliott, por outro lado, sustentou que o sentido temporal é melhor, e pergunta por que o "cristão batizado" que caiu seria absolutamente imperdoável, enquanto arrependimento e perdão estão sempre disponíveis para os de fora (ou seja, os batizados estão "em uma posição pior do que os não batizados")?[256] A resposta para isso parece ser a profundidade da traição intencional que é inerente ao experimentar as bênçãos de Deus refletidas em Hebreus 6.4-5 e repudiar o Filho de Deus da maneira descrita por 6.6; parece extremamente certo que isso colocaria alguém em uma posição pior.[257] De modo que a "queda" não parece ser o tipo de traição — e depois a renovação — da qual Simão Pedro às vezes é citado como exemplo. É um revés que coloca alguém em uma posição irrecuperável de perda. O exemplo de Esaú, em Hebreus 12.16-17, parece ser um paralelo de 6.

---

[253] Veja Brooke Foss Westcott, *The Epistle to the Hebrews*, 2d ed. (London: Macmillan, 1892), 148; Ceslas Spicq, *L'Épître aux Hébreux*, 3d ed. (Paris: Lecoffre, 1953), 1:57–58; Robert Shank, *Life in the Son: A Study of the Doctrine of Perseverance*, 2d ed. (Springfield, MO: Westcott, 1961), 317–19; e Charles Caldwell Ryrie, *Biblical Theology of the New Testament* (Chicago: Moody, 1959), 256–58.

[254] Attridge, *Hebrews*, 169; Barnabas Lindars, *The Theology of the Letter to the Hebrews* (Cambridge: Cambridge University Press, 1991), 68–70; e Marshall, *Kept by the Power of God*, 149.

[255] Veja o comentário frequentemente citado de F. F. Bruce, *The Epistle to the Hebrews*, NICNT, rev. ed. (Grand Rapids: Eerdmans, 1990), 149: "Dizer que não podem ser levados ao arrependimento enquanto persistirem em renunciar a Cristo seria um truísmo que não vale a pena colocar em palavras".

[256] J. Keith Elliott, "O Pecado Pós-Batismal é Perdoável?" *Bible Translator* 28 (1977): 330–32.

[257] Eis a razão por que acredito que esses particípios são causais: como mencionado anteriormente, eles especificam a natureza hedionda dessa "queda" e assim constituem o motivo da impossibilidade.

4-6. Ele perdeu seus direitos à herança, porque não os valorizava e mais tarde foi incapaz de herdar a bênção, embora a buscasse, pois nenhuma oportunidade de arrependimento estava disponível para ele.

Assim, em uma leitura direta, o pecado que essas passagens advertem parece ser o repúdio a Cristo, mas isso deve ser avaliado mais uma vez, quando os outros elementos tiverem sido considerados.

*Consequências para tal Queda (as Consequências)*

Que tipo de consequências são consideradas como sendo o destino daqueles que apostatam dessa maneira? As passagens de advertências falam disso em termos de mau presságio. Em Hebreus 6.4-6, a consequência inicial é, como considerado anteriormente, a impossibilidade de renovação ao arrependimento. Aqueles que estão à beira de, ou estão à deriva em direção à apostasia descrita anteriormente são totalmente confrontados com a irreversibilidade de tal falha.

O autor acrescenta uma ilustração do juízo em Hebreus 6.7–8, retratando a terra que absorve a chuva habitual, mas produz apenas espinhos. Longe de ser abençoada por Deus, essa terra é inútil, amaldiçoada e deixada para ser queimada.[258] Nos versículos que se seguem, o autor acrescenta palavras de confiança para encorajar os leitores diante de uma advertência tão forte. Mas mesmo aqui, podemos, por uma leitura inversa, discernir o que ele imagina que seria verdadeiro para eles caso falhassem em ouvir sua advertência: consequências expressas como *não* pertencentes à salvação (v. 9) e não herdarem as promessas de Deus (v. 12).

As outras passagens acrescentam sua descrição de um maior juízo. Os leitores não podem esperar escapar se negligenciarem a salvação do Pai no Filho (2.3). Provocar ao Senhor pela incredulidade significa estar debaixo de sua ira como a geração do deserto fez e ser apartado do Deus vivo (3.8, 10-12, 16-17). Assim, eles deixariam de entrar no descanso prometido (3.18–4.11). Nenhuma provisão para o pecado poderia ser esperada, mas apenas um juízo terrível e ardente como a vingança do Deus vivo contra seus inimigos (10.26-31). Não poderia haver bênção,

---

[258] A expressão "perto de uma maldição" não deve ser entendida como significando que a maldição pode ser evitada. Denota algo ainda não presente, mas destinado e inevitável, assim como na frase que segue indica: seu fim ou destino é abrasador. Veja o uso similar de *engys* em 8.13 e o comentário de Attridge, *Hebrews*, 173.

arrependimento nem escapatória para aquele profano que rejeita o Deus terrível que abalará toda a criação, que é um fogo consumidor (12.14-29).[259]

Essas consequências poderiam representar algum tipo de juízo temporal, correção ou perda futura de recompensas[260] para os cristãos, algo menos que condenação eterna? Essa é a interpretação preferida por alguns. As conclusões divergem quanto à natureza da sentença prevista. Talvez seja a retirada da bênção de Deus e o tipo de punição disciplinar que poderia levar à morte física.[261] Outros se concentram na perda de recompensas pelo viver fiel ou em uma combinação disso com a disciplina temporal.[262]

Um dos argumentos fundacionais para sustentar o caso de que as consequências não envolvem a condenação eterna é o paralelo óbvio com a geração do deserto no Antigo Testamento (3.6–4.13; talvez 6.4–8; 10.28–29 em um sentido mais abrangente; 12.25-29). Assim, o argumento continua, tal como o povo de Deus no Antigo Testamento sofreu a perda de bênção, o juízo temporal ou a maldição física na terra, então o povo de Deus no Novo Testamento é passível de tais

---

[259] O juízo sobre aqueles que rejeitam a obra de Deus em Cristo será imensamente pior do que o juízo sofrido pela geração do deserto, como o escritor mostrou por seus argumentos «quanto mais» em 2.3; 10.29 e 12.25.

[260] O que se entende por aqueles que sustentam esse ponto de vista não é a recompensa do próprio céu, mas a futura recomendação a ser recebida pela fidelidade no serviço e no viver cristão (cf. 1 Co 3.14-15; 4.5).

[261] Gleason, "Advertência em Hebreus 6.4-8", 87, diz que "perto de ser amaldiçoado" (6.8) é "a imanência da disciplina divina que culmina na morte física". J. Dwight Pentecost, "Os Apóstolos" uso das Previsões de Jesus sobre o Juízo de Jerusalém em 70 d.C.", em *Integrity of Heart, Skillfulness of Hands: Estudos Bíblicos e de Liderança em Honra de Donald K. Campbell*, ed. Charles H. Dyer e Roy B. Zuck (Grand Rapids: Baker, 1994), 140-41; e Gleason, "Advertência em Hebreus 6: 4-8", 67–69, 87–90, argumenta particularmente que o cenário original de Hebreus era um discurso para os crentes israelitas na Palestina nos anos que antecederam a revolta judaica em 66– 70 d.C., que, devido à perseguição, foram tentados a voltar ao ritual do templo. Nesse cenário, o autor adverte que "a terra sagrada dos judeus (gês de 6.7-8] será um lugar de maldição e juízo, em vez de segurança para os crentes judeus que desejavam retornar ao judaísmo" (ibid.). 86). Embora essa seja uma combinação intrigante de elementos, e talvez o argumento mais geral sobre a disciplina física possa ser discutido, pergunto-me se o cenário na Palestina ajuda no caso. Parece que a invasão e a conquista romana teriam sido um prejuízo para *todos* os residentes da Palestina naqueles anos, especialmente para todos os que têm uma herança judaica, cristã ou não, e se são infiéis ao seu cristianismo ou não.

[262] Hodges, "Hebreus", 782–83, 787–89, 795–96, 805–7, 810–11; e Dillow, *Reign of the Servant Kings*, 128-33, 449-53. Um escritor de uma geração anterior, cuja interpretação Hodges e Dillow segue em parte foi G. H. Lang, que consistentemente argumentou sobre os paralelos com a geração do deserto; ele acreditava que a ameaça em Hebreus era a perda do reino milenar de Cristo — embora não o próprio céu. Veja G. H. Lang, *Firstborn Sons: Their Rights and Risks*, 2d ed. (Londres: Oliphantes, 1943), 136, 140-44, 148; e idem, *The Epistle to the Hebrews: A Practical Treatise for Plain and Serious Readers* (London: Paternoster, 1951), 75, 78, 106-7.

castigos também, mas não a perda eterna do relacionamento com ele. Toda a geração do Êxodo era um povo redimido, e seu castigo pela infidelidade era estritamente perda ou castigo terreno.[263] Dessa maneira, a "maldição" em Hebreus 6.8 não é uma referência à ruína eterna, mas a algo como as maldições de Deuteronômio 30, isto é, juízo disciplinar contra a desobediência. "Ardor" ou "fogo" (Hb 6.8; 10.27; 12.29) não é uma referência ao inferno eterno, mas, como Isaías 4.4, ao fogo purificador de Deus que prepara à restauração.[264]

A premissa desse argumento a partir da correspondência é dupla: (1) os juízos de Israel (e as bênçãos que foram perdidas) foram limitados ao plano terreno e físico e (2) o juízo em Hebreus é estritamente paralelo à experiência do Antigo Testamento. No entanto, alguns não estão dispostos a concordar com a primeira parte dessa premissa. Eles reconhecem os paralelos, mas argumentam que as consequências eternas estavam de fato envolvidas nos juízos do Antigo Testamento, pelo menos no caso da geração do deserto que Hebreus cita.[265] Outros questionam a segunda parte da premissa, desde que Hebreus repetidamente usa um argumento do menor ao maior para apresentar o paralelo entre o antigo e o novo a esse respeito (explícito em 2.3; 10.29; 12.25; implícito em 3.5-6).[266] Mesmo se aceitarmos a primeira parte da premissa, o argumento de Hebreus é consistente: "se eles sofreram (castigos temporais) por infidelidade então, quanto mais severamente serão julgados aqueles que agora repudiam o Filho de Deus!" Certamente esse castigo maior é

---

[263] Hodges, "Hebreus", 787; Dillow, *Reign of the Servant Kings*, 93–110, 448; Pentecost, "Cades-Barneia no Livro de Hebreus", 127–35; e Gleason, "Advertência em Hebreus 6.4-8", 75, 82-84, 86-90. Uma das linhas de argumentação de Gleason é o status de Moisés e Arão; embora não tivessem permissão para entrar na terra devido ao pecado, certamente nenhum judeu ou cristão antigo os consideraria eternamente condenados. Gleason faz uma defesa mais extensa do status espiritualmente redimido da geração do Êxodo no "Antigo Testamento no Contexto de repouso em Hebreus 3: 7-4: 11", *BSac* 157 (2000): 288–89.

[264] J. Paul Tanner, "Mas Se Produz Espinhos e Cardos: Uma Exposição de Hebreus 5.11–6: 12", *"Journal of the Grace Evangelical Society* 14 (2001): 36–39.

[265] DeSilva, "Hebreus 6.4-8", 56–57; e Martin Emmrich, "Hebreus 6.4-6 — outra vez! (Uma Avaliação Pneumatológica), *"WTJ* 65 (2003): 88-95.

[266] McKnight, "As Passagens de Advertência em Hebreus", 35-36; e Mathewson, "Lendo Hb 6.4–6", 223. A resposta de Gleason a essa intensificação é que isso é algo em grau, não de tipo ("Advertência em Hebreus 6.4-8", 90), e que a "intensificação não deve ser tal que obscureça a correspondência" ("descanso em Hebreus 3.7-4: 11", 285–86). Acredito, no entanto, que Hebreus esteja repleto de correspondência tipológica, do Antigo Testamento até o Novo que, no entanto, envolve profunda intensificação. Veja todas as afirmações "melhores", "quanto mais" argumentos, condicionais contrários aos fatos e outras indicações do cumprimento profundamente superior de figuras e instituições do A.T. em Jesus.

mais do que temporal e até mais do que a perda de privilégio ou louvor na pós-vida cristã.[267] Essa gradação na tipologia é tão difundida em Hebreus e tão profunda[268] que, na minha opinião, a segunda parte da premissa é completamente invalidada. Sendo assim, não há necessidade de discutir a primeira parte.

Logo, as passagens de advertência aparecem em uma leitura direta para descrever uma consequência bem maior: a condenação eterna.[269] Sumarizando, isso vem de referências como a separação do Deus vivo de sua ira (3.10-12); a perspectiva de maldição, juízo de fogo e não herdar a salvação (6.8,9,12); nenhum sacrifício para o pecado (10.26; cf. o contraste com a eficácia eterna do sacrifício de Cristo em 10.17-18); e a expectativa de juízo e destruição ardente (10.27, 39). Entretanto, essa interpretação também deve ser mantida como possibilidade até que haja a oportunidade de ponderar esse resultado ao lado de outras características ao se chegar a uma conclusão sintética.

### A Resposta Positiva Desejada (a Exortação)

O quarto tema importante nas passagens de advertência, é a resposta que o autor exortou seus leitores a dar em vista de sua condição precária. Uma vez que esse elemento gera pouca discordância entre os intérpretes, será tratado apenas brevemente. A exortação do autor é consistente e centra-se na necessidade de fé perseverante.[270]

A urgência de manter firmemente a confiança em Deus e perseverar pacientemente mediante o sofrimento que enfrentam é o tema constante das passagens de advertência. Os leitores são instados a exercer fé e paciência (*pistis, makrothymia, makrothymeō*) na espera do cumprimento das promessas de Deus (6.12, 15). O escritor explicitamente instruiu-os em Hebreus 10.36, "vós precisais de perseverança", e eles são encorajados a "correr com perseverança a corrida proposta [*hypomonēs*]", como

---

[267] A solução de Lang era propor um "purgatório protestante" para os cristãos que se mostrassem infiéis (*Epistle to the Hebrews*, 179–187), mas não conheço nenhum evangélico preparado para discutir isso hoje.

[268] Veja, por exemplo, o uso dos títulos "Filho" (1.5) e "Deus" (1.8) e a frase "sem começo de dias ou fim de vida" (NIV). Elas carregam um sentido metafórico, quase superficial, em seus contextos, mas assumem um significado ricamente profundo em sua itenficação tipológica.

[269] Stanley D. Toussaint, "A Escatologia das Passagens de Advertência no Livro dos Hebreus", GTJ 3 (1982): 67-80. Veja também McKnight, "As Passagens de Advertência de Hebreus", 33–36.

[270] McKnight, "As Passagens de Advertência de Hebreus", 31-32.

Jesus, seu precursor, fez quando sofreu e suportou a cruz obedecendo a vontade de Deus para ele (12.1-3). Um tema semelhante é o de "manter" ou "permanecer firme" (*katechō*, *krateō*) à sua confissão de fé em Cristo, vista em vários textos (3.6,14; 4.14; 10.23).

Isto é expresso em termos diferentes em Hebreus 2.1, no qual eles são advertidos contra "se afastar" e são instruídos a estarem atentos ao que ouviram sobre a salvação em Cristo. A exortação de fazer todos os esforços para entrarem no descanso prometido expressa a mesma necessidade de firmeza e diligente atenção à mensagem de Deus (4.11). O chamado para "suportar" está ligado consistentemente com referências à esperança cristã ou a confiança em Deus (cf. 3.6; 6.11; 6.18; 10.23; 11.1). A certeza do cuidado de Deus e do cumprimento de suas promessas é o que eles devem manter com firmeza. Isso é combinado com repetidos apelos para responder a Deus e suas promessas com fidelidade e evitar a incredulidade (3.12,19; 4.2–3; 6.12; 10.22, 38; 11.1–39; 12.2; 13.7).

Assim, as passagens de advertência em uma leitura direta incitam os ouvintes a continuar na fé em direção a Deus e não cair em juízo, afastando-se de sua completa e perfeita provisão pelos pecados por intermédio do Filho e sumo sacerdote, Jesus Cristo.[271] Como isso se relaciona, aos os outros temas, ainda deve ser explorado para chegarmos à nossa conclusão sintética.

### Encorajamento aos Leitores sobre a Fidelidade de Deus

Esse elemento não é proeminente em todas as passagens de advertência, mas não há dúvida de que é uma parte importante de Hebreus 5.11–6.20, e é mencionado em todas as passagens de algum modo. É de se esperar, é claro, que tal elemento não figure distintatemente nas admoestações pastorais contra o repúdio a Cristo. Abordando de forma rápida sobre a fidelidade de Deus pode dar falso consolo a alguém que precise ser encorajado.[272]

Contudo, o autor estrutura seu material nessa passagem, bem como no capítulo 10, para dar um lugar de destaque ao encorajamento sobre a fidelidade de Deus. Em Hebreus 5.11-6.20, o autor começa com a

---

[271] Veja a seção anterior para um vinculo necessário dessa com a mensagem maior de Hebreus.

[272] Veja Emmrich, "Hebreus 6.4-6 — outra vez!", 89: "A última coisa que ele quer fazer é cantar canções de 'segurança eterna' para esses peregrinos hesitantes, como se a decisão a favor ou contra Cristo não pudesse ter consequências eternas".

*exortação* em 5.11-6: 3 (usando predominantemente referência a primeira e segunda pessoa), avançando para uma seção de *advertência* aguda em 6.4-8 (usando apenas referência à terceira pessoa) e, em seguida, conclui com *garantias* em 6.9-20 (ressalto a referência a primeira e segunda pessoa novamente). As mesmas características aparecem em 10.19-39: *exortação* nos versículos 19-25 (destacando primeira e segunda pessoa), forte *advertência* nos versículos 26-31 (de forma relevante na terceira pessoa) e *garantias* nos versículos 32-39 (predominantemente primeira e segunda pessoa). Em ambas as passagens depois de dar suas advertências mais severas falando quase inteiramente em terceira pessoa, o autor então se dirige aos leitores diretamente e se identifica com eles enquanto os encoraja sobre sua situação diante de Deus.

As características específicas dessa certeza precisam ser examinadas cuidadosamente, primeiro no capítulo 6 e depois nas outras passagens. Em Hebreus 6.9-12, o autor começa sua afirmação com uma expressão afetuosa e estimulante de sua certeza de que a melhor parte do contraste apresentado nos versos 7-8, bênção e salvação de Deus, é o que lhes pertence (v. 9).[273] Essa certeza está fundamentada no caráter do Pai (v. 10): ele pode ser confiável em fazer o que é certo, tendo em vista seu serviço passado e presente ao seu povo. Não obstante, o autor pede-lhes que continuem fervorosamente em fé e perseverança, e assim herdem as promessas.[274]

As palavras-chave em Hebreus 6.12b (perseverança, promessa) conduzem a uma apresentação do principal exemplo de alguém cuja fé deve ser imitada, Abraão. O que é surpreendente sobre os versículos que se seguem, no entanto, é que eles se concentram muito mais na

---

[273] Parece improvável que a comparação com "coisas melhores" (v. 9) seja para as experiências dos versículos 4b-5, conforme argumentado por Grudem, "Perseverança dos Santos", 158-59. As razões que ele dá para não tomar a referência mais próxima (v. 8) não são persuasivas.

[274] Os fundamentos teológicos dessas linhas podem ser explorados apenas brevemente aqui, mas isso será mais extensamente avaliado à frente. Agora é suficiente notar que o autor raciocina desde seu serviço piedoso até a certeza de que herdarão a salvação. Como Bruce, *Hebrews*, 150-51, comenta, os frutos da justiça evidenciam a genuinidade de sua salvação. Veja também Grudem, "Perseverança dos Santos", p. 160. Como a piedade e a autenticidade da salvação dão confiança sobre seu futuro, se a perda eterna for possível para o cristão genuíno? Se em algum momento entre agora e a consumação eles pudessem mudar, repudiar a Cristo e sofrer uma perda eterna, então o autor parece excessivamente otimista ou mesmo excessivamente lisonjeiro. Mas se ele entende que tal comportamento vem de uma genuína obra de Deus, e ele sabe que Deus é absolutamente confiável para levar sua obra até o fim, então a lógica por trás desses versículos faz mais sentido. Isto parece ser reforçado pelos versículos seguintes.

fidelidade absoluta de Deus do que na fé perseverante de Abraão.[275] O último ponto não é tão nítido certamente (v. 15), mas o patriarca é realmente mencionado pelo nome apenas uma vez — e isso no *dativo* como destinatário da promessa de Deus (v. 13). Deus, por outro lado, é mencionado pelo nome três vezes (v. 13, 17, 18), sempre como *sujeito* do verbo principal (e Jesus uma vez, também como sujeito no v.20). A ação ou caráter de Deus em promessa, juramento, propósito e veracidade é o foco de cinco dos seis versículos sobre a experiência de Abraão (v. 13-18).

Em particular, esses versículos enfatizam a resposta de Deus à fé e à obediência de Abraão (ao oferecer Isaque) fazendo seu juramento e depois uma promessa enfática (Gn 22.16-17): *"Certamente te abençoarei grandemente e multiplicarei abundantemente seus descendentes"* (Hb 6.14). A palavra prometida de Deus teria sido suficiente, uma vez que ele não pode mentir, mas ele jurou pelo seu próprio nome para confirmá-la. Nisso, o autor vê o desejo de Deus em "demonstrar aos herdeiros da promessa seu propósito imutável" (v. 17). Retornando à sua situação atual, o autor assume essa dupla certeza como a maneira que ele e seus leitores ("que se refugiaram[276] [em Deus]") podem ter "encorajados fortemente a manter firme a esperança que nos é dada" (v. 18). Finalmente, em uma metáfora que muda no meio, ele acrescenta à sua certeza, mas também retorna à sua mensagem central sobre Jesus como o exaltado sumo sacerdote de uma nova ordem: "Nós temos essa esperança como uma âncora para a alma, segura e inabalável, que penetra até o interior do véu, onde Jesus, nosso precursor, entrou por nós, desde que ele se tornou um sacerdote eternamente segundo a ordem de Melquisedeque" (v. 19-20 NET).

Questões importantes sobre a teologia subjacente desse foco na fidelidade de Deus ainda devem ser buscadas, mas primeiro será útil ver as alusões a esse tema nas outras passagens. A primeira passagem de advertência (2.1–4), por exemplo, é muito breve em comparação com as outras, mas comunica um apelo agudo para dar mais atenção ao evangelho do que se afastar dele, e isso coloca a questão fundamental: "como

---

[275] Craig R. Koester, *Hebrews: A New Translation with Introduction and Commentary*, AB 36 (New York: Doubleday, 2001), 332; e Gerald L. Borchert, *Assurance and Warning* (Nasshville: Broadman and Holman, 1987), p. 175-76. Borchert diz: "O escritor de Hebreus apoiou a próxima parte de seu argumento [6.13ss] não em Abraão, mas em Deus. Deus era a base da segurança e garantia de Abraão, não as obras de Abraão" (175).

[276] BDAG, 420.

escaparemos nós se negligenciarmos tão grande salvação?". A resposta implícita é que não há escapatória para aqueles que a negligenciam. Mas Borchert sugere que o restante do capítulo pretende tranquilizar os leitores que podem estar se recuperando do choque dessa questão.[277] O autor não anula seu apelo para uma atenção especial ao evangelho, mas aponta para aquele que veio participar plenamente na vida humana, sofrimento e tentação e, ao fazê-lo, "trazer muitos filhos à glória" (v. 10). Como resultado, Jesus tornou-se "um sumo sacerdote misericordioso e fiel", que é "capaz de socorrer a todos os que são tentados" (v. 17-18). Ao concluir seu tratamento do capítulo 2, Borchert diz: "essa referência inicial no sermão a Jesus como o sumo sacerdote aponta para o fundamento, para a segurança de um cristão".[278] Esse ponto também precisará ser mais explorado após nossa avalaiação sobre o restante das passagens de advertência.

A segunda advertência, no livro, (3.7–4,13) é colocada entre parênteses no começo e no fim como referências ao papel de sumo sacerdote de Jesus.[279] A fidelidade de Jesus como sumo sacerdote (2.17) é o ponto de partida para a descrição de Jesus. Ele (3. 2,5–6) como o Filho fiel sobre a casa do Pai (superior a Moisés que era um servo fiel).[280] Isso leva às advertências para resistir à infidelidade como aquela demonstrada pela geração do deserto [3.12,19]. ). Em Hebreus 4.2–3, isso é desenvolvido por meio de um contraste entre a geração anterior que falhou por não responder com fé (v. 2) e o autor e seus leitores, de quem ele diz: "Nós entramos no descanso, [isto é,] os que creram" (v. 3). Isso certamente é uma declaração encorajadora a ser feita em meio a uma passagem que adverte sobre a incapacidade de entrar, mas é uma combinação estranha de particípio aoristo ("aqueles que creram") e um indicativo presente ("nós entramos/estamos entrando"). Qual é o fundamento para tal declaração não qualificada? O versículo não parece permitir a possibilidade de que aqueles que começam na fé possam, no final, deixar de entrar.

---

[277] Borchert, *Assurance and Warning*, 162–64.
[278] Ibid., 164.
[279] Como muitos observaram, as palavras-chave em 2.17 (misericordioso e fiel) são tomadas em ordem inversa em seções que desenvolvem a fidelidade de Jesus como sumo sacerdote (3.1-4.13) e depois sua comiseração (4.14–5.10).
[280] A respeito de 3.2-6 Borchert, *Assurance and Warning*, 165, diz: "Com base na fidelidade e dignidade do Filho, os seguidores cristãos devem ter um grande senso de segurança e confiança, porque eles são a casa de Deus" (3.6).

O tempo presente implica que enquanto eles estão entrando, hoje, eles podem em algum momento não entrar, mesmo que tenham crido? Isso parece muito sutil. Talvez as declarações condicionais de Hebreus 3.6 e 3.14 tenham relação com isso, mas essa análise será reservada para uma seção posterior.

Na quarta passagem de advertência (10.19–39), o autor prepara seu material, como descrito anteriormente, para desenvolvê-lo por meio da *exortação* nos versículos 19–25 (predominantemente em primeira e segunda pessoa), forte *advertência* nos versículos 26–31 (destacando a terceiro pessoa) e *confiança* nos versículos 32-39 (em relevância a primeira e segunda pessoas). As exortações na seção inicial são fundamentadas no papel de Jesus como o grande sacerdote e em tudo o que ele realizou para os cristãos (v. 19–21) e são enfatizadas com o desenvolvimento do argumento como referência a "aquele que prometeu e é fiel" (v. 23). Depois da seção da maior advertência, o autor se tranquiliza ao dirigir-se diretamente aos leitores e relatar sua fidelidade anterior em face da grande aflição (v. 32-34).[281] No meio disso, ele faz referência a seu conhecimento que, naquela época eles tinham uma posse melhor e *permanente* em contraste com as posses terrenas (v. 34). Ele os estimula à sua necessidade de perseverança e fé e encerra com notável encorajamento: *"Nós não estamos entre os que recuam e perecem, mas estão entre os que têm fé para conservação de sua alma"* (v. 39 NET).

As advertências finais em Hebreus 12.1-29 também começam com referência a Jesus, que, como o precursor e consumador da fé, está à direita de Deus (v. 2). Elas pedem aos leitores que considerem seus sofrimentos como evidências do seu treinamento pelo Pai como seus filhos legítimos, com o objetivo final de serem participantes de sua santidade (v. 5-7,10). Em um contraste surpreendente, o autor retrata as antigas e novas comunidades da aliança e diz "vós chegastes" à nova comunidade com todas as suas ligações sagradas e divinas (v. 18–24). Depois de adverti-los do juízo que abalará a terra e os céus, ele os tranquiliza: *"visto que estamos recebendo um reino inabalável, ofereçamos ação de graças e adoração"* (v. 25–28).

Agora é hora de retornar à afirmação de Borchert sobre Hebreus 2.17-18 citados anteriormente: "essa referência inicial no sermão a Jesus

---

[281] Como é que a sua fidelidade anterior fornece uma base para segurança? Isso parece refletir a mesma convicção sobre a fidelidade de Deus como em 6.9-12 (discutido anteriormente).

como o sumo sacerdote aponta para a fundação da segurança de um cristão".[282] Isso é verdade para a teologia de Hebreus? É a fundação da segurança cristã encontrada no sumo sacerdócio de Jesus? É importante que todas as passagens aludam em algum ponto a Jesus como sumo sacerdote exaltado, como já vimos. Há algo sobre o serviço sacerdotal de Jesus segundo Hebreus, que implicaria o tipo de segurança e, portanto, a garantia que Borchert sugere? Uma resposta preliminar a isso parece ser afirmativa, embora outros fatores devam ser levados em conta em uma seção posterior. Duas características do sumo sacerdócio de Jesus parecem levar a essa conclusão.

Uma característica é a natureza permanente de seu sacerdócio segundo a ordem de Melquisedeque, ocupado como está por alguém que tem "o poder de uma vida indestrutível" (7.16) como o Salmo 110.4 testifica (um sacerdote enternamente segundo a ordem de Melquisedeque). O resultado é que, em contraste com a ordem aarônica em que a morte impedia os sacerdotes de continuarem seu serviço sacerdotal e intercessão por sua própria vontade que nunca cessariam (Hb 7.23-24). E assim Hebreus 7.25 nos diz em uma declaração muito importante, *"Ele é capaz de salvar completamente aqueles que vêm a Deus através dele, porque ele sempre vive para interceder por eles"* (NIV, NET). Diz-se que o sacerdócio eterno de Jesus provê segurança completa e permanente para o seu povo.[283] Qual obstáculo poderia impedir que sua salvação chegasse ao cumprimento completo se ele estivesse sempre atento para interceder por eles à direita de Deus? Como diz Lane, "O resultado direto de sua atividade intercessora é a sustentação do povo e a certeza de tudo o que é necessário para a salvação escatológica mencionada na cláusula anterior".[284]

A segunda característica do sumo sacerdócio de Jesus que é relevante para essa questão é o perdão eterno que ele assegurou. Isso flui da conexão vital de seu sacerdócio com "uma aliança melhor confirmada com melhores promessas" (8.6; cf. 7.20-22). Uma das promessas da nova

---

[282] Borchert, *Assurance and Warning*, 164.

[283] Lane, *Hebrews* 1–8, 189–90; Bruce, *Hebrews*, 175, comentam, "Se ofereceu uma só vez de forma completa e totalmente aceitável e eficaz; seu contato com o Pai é imediato e ininterrupto; seu ministério sacerdotal em nome de seu povo é eterno e, portanto, a salvação que ele assegura a eles é absoluta".

[284] Lane, *Hebrews* 1 – 8, 190. Veja a exegese desses versículos em Gareth Lee Cockerill, "A Cristologia de Melquisedeque em Hb 7.1 – 28" (Tese de Doutorado, Union Theological Seminary, na Virginia, 1976), 129 – 43.

aliança que Hebreus enfatiza é citada inicialmente em 8. 12b: *"de seus pecados não me lembrarei mais"* (NET, citando Jr 31.34).[285] Isso é repetido em Hebreus 10.17, onde é citado para fundamentar a declaração de 10.14, *"por uma oferta ele aperfeiçoou para todo o sempre aqueles que são santificados".* Esse também pode ser o contexto[286] para a declaração em 9.15 que *"ele é o mediador de uma nova aliança... para que os que são chamados recebam a promessa da herança eterna".* Essas também são declarações significativas sobre a segurança que o sumo sacerdócio de Cristo proporciona àqueles que se beneficiam de suas provisões. O que poderia fazer com que Deus lembrasse novamente o que ele prometeu nunca mais lembrar? O que poderia levar ao fim o perdão ou uma herança que é eterna? O que poderia manchar uma santidade que é aperfeiçoada eternamente?

Uma resposta possível a essas perguntas é que os próprios destinatários poderiam impedir a recebimento final desses benefícios. Por sua rejeição a obra sacerdotal de Jesus, como em Hebreus 6.6 e 10.29 retratam, eles puderam se retirar do grupo a quem Deus mostrou seu propósito imutável (6.17), prometeu seu perdão eterno (8.12; 10.17), e chamado para uma herança eterna (9.15). Jesus não é realmente capaz de salvar completamente e sua intercessão não é eficaz porque os beneficiários podem se afastar de sua obra sacerdotal (7.25). Essa é uma inferência plausível baseada naquelas outras passagens em Hebreus (6.6; 10.29), mas deve ser reconhecido que esses versículos em particular (7.25 etc.) não dizem nada sobre tais limitações ao propósito de Deus, chamado, e promessas ou ao poder salvador de Cristo ou eficácia intercessora. As limitações devem estar implícitas em outros versículos.

Outra sugestão é que, talvez, esses mesmos versículos sugiram a possibilidade de que os destinatários da fidelidade prometida por Deus pudessem se afastar e assim limitar o cumprimento das promessas. Observa-se que vários desses versículos usam verbos no presente para descrever os destinatários: Hebreus 7.25 consideram "aquelas que estão se achegando a Deus" por intermédio de Jesus e Hebreus 10 e14 sobre "aqueles que estão sendo santificados". O argumento continua, os particípios presentes implicam o perigo claro que os próprios destinatários

---

[285] O texto grego exprime uma negação enfática que é difícil trazer suavemente para o inglês: "De maneira alguma me lembrarei ainda".

[286] Isso está ligado também, é claro, à referência em 9.14 à oferta de Cristo de si mesmo a Deus "por meio do Espírito eterno".

podem em algum momento abandonar o processo, recuar, e não conseguirem alcançar o objetivo final que é a salvação final. Isso ainda levanta questões sobre por que o autor se expressaria tão fortemente sobre a fidelidade absoluta de Deus se a infidelidade humana pudesse causar um rompimento, especialmente porque é exatamente isso que ele teme que alguns de seus leitores possam fazer.

Juntamente com isso, no entanto, é a observação frequente de que a salvação em Hebreus é predominantemente voltada para o futuro,[287] especialmente em comparação com grande parte do cristianismo evangélico moderno.[288] Isso é certamente verdade, mas a palavra definitiva nessa descrição é *predominantemente*. É preciso reconhecer que Hebreus, muitas vezes, orienta a salvação cristã para sua futura consumação, mas também fala claramente das dimensões passadas e presentes dessa salvação. Isso é reconhecido por aqueles que observaram a orientação predominante para o futuro.[289] As experiências passadas e presentes de salvação são evidentes nos versículos já discutidos. Em Hebreus 4.3 o escritor diz: "Nós que cremos *estamos entrando no descanso*". Em 6.9-10, elogia o serviço passado e presente de seus leitores como uma evidência de salvação. Em 6.17, fala dos "herdeiros da promessa". Em 6.18, se refere a si mesmo e a seus leitores como "aqueles que se refugiaram [em Deus]." Em 9.15, é "aqueles que foram chamados" que receberam a futura herança. Em 10.14, o ponto é que Deus "aperfeiçoou-os para sempre". Em 12.22 e 12.28, o autor afirma que eles entraram em contato com Deus e sua comunidade celestial e estão recebendo um reino inabalável.

Então, a questão a esse respeito não é se a salvação em questão permanece totalmente consumada no futuro; isso é claro o suficiente. Em vez disso, a questão é se, em Hebreus, aqueles que já alcançaram as realidades passadas e presentes da obra salvadora de Deus podem falhar em sua consumação futura. A resposta de muitos a essa questão

---

[287] Osborne, "Soteriologia", 159; McKnight, "As Passagens de Advertência de Hebreus", 55–59; deSilva, "Hebreus 6.4-8", 42–43; Thomas R. Schreiner and Ardel B. Caneday, *The Race Set Before Us: A Biblical Theology of Perseverance and Assurance* (Downers Grove, IL: InterVarsity, 2001), 51.

[288] Nossa herança avivalista frequentemente nos influencia a um foco predominante nas dimensões passadas da salvação. Por isso, perguntamos se Hebreus ensina que "aqueles que foram salvos podem se perder", sem perceber que podemos estar impondo uma construção estranha ao livro.

[289] Osborne, "Soteriologia", 154–55; McKnight, "As Passagens de Advertência de Hebreus", 55; Schreiner and Caneday, *The Race Set Before Us*, 58, 73. Veja também a investigação de Grudem da salvação passada e presente em Hebreus ("Perseverança dos Santos", 136), e a breve menção de Cockerill em conexão com o pensamento de 7.25 ("A Cristologia de Melquisedeque", 138–39).

é que, de acordo com Hebreus, essas pessoas certamente podem falhar em alcançar a salvação final. McKnight torna isso explícito:

À luz da futuridade da salvação em Hebreus, é razoável afirmar que não se pode, na verdade, "perder a salvação", uma vez que ainda não a adquirimos. Ninguém pode perder o que não tem de fato. Mas talvez estejamos jogando semântica aqui. Talvez devamos dizer que podemos "perder" as atuais dimensões da salvação que já foram inauguradas e experimentadas (6.4–5; 10.14; 12.22–24).[290]

Em outro lugar McKnight diz que a "perseverança na fé leva à futura salvação final. Em cada uma dessas [declarações de 3.6, 14] há uma realidade presente, cuja continuação depende da perseverança. Se essa pessoa não perseverar, haverá uma cessação daquela antiga realidade".[291]

Osborne também diz que " a salvação aqui é... olhando para a futura recompensa do povo de Deus. Como tal, sua obtenção é *fundamentada* no crescimento perseverante das verdades do evangelho".[292] Depois, ele aborda sobre a " visão da salvação como uma peregrinação, ou seja, uma possessão atual e uma esperança futura. Sua perspectiva, então, é o outro lado da moeda da salvação, a salvação como a meta escatológica, não apenas uma experiência presente, mas também um presente futuro, que só *pode ser obtida* pela perseverança no desenvolvimento cristão". [293]

Como indicado por meu destaque em certas frases anteriores, o ponto que eu coloco em questão com base nas fortes afirmações de Hebreus sobre a segurança é se a obtenção final da salvação pode ser validamente considerada *como baseada* ou *por meio de* ou *somente obtida pela* perseverança humana na fé. Os versículos sobre segurança avaliados anteriormente não são qualificados dessa maneira. É legítimo inferir a contínua resposta cristã como base ou meio necessário para o cumprimento da salvação final, quando esses versículos nada dizem sobre isso? Talvez por isso. Mas os próprios versículos em uma leitura direta parecem dizer que aqueles que já estão no caminho para a salvação final

---

[290] McKnight, "Passagnes de Advertência de Hebreus", 58.
[291] Ibid., 57. Questões decorrentes de 3.6 e 14 serão discutidas em uma seção posterior deste ensaio.
[292] Osborne, "Soteriologia", 147 (itálico meu). Veja também a página 155 (itálicos meus): "embora haja segurança em nossa salvação (6.9–10; 10.39), não há garantia. É nossa em virtude do arrependimento, mas só pode ser assegurada finalmente por meio da perseverança".
[293] Ibid., 158-59 (itálico meu).

certamente alcançarão esse objetivo por que e por meio da fidelidade de *Deus*, não sua própria.[294]

Tendo dito isto, penso que algumas das outras formas pelas quais os intérpretes apenas citados (e outros) relacionam a fé e a permanencia à salvação final como expressões válidas da teologia de Hebreus. Marshall diz que o "Novo Testamento conclama todos os que creem em Jesus Cristo a perseverar na fé, isto é, continuar crendo. Aqueles que sabem que são filhos de Deus, que têm a certeza de que seus pecados são perdoados, devem continuar acreditando e se comprometendo com a salvação e a preservação do amor de Jesus". [295] Osborne, por sua vez, escreve que a "salvação em Hebreus não é separada da vida de santidade".[296] Schreiner e Caneday afirmam que "crescer em santidade [não é] opcional... a santidade é necessária para ver Deus, isto é, para experimentar a vida eterna"[297]. Ao dizerem isso, Schreiner e Caneday estão refletindo as ideias de Hebreus 12.10-11,14, que asseguram que Deus o Pai está trabalhando em seus filhos verdadeiros para que produzam sua santidade e justiça, e, portanto, devem buscá-la; pois, sem santidade, ninguém desfrutará de sua presença. É claro que não haverá salvação final sem perseverança na fé e obediência. Mas os versículos que acabamos de citar implicam — o que nossa avaliação anterior tem argumentado — que isso é fundamentado na obra absolutamente confiável de Deus em seu povo, não baseada, em última análise, na fidelidade humana.[298]

A esse respeito, voltamos a um tema iniciado anteriormente: o significado do ministério sacerdotal de Jesus para a segurança do cristão. O segundo ponto apresentado sobre esse tema foi a ligação fundamental do sumo sacerdócio de Jesus com a instituição da nova aliança, que prometia perdão eterno. A porção de Jeremias 31.34 a respeito disso é citada duas vezes (8.12; 10.17) e serviu de base para uma declaração significativa

---

[294] Talvez isso represente uma falsa dicotomia e deveríamos falar de um "ambos/e" aqui. O relacionamento ainda precisa ser explorado e organizado de forma coerente. Isso é simplesmente registrar o que esses versículos enfatizam sobre todo o processo de salvação.

[295] Marshall, "Problema da Apostasia", em *Kept by the Power of God*, 277.

[296] Osborne, "Soteriologia", 155.

[297] Schreiner e Caneday, *The Race Set Before Us*, 73. Veja também Grudem, "Perseverança dos Santos", 167.

[298] Schreiner e Caneday, *The Race Set Before Us*, 312–15, 318. Eles dizem: "somos nós que exercemos fé e participamos da corrida, mas quando nos perguntamos: 'como isso se torna uma realidade em nossas vidas?' A resposta é que cremos e continuamos a correr tal competição porque a graça de Deus nos agarrou e nos impulsionou a seguir em frente. Sua obra em nossas vidas é a base para nosso agir e fé" (315).

sobre segurança em 10.14. Mas há outra nova promessa da aliança (Jr 31.33) também citada duas vezes em Hebreus: a provisão sobre colocar as leis de Deus no coração e escrevê-las na mente (8.10b; 10.16). Como Carson sugeriu (com objetivo um pouco diferente), a expressão complementar disso em Ezequiel 36.26-27 é a renovação espiritual interior que leva à capacitação para viver fielmente as leis de Deus. Ele prossegue sugerindo: "parece que grande parte do debate sobre a segurança foi controlado por categorias forenses associadas à justificação e à fé, mas ignorou em grande parte as categorias de poder e transformação associadas ao Espírito e à nova aliança. Um componente fundamental de tais temas é que às pessoas da nova aliança é, por definição, concedido um novo coração e a capacitação pelo Espírito a andar em santidade, a amar a justiça, a se mostrarem agradáveis ao Senhor".[299]

Com certeza, Hebreus não desenvolve esse ponto sobre a nova aliança de forma explícita, e não há uma descrição extensa de tal papel para o Espírito Santo (como Paulo, por exemplo). Mas enfatiza uma purificação interior para servir ao Deus vivo, que é o resultado direto da obra de Cristo pelo Espírito (9.13-14). Pode muito bem ser o fundamento teológico para a confirmação que ele oferece em 6.9-10 e 10.32-34 fundamentado na obediência passada e presente dos leitores. Qual é a lógica disso? Parece ser a expectativa do autor que aqueles que começaram a experimentar o poder transformador dessa nova aliança mediada pelo sumo sacerdócio de Jesus continuem a mostrar a fé perseverante que é necessária, fundamentada não na capacidade humana mutável, mas no poder de sustentação da fé. Ou seja, Deus agindo neles.[300]

---

[299] D. A. Carson, "Reflexões sobre Segurança", em Schreiner e Ware, *Still Sovereign*, 257-59 (citação de 258).

[300] O vinculo entre a promessa da nova aliança, a fidelidade absoluta de Deus e essas ideias de Hebreus 12.10-14 é refletida por John Piper, "existem duas vontades em Deus?" Em Schreiner e Ware, *Still Sovereign*, 121, quando ele escreve: "Uma das implicações mais preciosas dessa confiança na vontade soberana e inviolável de Deus é que ela fornece o fundamento da esperança da 'nova aliança' para a santidade, sem a qual não veremos o Senhor (Hb 12.14). Na antiga aliança, a lei foi escrita em pedra e trouxe a morte quando se encontrou com a resistência dos corações não renovados. Mas a promessa da nova aliança é que Deus não permitirá que seus propósitos para um povo santo naufraguem na fraqueza da vontade humana. Em vez disso, ele promete fazer o que precisa ser feito para nos tornar o que deveríamos ser".

### Colocando os Cinco Temas Juntos

Como esses elementos das passagens de advertência podem ser combinados de uma maneira coerente? Os resultados diretos são tão díspares que temos um problema para chegarmos a uma síntese consistente. As passagens parecem dizer que os cristãos verdadeiros devem perseverar na fidelidade, mas podem, em vez disso, rejeitar a Cristo e assim cair em condenação eterna, mas a obra de Jesus em e por eles não deixará absolutamente de levá-los à salvação eterna! É claro que essa síntese é menos do que satisfatória e não é crível que a teologia de nosso autor se contradiga de modo tão descarado nas mesmas passagens dirigidas à mesma situação. Nossa leitura de um ou mais elementos obviamente precisa ser ajustada. Mas qual e com que fundamento? É muito fácil acusar os outros de falsificar o sentido claro em favor de seus pressupostos teológicos, mas todos os intérpretes enfrentam o mesmo dilema em Hebreus: como levar esses elementos aparentemente díspares para uma coerência que seja fiel ao texto.

### O Paradigma Interpretativo

Se uma leitura direta produzir resultados aparentemente incompatíveis, precisamos fazer uma avaliação mais detalhada. Devemos refletir, mais para ver, se são realmente incompatíveis; devemos investigar nossa leitura de cada um dos elementos para ver se interpretamos mal o sentido aceitando rapidamente uma leitura que pode ser inválida; e devemos olhar com cuidado para ver se o próprio escritor forneceu uma maneira de reunir os sentidos aparentemente díspares. Acredito que o escritor logo forneça uma estrutura de pensamento que nos permita colocar os elementos aparentemente conflitantes juntos de maneira coerente, e isso será desenvolvido a seguir.

### Paradigma sugerido

O padrão para dar sentido a essas advertências é encontrado em duas sentenças condicionais na primeira longa passagem de advertência (3.6–4.13). Essas duas afirmações significativas estão em Hebreus 3.6 e 3.14: "*Mas Cristo é fiel como um filho sobre a casa de Deus. E nós somos sua* casa,³⁰¹ *se nos apegamos à nossa coragem e à esperança da qual nos gloriamos".*³⁰² E, *"Nós tornarmos participantes em Cristo*³⁰³ *se mantivermos firmemente até o fim a confiança que tínhamos a princípio"* (NIV).

Uma atenção cuidadosa às palavras mostra que essas linhas não citam o que será verdade se elas se mantiverem, mas o que já é verdade nelas, se de fato persistirem. Sua perseverança através da tentação será a evidência de sua afinidade basilar com Cristo. O escritor afirma que sua permanência na fé demonstrará que eles são membros da casa de Deus, não que isso o fará no futuro. Manter sua fé revelará a realidade que eles já passaram a ser participantes em Cristo, não que eles serão participantes. Por continuar na fé, eles demonstram a obra que Jesus uma vez tem começado e certamente será aperfeiçoada neles (como discutido anteriormente, de 7.25; 8.12; 9.14–15; 10.14).³⁰⁴

### *Defesa deste Paradigma*

Alguns intérpretes (por exemplo, Bruce, Carson e Grudem) apontaram para as afirmações condicionais de Hebreus 3.6 e 3.14 como uma chave interpretativa importante,³⁰⁵ mas isso não foi desenvolvido em detalhes até onde sei. A maioria dos intérpretes que comenta sobre essas condições assume que deve denotar uma relação de causa eefeito (C/E) entre prótase e apódose. Eles assumem que quando uma sentença condicional ocorre, a contingência que ela expressa automaticamente denota uma

---

[301] Quase todos os intérpretes corretamente tomam "casa" em 3.6 para significar "família" ou povo de Deus, especialmente à luz da descrição anterior do fiel trabalho sacerdotal de Cristo em favor de "filhos" (2.10), "irmãos" (2.11–12) e "filhos" (2.13), pelos quais ele experimentou a morte pela graça de Deus. Mesmo que "casa" em Números 12. 7 (citado em 3.2, 5) implique em "tabernáculo", isso ainda é figurativo para a comunidade de Deus que se reúne ali para adorá-lo. É muito improvável denotar algum sentido mais restrito de "aqueles que continuam a se reunir para adorar a Deus", como Hodges, "Hebreus", 786, e Dillow, *Reign of the Servant Kings*, 457-58, argumentam.

[302] Um grupo difundido de manuscritos se soma "firmemente até o fim", mas isso provavelmente foi adicionado sob a influência de 3.14.

[303] "Participar de Cristo" certamente significa ser beneficiário de seu serviço sacerdotal como 2.17–18 acabou de apresentar e como versículos como 7.25; 8.12; 9.15 e 10.14 continuam a desenvolver.

[304] Bruce, *Hebrews*, 94, comenta em 3.6, "a continuidade na vida cristã é a prova da realidade. A doutrina da perseverança final dos santos tem como corolário o ensinamento salutar de que os santos são o povo que persevera até o fim". Veja também George H. Guthrie, *Hebrews*, NIV Application Commentary (Grand Rapids: Zondervan, 1998), p. 134–36, para uma apresentação sólida, embora necessariamente breve, desse ponto de vista.

[305] Bruce, *Hebrews*, 94; D. A. Carson, *Exegetical Falácies*, 2d ed. (Grand Rapids: Baker, 1996), 84-85 (1a ed., 1984); também idem, "Reflexões sobre Segurança", 264, 267: "Hebreus virtualmente define os crentes verdadeiros como aqueles que se mantêm firmemente até o fim na confiança que tinham inicialmente (3.6, 14)" (citação de 267); e Grudem, "Perseverança dos Santos", 175.

relação C/E: a *apodosis* declara um resultado produzido pela ação descrita na prótase. Marshall, por exemplo, diz acerca de 3.6, "Continuar como membro da casa de Deus é condicional à perseverança".[306]

Outros debatem um pouco mais a questão, mas parecem supor que quando ocorre "se", a contingência deve ser uma relação C/E. McKnight menciona a sugestão de Carson (*Exegetical Falácies*, 1984 — [Falácias Exegéticas]) no início de seu ensaio, mas depois toma pouco tempo para concluir que as condições de Hebreus 3.6,14 são C/E: "Nós temos um elemento contingente ('participantes em Cristo, sendo sua casa') *baseado na* fé perseverante («se nos apegamos à nossa coragem e à esperança», 'se mantivermos firmemente até o fim a confiança'). A perseverança na fé *leva à* futura salvação final".[307] Schreiner e Caneday abordam mais cuidadosamente a opção que Carson sugere, mas decidem contrariamente, em parte lendo os tempos verbais de forma diferente (a ser discutido na sequência), mas principalmente insistindo sobre uma certa visão de que cláusulas condicionais exigem. No espaço de quatro páginas, eles usam os termos "consequência" ou "consequente" *nove* vezes. Sobre a sugestão de Carson, eles dizem: "a gramática de Hebreus 3.14 é contra considerar perseverança como a consequência de ser participante em Cristo. Antes, ser participante em Cristo é a consequência da perseverança. O fato de que o consequente da suposição usa o tempo perfeito ('nos temos tornados') não nos permite mudar a condição orientada para o futuro ('se nos mantivermos firmemente ... até o fim') para funcionar como se fosse o consequente de ser participante em Cristo".[308] Eles parecem estar dizendo que uma sentença condicional deve sempre ser tomada como expressão de uma relação de causa e efeito.

---

[306] Marshall, *Kept by Power of God*, 140. Osborne, "Soteriologia", 147, da mesma forma, diz em relação a 3.6, 14, "Deve-se concluir que a recompensa é condicional à perseverança". Veja também Brenda B. Colijn, "'Nos acheguemos': Soteriologia na Epístola de Hebreus", *Journal of the Evangelical Theological Society* 39 (1996): 584: "A salvação final está condicionada ao exercício de uma fé obediente que mantém a confissão e as vivas promessas de Deus... Hebreus expressa a salvação em declarações condicionais: [citação de 3.6, 14] ", da mesma forma, Stephen M. Ashby, "Uma Visão Arminiana Reformada", em *Four Views on Eternal Security*, ed. J. Matthew Pinson (Grand Rapids: Zondervan, 2002), 173-74.

[307] McKnight, "Passagens de Advertência de Hebreus", 24, 57 (itálico meu). McKnight fundamenta seu argumento em parte no uso de tempos verbais, que serão discutidos a seguir.

[308] Schreiner e Caneday, *The Race Set Before Us*, 199–202 (citação de 201). Antes, eles argumentam contra Grudem, "Perseverança dos Santos", 167, acusando-o de ter entendido mal a gramática das sentenças condicionais (199).

Infelizmente, os gramáticos gregos do Novo Testamento não fizeram o suficiente para investigar e propagar uma compreensão mais sutil das construções condicionais. Mas sugestões mais amplas estão disponíveis na literatura gramatical grega. Tão cedo quanto em 1903, Nutting argumentou:

> Os períodos de pensamento condicionais, cujos grupos estão ligados pela preocupação de uma relação de base e de inferência, podem ser definidos como juízo de que a vinda de um evento pressupõe um estado de coisas antecedente; em tal caso, raciocinamos de trás para frente, do efeito para causa... é um ato de inferência, uma conclusão de que um estado de coisas [a prótase] pressupõe outro [a apódose].[309]

Wallace propõe uma discussão valiosa, embora breve, de diferentes conexões lógicas de prótase para apódose, incluindo relações de causa e efeito, evidência x inferência x equivalência.[310] O ponto inicial a ser estabelecido é que nem todas as condicionais expressam relações /E . Todas envolvem um tipo de contingência com uma "consequência", se queremos chamá-la assim, mas a "consequência" pode ser uma *inferência* que pode ser tirada ou uma *equivalência* que pode ser notada, nem sempre um *efeito* é produzido pela causa denotada na prótase. Uma condicional equivalência/inferência (E/I) considera: (1) uma situação proposta (a prótase) que é conhecida como o efeito ou evidência de (2) uma condição prévia que a causa e, portanto, pode ser inferida dela (a apódose).

Quer esse sentido seja aceito ou não por 3.6 e 3.14, creio que deve ser visto como uma opção plausível para as sentenças condicionais gregas

---

[309] H. C. Nutting, "Os Modos do Pensamento Condicional", *AJP* 24 (1903): 288-89.

[310] Daniel B. Wallace, *Greek Grammar Beyond the Basics: An Exegetical Syntax of the New Testament* (Grand Rapids: Zondervan, 1996), 682-84, 686. Stanley E. Porter, *Verbal Aspect in the Greek of the New Testament, with Reference to Tense and Mood*, Estudos em Grego Bíblico 1 (New York: Peter lang, 1989), 319-20, também cita Nutting e confirma suas observações em parte; Porter cita Hebreus 4.8; 9.13, entre outros, como exemplos de condicionais de evidência/inferência. James L. Boyer, "Terceira (e quarta) Condicionais de Classe", GTJ 3 (1982): 175, faz uma breve menção a isso — que ele rotula de "condição exposta". Richard A. Yong, *Intermediate New Testament Greek: A Linguistic and Exegetical Approach* (Nashville broadman e Holman, 1994), 185, menciona isso, mas define de forma mais restrita. O tratamento mais extensivo disso é Charles Edward Powell, "A Relação Semântica Entre a Prótase e a Apódose das Construções Condicionais do Novo Testamento" (Tese de doutorado, Dallas Theological Seminary, 2000), mas isso ainda não foi publicado, por isso não é amplamente disponível. Powell define E/I mais amplamente do que eu fiz aqui.

bíblicas, em geral. Aqui estão alguns exemplos do Novo Testamento com uma breve justificativa para tomá-los como condicinais E/I:[311]

João 15.14     "Vocês são meus amigos, se vocês fizerem o que eu lhes ordeno". (Obediência não é a base para este relacionamento, mas o indicador disso.)

Hebreus 12.8     "Se vocês estão sem disciplina... vocês são ilegítimos e não filhos". (A ausência de disciplina não é a causa da ilegitimidade, mas a evidência disso).

Tiago 2.17     "Também a fé, se não tiver obras, é morta por si mesma". (A falta de obras não produz esse efeito, mas revela a verdadeira condição da "fé".)

1 João 2.15     "Se alguém ama o mundo, o amor do Pai não está nele". (Amar o mundo mostra falta de amor pelo Pai; não a causa isso).

Outros exemplos serão citados na discussão a seguir. O que resta a ser discutido agora é por que Hebreus 3.6 e 3.14 devem ser lidos dessa maneira. Quando numerosas sentenças condicionais *como essas* (do uso da Sptuaginta e do Novo Testamento)[312] são examinadas, descobre-se um padrão consistente de significado:

Quando a prótase se refere a um evento contextualmente específico, condicionais parecem exibir relação C/E (apódose refere-se a algo futuro daquele evento e causado por ele). Alguns exemplos são:[313]

Levítico 19.7     "Se for comido no terceiro dia, é abominável; não será aceito".

Jó 21.6     "Se bem me lembro, estou perturbado e as tristezas apoderam-se da minha carne".

---

[311] Ao citar esses exemplos e justificativas, estou seguindo de perto a apresentação de Powell, "Relacionamento Semântico", 112–13, 127–29.

[312] Meu foco é restrito, especificamente as características de 3.6 e 3.14, ou seja, prótase de terceira classe (quaisquer tempos) com apódose contendo presente indicativo de eimjiv ou indicativo perfeito de qualquer verbo. Já que o uso em NT e Septuaginta é bastante consistente, eu não busquei nesse momento a analise além desta.

[313] Outros exemplos são Ezequiel 33.9; Romanos 7.3; 1 Coríntios 14.14; 1 João 1.9; 4.20; Sir 26.28. Contraexemplos (ou seja, prótase é um evento específico, mas a relação parece ser E/I) são 1 João 1.8, 10.

| João 19.12 | "Se você libertar esse homem, você não é amigo de César". |
| Romanos 7.2 | "Se o marido morrer, ela está livre da lei concernente ao marido". |
| Romanos 14.23 | "Aquele que tem dúvidas é condenado se comer". |
| 1 Coríntios 7.39 | "Se o marido morrer, ela está livre para se casar com quem quiser (só no Senhor)". |

Quando a prótase se refere a uma situação contextualmente geral (uma condição habitual ou ação amplamente característica), os condicionais parecem exibir uma relação E/I (e a apódose se refere a um estado ou condição já existente no momento dessa situação e evidenciado por isso). Alguns exemplos são:[314]

| Levítico 13.51 | "Se a infecção se espalhar na roupa..., a infecção é uma lepra maligna". |
| Ezequiel 14.9 | "Se o profeta é enganado e fala, eu enganei aquele profeta". |
| João 5.31 | "Se eu testifico de mim mesmo, meu testemunho não é verdadeiro". |
| João 8.31 | "Se você continuar na minha palavra, você é verdadeiramente meu discípulo". |
| Romanos 2.25 | "Se és um transgressor da lei, a tua circuncisão tornou-se incircuncisão". |
| 1 Coríntios 13.1 | "Se eu falo nas línguas dos homens e dos anjos, mas não tenho amor, eu sou um gongo barulhento ou um prato estridente". |

Deve-se notar que as características desses padrões são focadas principalmente no uso aspectual na prótase, combinadas com características contextuais como o caráter lexical dos verbos usados, a natureza das frases de sujeito ou objeto, os adverbiais e o sentido contextual mais amplo. Tudo isso ajuda a mostrar se a referência é específica ou geral. Isso reflete o processo de discernir como o aspecto verbal combina com

---

[314] Outros exemplos (NT e LXX) são Levítico 13.23, 28, 37, 42, 57; Lucas 6.33–34; João 8.54; 15.14; Romanos 14. 8; 1 Coríntios 13.2; Tiago 2.17; 1 João 2.15. Contraexemplos (isto é, prótase é habitual, mas a relação parece ser C/E) são João 13.17; 1 Coríntios 7.40.

outros recursos para produzir um sentido geral, como já argumentei.[315] Por isso essa distinção deve ser inerente, na diferença de escopo entre um evento específico de foco limitado e uma ação habitual e amplamente característica. A segunda mais naturalmente se sobrepõe a alguma condição já existente que a pressupõe (a apódose). Um evento específico, por outro lado, é mais fácil de se pensar como um todo distinto — mesmo que dure por algum período de tempo —, o que leva a algum efeito decorrente disso no futuro. Também, como sugere Powell, um *evento* na natureza do caso tem maior probabilidade de servir como *causa* que produz algum efeito, enquanto uma *condição* característica será mais naturalmente *contextual* ou evidência que leve a alguma inferência.[316] Ele acrescenta mais a respeito da prótase, "verbos que expressam estados, características ou identidades não são frequentemente percebidos como eventos causais. Eles podem ser determinantes no campo causal, mas raramente são vistos como causas eficientes ou instrumentais".[317]

Também pode ser observado que, embora essas características derivem de um estudo em um grupo limitado de condições de terceira classe, elas podem fornecer sugestões para interpretar condições que não combinam todas essas características.[318] Condições de primeira classe, por exemplo, combinam algumas destas, como Hebreus 12.8 (E /I; já citados) ilustram.[319] Também, condições de terceira classe cujas apódose contêm outros verbos além de presentes de eijmiv ou tempos

---

[315] Buist Fanning, 88. *Verbal Aspect in New Testament Greek*, Monografias Teológicas de Oxford (Oxford: Clarendon Press, 1990), esp. Cap. 3–4, p. 126–324. Veja também Buist Fanning, "Abordagens ao Aspecto Verbal em Grego do Novo Testamento: Questões em Definição e Método", em *Biblical Greek Language and Linguistics: Open Questions in Current Research*, ed. Stanley E. Porter e D. A. Carson (Sheffield: Jsot Press, 1993), 58-59. Acredito que o significado temporal dos indicativos utilizados na apódose ajude a confirmar esses padrões em sentenças individuais, mas isso está sujeito à variação contextual. Alguns contestaram o sentido temporal dos tempos usados em Hebreus 3.6,14, mas o argumento permanece sem essa característica.

[316] Powell, "Relacionamento Semântico", 49. Ele acrescenta uma ilustração disso de J. L. Mackie, *The Cement of the Universe: A Study of Causation* (Oxford: Clarendon Press, 1974), 34-36: "foi a faísca, em vez da presença do material inflamável que causou o fogo".

[317] Powell, "Relacionamento Semântico", 56.

[318] Não faço comentários sobre condições de segunda classe (contrárias ao fato) aqui. Alguns deles podem ser E/I, mas não busquei análise disso. Também não incluí condicionais concessivas, uma vez que sua força adversativa constitui um sentido separado. Veja ibid., 114-21, 210-27; e Porter, *Verbal Aspect*, 319-20. Finalmente, eu não incluí exemplos nos quais ean é igual a an (usado em "cláusulas relativas indefinidas"). Essas têm semelhanças com cláusulas condicionais padrão, mas não são as mesmas.

[319] Outros exemplos de primeira classe de E/I são 1 Samuel 6.9; João 1.25; Romanos 11.16; 1 Coríntios 15.13; Gálatas 4.7; Hebreus 2.2–3; 9.13-14 (Veja Porter, *Verbal Aspect*, 269-70, para muitos destes).

perfeitos frequentemente seguem esses padrões (isto é, dependendo da natureza da referência na prótase). Os outros dois exemplos (além de Hb 3.6; 3.14) de condicional *eanper* no grego, do Novo Testamento ou Septuaginta (Hb 6.3; 2 Mc 3.38), têm eventos específicos em suas prótases, e suas apódoses explicitamente projetado no futuro com relação a C/E.[320]

Como afirmado anteriormente, eu defendo que as sentenças em Hebreus 3.6 e 3.14 devem ser tomadas no sentido E/I. Eu acho que isso poderia ser discutido contextualmente a partir da evidência de 3.1-4.13 e outros textos da espístola.[321] Mas se o padrão linguístico descrito anteriormente é válido, isso fornece outra justificativa para vê-los como E/I. As prótases, em ambas as sentenças, envolvem claramente uma referência característica ampla, não um evento específico. "Manter" (3.6) ou "manter-se firme" à confiança, especialmente "até o fim", como em 3.14, não é um evento específico, mas uma ação ou estado abrangente e característico.

Além disso, devo expressar minha convicção de que uma visão temporal dos tempos gregos no indicativo reforça o argumento para uma leitura E/I de 3.6 e 14. Uma vez que essas condições são expressas em ordem invertida (apódose primeiro), os tempos indicativos das apódoses são mais propensos a carregar seu senso temporal normal (tempo mostrado em relação ao tempo de fala) sem serem afetados por qualquer período de tempo definido pela prótase que segue. Então o sentido de 3.6 é "nós somos [agora] a sua casa" e não "seremos [em alguma consumação futura] a sua casa". A evidência disso é a sua continuidade (presente e futura) na fé e esperança em Cristo. O significado de 3.14 é "já nos tornamos participantes de Cristo" e não "seremos [em um futuro, sentido final] participantes".[322] A evidência disso é a conservação (atual e futura) de sua convicção sobre a obra de Cristo até o fim.

---

[320] Outros exemplos de condições de terceira classe (com referência específica na prótase) são João 13.8; Hebreus 3.15; 4.7; 13.23. Outros exemplos de condições de terceira classe E/I (com referência habituais de prótase) são Hebreus 10.38; 1 João 1.7.

[321] Veja o parágrafo seguinte e os argumentos anteriores sobre o elemento da fidelidade de Deus como refletido em 3.1–4.13 e 5.11–6.20.

[322] Porter, *Verbal Aspect*, 269, foi citado (McKnight, "As Passagens de Advertência de Hebreus", 24, 57; Schreiner e Caneday, *The Race Set Before Us*, 201) em apoio a uma leitura "atemporal" de 3.14, e ele defendeu vigorosamente essa visão dos tempos em geral. Eu mesmo não acredito que sua visão seja válida (Veja também Wallace, *Greek Grammar*, 506–126), mas mesmo aqueles que concordam com seu ponto mais amplo questionaram seriamente sua aplicação da teoria a passagens específicas. Veja por exemplo, K. L. McKay, "Tempo e Aspecto no Grego do Novo Testamento", Nov. 34 (1992): 209-28; e Rodney J. Decker, "A Gama Semântica de nu:n nos Evangelhos como

Nesta leitura, essas frases no capítulo 3 fornecem a estrutura para interpretar as advertências em Hebreus, mostrando-nos a estrutura de pensamento subjacente do autor. Ele reflete aqui uma distinção implícita entre a fé verdadeira e a falsa, entre a adesão genuína e superficial na comunidade cristã.[323] Ele entende que os leitores estão preocupados e desanimados. Eles são tentados a se afastar de seu compromisso com Cristo, e isso os coloca em grande perigo. Esses versículos então retratam o ponto de crise alcançado pelos leitores e como o autor escolhe exortá-los em sua situação. Em seu tempo de tentação severa, eles se apegariam à esperança que haviam professado e, assim, mostrariam que, genuinamente, eram povo de Deus e participantes em Cristo (3.6,14)? O escritor estava confiante de que eles permaneceriam e continuariam fiéis (cf. 6.9-12; 10.39). Mas teve o cuidado de adverti-los contra a possibilidade. Eles foram expostos em primeira mão à verdade do evangelho e à supremacia da obra salvífica de Cristo. Até aquele momento, eles haviam dado todas as evidências da verdadeira experiência cristã. Contudo, devem continuar em fé e obediência. Recuar de Cristo agora seria um repúdio deliberado do único caminho de salvação, e um juízo rigoroso seria certo para aqueles que o fizessem.

Junto com sua exortação e advertência, ele fornece confiança. A natureza da obra do sumo sacerdócio de Cristo significa que, tendo iniciado esse caminho de fé, eles podem e devem continuar até o fim. Eles *podem* continuar, não pela capacidade ou esforço humano, acrescentando sua parte a de Deus, mas pela graça sustentadora e intercessão de seu fiel e misericordioso sumo sacerdote e pelo poder de Deus em ação neles. Pelo sacerdócio da nova aliança de Cristo, Deus os proveu de redenção e perdão eternos, e ele seguramente levará essa obra até o fim para aqueles que são seus. Eles *devem* continuar porque "sem santidade ninguém verá o Senhor" (12.14). Mas tal perseverança na fé e obediência é fundamentada e evidência da nova obra da aliança de Deus neles, uma

---

Relacionada à Deixis temporal", TJ 16 (1995): 197-99, 211. Em seu *A New Syntax of the Verb in New Testament Greek: An Aspectual Approach*, Estudos em Grego Bíblico 5 (New York: Peter Lang, 1994), 172, McKay traduz 3.14 como, "pois temos (realmente) nos tornados participantes em Cristo se mantivermos nossa atitude inicial firme até o fim".

[323] Essas não são categorias estranhas em Hebreus, como McKnight, "Passagens de Advertência de Hebreus", 25; Emmrich, "Hebreus 6.4-6, outra vez!", 88; e Schreiner e Caneday, *The Race Set Before Us*, 194-200, tem implicado.

obra que ele iniciou e completará absolutamente naqueles que são seus filhos genuínos.

Essa interpretação das passagens de advertência faz melhor sentido para o argumento maior de Hebreus por si só. A dificuldade para essa abordagem é a descrição específica em 6.4-5 daqueles que que caíram. Esses versículos em sua formulação específica parecem refletir uma verdadeira experiência de conversão cristã, em vez de estarem descrevendo uma falsa confissão. Também como observado anteriormente, a linguagem da "renovação ao arrependimento" implica uma genuína volta para Deus. A resposta a esse problema é, penso eu, que o escritor está retratando os *fenômenos* de sua conversão, o que sua experiência cristã parece exteriormente. Ele os retrata em termos distintamente cristãos para enfatizar o quão próximos eles estiveram da fé e do que estão rejeitando se partirem.[324] Eu acho que a mesma abordagem faz sentido em Hebreus 10.29 ("profanar o sangue ... pelo qual ele foi santificado"), embora essa seja uma referência mais difícil para mim.[325] Talvez outros textos também devam ser citados, mas estes são os mais problemáticos.

O autor adota os termos que aqueles que poderiam se afastar usariam para descrever a si mesmos — sua autoconfissão — para mostrar quão chocante e digno de julgamento tal partida seria. De tudo o que alguém poderia dizer (e de como eles se viam), eles estariam entre aqueles que se apegariam e mostrariam a genuinidade de sua confissão, e é isso que o escritor espera (6.9-12; 10.39). No entanto, ele precisa adverti-los nos termos mais fortes e persuasivos para não abandonarem sua esperança e rejeitarem a Cristo. Tal deserção mostraria sua fé como superficial, por mais que se considerassem iluminados, santificados e assim por diante.

Essa abordagem requer um ajuste para a leitura direta de Hebreus 6.4-8 e 10.26-29 (e textos similares; estes são os mais problemáticos) baseados nas implicações de outros textos em Hebreus (3.6,14; 6. 9-20; 7.20-25; 8.10-11; 9.11-14; 10.11-18, 32-34, 39). Mas, como já mostrado, todo intérprete deve ajustar a leitura direta de um dos elementos dessas advertências. Eu argumentei que esse ajuste é aquele que o próprio

---

[324] Veja Guthrie, *Hebrews*, p. 216–39, para uma apresentação valiosa dessa abordagem, juntamente com uma discussão perspicaz das preocupações pastorais, que não podem ser levadas adiante.

[325] Nicole, "Alguns Comentários sobre Hebreus 6.4-6", 362. Para outras leituras diferentes da interpretação padrão (nenhuma das quais parece provável), veja Grudem, "Perseverança dos Santos", 177-78; e Robert E. Smith, "Hebreus 10.29: Pelo Qual Foi Santificado", *Notes on Translation* 4 (1990): 32-37.

autor sinalizou no início de suas exortações. Ele tem uma certeza clara na evidência linguística e teológica de Hebreus por si só.

## Conclusão

As advertências em Hebreus sobre a queda e as exortações para perseverar pretendem encorajar os leitores a manterem a fé na obra sacerdotal de Cristo, não para causar medo de perder sua posição em Deus, nem para testar a genuinidade de sua fé. [326]Contudo, aqueles que rejeitam a Cristo evidenciam que nunca participaram dos benefícios do sacrifício de purificação de Jesus, e o autor quer que seus leitores vejam as consequências disso em termos mais duros, sejam motivados a perseverar pela graça de Deus, e assim mostrem-se verdadeiros "participantes de Cristo".

---

[326] A caracterização de Schreiner e Caneday, *The Race Set Before Us*, 29-35, da abordagem aqui tomada como "testes da visão da genuinidade" é uma distorção da posição maior. Isso leva a uma *vinculação* da visão (um "foco retrospectivo") como a sua essência, que é uma distorção. De fato, afirmo com eles que o principal objetivo das advertências de Hebreus é encorajar os leitores à fidelidade e, como tais, servem como um meio divino para esse fim. Mas levantar questões sobre a genuinidade da fé em Hebreus não é uma questão estranha vinda do viés teológico (suas acusações nas páginas 194-200). É uma questão que o próprio autor introduz em 3.6 e 3.14, e parece legítimo supor que ela também esteja no coração das outras advertências.

# Resposta arminiana clássica

*Grant Osborne*

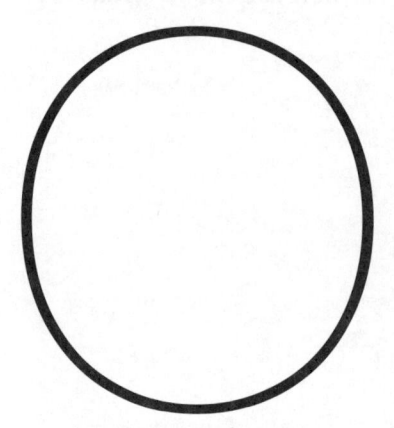

O ensaio de Buist Fanning está repleto de informações valiosas, e eu gostei especialmente da abordagem diferente adotada por ele, a saber, uma abordagem temática. Esta o levou a fazer questionamentos ligeiramente distintos e teve como resultante uma abordagem mais ampla sobre outras questões. Um preço foi pago, é claro, porque várias partes das passagens não foram tratadas adequadamente. No entanto, uma vez que outros ensaios abordaram esses trechos, a diversificação terminou por compensar. Também foi bom ver o excelente estudo de Scot McKnight completamente explorado.[327]

Percebo que concordo com cerca de 80% deste ensaio, e estou satisfeito em termos, tanto com este quanto com o de Randall Gleason pois perceberam que a distância entre as abordagens arminianas e calvinistas à epístola de Hebreus está diminuindo, especialmente em relação a condição espiritual dos destinatários. Começou com o comentário de Philip Hughes, em 1977, no qual ele reconhece que "arrependimento" em Hebreus 6.6 significa voltar-se do pecado para Deus e conclui que os particípios descritivos em 6.4-5 "são componentes de uma experiência completa da graça evangélica na vida do

---

[327] Scot McKnight, "As Passagens de Advertências de Hebreus: Uma Análise Formal e Conclusões Teológicas", TJ n.s. 13 (1992): 21-59.

crente".³²⁸ Desde então, vários dos melhores comentários calvinistas, como Lane e Ellingworth, adotaram uma abordagem semelhante.³²⁹ Isso está muito mais de acordo com a linguagem da epístola e com o fato de que o autor nunca os trata como quase cristãos ou não cristãos. Eles são "idolentes" ou "letárgicos" (*nōthros*); espiritualmente negligentes e indiferentes ao ensino (5.11; 6.12), mas são crentes. Fanning faz um bom trabalho em mostrar a fraqueza das tentativas de explicar o poder dessas descrições.

Eu também apreciei a forma como este ensaio lidou com o pecado que eles estavam em perigo de cometer, mostrando que estavam à beira da apostasia, definida como "uma rejeição voluntária da salvação e rebelião contra Deus e seus caminhos". Essa consciente e voluntária rejeição de Cristo deve resultar em um maior castigo. Eu não concordo totalmente que isso "não era o tipo de luta contra o pecado e a tentação que é a situação comum do povo de Deus", pois a apostasia começa com as tentações básicas e (pelo primeiro século) a perseguição em cada experiência do cristão. É duvidoso que os cristãos judeus de Roma estivessem sofrendo mais perseguição do que aqueles abordados em 1 Pedro ou Apocalipse. Quando eu ensino Hebreus, sempre pergunto quantos da classe conhecem alguém que eles acham que pode ter cometido o pecado imperdoável de Hebreus 6, e sempre tive alguns (calvinistas bem como arminianos) entre meus alunos. Novamente, Fanning faz um excelente trabalho de mostrar a fraqueza das tentativas de suavizar a gravidade do pecado (ou seja, usando excessivamente o exemplo da geração do deserto, vendo o pecado como um estado imaturo permanente, afirmando que o arrependimento é impossível para os humanos, mas possível para Deus, ou tomando os particípios de Hebreus 6.6 como

---

³²⁸ Philip E. Hughes, *A Commentary on the Epistle to the Hebrews* (Grand Rapids: Eerdmans, 1977), 212 (cf. 207-12).

³²⁹ William L. Lane, *Hebrews* 1 a 8, WBC 47a (Dallas: Word, 1991), 141-42; e Paul Ellingworth, *The Epistle to the Hebrews: A Commentary on the Greek Text*, NIGTC (Grand Rapids: Eerdmans, 1993), 319-21. Mas veja Roger Nicole, "Alguns Comentários sobre Hebreus 6.4-6 e a Doutrina da Perseverança de Deus com os Santos", em *Current Issues in Biblical and Patristic Interpretation: Studies in Honor of Merrill C. Tenney*, ed. Gerald F. Hawthorne (Grand Rapids:Eerdmans, 1975), 355-64; e Wayne Grudem, "Perseverança dos Santos: Um Estudo de Caso das Passagens de Advertência de Hebreus", em *Still Sovereign: Contemporary Perspectives on Election, Foreknowledge, and Grace*, ed. Thomas R. Schreiner e Bruce A. Ware (Grand Rapids: Baker, 2000), 133-82, uma reimpressão de *The Grace of God, the Bondage of the Will*, [1995]), pela abordagem clássica argumentando que estes não descreviam os verdadeiros crentes, apenas aqueles que fazem parte da igreja.

temporal ["desde que"]. A linguagem é simplesmente forte demais para o tipo de "traição e renovação" experimentada por Simão Pedro.

As consequências de tal pecado são bem descritas neste ensaio. Não há senso de disciplina temporária ou simplesmente uma perda de recompensas, como alguns argumentaram, nem que a morte da geração no deserto significa que o castigo aqui envolve morte física como a descrita em 1 Coríntios 11.30, mas não a perda eterna. Fanning nota, com razão, que uma correspondência exata entre a geração do deserto e a situação de Hebreus é extremamente improvável, dado o uso frequente da correspondência "menor para maior" no livro. A gradação da morte física no deserto para a condenação eterna em Hebreus é encontrada em todo o livro (por exemplo, 2.3; 4.9-10; 6.8; 10.26, 27, 29; 12.25-27).

Uma questão muito importante para Fanning são as passagens em que o autor tranquiliza seus leitores sobre a fidelidade de Deus e encoraja-os a respeito de seu próprio futuro à luz da fidelidade divina (2.17-18; 4.2–3; 6.9-20; 10. 32–39; 12.25–28). A abordagem de Fanning para o problema da apostasia começa aqui. Ele segue Gerald Borchert ao afirmar que nessas passagens as advertências são mitigadas pela certeza de que eles realmente perseverarão na fidelidade.[330] Em Hebreus 6.12-20, o autor usa a fé de Abraão como modelo, mas centra-se na fidelidade absoluta de Deus – sua "Promessa, juízo, propósito e veracidade". Ele chama isso de "garantia dupla" de que Deus lhes capacitará a "manter-se firme". Seguindo Borchert, ele vê isso ancorado na descrição de Jesus como o sumo sacerdote fiel (2.17). Essa fidelidade de Cristo como o "grande sacerdote" continua em Hebreus 10.19–21 e leva à menção de sua própria fidelidade anterior (10.32–34) e à posse de "uma possessão melhor e *permanente*" (10.34). Finalmente, Hebreus 12.25-28 lembra-lhes que têm "um reino inabalável". Assim, para Fanning a segurança do crente é fundamentada, em Hebreus, em Jesus como o sumo sacerdote que tem "o poder de uma vida indestrutível" (7.16) e "é capaz de salvar completamente aqueles que vêm a Deus por meio dele, porque ele sempre vive para interceder por eles" (7.25 NIV). Como resultado, Jesus assegurou o perdão eterno, visto que de "seus pecados não me lembrarei mais" (8.12b NET, citando Jr 31.34d), os fundamentos em Hebreus 10.17 para "por uma oferta ele aperfeiçoou para sempre aqueles que são santificados" (10.14) e talvez

---

[330] Gerald L. Borchert, *Assurance and Warning* (Nashville: Broadman and Holman, 1987), 162–65, 175–76.

também para "ele é o mediador de uma nova aliança... para que os que são chamados recebam a promessa da herança eterna" (9.15).

Fanning reconhece a resposta de que, embora a segurança de Deus seja certa, os destinatários de sua obra fiel podem se afastar e rejeitar as promessas já mencionadas. Mas ele desafia qualquer afirmação de que as promessas são contingentes e baseadas na perseverança do crente, argumentando que as passagens de segurança não são qualificadas por tais condições. Como em Hebreus 12.10-11, 14, o crescimento em santidade é assegurado pela obra disciplinar do Pai na vida de seus filhos. Seguindo Carson, ele toma a citação de Jeremias 31.33 em Hebreus 8.10b e 10.16 como mostrando que Deus, "por definição", concede ao povo da nova aliança um novo coração e capacitação pelo Espírito para viver uma vida vitoriosa.[331]

Fanning reconhece que há uma contradição nas duas partes de seu estudo, entre a que diz que os cristãos verdadeiros poderiam apostatar repudiando a Cristo, e a outra dizendo que Deus os levará fielmente para a salvação eterna. A única solução é ajustar um dos paradigmas, permanecendo fiel aos dados do texto. Ele encontra a resposta nas duas sentenças condicionais de Hebreus 3.6 (*"nós somos sua casa, se nos apegamos à nossa coragem e a esperança da qual nos gloriamos"*) e Hebreus 3.14 ("nós nos tornamos participantes" em Cristo, se mantivermos firmes até o fim a confiança que tínhamos inicialmente [NIV]), entendendo-as não como condições para uma consumação futura, mas como afirmações do que já é o caso e o será por meio da obra fiel de Cristo nesses crentes. A maioria vê uma relação de causa e efeito entre as cláusulas, isto é, "porque somos a sua casa, vamos nos apegar" / "porque nos tornamos participantes em Cristo, vamos nos manter firmemente".[332] Fanning argumenta em vez de uma evidência para inferência de relacionamento, que a prótase é uma situação proposta que resulta de uma condição prévia (a apódose), especialmente quando a prótase é um estado geral ou habitual. Em outras palavras, o escritor está assegurando aos leitores que eles manterão sua coragem e manterão firmemente sua confiança e, assim, serão sua casa e participarão de Cristo. Fanning vê neles uma

---

[331] D. A. Carson, "Reflexões sobre Segurança", em Schreiner e Ware, *Still Sovereign*, 257–59, desenvolvido em Ezequiel 36.26–27.

[332] Assim F. F. Bruce, *The Epistle to the Hebrews*, NICNT rev. ed. (Grand Rapids: Eerdmans, 1990), 94; e Carson, "Reflexões sobre Segurança", 274, 276.

distinção implícita entre a fé verdadeira e a falsa. Os verdadeiros membros da nova comunidade da aliança provarão isso, mantendo seu domínio sobre a fé. Isto significa que em Hebreus 6.4-6 e 10.29 o escritor está realmente tomando uma perspectiva fenomenológica, descrevendo como sua conversão "se parece exteriormente" no sentido de que eles estão tão próximos da crença verdadeira e fazem parte da comunidade.

Eu acredito que essa é a melhor abordagem que pode ser feita a partir de uma perspectiva calvinista, e é realmente impressionante. No entanto, existem vários pontos fracos. Desde que Fanning reconheceu o fato de que os destinatários são crentes verdadeiros e que Hebreus 6.4-6 e 10.26-31 advertem os destinatários contra a apostasia, é difícil concluir outra coisa senão que essa é outra forma da teoria hipotética, isto é, "se isso ocorrer" (mas realmente não pode ocorrer). Não consigo encontrar qualquer indicação de que o escritor não esteja advertindo "aqueles que um dia foram iluminados, que provaram o dom celestial" (6.4), e assim por diante. Na verdade, no grego a lista de particípios é enquadrada por "é impossível... renová-los ao arrependimento" (adynaton ... palin anakainizein eis metanoian) para ênfase. Não poderia ser mais óbvio que são os crentes verdadeiros, não os incrédulos na congregação, que estão sendo advertidos do perigo da apostasia.

Vamos considerar em ordem as passagens usadas para evidência de segurança. Primeiro, Hebreus 2.17–18, na verdade, fala de Cristo como "sumo sacerdote misericordioso e fiel" que "fez expiação" por nós, introduzindo um tema que dominará os próximos capítulos. Em e por si mesmo, isso não discute a certeza do crente, mas sim a expiação prevista para a salvação do crente. Ainda assim, descreve-o como "misericordioso e fiel" ao fazê-lo, e pode-se extrapolar a partir disso que a mesma fidelidade continua à medida que o crente persevera.

A questão da missão sacerdotal de Jesus continua em Hebreus 7.15–16, quando ele "à semelhança de Melquisedeque" entra em seu ofício "em virtude do poder de uma vida indestrutível", significando que, como Melquisedeque, "era sacerdote para sempre" (7.3), então Jesus, mesmo na cruz, era "indestrutível". Como o eterno sumo sacerdote, Cristo tinha um "poder" que nenhum sumo sacerdote terrestre podia imaginar. Assim ele "é capaz de salvar completamente aqueles que vêm a Deus por meio dele" mediante sua eterna intercessão por eles (7.25 NIV). Aqui estamos verdadeiramente no epicentro da segurança exposta no livro. Attridge argumenta corretamente que "oferecer a salvação 'completamente' (eis to panteles)" deve ser entendido tanto modal quanto temporalmente, ou seja, Jesus salva completa e continuamente.³³³ Lane diz: "o tempo presente de sōzein reflete a experiência atual da comunidade e sugere que o apoio de Jesus está disponível em cada momento crítico... a perfeição e a eternidade da salvação da qual ele é mediador são garantidas pelo caráter inatacável de seu sacerdócio".³³⁴ Não há dúvida de que isso ensina a segurança do crente, vista tanto na salvação em curso quanto na contínua intercessão que ele faz. Ainda, essa segurança é incondicional ou condicional? Dois fatores favorecem o último: (1) os dois termos para "sempre" (*panteles, pantote*) têm a ideia mais de "contínuo" do que de "eterno"; (2) a condição para experimentar a eficácia da salvação poderosa de Jesus é "vir a Deus por meio dele". Muitos negariam que essa é uma condição, mas à luz das fortes passagens de advertência, tem que haver grande ênfase na necessidade. De perseverança em "vir a" (tempo presente de proserchomenous) Deus.

Em Hebreus 3.2,5-6; 4.2–3 Cristo é tanto o "Filho fiel" que vigia a casa de seu Pai como aquele que tem "terminado" sua "obra" em nome de "aqueles que creram" para que eles possam "entrar nesse descanso". Novamente, há certeza definitiva, mas não é absoluta. É melhor traduzir 4.3: "nós que temos crido (hoi pisteusantes, particípio aoristo) estamos no processo de (eiserchometha)³³⁵ entrar nesse descanso". A maioria concorda que o propósito do versículo é mostrar que Deus ainda tem um descanso disponível para seu povo, mas não que esse descanso seja absolutamente garantido. Na verdade, a advertência do deserto é enfatizada novamente na próxima oração do versículo 3 e especialmente no 11, "portanto, façamos todo esforço para entrar nesse descanso, para que ninguém caia seguindo seu exemplo de desobediência" (NIV). Certamente a passagem ensina o perigo dos crentes (v. 3) não entrarem (v. 11).

Em Hebreus 6.9-20, o autor, de fato, se volta para o encorajamento e assegura aos leitores que Deus continuaria a agir com eles, bem como expressa a certeza de que venceriam o perigo. Mas, novamente, isso é garantia condicional e não incondicional. Ele está confiante em coisas

---

³³³ Harold W. Attridge, *The Epistle to the Hebrews: A Commentary on the Epistle to the Hebrews*, Hermeneia: Um Comentário Crítico e Histórico sobre a Bíblia (Philadelphia: Fortress, 1989), 210.

³³⁴ Lane, *Hebrews 1–8*, 189–90.

³³⁵ Tradução do autor (Lane), *Hebrews 1–8*, 94j.

melhores... que acompanham a salvação" (6.9) e que eles são o bom solo do verso 7, exemplificado em seu amor a Deus e no auxílio que eles mesmos deram aos santos. Mas o escritor os adverte que eles devem "mostrar essa mesma diligência até o fim, com a finalidade de tornar certa sua esperança" (6.11 NIV). Mais uma vez, a perseverança é necessária para garantir a salvação final. Guthrie define spoudē como "ânsia, esforço, pressa" e diz que isso exige "uma perseverança pela qual os ouvintes permanecerão engajados na obra e no amor de Deus, possuindo assim uma esperança convicta até o fim de suas jornadas terrenas".[336]

Fanning está correto sobre a centralidade do juízo/promessa absoluta de Deus em Hebreus 6.13-20. A "imutável natureza de seu propósito" (v. 17) e a promessa "imutável" (v. 18) de fato fornecem "uma âncora para a alma, firme e segura" (v. 19 NIV). Mas ainda assim, os ouvintes devem "se apossar da esperança" oferecida a eles; não é uma promessa garantida. Todo o tom do capítulo é o de advertência, e isso não ousa ser suavizado. Deus é absolutamente fiel às suas promessas, mas os crentes também devem ser fiéis às suas responsabilidades e perseverar. Em outras palavras, os ouvintes são encorajados a refletir sobre as promessas imutáveis de Deus, confirmadas por seu juramento absoluto, e perceber que ele está lá para ajudá-los na tarefa de manter seu domínio em Cristo.

Uma série de textos isolados também é usada para determinar o tema da segurança final em Hebreus (8.12; 9.15; 10.14, 17). Cada um pode ser levado em consideração para identificar a certeza do autor de que o verdadeiro crente nunca pode cometer apostasia. Hebreus 8 cita a passagem da nova aliança de Jeremias 31.31–34, que diz que Deus *"não mais se lembrará de seus pecados"* (Hb 8.12) porque ele *"será seu Deus e eles serão seu povo"* (8.10 NIV). Ninguém considera isso em um sentido de 1 João 1.8-10, segundo o qual os falsos mestres afirmavam que poderiam cometer qualquer pecado que desejassem e isso não afetaria sua salvação. Ao contrário, isso significa que na nova aliança seus pecados passados seriam perdoados.

Em Hebreus 9.15 "aqueles que são chamados" têm a promessa que "receberão a herança eterna prometida" (NIV). O contexto diz respeito ao sangue de Cristo como pagamento de resgate, libertando o crente

---

[336] George H. Guthrie, *Hebrews*, NIV Comentário de Aplicação (Grand Rapids: Zondervan, 1998), 134–36.

do pecado, para que a "eterna redenção" seja garantida (9.12). Isso não é uma passagem sobre a segurança do fiel, mas sobre a salvação adquirida por Cristo, o sumo sacerdote, e sua superioridade ao "sangue de bodes e bezerros" (9.12). Hughes diz que isso é "um *chamado eficaz, eterno e infalível*".[337] Contudo, essa não é a ênfase aqui, mas é o produto de sua teologia, e não de sua exegese. O cristão deve refletir sobre sua natureza especial como o "escolhido" de Deus, e o fato de que é uma "herança *eterna*" realmente encoraja alguém com relação à natureza da promessa futura (cf. 1Pe 1.4–5). Isso, no entanto, atenua as advertências já mencionadas? Tal ideia não parece justificada.

Em Hebreus 10.14,17 a passagem da nova aliança de Jeremias 31 é mais uma vez a fundamentação para a promessa de que Deus não mais se lembrará dos pecados de seu povo, já que Cristo "aperfeiçoou para sempre aqueles que são santificados" (NIV). Qual é o significado de "feito perfeito para sempre"? O que está em mente é a conclusão, ou o aperfeiçoamento, da salvação de Deus pela "oferta única" de Cristo? Lane traduz teteleiōken "purificado definitivamente" com base em Hebreus 9.9 e 10.1; assim, diz respeito ao povo da antiga aliança que "buscou uma purificação final que o culto de Levítico não poderia fornecer".[338] A ênfase está em Jesus, que tanto completou o plano divino de salvação quanto está em processo de santificação (um passivo divino apontando para Cristo) de seu povo. Ainda assim, esse processo é garantido ou contingente? Nesse contexto, a questão é de difícil resposta, pois a ênfase está na provisão do Filho e não no estado dos santos. Ellingworth reconhece isso quando afirma que significa que o acesso a Deus, antigamente disponível apenas ao sumo sacerdote, está agora aberto para sempre ao povo de Deus.[339] Portanto, a questão não é encontrada nesse contexto.

Agora vamos voltar-nos para Hebreus 10.32-39. Essa é a segunda passagem mais importante sobre a segurança depois de 6.9-20. Há um encorajamento definitivo em 10.32-34, lembrando aos leitores de seu juízo anterior quando eles "resistiram", apesar de terem sido "publicamente expostos a insultos e perseguição", pois sabiam que tinham "uma posse melhor e permanente". Eles tinham sido vitoriosos no passado, e o autor tinha certeza de que também o seriam nesse caso. Mas ainda assim, havia

---

[337] Hughes, *Hebrews*, 368.
[338] William L. Lane, *Hebrews 9–13*, wbc 47b (Dallas: Word, 1991), 200.
[339] Ellingworth, *Hebrews*, 511.

o perigo de "recuar", então o escritor os adverte a "perseverar" para que possam receber o que Deus prometeu (10.36). Isso é segurança, mas não segurança final. A firme promessa de 10.39 (*"Nós, porém, não somos dos que retrocedem e são destruídos, mas dos que creem e são salvos." NIV*) não é dirigida a um grupo diferente de 10.26–31. O autor não acredita que os ouvintes cometerão apostasia, mas isso continua sendo um perigo real. Não consigo encontrar nenhuma evidência para tal polarização no livro entre dois grupos de "cristãos", os verdadeiros e os falsos (tal linguagem está faltando na epístola).

Finalmente, Fanning encontra encorajamento em Hebreus 12.1-11, na qual Cristo é "o precursor e consumador de nossa fé" (v. 2) e o sofrimento é para ser visto como evidência de que Deus os prepara como seus filhos legítimos (v. 8). Além disso, no versículo 28, o autor conclama que tenham um espírito de gratidão e adoração, porque os crentes estão recebendo "um reino inabalável". Ainda assim, o versículo 28 é parte de uma advertência (v. 25–29) que começa "não rejeitem aquele que fala" e conclui com "nosso Deus é um fogo consumidor" (NIV). O último vem de Deuteronômio 4.24, quando Moisés adverte Israel sobre idolatria e apostasia da aliança. O "fogo consumidor" é uma imagem frequente do juízo ardente (Is 33.14; Dn 7.11; Jl 2.3). Hughes diz que os leitores "precisam ser advertidos das consequências terríveis de abandonar a nova aliança restabelecida e selada pelo sangue de Cristo, para que eles também, como seus antepassados sob Moisés, devem ser consumidos pelo fogo da ira divina".[340]

Agora vamos considerar as duas sentenças condicionais "se apenas" ou "se de fato" (*eanper*) em Hebreus 3.6 e 14. Fanning acredita que essas condicionais mudaram de uma relação de evidência para inferência, isto é, uma situação proposta (prótase) que resulta de uma condição prévia (a apódose). Assim, ele interpreta isso como certeza de que os leitores manterão sua coragem e confiança e, portanto, participarão de Cristo. Mas onde está a evidência, na epístola, para tomar as cláusulas como uma condição prévia? Parece muito mais provável que eles dividam a mesma força que as cláusulas ean ("se vós ouvirdes sua a voz") dos versículos 7, 15 (ambos os quais ocorrem imediatamente depois de 3.6, 14). Como citações do Salmo 95.7, o aspecto de advertência

---

[340] Hughes, *Hebrews*, 560.

é bastante claro, e são verdadeiros condicionais que exigem uma futura obediência. Enquanto a apódose é uma condição prévia (eles são crentes), é claramente ameaçada pela falha em manter a condição. Nesse sentido, o escritor requer uma perseverança futura para manter sua coragem e confiança. Assim, uma causa (prótase) para efeito (apódose) é melhor: somente "se" eles perseverarem, participarão em Cristo, da mesma maneira que os israelitas no tempo do Salmo 95 só entrariam no descanso de Deus "se" eles ouvissem (e obedecessem) a sua voz. Lane afirma corretamente: "os leitores são lembrados de que a perseverança até o momento do verdadeiro cumprimento da promessa e da entrada no descanso escatológico preparado para o povo de Deus é exigida daqueles que são 'participantes de Cristo'".[341]

Em conlusão, a melhor interpretação calvinista é de longe a que reconhece a força das descrições que chamam os leitores de verdadeiros crentes e o fato de que o autor alerta sobre um perigo real de apostasia (os dados em si são simplesmente fortes demais), mas aplica as doutrinas da eleição e segurança eterna para dizer que quando essa apostasia ocorre, prova que a pessoa não era um crente verdadeiro. Embora parte da igreja exteriormente, a pessoa não foi verdadeiramente redimida. Essa é a abordagem dos melhores intérpretes calvinistas recentes (Hughes, Lane, Guthrie, Ellingworth, Carson, Fanning) e é uma visão viável. Fanning faz um ótimo trabalho ao tornar essa abordagem crível, e digo como a KJV sobre Atos 26.28, *"quase que tu me persuadiste"*. No entanto, seu argumento não explica a epístola e é um exemplo do sistema que controla os dados, em vez de vice-versa. Ela, na verdade, torna-se um tipo de nuance da visão hipotética, uma vez que, na verdade, nega que alguém que realmente tenha sido "uma vez iluminado" pode realmente cometer apostasia. Isso não se encaixa nos dados da epístola. É melhor dizer que o escritor encoraja os leitores cristãos que o Deus fiel está com eles, e o escritor assegura-lhes que está confiante de que irá até a vitória e perseverará até o fim. Mas o perigo é muito real e alguns deles podem não perseverar. Se não o fizerem, terão cometido o pecado imperdoável e terão apenas juízo eterno e ardente no futuro.

---

[341] Lane, *Hebrews* 1 – 8, 88. Guthrie, *Hebrews*, 134 – 36, reconhece a tensão inerente a essas condicionais, mas as interpreta como "as limitações na perspectiva humana" na interpretação de um estado espiritual e diz que o escritor está se recusando a dar garantia não qualificada aos leitores, uma vez que se eles caírem, significa que nunca foram verdadeiramente crentes. Mais uma vez essa afirmação não decorre da epístola, mas de uma posição já assumida em relação à segurança eterna.

# Resposta armínio-wesleyana

*Gareth Cockerill*

Gostaria de iniciar expressando apreço pelo espírito irênico de Fanning e pela forma como ele expõe claramente sua posição. É uma honra ter o privilégio de responder àquele que escreveu com tanto cuidado. Eu ofereço esta resposta com uma apreciação de nosso compromisso evangélico comum e com a esperança de que a discussão pacífica leve a uma compreensão mais profunda da verdade.

### Fanning em Restrospectiva

Talvez seja útil começar com um breve resumo da maneira como entendi o argumento de Fanning. Ele concorda que, quando lidas de maneira direta, as passagens de advertência parecem ensinar a possibilidade de apostasia. Elas parecem descrever os destinatários de Hebreus como verdadeiros cristãos em perigo de perda eterna pela perda da fé em Cristo. No entanto, ele também argumenta que as passagens em Hebreus que afiançam a fidelidade de Deus e a suficiencia de Cristo implicam na perseverança dos verdadeiros crentes à obediência fiel até o fim. Assim, afirma uma tensão entre as aparentes advertências contra a apostasia, por um lado, e a perseverança sustentada pela fidelidade de Deus e ainda pela suficiencia de Cristo.[342] Todo leitor deve resolver essa tensão ajustando a leitura direta dessas passagens de alguma forma.

---

[342] Fanning escreve: "os resultados diretos são tão díspares que temos um problema em chegar a

Fanning nos oferece tal ajuste baseado na sintaxe dos dois versículos paralelos seguintes: *"e nós somos sua casa se, de fato, nos apegamos a nossa confiança e nos gloriamos em nossa esperança"* (Hb 3.6). "Pois nós tornamos participantes de Cristo, se, de fato, mantivermos o princípio de nossa firme confiança até o fim" (Hb 3.14). Ele argumenta que essas sentenças condicionais não mostram "causa e efeito", mas "evidência/inferência". Manter "firme nossa confiança" não nos faz ser "casa" de Deus ou "participantes de Cristo". Manter-se firmemente é a evidência de que somos "casa" de Deus e participantes de Cristo. Assim, segundo o entendimento desses versículos, a perseverança final é a evidência futura da fé presente. Somente aqueles que são verdadeiramente a "casa" de Deus hoje perseverarão, e essa perseverança revelará que eram verdadeiramente a casa de Deus.

Portanto, argumenta Fanning, o escritor de Hebreus sabe que os verdadeiros crentes não cairão. Em suas advertências, no entanto, ele descreve as coisas como elas aparentam. Alguns que parecem ser verdadeiros crentes, que exteriormente parecem ter todas as marcas dos fiéis, podem cair. Suas exortações, então, são um meio que Deus usa para concretizar a perseverança dos verdadeiros crentes.

### Fanning Desafiado

Deixe-me começar a minha crítica, afirmando minha objeção fundamental a essa posição: a tensão entre as advertências contra a apostasia e as afirmações da fidelidade/suficiencia de Deus é artificial. Em uma leitura direta, as passagens de advertência ensinam apostasia. As descrições da fidelidade de Deus e da suficiencia de Cristo não implicam em perseverança ou nada semelhante a uma maneira tão direta. De fato, essa tensão artificialmente criada obscurece a maneira pela qual Hebreus realmente relacionam a suficiência de Cristo ao encorajamento e a advertência. Quando o escritor encoraja, oferece a suficiência de Jesus como provisão para a perseverança. Quando adverte, a própria magnitude dessa provisão é motivo de extrema necessidade. Em sua introdução, Fanning aborda sobre a natureza enigmática de Hebreus. Qualquer coisa que possa ser misteriosa sobre esse livro, o escritor

---

uma síntese consistente. As passagens parecem dizer que os cristãos genuínos devem perseverar na fidelidade, mas podem, em vez disso, repudiar a Cristo e cair em condenação eterna, mas a obra de Cristo em e para eles não deixará de levá-los à salvação eterna!".

não deixa dúvidas sobre a relação entre a suficiencia da salvação por intermédio do Filho e suas advertências prementes.

Metodologicamente, Fanning estaria melhor olhando para as implicações que Hebreus atraem para a suficiência de Cristo em relação ao encorajamento e advertência, em vez de determinar primeiro a implicação da suficiência de Jesus.

Com a tensão anterior removida, a interpretação de Fanning sobre Hebreus 36 e 14 perde sua força. No entanto, também argumentaremos que essa interpretação não está apenas em desacordo com as passagens de advertência, mas também inadequada para o contexto imediato.

### Fanning Afirmado

Antes de uma análise mais aprofundada dos argumentos de Fanning, talvez seja interessante notar zonas de concordância. Eu concordo plenamente com o fato de que uma leitura direta das passagens de advertência vislumbra a possibilidade de apostasia. Essa afirmação é confirmada pelo modo como tais passagens descrevem as pessoas envolvidas, seus pecados e os resultados de seus pecados. Eu também concordo que, de acordo com Hebreus, a fidelidade de Deus encontra cumprimento no sumo sacerdócio plenamente suficiente de Cristo e na nova aliança eficaz como resultante.

Além disso, não há dúvida de que as passagens que descrevem a suficiência de Cristo estão intimamente relacionadas às passagens de advertência. Fanning afirma essa relação de várias maneiras. Ele começa afirmando que a ênfase da passagem de advertência na fidelidade do Pai tem seu cumprimento na plena suficiência do Filho. Ele observa com bastante precisão que passagens que descrevem a total suficiência de Cristo cercam e sustentam as passagens de advertência. Assim, Hebreus 2.5-18 segue a advertência de 2.1-4 e, junto com Hebreus 3.1-6, precede a advertência de 3.7-19. A grande exposição do autor sobre a suficiência do sumo sacerdócio de Jesus em Hebreus 8.1-10: 18 subjaz à advertência de 10.19-39. Certamente não devemos isolar nossa interpretação das passagens de advertência da grande exposição do sumo sacerdócio final e a total suficiência de Cristo, legada a nós pelo escritor dos Hebreus.

Eu tenho apenas uma pequena advertência com a maneira como Fanning defende uma relação próxima entre as passagens de advertência e as que descrevem a suficiência de Cristo. Sua afirmação de que as passagens de advertência enfatizam a fidelidade de Deus não é totalmente precisa. O principal exemplo de tal ênfase em uma passagem de advertência é Hebreus 6.12-20. Embora 6.12-20 siga uma passagem de advertência (5.11–6.8), em si tudo é encorajamento.[343] Seria mais correto dizer que as passagens de encorajamento, no contexto imediato das de advertência, enfatizam a fidelidade de Deus.

### Fanning Avaliado

Há concordância, então, que as passagens de advertência devem ser entendidas em relação às que descrevem a total suficiência da obra do sumo sacerdócio de Cristo. A discordância surge sobre o que a suficiência de Cristo implica e, consequentemente, sobre como ela está relacionada às advertências.

Fanning argumenta que passagens descrevendo a suficiência de Cristo implicam na perseverança dos santos. Se a obra de Cristo for totalmente suficiente, os santos irão perseverar. Essas passagens, portanto, estão em tensão com as advertências aparentes contra a apostasia. Para reconciliar essa tensão, devemos qualificar nossa compreensão das passagens de advertência intimamente relacionadas. Elas descrevem apenas aparências. O escritor pode falar de seus leitores como se afastando, porque alguns só podem parecer verdadeiros crentes.

Eu argumentarei que as descrições da suficiência de Cristo não implicam perseverança final e, portanto, não estão em tensão com as passagens de advertência.

### *A Suficiência de Cristo: Garantia de Perseverança*

Em primeiro lugar, deve-se afirmar que meras afirmações da fidelidade de Deus ou da suficiência de Cristo não implicam em si mesmas na

---

[343] Fanning alega que ele escolheu "incluir uma variedade maior de versículos do que às vezes é visto para garantir que elementos importantes não sejam negligenciados". Assim, ele inclui entre as passagens de advertência não apenas 2.1-4; 3.6–4.13; 5.11-6.8; 10.26-31; e 12.14 (25?) - 29; mas também 6.9-20; 10.19-25, 32–39 e 12.1–13. Estas últimas, no entanto, especialmente 6.9-20 e 10.19-25, 32-39, são claramente passagens de encorajamento. Se alguém inclui passagens não advertivas que enfatizam a fidelidade de Deus dentro das passagens de advertência, então pode-se dizer que as passagens de advertência enfatizam a fidelidade do Senhor. A circularidade desse argumento é óbvia. Parece que Fanning faz isso porque ele quer vincular a fidelidade divina tanto quanto possível às passagens de advertência na esperança de que tal combinação fortaleça a suposta tensão em Hebreus e, assim, apoie sua doutrina de perseverança.

perseverança final dos santos. É preciso perguntar quais implicações Hebreus, ou qualquer outro livro bíblico, extrai de tais afirmações.

O argumento de Fanning consiste em reiterar as descrições de Hebreus sobre a fidelidade de Deus e a suficiência de Cristo e depois afirmar que essas declarações apoiam a perseverança final. Não importa quantas vezes alguém repita esse argumento, mas ele não tem força. É preciso mostrar que Hebreus pretende tal implicação. Fanning, no entanto, baseia-se em suas próprias implicações a partir dessas descrições da suficiência de Cristo e ignora a maneira pela qual Hebreus realmente as aplica. De acordo com a espístola, o sumo sacerdócio e sacrifício de Cristo são mais que suficientes para garantir a perseverança.

Fanning enfatiza Hebreus 7.23–25 e 10.14. A primeira dessas passagens afirma que Cristo *"é capaz de salvar completamente aqueles que vêm a Deus através dele, porque ele sempre vive para interceder por eles"* (NVI). Fanning argumenta que, uma vez que a obra de Cristo está completa e sua intercessão eterna, ele garante a perseverança dos crentes (p. 197-98). A segunda passagem afirma que *"por um só sacrifício aperfeiçoou para sempre os que são santificados"* (NIV). Se eles são "aperfeiçoados para sempre", então como eles podem se perder?

Fanning encontra apoio adicional para a perseverança na nova aliança estabelecida e garantida (7.20-22) por Cristo e seu sumo sacerdócio. Hebreus baseia essa nova aliança na promessa de Jeremias 31.31–34, citada em 8.6–12. Os elementos-chave da promessa são reiterados em Hebreus 10.16-17: *"Seus pecados e seus atos sem lei não me lembrarei mais"* (10.17; cf. 8.12b) e *"Eu porei minhas leis em seus corações e nas suas mentes as escreverei"* (10.16; cf. 8.10). Assim Fanning argumenta, "o que poderia fazer com que Deus lembrasse novamente o que ele prometeu nunca lembrar? O que poderia levar ao fim um perdão ou uma herança que é eterna? O que poderia manchar uma santidade que é aperfeiçoada para todo o sempre?". Além disso, ao povo da nova aliança é "concedido um novo coração e capacitado pelo Espírito a andar em santidade" (cf. 8.10b; 10.16); Assim, se Deus lhes dá tal coração, como eles poderiam cair?

A fraqueza inerente nesse argumento é dupla. Primeiro, essas não são deduções que Hebreus faz da plena suficiência de Cristo. São deduções que Fanning faz das descrições em Hebreus dessa suficiência. Além disso, não há um pouco de retórica e incompreensão nesse argumento. Por exemplo, na linguagem da epístola, "eterno" descreve a natureza da herança, não sua posse. É uma herança celestial que não passará quando este mundo chegar ao fim (ver 11.1–13; 12.25–29). Assim, chamando-a de herança "eterna", não diz nada sobre quem a possuirá ou não.

Alguém poderia supor que pelo perdão "eterno" Fanning está se referindo à promessa de Deus na nova aliança, "seus pecados não me lembrarei mais" (8.12b; 10.17; citando Jr 31.34d). Assim, Fanning pergunta: "O que poderia fazer com que Deus lembrasse novamente o que ele prometeu nunca mais lembrar?".

É importante notar que essa promessa de perdão é fundamentada na completa suficiência do sacrifício de Cristo[344] e que, sem negar a provisão para o perdão contínuo, sua primeira referência é a remoção do pecado passado[345] para que as pessoas possam conhecer a Deus na nova aliança e ter sua lei escrita em seus corações. Tal perdão é um novo benefício da aliança. As passagens de advertência de Hebreus, no entanto, descrevem o apóstata como separado da aliança divina (ver especialmente 10.29). As consequências terríveis da apostasia não derivam do chamado de Deus à memória que ele prometeu esquecer. Elas são o resultado de separar-se da aliança que fornece tal perdão.

Fico feliz em ver a ênfase que Fanning coloca em Deus escrevendo sua lei nos corações de seu povo, na nova aliança. Muitas vezes negligenciamos esse aspecto central da nova aliança. Afinal, o perdão é apenas a entrada para um novo modo de vida. No entanto, a gravação da lei de Deus nos corações e mentes de seu povo não significa que eles não possam cair, mais do que significa também que não possam mais pecar.[346] Se o novo coração não elimina a possibilidade do pecado, por que deveria eliminar a possibilidade de apostasia?

### Suficiência de Cristo: Provisão para Perseverança

O ponto principal, no entanto, é que Fanning deduz perseverança das descrições de Hebreus sobre a suficiência de Cristo. A epístola não faz essa dedução. Assim, é hora de examinar mais de perto as deduções

---

[344] William L. Lane, *Hebrews 9–13*, WBC 47b (Dallas: Word, 1991), 268–69.

[345] "Aqui, 'não lembrar' significa não guardar pecados passados contra pessoas" (Craig R. Koester, *Hebrews: A New Translation with Introduction and Commentary*, AB 36 [New York: Doubleday, 2001], 388).

[346] Veja João Calvino, *Institutas da Religião Cristã*, 3.45–46. Em seus comentários sobre a quinta e a sexta súplicas da oração do Senhor, Calvino deixa claro que Deus estar escrevendo suas leis no coração do cristão, não impede o cristão de pecar ou da necessidade de perdão contínuo.

que Hebreus deriva da suficiência de Cristo. Que benefício positivo os crentes recebem de sua suficiente obra salvífica? Nós já respondemos: *provisão* para perseverança.

As exortações em Hebreus 4.14-16 e 10.19-25 deixam claro que o escritor quer que seus ouvintes não apenas "permaneçam", mas também "aproximem-se". A importância desse "aproximar-se" é enfatizada pelo fato de que essas duas passagens primordiais antecipam e concluem a grande apresentação do autor do sumo sacerdócio de Cristo em Hebreus 7.1-10.18. Esse processo de "aproximar-se" é uma ação contínua presente mediante a qual os crentes se apropriam da obra de Cristo para a vida cristã. Veja especialmente Hebreus 4.16, em que eles são exortados a "aproximar-se", a fim de "encontrar misericórdia e graça para ajudar em tempos de necessidade". Assim, a obra de Cristo não é apenas algo que eles "têm", mas algo que se apropriam normalmente. Essas afirmações deixam claro que Cristo intercede por "aqueles que estão chegando a Deus por meio dele" (7.25)[347] como eles "se aproximam para encontrar misericórdia e receber graça para ajudar em tempo de necessidade" (4.16). Em suma, quando o escritor usa a obra sacerdotal de Cristo para encorajar seus leitores, os incita a se apropriarem da *provisão* de Deus.

Não se pode enfatizar demasiadamente que, no contexto de Hebreus, a suficiência de Cristo *não* é garantia de perseverança, mas a *provisão* para perseverança. Até mesmo Fanning "cai" em tal forma de expressão: "eles *podem* continuar, não pela habilidade ou esforço humano, acrescentando sua parte à de Deus, mas pela graça sustentadora e intercessão de seu fiel e misericordioso Sumo Sacerdote e pelo poder de Deus agindo neles" (p. 216, itálico original).

### *A Suficiência de Cristo: A Necessidade da Perseverança*

Se entendermos a suficiência de Cristo como a grande provisão de perseverança em vez da garantia para perseverança, a tensão artificial entre sua suficiência e as passagens de advertência se evapora. Agora somos capazes de ver a relação harmoniosa entre a provisão suficiente de Cristo e as advertências. É porque a obra de Jesus é a provisão totalmente suficiente e única para a purificação e entrada na presença

---

[347] Infelizmente, Fanning deixa de lado o tempo presente de 7.25 e 10.14 e ignora as exortações de aproximar-se continuamente do que Cristo fez (4.14-16; 10.19-25), ao mesmo tempo em que coloca um peso exarcebado sobre as construções condicionais mais obscuras 3.6, 14.

de Deus que faz as advertências serem tão severas. Essa perspectiva é afirmada na primeira passagem de advertência — "como escaparemos nós, se negligenciarmos tão grande salvação" (2.3 KJV). Esse pressuposto subjaz o livro inteiro e em especial expressado clara e destacadamente na advertência encontrada em Hebreus 10.26-31. Essa advertência segue o encorajamento de 10.19-25. Assim como esse encorajamento exorta os crentes a se apropriarem da grande provisão do sumo sacerdócio de Cristo, a advertência descreve as consequências terríveis trazidas por sua perda.[348] Assim, longe de anular as passagens de advertência, a completa satisfação e suficiência da obra do Pai no Filho estalece a razão pela qual elas são tão severas. Se alguém se afastar, a pessoa perderá essa obra de Cristo que é toda suficiente, que é o ápice de tudo que Deus tem feito e o único e absoluto caminho para entrar na presença do Senhor.

Assim, o argumento de Fanning é enganoso quando diz que as passagens que descrevem a suficiência de Cristo não dizem que alguém pode ser separado dessa suficiência. A maneira pela qual Hebreus relaciona a suficiência de Cristo às passagens de advertência afirma, com toda a certeza, que os crentes podem se apartar dos benefícios da salvação proporcionados por Jesus por meio da apostasia.

## Um Segundo Olhar em Hebreus 3.6, 14

Se a tensão é artificial, a suficiência da obra de Cristo e, as passagens de advertência são entendidas da maneira como Hebreus as relaciona, então não há necessidade da solução que Fanning propõe baseada nas sentenças condicionais de Hebreus 3.6 e 14. Além disso, essa solução perde sua força porque falta o suporte contextual que ele tentou dar, argumentando pela tensão anteriormente mencionada. Há também outras objeções à sua interpretação tanto no contexto mais amplo quanto no imediato.

No contexto mais abrangente, a descrição consistente do autor de seus leitores em termos apropriados para os verdadeiros crentes torna difícil acreditar que ele esteja apenas descrevendo a maneira como eles aparentam ser. Fanning escreve como se isso fosse apenas a qualificação de algumas passagens, tal como Hebreus 6.4-8. Entretanto,

---

[348] Observe em especial o versículo 29: "Quão mais severo castigo, julgam vocês, merece aquele que pisou aos pés o Filho de Deus, que profanou o sangue da aliança pelo qual ele foi santificado, e insultou o Espírito da graça?"

virtualmente toda referência aos leitores os descrevem em termos que alguem poderia normalmente tomar como indicativo de crentes. Por exemplo, o autor refere-se a eles como "irmãos" e "filhos" de Cristo em 2.5-18, e os aborda como "irmãos e irmãs santos, participantes do chamado celestial" em 3.1. Observe também os muitos lugares em que o escritor se associa a eles pelo uso de um "nós" inclusivo. Uma interpretação em particular de duas cláusulas condicionais pode anular esse peso da evidência?

É instrutivo observar Hebreus 3.6 em seu contexto. A razão pela qual o escritor coloca a apódose, ou a cláusula "então", é óbvia. Ele prende a atenção de seus leitores com "de quem somos nós". Além disso, essa afirmação é uma maneira de afirmar sua continuidade com a "casa"; já mencionada; sobre a qual Cristo é um Filho e em que Moisés é um administrador. Retoricamente se prepara para a introdução da geração do deserto como exemplo. Eles parecem ter sido a "casa" em que Moisés exerciam seu ofício.[349] Na medida em que a identificação dos leitores como a "casa" de Deus os associa à geração do deserto, certamente não é uma afirmação de determinada perseverança.

Ademais, em minha opinião, Fanning estabelece uma falsa dicotomia nesse versículo: o tempo presente significa tanto "de quem somos nós", como "de quem seremos". O autor certamente não teria dito o último, porque é absolutamente essencial para a relevância de sua exortação que seus leitores se identifiquem com o povo de Deus. Assim ele começa com a firme declaração "de quem somos nós". Mas é necessário que eles perseverem, assim ele acrescenta imediatamente, "de nos mantivermos firmes". A natureza contínua do tempo presente torna-se algo como "cuja casa somos" e continuaremos sendo".[350]

---

[349] Eles eram a "casa", ou povo, de Deus em Números 12:.7, citado em Hebreus 3.5. Veja Paul Ellingworth, *The Epistle to the Hebrews: A Commentary on the Greek Text*, NIGTC (Grand Rapids: Eerdmans, 1993), p. 210.

[350] Ao comentar sobre Hebreus 3.14, Ellingworth diz: "A implicação é sim, 'Nos tornamos e somos agora participantes com Cristo; e permaneceremos assim se nos mantivermos firmes até o fim'" (*Hebrews*, 227). Compare Weiss: "O que 'nós' alcançamos (v. 14: gegonamen) e agora somos, não descreve uma situação alcançada de uma vez por todas. Certamente não descreve uma posse de uma vez por todas da comunidade cristã. Em vez disso, descreve o evento dinâmico da perseverança e da confirmação de uma relação verdadeira com o que se coloca sobre 'a casa'" (H.-F. Weiss, *Der Brief e die Hebräer*, kritisch-exegetischer kommentar Über das neue testament [göttingen: Vandenhoeck e ruprecht, 1991], 259, tradução minha).

### Outras Duas Considerações

Antes de concluir, ofereço outras duas considerações sobre a interpretação de Fanning. Sua perspectiva não explica adequadamente a natureza da fé como descrita em Hebreus. Seu argumento de que a perseverança passada e presente dos leitores garante sua perseverança final é inconsistente.

Conforme a interpretação de Fanning, Hebreus está considerando sobre a fé verdadeira e falsa. Todos os destinatários parecem ter fé, mas alguns realmente não a possuem. Hebreus 11, no entanto, em particular os versículos 1-6, deixa claro que "fé" é viver com Deus sendo real e suas promessas sendo legítimas. Esse é o tipo de fé demonstrada pelos fiéis do capítulo 11. É por isso que a epístola pode falar tão facilmente do mesmo pecado como "incredulidade" ou "desobediência" (3.18-19). Em outras palavras, o tipo de fé que Hebreus está falando é evidenciada pelo estilo de vida de alguém. McKnight e Emmrich, juntamente com muitos outros, deixaram claro que essa é a compreensão de fé em Hebreus.[351] Fanning parece descartar sua posição sem argumento, exceto para se referir à sua própria interpretação de Hebreus 3.6 e 3.14! Fanning tem argumentado que a descrição do escritor de seus leitores como verdadeiros crentes é uma descrição de como eles aparentam ser. A perseverança final será a evidência de que eles realmente eram verdadeiros crentes. Ainda assim ele pode apelar para as seções de Hebreus em que o autor expressa a certeza da salvação de seus leitores com referência à sua conduta passada ou presente (6.9-10; 10.32-34) como fornecendo certa confiança em sua perseverança final. Se, no entanto, as aparências presentes podem estar enganando, como pode a obediência aparente passada ou presente assegurar a perseverança final? Na verdade, não pode. A obediência passada ou presente pode funcionar como encorajamento para a perseverança, mas não pode oferecer certas evidências de que as pessoas envolvidas irão perseverar.

---

[351] Scot McKnight, "As Passagens de Advertênca de Hebreus: Uma Análise Formal e Conclusões Teologicas", TJ n.s. 13 (1992) 25; e Martin Emmrich, "Hebreus 6.4 – 6 — outra vez! (Uma Avaliação Pneumatológica) ", WTJ 65 (2003): 88.

## Conclusão

Fanning deve ser aplaudido por sua contribuição bem escrita a essa discussão sobre as passagens de advertência em Hebreus. No entanto, suas interpretações parecem inadequadas em várias áreas. Primeiro, ele cria uma tensão artificial entre as passagens de advertência e aquelas que afirmam a fidelidade de Deus e a suficiência de Cristo. Interpretando Hebreus a partir da perspectiva dessa norma externa, ele obscurece as verdadeiras relações contextuais entre a suficiência da obra de Cristo e as advertências e encorajamentos da epístola. Segundo, ele se concentra no tecnicismo gramatical em detrimento das restrições contextuais. Ainda assim, é preciso aplaudir Fanning por algumas ideias valiosas dentro do capítulo.

# Resposta calvinista moderada

*Randall Gleason*

A "abordagem sintética" de Fanning revela não apenas sua reflexão cuidadosa sobre os temas centrais de Hebreus, mas também uma luta honesta com as tensões surgidas ao longo de sua história interpretativa. Sua admissão de que uma "leitura direta" das passagens "parece produzir resultados incompatíveis" é agradavelmente sincera. Aqui ele modela o tipo de discussão irênica que esperançosamente trará mais luz e entendimento mútuo para um debate frequentemente acalorado sobre esses textos desconcertantes.

Concordo com grande parte com a avaliação de Fanning sobre as advertências. Em primeiro lugar, recomendo sua ênfase equilibrada tanto na segurança do autor sobre a fidelidade de Deus quanto suas advertências severas. O mais útil é a forma destacada que ele desenvolve em sua abordagem sobre a obra sumo sacerdotal de Cristo na fundamentação da segurança cristã. Fanning faz uma defesa convincente dentro da estrutura da própria teologia do livro que, por meio do sacerdócio de nova aliança de Cristo, Deus assegurou a redenção eterna e o perdão de todos os verdadeiros crentes até o fim. Essa fundamentação para a segurança do crente é fiel ao impulso cristocêntrico de Hebreus, sem apelar para conceitos como a predestinação extraída de outras partes do Novo Testamento.

## Paradigma Interpretativo

Eu também concordo com Fanning que o autor de Hebreus não oferece segurança incondicional a todos os seus leitores. Seu argumento de que as duas declarações condicionais em Hebreus 3.6 e 3.14 expressam relações de "evidência/inferência" que é apoiado por sua estrutura gramatical e fornece uma alternativa legítima para leituras de "causa e efeito" tipicamente seguidas pela maioria dos intérpretes. No entanto, seu apelo a essas duas afirmações condicionais como o "paradigma interpretativo" para todas as passagens de advertência reivindica mais do que sua função no livro garante. Tal reivindicação parece ignorar sua cautela anterior contra a imposição de uma decisão firme sobre um elemento isolado em uma passagem sobre todas as outras. Além disso, uma vez que seu "paradigma interpretativo" ocorre no contexto da segunda passagem de advertência (3.7–4.11), é curioso que ele opte por fazer da terceira passagem de advertência (6.4–8) seu foco principal em sua síntese dos temas centrais, pois não há condições de terceira classe semelhantes ao tipo de Hebreus 3.6 e .14 encontrado em 6.4-8 ou em qualquer uma das outras advertências. Enquanto as duas condições de inferência/evidência de 3.6 e 14 indicam que "manter-se firme" à confiança de alguém fornece evidências sólidas para a filiação cristã verdadeira, as condições não devem ser necessariamente usadas para concluir que todos aqueles que não têm confiança nem um relacionamento com Cristo ou têm renunciado publicamente a Jesus. Tal conclusão compromete a falácia de traçar uma inferência negativa. Em outras palavras, embora uma confiança firme e inabalável em Cristo forneça evidências de filiação genuína, a falta de confiança *não* prova necessariamente o contrário.[352] Dúvidas frequentemente surgem entre os crentes verdadeiros enquanto lutam contra a incredulidade e a força do pecado.[353]

As duas cláusulas condicionais de Hebreus 3.6 e 3.14 não podem servir como paradigma interpretativo para as passagens de advertência

---

[352] D. A. Carson ilustra essa falácia de 2 Coríntios 13.5: "Examinem-se para ver se estão na fé... não percebe que Cristo Jesus está em vocês — a menos que, ou, claro, tenham sido reprovados?" (NIV). Ele explica que é um erro concluir a partir desse verso que todos os que não têm confiança de que Cristo está neles são necessariamente não salvos (*(Exegetical Fallacies*, 2ª ed. [Grand Rapids: Baker, 1996], 102-3 [1984]).

[353] Até mesmo Calvino reconheceu que os santos genuínos são frequentemente perseguidos por incredulidade e dúvidas (*Institutes of the Christian Religion*, 3.2.17). Veja Joel Beeke, *The Quest for Full Assurance: The Legacy of Calvin and His Successors* (Edimburgh: Banner of Truth, 1999), 41–44.

por pelo menos duas razões. Primeiro, é importante que essas declarações condicionais ocorram antes do discurso principal do autor (4.14–10.25), em que ele assegura aos seus leitores sua absoluta e completa purificação mediante a obra sumo sacerdotal de Cristo. Guthrie mostra como os paralelos entre Hebreus 4.14-16 e 10.19-23 indicam claramente a abertura e a conclusão de um maior *inclusio* que marca o discurso mais importante do autor sobre o livro.[354] A falta de outras questões sobre a autenticidade de sua filiação cristã ao longo deste, que é o discurso principal, torna a chamada anterior para o autoexame em 3.6 e 3.14 uma chave interpretativa improvável para todas as exortações e advertências ao longo do livro, como Fanning sugere. O propósito do autor, destacado no começo e no fim de seu discurso principal, de exortar a *todos*, inclusive a si mesmo, a "manter-se firme à nossa confissão" (4.14; 10.23) sugere que a confiança nos resultados da nova aliança estava oscilando entre a maioria de seus leitores. Esses dois subjuntivos exortativos que moldam o discurso prinicipal usam verbos semelhantes (ou cognatos; de *krateō* em 4.14 e *katechō* em 10.23) para a mesma ideia ("manter-se firme") expressa na apódose de ambas as declarações condicionais anteriores (3.6; 3.14). O último sugere que antes de iniciar seu discurso principal, ele queria que alguns de seus leitores refletissem se eram realmente "participantes de Cristo". Contudo, em seu discurso principal, o autor aborda à grande maioria de seus leitores, sobre quem ele está " convencido" (6.9) de que são cristãos verdadeiros tanto por causa de seu amor e serviço "aos santos" no presente (6.10) como por ter suportado "grande aflição e muito sofrimento" no passado (10.32-34). O fato de que ele ordena que esses santos genuínos "mantenham-se firmes" (4.14; 10.23) indica que a atual crise que eles estão enfrentando ameaça enfraquecer sua confiança em Cristo. Portanto, embora a falta de confiança possa indicar que alguns precisavam de uma conversão genuína (3.6; 3.14), a mesma condição também representava uma ameaça real à maioria dos verdadeiros santos entre seus leitores.

Minha segunda razão para questionar a ampla aplicação das declarações condicionais de Hebreus 3.6 e 14 a todas as advertências é que o autor depois chama "cada um" daqueles que ele está "convencido" de serem verdadeiramente salvos (6.9– 10) para uma "plena certeza" (6.11).

---

[354] George H. Guthrie, *The Structure of Hebrews: A TextLinguistic Analysis* (Grand Rapids: Baker, 1998), 79–82.

Isso sugere que muitos santos genuínos entre os leitores não tinham plena consciência da promessa imutável de Deus que garantia sua esperança "segura e firme" (6.17-20); o sacerdócio permanente de Cristo que os salvaria "eternamente" por sua contínua intercessão (7.25), e sua santificação por intermédio do sangue da nova aliança oferecida uma vez por todas (10.10; 10:29). A exortação do autor (6.11) sugere que, embora fossem santos verdadeiros, até que adotassem diligentemente esses fatos, não experimentariam a "plena certeza" prometida como parte da nova aliança. Enquanto essa certeza foi fundada sobre a purificação absoluta, os dois exigem alguma distinção. Por um lado, da perspectiva de Deus, sua purificação, limpeza e perdão eram completos e absolutos. Por outro lado, muitos não estavam experimentando a plena certeza desses fatos quando enfrentaram a presente ameaça. Em resumo, a exortação do autor para "alcançcar a plena certeza da esperança" em Hebreus 6.11 implica que a confiança de muitos cristãos verdadeiros estava em risco. Contudo, sua falta de convicção e certeza não anulou a aplicação dessas novas realidades da aliança a suas vidas. Se o paradigma interpretativo de Fanning é aplicado uniformemente em todas as exortações e advertências do livro, a confiança instável da maioria o colocaria além das certezas oferecidas no discurso principal do livro.

## A Natureza da Apostasia

A pesquisa exaustiva de Fanning sobre a literatura das passagens de advertência incluí vários dos meus artigos anteriores. Em sua crítica ao meu ponto de vista, ele levanta várias questões que merecem mais esclarecimentos. O primeiro diz respeito à minha afirmação de que Hebreus 6.6 e 10.29 não advertem contra uma rejeição total da fé em Cristo. Ele raciocina que "caíram" (6.6a) deve ser muito pior do que a mera recusa passiva de avançar na maturidade cristã por causa da advertência adicional contra "crucificar outra vez e desonrar o Filho de Deus" (6.6b). Enfatiza ainda que a linguagem de pisar "com os pés, o Filho de Deus" (10.29) deve referir-se à rejeição intencional do sacrifício do grande sumo sacerdote de uma maneira que exige "condenação eterna".

Ele está correto em tomar essas advertências a sério. Todavia, nenhuma descrição exige o repúdio ativo da fé em Cristo e a rejeição absoluta de seu sacrifício, como afirma Fanning, pelas seguintes razões. Primeiro, essas descrições devem ser lidas no contexto dos outros pecados mencionados ao longo da epístola. Em resumo, os leitores são advertidos contra o desvio espiritual (2.1), a negligência (2.3), a incredulidade (3.12), a desobediência (4.11), a imaturidade (5.11-6.1), a indolência espiritual (6.12), o pecado voluntário (10.26), a imoralidade (12.16) e s desconsideração das advertências divinas (12.25). Como acontece com muitos crentes do Antigo Testamento (incluindo alguns listados em Hebreus 11), os santos verdadeiros do Novo Testamento eram capazes de cometer esses pecados sem renunciar ativamente a sua crença em Cristo ou a validade de seu sacrifício.

Segundo, encontramos um paralelo importante com os pecados de Hebreus 6.6 e 10.29 nas advertências de Paulo à igreja em Corínto. Observe que as únicas duas passagens no Novo Testamento que advertem sobre "juízo" (krisis) devido ao mau uso do "sangue" (haima) da "aliança" (*diathēkēs*) são Hebreus 10.27–29 e 1 Coríntios 11.25-30. De acordo com Paulo, devido ao seu comportamento "indigno" na mesa do Senhor, alguns dentro da igreja em Corínto eram "culpados do corpo e do sangue do Senhor" (1 Co 11.27). Fee explica que isso significava que eles eram "responsabilizados por sua morte".[355] Em outras palavras, embora eles não tenham sido aqueles que crucificaram fisicamente a Jesus, sua irreverente desconsideração pelos outros à mesa do Senhor violou a própria verdade da unidade cristã simbolizada por participarem do "um só pão" (1 Co 10.17).[356] Desonrando os símbolos da morte de Cristo, eles se tornaram participantes na culpa com "os governantes desta era" que "crucificaram o Senhor da glória" (1 Co 2.8).[357] Não é um salto hermenêutico ver a semelhança com Hebreus alertando contra a "crucificação do Filho de Deus" (Hb 6.6). Obviamente, o autor de Hebreus não queria dizer literalmente que os leitores, de alguma forma, reencenariam fisicamente a crucificação de Jesus por seu retorno ao sistema sacrificial israelita. No entanto, a sua "queda" resultaria em abandonar a assembleia cristã (Hb 10.25), onde a permanência da oferta de Cristo era celebrada com "um sacrifício de louvor" e ação de graças (Hb 13.15). A única diferença era que entre os coríntios, alguns eram culpados da

---

[355] Gordon Fee, *The First Epistle to the Corinthians* (Grand Rapids: Eerdmans, 1987), 560.

[356] Fee argumenta que a falha em "julgar o corpo corretamente" (1 Co 11.29) refere-se às facções dentro do "corpo" da igreja em Corinto que destruiu a unidade simbolizada por todos os que participavam do "mesmo pão" (1 Co 10.17). Veja ibid., 563–64

[357] Veja David E. Garland, *1 Corinthians* (Grand Rapids: Baker, 2003), 550.

morte de Cristo por beber do cálice da nova aliança "de maneira indigna" (1 Co 11.27), enquanto os leitores de Hebreus corriam o risco da mesma culpa por sua negligência na assembleia cristã (Hb 10.25; 13.16), que é santificado pelo "sangue da aliança" (Hb 10.29; cf. 13.20). Nenhum dos atos envolveu uma rejeição pública da fé em Cristo, mas em ambos os casos os autores foram culpados da sua morte de uma forma que exigiu juízo.

Baseado no termo grego *koinos*, que literalmente significa "comum", eu entendo o autor advertindo seus leitores em Hebreus 10.29 a não tratar "o sangue da aliança" como *comum* ou igual aos outros sacrifícios oferecidos pelos sacerdotes humanos. Se eles buscassem purificação por meio do culto do templo judaico enquanto negligenciavam a assembleia cristã, suas ações sugeririam que a morte de Jesus não teve efeito mais duradouro do que os outros sacrifícios. Isso corresponde ao uso idiomático da palavra "pisado" (*katapatēsas*) para denotar o tratamento de algo sagrado de maneira comum.

Gostaria de esclarecer esse ponto com um exemplo do Antigo Testamento. Embora Moisés exemplificasse o tipo de fé que os leitores de Hebreus deviam seguir (Hb 11.23-28), perto do fim dos quarenta anos de Israel no deserto, Moisés e Arão perderam seu direito de entrar na terra da Promessa por causa de sua incredulidade e fracasso ao "tratar [o Senhor] como santo à vista dos filhos de Israel" (Nm 20.12 NASB; cf. Dt 32.51). Embora a natureza exata de sua ofensa não seja claramente declarada, não há nada na Escritura que sugira que eles renunciaram publicamente a sua crença em Deus ou em sua capacidade de cuidar de seu povo. Contudo, como Allen explica, "[Seu] ataque à santidade de Deus... foi igualmente desastroso".[358] Da mesma forma, se os leitores do Novo Testamento, depois de serem "santificados" pelo "sangue da aliança", buscassem outra purificação por intermédio do culto do templo, estariam "pisando com os pés o Filho de Deus" tratando seu "sangue" como se não fornecesse mais uma purificação permanente do que os outros sacrifícios levíticos. Tanto os exemplos do Antigo Testamento quanto do Novo Testamento concordam que tal tratamento profano de Deus ou de seu Filho pode incorrer no juízo disciplinar do Senhor.

---

[358] Ronald B. Allen, "Números", em *The Expositor's Bible Commentary*, ed. Frank E. Gaebelein (Grand Rapids: Zondervan, 1990), 2:945.

## A Natureza do Juízo

Expliquei em meu capítulo as razões bíblicas pelas quais as consequências nas passagens de advertência de Hebreus ficam aquém da "condenação eterna", conforme alegam Fanning e outros. Minhas principais razões incluem a falta de terminologia para *condenação* (por exemplo, "eterno" e "tormento") nos juízos ardentes das advertências (6.8; 10.27; 12.29) e a natureza física e temporal dos juízos do Antigo Testamento usados para ilustrá-los. Fanning afirma que meu último ponto é "completamente invalidado" pelo princípio tipológico de "gradação"... tão difundido em Hebreus". Embora eu explique a gradação, especialmente na advertência de Hebreus 10.29 ("quanto maior castigo"), à luz da destruição e sofrimento sem precedentes prestes a cair sobre Jerusalém, Fanning se pergunta como crentes fiéis vivendo em Israel poderiam ter evitado a invasão romana e sua devastação que caíram sobre "*todos* os moradores da Palestina".

Essa é uma questão justa. Há evidências convincentes de que a igreja na Palestina aceitou a exortação do autor de "saiamos... fora do arraial" (Hb 13.13) e foi preservada da destruição que caiu sobre os judeus extremistas. Eusébio relata que toda a comunidade cristã "abandonou a capital real dos israelitas e toda a terra da Judeia" depois de receber "um oráculo dado por revelação antes da guerra... para partir" através do rio Jordão até Pella (*Hist. eccl.*3.5.3). Epifânio ecoa a mesma tradição que a igreja judaica se estabeleceu em Pella "porque Cristo lhes havia dito para deixar Jerusalém" (*Pan.* 29.7.8). A presente força da exortação do autor "não rejeitem *quem está* falando... dos céus" (Hb 12.25 NASB) pode, de fato, referir-se a uma profecia específica circulando, naquela época, alertando os crentes a deixarem a cidade.[359]

A fim de ver exemplos de como as advertências de juízo temporal podem ser aplicadas hoje, podemos nos ater novamente aos avisos de Paulo à igreja coríntia. Embora os cristãos judeus que viviam fora

---

[359] Embora alguns questionem a autenticidade da tradição de Pella, a maioria dos eruditos a considera confiável. Por exemplo, veja J. Julius Scott, "Os Efeitos da Queda de Jerusalém no Cristianismo", *Proceedings, The Eastern Great Lakes Bible Society* 3 (1983): 149-60; Barbara C. Cinza, "Os Movimentos da Igreja de Jerusalém Durante a Primeira Guerra Judaica", *JEH* 24.1 (1973): 1-7; Craig R. Koester, "A Origem e Importância da Tradição da Fuga para Pella", *CBQ* 51 (1989): 90-106; Edwin Yamauchi, "Cristãos e as Revoltas Judaicas Contra Roma", *Fides et Historia* 23.2 (1991): 18–22; e P. H. R. Van Houwelingen, "Fugindo para Além: A Partida dos Cristãos de Jerusalém para Pella", *WTJ* 65.2 (2003): 181–200.

da Palestina não fossem ameaçados diretamente pela invasão romana da Judeia, aqueles que se identificaram com os judeus leais ao templo podem ter sofrido represálias romanas que, mais tarde, caíram sobre as comunidades israelitas espalhadas pelo império. No entanto, em Corinto, alguns já tinham experimentado o juízo temporal na forma de doença e até mesmo morte física (1 Co 11.30), devido à sua participação "indigna" na mesa do Senhor. Isso também ilustra a ameaça física sobre aqueles que negligenciam as provisões e obrigações da nova aliança. Como o açoite de um pai amoroso (Hb 12.6), Paulo explicou aos coríntios, *"quando somos julgados, somos disciplinados pelo Senhor a fim de não sermos condenados junto com o mundo"* (1 Co 11.32 NASB). À primeira vista, esse juízo claramente se refere não ao castigo *eterno*, mas sim à disciplina temporal que poderia ser letal para os cristãos descuidados que a ignoraram.

Paulo também usa a palavra "fogo" para advertir os coríntios de um juízo vindouro, quando alguns "sofrerão perda", mas ainda "serão salvos, mas pelo fogo" (1 Co 3.15). Aqui, novamente, não é a "perda eterna", mas a perda de algo adicional à salvação que está em evidência.[360] Embora esse teste de fogo ocorra *pós-morte* "antes do tribunal de Cristo" (2 Co 5.10), parece dificilmente justo acusar alguns que entendem as advertências de Hebreus de maneira semelhante a defender um "purgatório protestante".[361] Se é verdade que os crentes enfrentarão um juízo após a morte ligado ao "fogo" que não representa ameaça à sua salvação final, então por que devemos nos opor a juízos de fogo temporais experimentados na vida por crentes genuínos como disciplina divina? Por essas razões, encontro a suposição comum de que Hebreus adverte que a condenação eterna não foi provada.

### Conclusão

Embora a análise gramatical de Fanning das declarações condicionais em Hebreus 3.6 e 14 nos ajude a manter um importante equilíbrio

---

[360] Veja Garland, *1 Corinthians*, 117–18.

[361] Por exemplo, Fanning usa essa acusação para desconsiderar a visão de Lang do juízo temporal dos crentes após a morte (p. 189n. 40). Há muitos que consideram os juízos ardentes de Hebreus à luz de 1 Coríntios 3.15, sem abarcar alguma forma de purgatório (por exemplo, Michael A. Eaton, *No Condemnation: A New Theology of Assurance* [Downers Grove, IL: InterVarsity, 1997], 206–7; Norman L. Geisler, "Uma Visão Calvinista Moderada", em *Four Views on Eternal Security*, ed. J. Matthew Pinson [Grand Rapids: Zondervan, 2002], 99–100; R.T. Kendall, *Once Saved, Always Saved* [Chicago: Moody, 1983], 181–83).

entre as exortações e certezas do autor, eles ficam aquém *do* paradigma interpretativo para as passagens de advertência. Na minha opinião, o exemplo da geração do deserto oferece um paradigma interpretativo muito melhor, porque as experiências de Israel no deserto são explicitamente mencionadas em três das passagens (2.2-3; 3.6-4.11; 12.18–25) e aludida em outras duas (6.4-5; 10.26, 28). Ainda assim, sinto que o capítulo de Fanning fornece a defesa mais fundamentada e exegeticamente responsável até hoje da clássica interpretação reformada das advertências. Além disso, estou sinceramente grato por sua abordagem sintética que ajudou a aguçar minha própria leitura de Hebreus.

# A perspectiva arminio-wesleyana

*Gareth Cockerill*

A perplexidade sobre as "passagens de advertência" de Hebreus não é uma ocupação nova. Essas passagens são difíceis, não apenas porque ensinam que é possível se afastar de Cristo, mas também porque parecem ensinar uma queda para a qual não há retorno. Assim, tal rigor tem sido um problema não apenas para os calvinistas, que acreditam que os verdadeiros crentes não podem perder a salvação, mas também para os wesleyanos e outros cristãos, que afirmam que aqueles que caem da fé salvadora podem ser restaurados.[362] Na verdade, a aparente dificuldade dessas advertências podem ter retardado o reconhecimento de Hebreus como canônico.[363] O problema, contudo, é pastoral, bem como teológico ou especulativo. O autor de Hebreus formulou essas passagens como parte de sua estratégia pastoral ao abordar a condição de seus ouvintes. Como podemos aplicá-las aos

---

[362] Os herdeiros teológicos de John Wesley juntam-se a outros arminianos, reconhecendo a possibilidade de que os verdadeiros crentes possam cair da graça de modo a perder a salvação. Entretanto, os wesleyanos distinguem-se de muitos arminianos pela ênfase wesleyana na santificação do crente na vida presente. Os wesleyanos são atraídos por afinidades como as encontradas em Hebreus 9.14 e 10.16: "quanto mais o sangue de Cristo... purificamos nossas consciências das obras mortas para servir ao Deus vivo" e " eu vou colocar minhas leis em seus corações". Alguns wesleyanos usaram a entrada em Canaã como um tipo de vida santificada e, assim, identificaram o "descanso" de Hebreus 3 .7–4.11 com uma experiência de santificação presente.

[363] William L. Lane, *Hebrews 1–8*, WBC 47a (Dallas: Word, 1991), clii–cliii; e Craig R. Koester, *Hebrews: A New Translation with Introduction and Commentary*, AB 36 (New York: Doubleday, 2001), 23–24.

cristãos contemporâneos? Quando foi a última vez que você ouviu um sermão sobre "não resta mais sacrifício pelos pecados" (10.26)?

Se quisermos entender essas passagens, devemos abordá-las com o pleno reconhecimento de que fazem parte dessa estratégia pastoral. Hoje, muitos afirmam que o escritor de Hebreus considerou cuidadosamente o conteúdo teológico e a forma retórica de seu documento, a fim de encorajar a perseverança na fé, apesar da oposição da sociedade em que seus ouvintes viviam e dos afagos oferecidos como recompensa por essa sociedade por seu comprometimento.[364] Diante dessa pressão e da possibilidade de perseguição iminente (11.35–38; 12.3-4), os destinatários de Hebreus parecem ter desenvolvido uma hesitação em defender a Cristo e identificar-se com a comunidade cristã; caindo em uma letargia moral e espiritual que, se persistisse, poderia levá-los a "se afastarem do Deus vivo" (3.12).[365] Assim, seria irreal e enganoso isolar as "passagens de advertência" de seu contexto maior. Esses textos são equilibrados por uma ênfase igual ou maior sobre o encorajamento. Ademais, tanto a "advertência" dada quanto o "encorajamento" oferecido por Hebreus estão profundamente enraizados na teologia do livro e nas implicações soteriológicas de sua cristologia.

Comecemos agora a considerar cada uma das passagens de advertência — Hebreus 2.1–4; 3.7–4.11; 5.11-6.8; 10.26-31 e 12.24–39. Cada passagem é apropriadamente adaptada à fase do argumento do autor e ao desenvolvimento de seu propósito retórico de produzir perseverança em seus ouvintes. Assim, cabe-nos considerá-las dentro do plano e propósito da epístola.

---

[364] Veja discussões sobre a situação da comunidade destinatária e o propósito retórico e a forma de Hebreus nos comentários recentes de deSilva e Koester. Veja David A. deSilva, *Perseverance in Gratitude: A SocioRhetorical Commentary on the Epistle "to the Hebrews"* (Grand Rapids: Eerdmans, 2000), 2–70; Koester, *Hebrews*, 64–95.

[365] O êxito de David deSilva em usar a retórica antiga e a relação patrono/cliente greco-romana para desenvolver uma interpretação abrangente de Hebreus fortalece esse entendimento da natureza e propósito de Hebreus. Veja o comentário mencionado na nota anterior. A ênfase de Schmidt na "letargia moral", como o problema enfrentado pelos destinatários, não explica adequadamente tais passagens como 12.1-11 e negligencia totalmente a ênfase na pressão e sofrimento da sociedade em 11.1-40. Veja T. E. Schmidt, "Letargia Moral e a Epístola de Hebreus", *WTJ* 54.1 (1992): 167-73. Por outro lado, parece-me que McKnight chega perto de enfatizar demais o ato final, deliberado e público de apostasia. Hebreus está muito preocupado com o processo de "desvio" que pode levar à apostasia. Veja Scot McKnight, "As Passagens de Advertência de Hebreus: Uma Análise Formal e Conclusões Teológicas", *TJ* n.s. 13 (1992): 40.

## Hebreus 2.1-4

Essa primeira passagem estabelece um fundamento para as advertências subsequentes, ancorando-as em revelação e redenção, e afirmando a consequente continuidade dos leitores com o povo de Deus do Antigo Testamento, juntamente com a descontinuidade influenciada pelos privilégios que agora têm no Filho. Também estabelece a validade fundacional dessa revelação e nos introduz ao estado espiritual dos leitores, o pecado com o qual eles foram ameaçados, as consequências de aquiescer a esse pecado e a solução proposta pelo autor. "Por causa disto" (2.1) fundamenta a motivação para essa exortação na descrição da revelação do Pai por meio do Filho em Hebreus 1.1-4. Como a culminação da autorrevelação de Deus, o Filho era tanto permanente quanto superior à revelação do Antigo Testamento.

O escritor está considerando estabelecer a validade dessas revelações como fundamento para todas as advertências subsequentes. A "tão grande salvação" foi "confirmada" (*ebebaiōthē*) por aqueles que a ouviram, no "princípio" pelo discurso do "Senhor Jesus" e pela miraculosa cooperaração de Deus (2.3b-4). A advertência se torna mais aguda à medida que "a palavra falada por intermédio dos anjos" foi vista como "confirmada" (*bebaios*) pela justa recompensa recebida por cada "transgressão e desobediência" (2.2b).[366]

A continuidade entre essas revelações é demonstrada pelo fato de que ambas são faladas por Deus (1.1), ambas são cofirmadas, e a desobediência a ambas será vingada (2.2-4). O escritor enfatiza a continuidade entre aqueles que receberam a revelação do Antigo Testamento e o atual povo de Deus enfatizando o objetivo a ser alcançado ou perdido e a necessidade concomitante de fé/obediência. Assim, a afirmação dessa continuidade dá garantia ao uso da geração do deserto como advertido em Hebreus 3.7–4.11 e à confirmação de todos os outros exemplos do Antigo Testamento (11.1–40; 12. 14–27).

Assim como Hebreus 1.1–4 contrasta os agentes da revelação, do mesmo modo, com a finalidade de fortalecer seu apelo exortativo, 2.1–4 compara as próprias revelações — a primeira descrita como "a

---

[366] A frase "toda transgressão e desobediência" (pasa parabasis kai parakoē) pretende ser inconclusiva, a fim de destacar a validade dessa revelação.

palavra falada pelos anjos"³⁶⁷ e a última como «tão grande salvação". Tanto a descrição quanto a confirmação da nova revelação deixam clara sua superioridade. É importante notar que o escritor não confere a "palavra" falada pelo Filho com a "palavra" mediada pelos anjos; antes, ele compara a "tão grande salvação" provida pelo Filho ao purificar os pecados (1.3) com a anterior "palavra" angélica. Assim, se aqueles que receberam aquela revelação menor foram apropriadamente punidos por sua desobediência a ela, quanto mais nós que recebemos esse dom muito maior?

A finalidade e a superioridade dessa "grande salvação" são fundamentais para as advertências em Hebreus 5.11–6.8; 10.26-31 e 12.14-29. Hebreus 5.11-6.8 prepara os leitores para a explicação do escritor dessa salvação em 7.1-10.18; já 10.26-31, aplica essa explicação, e 1214-29, leva essa advertência ao ápice. Vemos claramente o argumento do menor para o maior de 2.1-4 é proeminente em 10.26-31 e 12.25-29.

A maneira pela qual o escritor descreve a recepção dos leitores dessa "tão grande salvação" deixa claro que eles são parte da comunidade cristã. Ele adverte os cristãos contra "se afastar" (2.1) e "negligenciar" (2.3) a "tão grande salvação" fornecida por Deus. "Se desviar" é o oposto de "continuar" até a maturidade (6.1), de "apegar-se" ao que Cristo proveu (4.16; 10.22) e, portanto, "prossigamos" para o objetivo celestial (12.1). Esse desvio não é não intencional e, portanto, é culpável, embora seja agravado pela pressão da sociedade.³⁶⁸ Tal "desvio" é "negligência" da salvação que o Pai proveu por meio do sumo sacerdócio do Filho, conforme descrito em Hebreus 7.1–10.18. Essa salvação é o único meio de alcançar o objetivo eterno e, assim, abandonar a Cristo é seguir a geração do deserto na incredulidade e desobediência. A "justa recompensa" (2.2) de cada transgressão da velha aliança e a pergunta "como escaparemos

---

³⁶⁷ "A palavra falada pelos anjos" em 2.2 é comparável à revelação de Deus "nos profetas" introduzida em 1.1. Os comentários estão em geral de acordo que a "palavra falada pelos anjos" se refere à revelação de Deus no Sinai, uma vez que se pensava que os anjos estavam presentes naquela ocasião (veja At 7.38,53; Gl 3.19). Veja, por exemplo, Paul Ellingworth, *The Epistle to the Hebrews: A Commentary on the Greek Text*, NIGTC (Grand Rapids: Eerdmans, 1993), 137-38; e Harold W. Attridge, *The Epistle to the Hebrews: A Commentary on the Epistle to the Hebrews*, Hermeneia: Um Comentário Crítico e Histórico sobre a Bíblia (Philadelphia: Fortress, 1989), 64-65. Assim, o escritor usa "nos profetas" para incluir todo o A.T. como revelação de Deus, e "a palavra falada através dos anjos" para indicar que a revelação de Deus no Sinai engloba e sintetiza toda a revelação pré-Filho. Essa identificação do Sinai com a palavra mediada por anjos mostra a adequação da comparação Filho/anjo em 1.5-14.

³⁶⁸ DeSilva, *Perseverance in Gratitude*, 106.

nós?" (2.3) pressagiam as sérias consequências de tal abandono como descrito em advertências posteriores.

A fim de abordar seu problema, o escritor passa do "falar" de Deus (1.1-4) para seu "ouvir".[369] Eles devem dirigentemente "dar mais atenção" às "coisas ouvidas". Essa ideia de ouvir e esponder à revelação de Deus em fé e obediência é uma constante no tema da próxima passagem de advertência, Hebreus 3.7–4.13 ("hoje, se vós ouvirdes a sua voz", 3.7, 15; 4. 2, 7) e é basilar para todas as advertências na epístola.[370] Além disso, a "grande salvação" da qual os destinatários de Hebreus "ouviram" será exposta em 7.1-10.18 e se tornará a base para um encorajamento mais enfático (10.19-25; 12.22-24) e a uma advertência proporcionalmente mais urgente (10.26-31; 12.25-29). A plena aceitação dos privilégios que essa salvação traz é a profilaxia do autor contra o afastamento da comunidade cristã.

### Hebreus 3.7–4.13

Nessa passagem, o escritor usa o exemplo da "geração do deserto" pecaminosa para ilustrar e expandir a advertência de 2.1-4. Por esse exemplo, ele esclarece tanto a natureza do pecado que leva à queda quanto as conseqêencias dele. O autor habilmente prepara seus ouvintes para essa segunda exortação. Primeiro, a comparação já estabelecida entre a "tão grande salvação" (2.3) e a revelação de Deus no Sinai naturalmente leva a reflexões sobre Moisés e a geração do deserto. Segundo, a descrição do Filho como o "precursor" (*archēgos*, ver RSV e NRSV em 2.10) dessa "grande salvação" em Hebreus 2. 5-18 aponta sutilmente para comparação com Moisés. A maneira pela qual esse "precursor" levará o povo de Deus à "glória" da presença de Deus (2.10) é sugerida pela forma como Moisés os conduziu para a Terra Prometida terrena.[371]

---

[369] Veja "as coisas ouvidas", tois akoustheisin em 2.1; "Por aqueles que ouviram", *hypo tōn akousantōn* em 2.3.

[370] O problema abordado em 5.11 é que os destinatários de Hebreus são "inexperientes no ouvir" (tais akoais). A resposta apropriada não é "desobediência" (*parakoē*, 2: 2), mas ser um dos "que lhe obedecem" (tois hypakouousin, 5: 9; cf. 11: 8). O jogo das palavras gregas entre parênteses é óbvio. Note também *hypakoē*, "obediência", em 5.8.

[371] O termo *archēgos* (2.10), que eu traduzo como "precursor", não é usado para Moisés na Septuaginta. No entanto, na rebelião de Cardes-Barneia, representada em Hebreus 3.7-19, o povo queria escolher "outro" archēgos além de Moisés para levá-los de volta ao Egito (Nm 14.4). Veja G. W. Grogan, "Cristo e Seu Povo: Um Estudo Exegético e Teológico de Hebreus 2.5-18", *Vox Evangelica* (1969): 54-71; e L. Sabourin, *Priesthood: A Comparative Study*, Estudos na História das Religiões 25

Portanto, não é surpresa em Hebreus 3.1–6 quando o escritor compara e contrasta o Filho com Moisés. Os termos que estabelecem a base dessa comparação/contraste vêm de Números 12.7 (Hb 3.5) — "administrador", "fiel" e "casa". Tanto o Filho quanto Moisés são "fiéis", e ambos estão relacionados com a casa de Deus. Mas Jesus é muito superior porque ele é o Criador e o Filho sobre a casa de Deus, enquanto Moisés é o "administrador" de Deus (*therapōn*)[372] dentro daquela casa que deu testemunho do que o Pai se revelaria no Filho (Hb 3.5b).[373] Números 12 é a base mais apropriada para essa comparação/contraste, por causa da maneira pela qual afirma a função reveladora singular de Moisés e, assim, permite ao escritor, por outro lado, afirmar a finalidade do Filho como reveladora.[374] Números 12 leva à rejeição da revelação de Deus em Moisés pela geração do deserto, na rebelião de Cades-Barneia registrada em Números 13–14. Assim, essa comparação entre o Filho e Moisés é uma introdução natural ao uso da geração do deserto como um exemplo para o povo de Deus atual. Os destinatários de Hebreus não devem se rebelar contra a "grande salvação" fornecida pelo Filho e atestada por Moisés, já que a geração anterior se rebelou contra a revelação de Deus em Moisés.

Hebreus 3.6 é transitório para essa advertência: *"de que somos a casa se mantivermos firmes à confiança e nos gloriarmos".*[375] "Nós", como a geração do deserto, somos a "casa", ou povo de Deus, e continuaremos ser aquela casa se permanecermos fiéis. O versículo 14 reitera a mesma verdade na linguagem mais típica de Hebreus: *"Porque nos tornamos participantes de Cristo [e continuaremos a ser assim], se mantivermos firmes o princípio de nossa confiança até o fim".*[376]

---

(Leiden: e. J. Brill, 1973), 210–11.

[372] Tanto em Números quanto em Hebreus, Moisés não é menosprezado, mas exaltado pelo uso dessa palavra *therapōn*, "administrador". Ele não era um servo comum, muito menos um escravo, mas o "administrador" da casa. Nesse contexto, o *therapōn* "carrega consigo tons de dignidade e honra e descreve uma relação de intimidade e confiança entre Moisés e Javé... Moisés está entre o povo da aliança e toda a comitiva de Deus como "servo honrado". Lane, *Hebrews 1–8*, 78.

[373] Desilva, *Perseverance in Gratitude*, 138.

[374] Números 12.7 é uma reivindicação do papel singular de Moisés na revelação.

[375] "Irmãos e irmãs santos" (*adelphoi hagioi*, 3.1) e "participantes do chamado celestial" (*klēseōs epouraniou metochoi*) identificam os destinatários como parte do povo de Deus. Sua identidade e a identidade da geração do deserto como o povo de Deus é essencial para o argumento. Jesus se tornou humano a fim de trazer o povo de Deus, seus "filhos" (2.14), a "semente de Abraão" (2.16), para sua terra celestial. Veja deSilva, *Perseverance in Gratitude*, 132.

[376] É excessivamente sutil em ambos 3.6 e 3.14 para tornar uma situação presente dependente de uma condição futura. Não há nenhuma indicação de que o escritor acredite que seus destina-

Desde que Números 13-14 era o tópico da exortação no Salmo 95.7-11, o autor usa esse salmo como fundamento para a advertência em Hebreus 3.7-19 e 4.1-11. Na primeira dessas passagens, ele encoraja seus ouvintes a evitar o exemplo da geração do deserto e, na seguinte, os exorta a fazer o que a geração anterior não conseguiu. Assim, o tom de advertência é mais enfático em Hebreus 3.7-19, mas não ausente em 4.1-11.

Hebreus 3.7-19 aborda naturalmente três subseções interligadas — a citação do Salmo 95.7-11 nos versículos 7-11; uma interpretação inicial com aplicação enfatizando "hoje", "coração" e "endurecer" nos versículos 12-14; e outra interpretação sobre a "rebelião" e suas consequências nos versículos 16-19.[377] A recorrência ao Salmo 95.7-8, no versículo 15, conclui a primeira seção da interpretação nos versículos 12-14 e introduz a segunda encontrada nos versículos 16-19.

Qual é esse pecado que fez com que a geração do deserto perdesse o prometido "descanso" e que ameaça os destinatários de Hebreus? A resposta dada nos versículos 12 e 13 é fiel ao modo como o Antigo Testamento retrata o pecado dessa geração. Conforme Hebreus 11, a fé é viva como se o poder de Deus fosse real e suas promessas fossem legítimas mesmo quando as probabilidades contrárias parecessem esmagadoras ou quando os benefícios temporais para a incredulidade parecessem atraentes (ver especialmente Hb 11.6).[378] Isso é exatamente o que a geração do deserto se recusou a fazer. Eles demonstraram um "coração maligno mediante sua incredulidade", à medida que deixaram a ameaça cananita impedi-los de confiar na suficiência do poder de Deus e na certeza de sua promessa de lhes dar a terra. Assim, recusando-se a entrar na terra sob a ordem de Deus, deixaram de confiar e se "afastaram do Deus vivo" (3.12). Hebreus não vislumbra separação entre o coração e a ação. Um coração que não confia no Senhor levará a um compor-

---

tários, a quem ele pode chamar de "irmãos e irmãs santos, participantes do chamado celestial" (3.1), talvez não façam parte da "casa" de Deus. Veja Ellingworth, *Hebrews*, 227, e minha resposta ao capítulo de Fanning neste livro.

[377] As primeiras duas seções são limitadas pelas exortações paralelas de 3.6 e 3.14, que a interpretação nos versículos 12-14 apoia. Veja Ellingworth, *Hebrews*, 225. Os versículos 12-19 são limitados por uma inclusão usando a palavra "ver" (blepete no v. 12; blepomen no v. 19).

[378] Embora tenha sido a ameaça cananita que levou à desobediência da geração do deserto, o fascínio do bem terreno foi a oportunidade para a profanação de Esaú (12.14-17). Para uma discussão mais aprofundada sobre fé, veja G. I. Cockerill, "A Melhor Ressurreição (Hb 11.35): Uma Chave para a Estrutura e Propósito Retórico de Hebreus 11", *TynBul* 51 (2000): 223-26.

tamento semelhante ao da geração do deserto. Tal comportamento surge apenas de um coração incrédulo. Essa unidade de coração e ação é a razão pela qual o escritor de Hebreus pode descrever esse pecado como "incredulidade" ou "desobediência" com igual conformidade. O escritor exorta a comunidade a ser diligente, para que "nenhum" (3.13) de seus membros pereça, pois essa incredulidade está contangiando (12.14–17) e levando a deixar à comunidade cristã (10.25). Concentrando-se no evento em Cades-Barneia, o autor de Hebreus usa a desobediência da geração do deserto para mostrar a seus leitores o resultado final ao qual seu "desvio" (2.1) pode levar.[379] A próxima passagem de advertência (5.11–6.8) aborda à imaturidade espiritual dos leitores que pode levar a tal incredulidade final.

Entretanto, a maneira pela qual Hebreus 3.16-19 enfatiza a posição privilegiada da geração do deserto como aqueles que "saíram do Egito" e ainda descrevem seu pecado como "rebelião" (3.15-16), "incredulidade" (3.19), e "desobediência" (3.18) reforça a descrição de seu pecado como desobediência resultante de uma recusa em confiar no poder e nas promessas de Deus. Sua subsequente tentativa obstinada de entrar na terra prometida (Nm 14.39-45) demonstrou sua falta de verdadeiro arrependimento. O comportamento deles continuou a expressar a dureza de seus corações.[380]

A rebelião levou a uma perda terrível—Deus ficou "irado" com eles por "quarenta anos", ele "jurou que eles não entrariam no seu descanso" e, a maioria trágica e finalmente "deixaram seus cadáveres caídos no deserto".[381] O escritor dificilmente poderia descrever as consequências dessa recusa final de confiar e obedecer em termos mais fortes. A séria

---

[379] Ao traduzir os nomes de lugares como Meribá e Massá por "rebelião" e "provação", a Septuaginta, no Salmo 95, já colocou ênfase na rebelião final em Cades-Barneia.

[380] O escritor de Hebreus não mitiga a condenação de Deus da geração do deserto, citando a afirmação dele em Números 14.20 de que os tinha "perdoado". O efeito desse perdão era poupar suas vidas e preservar a promessa de seus filhos. O uso que Gleason faz de tais detalhes força Hebreus a se conformar com aspectos da história que não encontram ressonância no texto de Hebreus. Veja Randall Gleason, "O Contexto do Antigo Testamento de descanso em Hebreus 3.7-4: 11", *BSac* 157 (2000): 293. Veja também minha resposta ao capítulo de Gleason neste livro.

[381] "A lembrança de sua morte no deserto recorda seu fracasso em reverter seu destino divinamente decretado (4.6)" (deSilva, *Perseverance in Gratitude*, 146). Novamente, usar o fato de que eles não voltaram ao Egito para mitigar a gravidade de sua punição é implicar aspectos da história do A.T. para os quais Hebreus não fazem alusão. Usar tal fato para diminuir a gravidade de seu destino é contrário à intenção de Hebreus (contra Gleason, "Descanso em Hebreus 3. 7-4.11", 293-94). Além disso, a apostasia não restaura alguém a uma situação de pré-conversão.

descrição dessas consequências e a necessidade dessa advertência sugerem que o destino da geração no deserto acarreta uma perda eterna para os destinatários de Hebreus.[382]

Na verdade, em Hebreus 4.1–11, o autor demonstra com base no Antigo Testamento por si só, que a referência do "descanso" prometido sempre foi a Terra Prometida, celestial e eterna. O "meu descanso" do Salmo 95.11 é o descanso da geração do deserto perdida (Hb 4.6; cf. 4.3; 3.11,18). Este é oferecido nos dias de Davi (4.7-8)[383] e é o descanso que resta para os destinatários dos Hebreus (4.9-11). O texto não dá indicação de que esses "descansos" sejam diferentes. Também, o uso que o escritor faz de Gênesis 2.2 para explicar o "meu descanso" do Salmo 95 não é arbitrário. Gênesis 2.2 descreve o descanso de Deus que entrou no final da criação, é o lugar natural para encontrar o significado de "meu", isto é, o descanso de Deus.[384] O descanso eterno que o Senhor entrou, era então o verdadeiro objetivo da geração do deserto e está disponível para o seu povo "hoje".

Não apenas a lógica dessa passagem imediata, mas também a comparação com os relatos paralelos dos fiéis em Hebreus 11.1-40 indicam que a geração do deserto sofreu uma perda eterna. O Antigo Testamento identifica a pátria prometida aos patriarcas e o "descanso" perdido pela geração do deserto.[385] Em Hebreus 11.1-40, a pátria prometida pelos patriarcas era a pátria eterna (11.15) com "fundamentos" permanentes (11.10), a morada eterna de Deus.[386] Assim, o equivalente "descanso"

---

[382] Aqueles que afirmam que a perda temporal ameaça os destinatários de Hebreus frequentemente identificam o "descanso" de Deus com um reino milenar antes do destino final. DeSilva demonstra, em minha opinião, a impossibilidade dessa interpretação. Veja deSilva, *Perseverance in Gratitude*, 157–62. Sobre essa queda como castigo eterno, veja McKnight, "As Passagens de Advertências de Hebreus", 35, n. 41

[383] De um ponto de vista negativo, essa posição é confirmada pelo fato de que, no nível mais básico, a proclamação de Davi desse descanso no Salmo 95, muito depois da conquista de Canaã, mostra claramente que Josué não deu ao povo esse descanso por meio dessa conquista e assentamento (Hb 4.8)

[384] Veja Peter E. Enns, "Criação e Recriação: Salmo 95 e Sua Interpretação em Hebreus 3.1-4.13," *WTJ* 55 (1993): 277. A maneira em que o escritor usa Gênesis 2.2 para explicar o Salmo 95 é similar ao modo como ele usará Gênesis 14 para explicar o Salmo 110.4, no capítulo 7

[385] Veja, por exemplo, as palavras de Deus a Moisés sobre a geração do deserto em Números 14.22-23: "Nenhum dos homens que viram a minha glória e os meus sinais que eu fiz no Egito e no deserto, e ainda assim me colocaram a prova essas dez vezes e não obedeceram a minha voz *verá a terra que jurei dar a seus pais*" (grifo do autor).

[386] De fato, a frase "cujo construtor e criador era Deus" (11.10) separa a cidade celestial dessa criação.

perdido pela geração do deserto seria o mesmo.³⁸⁷ Tanto o "descanso" de Deus quanto a "pátria celestial" referen-se ao "reino inabalável" que será deixado quando o temporal for removido no juizo (12.25-29). O resultado final da fé é a entrada; o destino final da incredulidade é a exclusão.

A identidade do "descanso" em Hebreus 3.7–4.11 e a "pátria celestial" em 11.1-40 ressaltam uma falha fundamental no argumento daqueles que insistem no caráter temporal das consequências retratadas nas passagens de advertência ao longo de Hebreus. Um dos principais argumentos para essa posição é o seguinte: as advertências da epístola antecipam nada mais do que a retribuição temporal, porque as passagens do Antigo Testamento a que fazem referência não ameaçam nada mais do que o juízo temporal. Entretanto, essas mesmas passagens do Antigo Testamento também parecem prometer nada mais que bênção temporal. O escritor de Hebreus não violenta o Antigo Testamento ao compreender o significado eterno de sua ameaça de perda e promessa de bênção à luz do cumprimento da salvação em Cristo.³⁸⁸

Além disso, fica claro que a cristologia de Hebreus sustenta a natureza eterna desse ganho e perda quando percebemos dois aspectos importantes de seu ensino. Primeiro, não apenas o "descanso" de 3.7–4.11 e a pátria celestial/cidade eterna de 11.1–40, mas também ao Lugar Santíssimo de 7.1–10.25 referem-se à mesma realidade eterna e o lugar de habitação com Deus. Segundo, a entrada do Filho nessa realidade em favor de seu povo permite que eles entrem de forma proléptica agora, a fim de obter a graça necessária (4.14-16; 10.19-25) para perseverar em fidelidade até a entrada final no juízo (12.25-29).

O próprio Antigo Testamento já usou a terra, a cidade, o templo e o Lugar Santíssimo representando a morada onde Deus está presente.³⁸⁹

---

³⁸⁷ Veja Peter W. I. Walker, *Jesus and the Holy City: New Testament Perspectives on Jerusalem* (Grand Rapids: Eerdmans, 1996), 211–12; cf. Attridge, *Hebrews*, 126–28.

³⁸⁸ Certamente, se houver consequências eternas para o povo de Deus, os fiéis do AT não serão excluídos delas. Não perceber como Hebreus compreende as promessas de bênção e perda como eternas é uma falácia fundamental no argumento de R. C. Gleason, "A Escatologia das Advertências em Hebreus 10.26–31", *TynBul* 53 (2002): 97–121. Além disso, a evidência que ele fornece de que Hebreus foi escrita para judeus cristãos na Palestina antes da destruição de Jerusalém geralmente tem uma explicação mais simples dentro do texto de Hebreus. Por exemplo, ele argumenta que o fim da antiga aliança em 8.13 e do sistema de sacrifícios em 10.9 antecipa a queda de Jerusalém. Veja ibid., 108–9. O ponto principal de Hebreus, no entanto, e das passagens citadas é que a obra de Cristo trouxe o fim dessas instituições.

³⁸⁹ "O Templo do judaísmo, a cidade e a terra formaram uma tríade de *realia* geográfica significativa; eles eram como círculos concêntricos, integralmente ligados entre si" (P. Walker, "Jerusalém

Em outras partes do Novo Testamento essas imagens se fundem, assim quando toda a nova Jerusalém é conceituada como o Lugar Santíssimo em Apocalipse 21.[390] A descrição dessa realidade celestial como "Monte Sião, a Jerusalém celestial, a cidade do Deus vivo" em Hebreus 12.22 traz todas essas imagens juntas em uma grande descrição dos privilégios presentes/futuros do povo de Deus.[391] Cristo entrou no Lugar Santíssimo/pátria celestial em nome de seu povo para que eles também o façam (2.5-18).

O arranjo desse material em Hebreus é retoricamente sólido. O Filho é descrito como o Precursor (2.5-18) que leva o povo de Deus ao eterno "descanso" antes da advertência da apostasia da geração do deserto (3.7–4.11). Mas é como nosso sumo sacerdote que ele abre o caminho para o Lugar Santíssimo (7.1–10.25) e assim nos permite seguir os exemplos dos fiéis (11.1-40) àquela pátria celestial sob a liderança de nosso Precursor (12.1–3).

Os crentes prolepticamente experimentam essa realidade mediante a obra de Cristo no presente (4.14-16; 10.19-25), mas entrarão nela plenamente no juízo (12. 25-29). O escritor refere-se a essa realidade eterna como o "descanso" de Deus ou a pátria celestial, quando encoraja seus leitores a alcançar sua realização final no porvir (3.7–4.11; 1.11-40). Por outro lado, ele se refere a isso principalmente como o Lugar Santíssimo ao descrever a provisão do sumo sacerdócio de Cristo para a nossa entrada atual para receber a graça por meio do "apegar-se" (4.14-16; 10.19-25) a fim de perseverar para esse objetivo final. Agora temos o sumo sacerdote à destra de Deus que é essa provisão (8.1). Assim, a entrada proléptica para receber a graça que o Filho agora oferece é o meio e uma

---

em Hebreus 13.9–14 e a Datação da Epístola", *TynBul* 45 [1994]: 50). David E. Holwerda diz que, à medida que o exílio se aproxima, "Jerusalém se tornou a essência da terra e o símbolo do povo de Deus, porque é em Jerusalém que Deus habita" (*Jesus and Israel: One Covenant or Two?* [Grand Rapids: Eerdmans, 1995], 96).

[390] Em relação ao NT, W. D. Davies diz: "Assim como Jerusalém se tornou a quintessência da terra, o templo também se tornou a quintessência de Jerusalém" (*The Gospel and the Land: Early Christianity and Jewish Territorial Doctrine* [Berkeley: University of California Press, 1974], p. 151). Holwerda diz novamente: "O Novo Testamento concentra o futuro em Jerusalém e no templo. Nessa cidade a herança da terra prometida a Abraão, Isaque e Jacó encontra seu cumprimento" (*Jesus and Israel*, 107).

[391] O termo "Sião" foi usado amaplamente. Chamou a atenção para a parte central do templo e da cidade, o Lugar Santíssimo onde Deus habitava (J. De young, *Jerusalem in the New Testament* [Kampen: Kok, 1960], 142). Sião/Jerusalém também veio a incorporar a terra prometida (ibid., 107). Sião tornou-se uma imagem escatológica da bem-aventurança suprema de Deus a seu povo, às vezes estabelecida pelo Messias davídico, que é parte integrante da imagem de Sião. Veja ibid., 97–99. Veja também a discussão de Hebreus 12.18-29 a seguir.

parte com essa entrada final por intermédio dele no juízo. Aqueles que rejeitam a provisão de perseverança do Filho certamente perderão essa recompensa final.[392]

Portanto, é evidente que a geração do deserto enfrentou a perda eterna. De acordo com Hebreus 4.2b-3, a diferença essencial entre os destinatários de Hebreus e a geração do deserto não era o objetivo a ser perdido ou ganho. A diferença essencial, a diferença que o autor espera intensamente que seja distinta, é a entre fé e a descrença.[393] A promessa oferecida é a de entrar no eterno "descanso" de Deus, estabelecido na criação, oferecido à geração do deserto, disponível para os fiéis hoje, e possuida finalmente, de acordo com Hebreus 11.1-40, pelos fiéis de Deus de todos os tempos. Como "participantes de Cristo" (3.14) os destinatários de Hebreus são parte da mesma "casa" (3.6) de Deus a qual a geração do deserto pertencia e enfrentam a mesma possibilidade de perda final se agirem da mesma forma, recusando-se a viver como aqueles que confiam nas promessas futuras e no poder presente de Deus.

O valor exortativo da geração do deserto depende da identidade dos leitores com eles e não dos privilégios em Cristo que distinguem o atual povo de Deus.[394] O escritor usa a geração do deserto para mostrar a seus leitores o possível fim de sua conduta corrente antes de eles compreenderam o significado da "grande salvação" fornecida por Cristo.[395] Essa visão de seu destino em potencial é estimada para despertá-los da indolência espiritual que impede sua compreensão do significado dessa salvação. Agora nos voltamos para as advertências contra tamanha negligência em Hebreus 5.11-6: 8.[396]

---

[392] David A. deSilva, "Entrando no Descanso de Deus: A Escatologia e a Estratégia Sócio-Retórica de Hebreus", *TJ* n.s. 21 (2001): 37-39; e idem, *Perseverance in Gratitude*, 163.

[393] Embora existam várias traduções possíveis do versículo 2b, todos afirmam que o problema da geração do deserto era a incredulidade. A descrição de sua rebelião como "desobediência" nos versículos 6 e 11 enfatiza a compreensão de seu pecado dada anteriormente.

[394] Não obstante, do ponto de vista do fim, mesmo essa distinção é removida — os fiéis antes e depois de Cristo finalmente entram na terra celestial por intermédio dele (11.39-40; 12.22-24). Assim, é confuso e impreciso quando se refere à geração do deserto como um "tipo" da igreja. Veja Enns, "Criação e Recriação", 269-71. Em contraste, o sacerdócio Aarônico/Levítico é um "tipo" do sacerdócio de Cristo, pois, embora fosse ineficaz em si mesmo, esperava e foi substituído pelo sumo sacerdócio de Cristo, totalmente eficaz.

[395] Quanto muito, a superioridade do Filho em 3.1-6 pode sugerir que a situação dos atuais crentes é mais grave do que a da geração no deserto.

[396] A falha em ver essa função retórica da geração do deserto levou Gleason a tentar muitos paralelos artificiais entre essa geração e os destinatários de Hebreus. Veja Randall C. Gleason, "O Contexto do Antigo Testamento de Advertêcia em Hebreus 6.4-8", *BSac* 155 (1998): 62-91. Por exemplo, seu

## Hebreus 5.11-6.8

O escritor aguça o apetite de seus ouvintes pelo que ele tem a dizer sobre a "grande salvação" exortando-os em Hebreus 4.14-16 para aproveitar os privilégios ainda a serem explicados que os crentes agora têm em seu sumo sacerdote. Ele lhes dá uma visão introdutória de seu pensamento comparando e contrastando o sumo sacerdócio do Filho com o de Arão em Hebreus 5.1-10 e desperta sua curiosidade ao anunciar que o Filho é "um sacerdote segundo a ordem de Melquisedeque" (5.10). Assim, depois de chocá-los com o destino da geração do deserto e dar-lhes uma prova das "coisas boas" (9.11) que virão, ele inicia essa exortação de 5.11-6. 8 que é aperfeiçoada para despertar seus ouvintes da sua imaturidade espiritual e letargia para que possam compreender a verdade da "grande salvação" que ele está prestes a explicar em Hebreus 7.1-10.18. A recusa em apreender essa verdade é "negligenciar" a "grande salvação" (2.3) e é equivalente a se desviar. Sua abrangência é a essência da fidelidade e os meios de perseverança.

A definição do escritor sobre apostasia está em Hebreus 6.1-8, o coração dessa passagem de advertência. Em Hebreus 5.11-14 ele adverte seus leitores contra uma iminente indolência e imaturidade anormal que pode expô-los a essa apostasia. Ele equilibra essa advertência lembrando os destinatários de seu passado inabalável (6.9-12) e, em seguida, encorajando-os a manter essa firmeza assim como Abraão (6.13-20) e outros (cf. 11.1-40) que receberam as promessas confirmadas pelo juramento de Deus.

Em primeiro lugar, direcionaremos nossa abordagem para a figura da apostasia no cerne dessa admoestação em 6.4-8 e, em seguida, veremos a indolência descrita em 5.11-14 que ameaça levar o tardio em pensar à apostasia.

Em Hebreus 6.4-8 o artigo grego une cinco particípios substantivados para formar uma descrição dos verdadeiros crentes que se desviam. Os primeiros quatro desses particípios colocam o caráter verdadeiro de sua fé além da disputa.[397] O "uma vez" que acompanha o primeiro particípio

---

argumento de que a descrição de 6.4-6 identifica os leitores de Hebreus com a geração do deserto é adequadamente criticada por deSilva, *Perseverance in Gratitude*, 222n. 28. A descrição do escritor sobre a geração do deserto não diz nada sobre sua "imaturidade".

[397] Para uma defesa definitiva dessa posição, veja McKnight, "As Passagens de Advertênciasde Hebreus", 45–48. O primeiro particípio com seu advérbio complementar, "foram uma vez ilu-

ressalta o significado do aoristo como indicativo de privilégios espirituais verdadeiramente experimentados. Nada é mais distintamente cristão do que o fato de terem experimentado "os poderes da era vindoura" da salvação.³⁹⁸ Essa descrição de sua experiência antecipa a magnitude da obra de Cristo que logo será explicada em Hebreus 7.1-10.18.

Argumentar que esses versículos não descrevem pessoas "regeneradas" porque Hebreus vê a salvação (principalmente!) como algo que as pessoas recebem apenas no juízo é brincar com as palavras. É meramente outra maneira de dizer que não há estado de graça nesta vida do qual uma pessoa não possa cair.³⁹⁹ De fato, focar nas seções exortativas de Hebreus pode cegar o intérprete para a ênfase que a epístola dá aos grandes privilégios que Cristo, nosso sumo sacerdote, tem tornado acessível para os crentes no presente: "perdão" do pecado (10.17-18), uma consciência "purificada" (9.14; 10.22), a lei de Deus escrita no coração (10.14-18), e acesso à sala do trono celestial por intermédio de um grande sumo sacerdote, a fim de receber "misericórdia" e "graça" (4.14–16; 10.19–25; 12.22–24). Assim, a redução desses particípios para uma descrição da experiência subcristã é diametralmente oposta ao uso pretendido pelo autor. Seu efeito acumulativo é enfatizar a amplitude e a riqueza dos benefícios espirituais recebidos de Deus e, portanto, a grande necessidade de honrar a ele com contínua fidelidade.⁴⁰⁰ "A salvação e a presença de Deus são a realidade inquestionável de suas vidas".⁴⁰¹

---

minados" (hapax phōtisthentas), provavelmente se refere à sua conversão (cf. Jo 19; Ef 1.18). O segundo, "provaram" (geusamenous), indica que eles verdadeiramente experimentaram "o dom celestial" da salvação, abrindo o caminho para a presença celestial de Deus (cf. Hb 3.1). O terceiro, "se tornaram (geusamenous) participantes (metochous) do Espírito Santo", nos lembra de 3.14, em que escritor e leitores se tornaram "participantes" (metochous) de Cristo. Finalmente, eles também "provaram" (geusamenous), isto é, experimentaram a "boa palavra de Deus", que uma vez criou o mundo (1.2; 11.3). Gleason afirma que essa passagem descreve os verdadeiros crentes. Veja Gleason, "Advertência em Hebreus 6.4-8", 62–91.

³⁹⁸ Essa expressão é reminiscente dos eventos miraculosos de 2.4, que cofirmaram a palavra de Deus em sua conversão. Veja Ellingworth, *Hebrews*, 321.

³⁹⁹ Veja David A. deSilva, "Hebreus 6.4-8: Uma Avaliação Sócio-Retórica (Parte 1)", *TynBul* 50 (1999): 43; e McKnight, "Passagens de Advertência de Hebreus," 58. McKnight mostrou a fraqueza da tentativa de Nicole em reduzir a valência desses termos e do argumento de Verbrugge de que o autor está preocupado com a apostasia coletiva. Veja McKnight, "As Passagens de Advertência de Hebreus", 45–48. Veja Roger Nicole, "Alguns Comentários sobre Hebreus 6: 4–6 e a Doutrina da Perseverança de Deus Com os Santos", em *Current Issues in Biblical and Patristic Interpretation: Studies in Honor of Merrill C. Tenney*, ed. Gerald F. Hawthorne (Grand Rapids: Eerdmans, 1975), 355-64; e Verlyn d. Verbrugge, "Para Uma Nova Interpretação de Hebreus 6.4-6", *CTJ* 15 (1980): 61-73.

⁴⁰⁰ DeSilva, *Perseverance in Gratitude*, 225.

⁴⁰¹ Lane, *Hebrews 1–8*, 142.

O quinto dos particípios aoristos ocorrem em Hebreus 6.6 e descreve essas mesmas pessoas de fé verdadeira como tendo "caído" (parapesontas). O fato de que esse particípio também seja substantivado e unido aos outros quatro particípios pelo mesmo artigo, liga a natureza verdadeira de sua fé e a realidade de sua queda a um relacionamento de proximidade. Ninguém argumentaria que esse termo sempre significa uma queda da graça, resultando em perda eterna da qual não há renovação.[402] Entretanto, o contexto imediato, especialmente a frase "é impossível renová-los outra vez ao arrependimento", deixa claro que em 6.6 está se referindo a uma "queda" na apostasia irreversível. Semelhantemente a Esaú (12.17) e a geração do deserto, essas pessoas se apartaram "do Deus vivo" (3.12). Isso não é uma "queda" causada por acidente ou revés. É uma escolha deliberada de cortejar os valores e a amizade da sociedade incrédula e um abandono de Deus, apesar dessa grande experiência com sua bondade.[403]

O uso da terceira pessoa deixou livre o escritor para se juntar a essa descrição da verdadeira fé e apostasia em uma construção substantivada como já descrito. O todo tem força condicional — "se as pessoas com verdadeira experiência cristã se desviarem".[404] Se essa descrição da verdadeira fé não refletisse a experiência de seus leitores, a exortação do autor não teria força. Se eles já tivessem "caído", não teria sido necessário — "mas estamos persuadidos de coisas melhores sobre vocês" (6.9). É porque eles tiveram uma experiência que os impediu de cair.

Os dois particípios presentes de Hebreus 6.6 e a parábola do campo em 6.7-8 atestam que essa "queda" é apostasia. Esses particípios causais,

---

[402] Em Romanos 5.15, 17–18, 20 o substantivo relacionado *paraptōma* é usado cinco vezes na "ofensa" de Adão ou na queda pela qual nossas transgressões ocorreram, e é usado em Romanos 11.11–12 para a "rejeição que Israel" fez de Deus por meio da incredulidade. O verbo relacionado ekpiptō é usado em Gálatas 5.4 e 2 Pedro 3.17 de se desviar da graça de Deus. "Em Hebreus, os termos característicos do pecado que demonstram desprezo por Deus são compostos de para, muitos dos quais não ocorrem em nenhum outro lugar no NT: *paradeigmatizō*, 'exposto à humilhação pública' (6.6), *parapikrainō*, 'se rebelar' (3.16), *parapikrasmos*, 'rebelião' (3.8, 15), *pararreō*, 'se desviar' (2.1), *parapherō*, se deixar levar' (13.9), e *pareimenas*, 'ser indiferente' (12.12; BDAG, 777d 2)" (Lane, *Hebrews 1–8*, 142).

[403] Desilva, *Perseverance in Gratitude*, 225.

[404] A tentativa de Ellingworth de tornar o particípio parapesontas, "caíram", concessivo não é convincente. Veja Ellingworth, *Hebrews*, 32.

"crucificando outra vez"[405] e "expondo à desonra pública",[406] descrevem uma separação dos benefícios de Cristo que não deixa nenhuma base para arrependimento renovado. O temor dos cananitas levou a geração do deserto a se desviar "do Deus vivo" (3.12) ao rejeitar sua provisão, sua promessa oferecida e seu poder. O temor da aprovação da sociedade parece ter levado esses crentes a rejeitar o poder e a promessa de Deus fornecidos na crucificação de Cristo.[407]

O contraste entre "solo" frutífero e infrutífero[408] em Hebreus 6.7–8 ilustra e reforça o que foi dito em 6.4–6 sobre aqueles que receberam a graça de Deus e depois se afastaram.[409] É importante notar que há realmente apenas um solo nessa passagem. No versículo 7, esse solo é descrito por duas frases com particípios atributivos. O primeiro deles descreve-o como recebendo benefícios — "bebendo a chuva que, muitas vezes vem sobre ela". O segundo descreve a terra como dando uma resposta apropriada ao "produzir uma colheita útil para aqueles por causa de quem é cultivada". O particípio condicional do versículo 8, entretanto, implica, "e se esse mesmo solo produzir ervas daninhas e abrolhos?" O "fogo", que é o fim de tal terreno inútil, é certamente indicativo de juízo eterno.[410] A qualificação "perto de", dá ao escritor

---

[405] Embora anastauroō possa significar apenas "crucificar" ou "pregar", dentro desse contexto, certamente significa "crucificar outra vez" ou "de novo". Essa interpretação é reforçada por *palin*, "de novo", anteriormente no versículo. E para o argumento dentro desse contexto, veja Ellingworth, *Hebrews*, 324.

[406] "Os particípios são circunstanciais [sic] dando as razões pelas quais os apóstatas não podem ser restaurados ao arrependimento" (Ellingworth, *Hebrews*, 324). Não há razão contextual para interpretar esses particípios como temporais — "enquanto ou enquanto eles estão crucificando novamente" — e assim apaziguar a dureza dessa exortação; a seguinte parábola da terra (6.7–8), o exemplo da geração do deserto (3.7–4.11) e o exemplo de Esaú (12.14–17) todos militam contra essa redução. Antes, o presente indica que as vidas daqueles que apostataram continuam expondo Cristo à desonra.

[407] DeSilva, *Perseverance in Gratitude*, 225.

[408] O tênue argumento de Gleason de que *gē*: "solo","terra"se refere à terra da Palestina depende da suposição duvidosa e especulativa de que Hebreus foi escrito para judeus palestinos antes da destruição de Jerusalém e que os particípios que descrevem os crentes nessas passagens também se refere à geração do deserto (Gleason, "Advertências em Hebreus 10.26-31", 106-8). Sua interpretação dessa passagem também é vítima da falácia mencionada anteriormente, a falha em ver que Hebreus vê uma referência eterna tanto às bênçãos quanto às maldições do AT.

[409] "Pois" (*gar*) conecta os versículos 7–8 a 4–6.

[410] Veja Hebreus 10.27; 12.25-29. Isso não é uma queima para produzir um novo crescimento. Veja deSilva, *Perseverance in Gratitude*, 233.

permissão para começar o próximo parágrafo com "mas estamos persuadidos de melhores coisas sobre vocês" (6.9).[411]

Mas o que dizer da "idolência" ou "imaturidade" para o qual o escritor critica seus ouvintes em Hebreus 5.11–14 e a concomitante "maturidade" (6.1) à qual ele os exorta? O autor pode ter intencionalmente exagerado sobre seu retrocesso na infantilidade espiritual a fim de envergonhá-los para despertarem da letargia.[412] Perceba em particular as frases tão ignimiosas como "aqueles que precisam de leite materno em vez de comida solida".[413] Se, no entanto, não houvesse um certo grau de retrocesso, a exortação não produziria o resultado desejado.

É importante observar o que o autor especificamente diz sobre essa "neligência" ou "imaturidade". Primeiro, ele teme que essa "imaturidade" antinatural impeça os ouvintes de compreender o que tem a dizer sobre o sumo sacerdócio eficaz do Filho (5. 11). Em vez disso, a sua "imaturidade" parece concentrar-se nas "doutrinas basilares de Cristo" (6.1).[414] Segundo, essa "negligência" impediria que fossem imitadores "daqueles que pela fé e paciência herdam as promessas" (6.12), como Abraão (6.13-16) e os outros fiéis em Hebreus 11.1-40. Assim, parece que apegar-se e apropriar-se da "grande salvação" do sumo sacerdócio de Cristo, conforme descrito em Hebreus 7.1-10.18, é o meio de imitar aqueles que "pela fé e perseverança" herdam o que Deus prometeu e é, portanto, exatamente o oposto a essa imaturidade negligente, que está retardando o avanço dos leitores. É a "comida sólida" que eles deveriam começar a se alimentar. É a "palavra da justiça" (5.13) que permitirá aos

---

[411] Semelhanças em geral entre Hebreus 6.7–8 e Isaías 5.1–7 não indicam dependência (deSilva, *Perseverance in Gratitude*, 229). Antes, o contexto para essa passagem deve ser encontrado no motivo da bênção/maldição da aliança de passagens como Deuteronômio 11.26-28 (deSilva, *Perseverance in Gratitude*, 232; Hebreus 6.14 e 12.17). Veja Lane, *Hebrews 1–8*, 143.

[412] DeSilva, *Perseverance in Gratitude*, 210-14; attridge, Hebreus, 157; Lane, Hebreus 1–8, 135; e J. héring, A Epístola aos Hebreus, trans. uma. W. heathcoat e P. J. allcock (London: Epworth, 1970), 43.

[413] Uma vez que os crentes são descritos em outros lugares como *metochoi*, "participantes" da "chamada celestial" (3.1) ou "participantes" de Cristo (3.14), a frase *pas ... ho metechōn galaktos*, "todo o que participa do leite" pode ter ficado particularmente chocante.

[414] O espaço proíbe a avaliação detalhada da descrição desses ensinamentos elementares nos versículos 1b-2. "Embora essa lista de ensinamentos possa ser preenchida com conteúdo cristão em si mesma, ela não contém nada que seja distintamente cristão em contraste com o judaísmo, nem contém nada que seja exclusivamente judaico em comparação com o cristianismo. Veja eSilva, *Perseverance in Gratitude*, 216; e Ellingworth, *Hebrews*, 313. O importante é que nenhum dos termos se refere à plena suficiência de Cristo, que é o conteúdo da palavra sólida do pregador estimada para produzir maturidade.

leitores seguir os exemplos dos "justos" em Hebreus 10.38-11.40.[415] Parece, então, que o fracasso em se apropriar dos benefícios da obra sacerdotal de Cristo é deixar de seguir o exemplo dos fiéis, o que resulta na perda da entrada na pátria celestial.

Essa compreensão da passagem é confirmada com uma avaliação sobre a "maturidade" (*teleiotēta*) em Hebreus 6.1: "prossigamos até a maturidade".[416] O escritor explora o fato de que essa palavra significa tanto "maturidade" quanto "perfeição". Ele a emprega aqui em contraste com a "imaturidade" a partir da qual ele despertaria seus leitores. Todavia, ele dá fundamentação a essa "maturidade/perfeição" (*teleiotēta*) por meio do uso do verbo correlato, teleioō, "aperfeiçoar", em passagens como 2.10; 5.9; 7.28; 10.14; e 11.40. Primeiro, Jesus, por meio de sua obediência até a morte e ascensão/reunião, foi "aperfeiçoado" como salvador; ele se tornou um sumo sacerdote capaz de purificar os leitores do pecado e trazê-los à presença de Deus (2.10; 5.9; 7.28).[417] Segundo, aqueles que experimentam sua provisão e assim vivem em obediência fiel foram "aperfeiçoados", e são aqueles que vivem tal "maturidade" (9.9; 10. 1, 14; veja 11.40; 12.23).[418] Assim, uma compreensão contextual da "maturidade / perfeição" de Hebreus 6.1 ressalta nossa afirmação de que a apropriação da palavra do pregador sobre o sumo sacerdócio de Cristo (7.1-10.18) e os benefícios que o acompanham (10.19-25) é a "maturidade perfeição" que ele insiste. Portanto, avançar "para a maturidade" é o oposto de "negligenciar" a "grande salvação" fornecida por Cristo (2.3) e o único meio de entrar na pátria celestial. Depois de expor essa "grande salvação", o escritor aplicará isso na advertência de Hebreus 10.26-31, a qual nos voltaremos agora.

---

[415] Veja especialmente 10.38; 11.4,7,33. Lane argumenta que os "espíritos dos justos aperfeiçoados" em 12.23 provavelmente incluem os justos descritos em 11.1 – 40 e crentes cristãos mortos que seguiram seu exemplo. Veja William l. Lane, Hebrews 9 – 13, WBC 47 (Dallas: Word, 1991), 470 – 71.

[416] Uma vez que o autor usa *epi* antes de *teleiotēta* em vez de *eis* ou *pros* eu tenho traduzido "Vamos continuar em maturidade" em vez de "Vamos continuar para a maturidade".

[417] Para a compreensão do "ser aperfeiçoado" do Filho veja Lane, Hebrews 1 – 8, 122. Veja também S. Bénétreau, L'Epitre aux Hebreux, Commentaire Évangélique de la Bible 1 (Vaux-sur-Seine: Édifac, 1989), 218 – 21.

[418] Veja Lane, Hebrews 9 – 13, 392 – 94; S. Bénétreau, L'Epitre aux Hebreux, Commentaire Évangélique de la Bible 2 (Vaux-sur-Seine: Édifac, 1990), 167; e Philip E. Hughes, A Commentary on the Epistle to the Hebrews (Grand Rapids: Eerdmans, 1977), 516 – 17.

## Hebreus 10.26-31

A advertência em 10.26-31 está no centro de três seções intimamente relacionadas que compõem a exortação de 10.19-39. Toda essa exortação é um desenvolvimento do sumo sacerdócio e sacrifício de Cristo explicado em 4.14-10.18[419] e fornece uma transição para os exemplos de fé que levam à perseverança em 11.1-12.13.

Hebreus 10.19-25 se prepara para a advertência, em 10.26-31, descrevendo os benefícios da obra sacerdotal de Cristo, conforme explicado em 4.14-10,18 — "ousadia" para entrar no Lugar celestial Santíssimo da presença de Deus por intermédio do sangue de Cristo e ter um "grande sacerdote" sobre a casa de Deus. A firmeza da advertência em Hebreus 10.26-31 é diretamente proporcional à magnitude desses benefícios, como descrito anteriormente. O encorajamento de 10.32-39 se combina a essa advertência para alistar os ouvintes na companhia ilustre dos fiéis descrita em 11.1-40. Assim, a advertência de Hebreus 10.26-31 é mais poderosa do que a de 6.1-8 porque o escritor explicou agora a magnitude da "grande salvação" introduzida em 2.3.

O vaticínio na frase conclusiva de Hebreus 10.19-25, *"ainda mais quando vocês veem o dia [do Juízo] se aproximando"* (NIV), leva diretamente à terrível advertência dos versículos 26-31. Observe o poder e a objetividade do versículo 26a, em Hebreus 6,1-8, o escritor falou de forma impessoal "se eles caírem", mas aqui afirma a possibilidade da apostasia para seus ouvintes pelo uso da primeira pessoa do plural, "pois, se nós".[420] Em 10.19- 31, toda a passagem é moldada para enfatizar o fato de que, embora a apostasia imaginada seja análoga àquela da geração do deserto, os ouvintes atuais têm uma responsabilidade muito maior, porque eles agora experimentaram a verdade daquela "grande salvação" introduzida em 2, 3, antecipada em 6,1-8, e agora explicada em 7.1-10.18 como a obra sacerdotal de Cristo.[421] Assim, para os leitores continuarem em desobediência intencional,[422] após tal grau de conhecimento

---

[419] Observe o oun no versículo 19. Veja Ellingworth, *Hebrews*, 517.

[420] Cf. "Se nós negligenciarmos" em 2.3.

[421] *Epignōsis*, "conhecimento" (10.26a) é mais solene do que a verdade e refere-se tanto à compreensão intelectual quanto à experiência da verdade. Veja Ellingworth, *Hebrews*, 532; e attridge, *Hebrews*, 293.

[422] O termo *hekousiōs*, "intencionalmente" (10.26a), primeiro na frase por ênfase, indica um envolvimento voluntário, deliberado ou intencional nessa desobediência.

experimentado, seria de fato "negligenciar essa "grande salvação" (2.3) e assim completar o desvio para a apostasia.[423]

Os versículos 26b-27 apontam o resultado de tal pecado intencional — "não resta mais sacrifício pelos pecados". Essa cláusula ajuda a explicar o que significava em Hebreus 6.6 por "crucificando outra vez o Filho de Deus". Tal pecado traz separação da única provisão capaz de purificar do pecado e prover acesso ao Pai, a grande provisão descrita em Hebreus 7.1-10.18. No lugar desse sacrifício e em contraste com a "ousadia" do acesso descrito, em 10,19, existe agora uma "expectativa" que é "terrível" porque é a expectativa de um "juízo" que é "um fogo ardente prestes a consumir os adversários".[424] Esse é o juízo mencionado em Hebreus 9.27 e o temor do qual o Filho libertará o fiel de acordo com Hebreus 2.15. Essa menção de juízo se prepara para o "abalar" final na advertência que culmina em Hebreus 12.25-29.

Uma vez que o escritor explicou a "grande salvação" de Hebreus 2.3, ele agora pode apoiar sua advertência com toda a ênfase do argumento do menor para o maior. Em Hebreus 2.1.4 ele usou esse argumento para afirmar a certeza do castigo; aqui em 10.28-29 isso ressalta o grau do castigo. Ele deliberadamente retira seu "caso menor" das especificidades da "lei de Moisés", que exigia a morte para aqueles que se colocavam fora da sua provisão por idolatria (Dt 13.8) e pecados relacionados à gravidade e à definitividade desse ato são reforçadas pela localização do particípio aoristo "tendo se apartado" (*athetēsas*) no início da sentença.[425]

À luz de tudo o que foi dito sobre a suficiência da provisão de Cristo para prover entrada a pátria celestial, Deus certamente considerará a pessoa que o rejeitou digna de tão "pior" castigo da perda eterna.[426] Assim como a lei Mosaica era insuficiente para prover a salvação (9.1-14), mas prefigurava a salvação prevista em Cristo (3.5), assim seu castigo prefigurava a perda final daquela salvação.[427] A descrição daquele que

---

[423] O negativo implícito com o particípio presente condicional *hamartanontōn*, "pecar", implica a cessação da ação que estava em progresso — "não continue pecando depois de receber..."

[424] Lane sugere uma alusão ao juízo sobre Corá e seus seguidores em Números 16.35 e 26.10. Veja Lane, *Hebreus 9–13*, 293.

[425] *Athetēsas* é usado em 7.18 para descrever a separação de Cristo da antiga aliança, cumprindo-a. Aqui a pessoa "se separa" da lei de Moisés recusando-se a obedecê-la.

[426] *Axiōthēsetai* é um passivo divino. Assim, é algo que o próprio Deus fará àqueles que rejeitarem a Jesus. Cf. Ellingworth, *Hebrews*, 539; McKnight, "As Passangens de Advertência de Hebreus", 35-36.

[427] Assim, o escritor está se referindo deliberadamente à "lei de Moisés" e não à situação das pessoas. Como vimos ao analisarmos Hebreus 4.1-11, o destino oferecido ao povo de Deus sempre foi a pátria

assim se desvia de Cristo, no versículo 29, mostra a gravidade e finalidade desse ato voluntário e assim enfatiza a gravidade apropriada de seu castigo.[428]

Levando em conta que o Filho é o cumprimento antecipado da revelação de Deus, no Antigo Testamento, rejeitar a salvação que ele proveu é seguir o exemplo da geração do deserto ao se recusar a confiar na promessa e poder do Pai. Para a geração do deserto, os benefícios de Cristo ainda eram promessas totalmente futuras. Para os destinatários de Hebreus, essas bênçãos tornaram-se, em grande medida, o poder presente de Deus. Tão grande privilégio torna a incredulidade mais hedionda e assegura a perda eterna dos infiéis. Como poderiam aqueles que rejeitam a única provisão de Deus entrarem na salvação eterna e não sofrerem a perdição? Assim, as duas citações no verso 30 do canto de Moisés (Dt 32.35-36) anunciam o juízo divino reservado aos idólatras e aos desobendientes da aliança. A terrível declaração do versículo 31 confirma a perda eterna do apóstata.

### Hebreus 12.14-29

Tendo completado sua explicação da "grande salvação" (7.1–10.18) com seus consequentes privilégios (10.19-25) e perigos (10.26-31), o escritor está pronto para dar um grande final à historia do povo de fé em Hebreus11.1-12.29. Essa narrativa é introduzida em 10.32-39 como a jornada daqueles que têm o tipo de fé que leva à perseverança, como a de Habacuque 2.3-4, uma fé que os leitores são estimulados a ter pelas palavras encorajadoras do escritor: *"Não somos daqueles que retrocedem, mas que pela fé e perseverança recebem as promessas"* (10.39).

Essa história passa da criação para além do fim do Antigo Testamento em Hebreus 11.1–40, até a vinda de Cristo em 12.1-3 e, mais adiante, para o cristão presente com sua necessidade de perseverança, 12.4–13.

---

eterna acessível para aqueles que perseveram na fé e obediência pela obra sacerdotal de Cristo.

[428] O escritor usa três frases finais no particípio aoristo, unidas pelo artigo, para destacar a deliberação desse pecado e o seu desrespeito para com as coisas de Deus. A primeira frase, "ter pisado com os pés" (*katapatēsas*), é uma descrição tão forte do desdém em grego quanto em inglês. O segundo, "tendo tomado como comum" (*koinon hēgēsamenos*), é intencionalmente chocante. Essa desobediência é uma "profanação" do próprio "sangue da aliança" que tornou a pessoa "santa". O terceiro particípio atinge o ápice e o clímax da apostasia, que é "insultar" (*enybrisas*) o Espírito Santo, que é o administrador da graça da nova aliança.

Os olhos do leitor estão firmemente fixados no destino eterno desse relato, a "pátria celestial" antecipada pelos fiéis do Antigo Testamento.

Mas há uma diferença. O escritor não se refere mais à palavra falada pelo Filho como algo passado (veja 2.1–4). Ele explicou como, ao se tornar humano, vivendo em completa obediência e oferecendo-se pelo pecado, o Filho fez uma expiação plenamente suficiente e agora se assentou à direita de Deus em nosso favor. Não é apenas o que ele fez, mas quem ele se tornou como nosso salvador que é importante. Assim, a palavra do Pai no Filho é presente e futura e é uma com a meta que buscamos — se olharmos "para Jesus" (12.1-3), fixando os olhos na pátria celestial. Uma vez que a "grande salvação" abriu o caminho para essa cidade celestial, os dois são inseparáveis. Assim, o escritor estimula seus leitores a olharem para cima e para frente, tanto para o objetivo de sua peregrinação quanto para a provisão em sua conclusão.

A última passagem de advertência em Hebreus 12.14-29 é o grande clímax da história nos primeiros doze capítulos da epístola.[429] Ela combina advertência com encorajamento em sua descrição do presente/futuro povo de Deus quando eles passam para e através juízo final. Nessa passagem, o autor baseia sua advertência na "grande salvação" fornecida por Cristo, que ele tão eloquentemente descreveu, sobre o objetivo eterno e o fim dos fiéis, o que essa salvação torna possível, e no juízo final, o qual outorga àquele abençoado descanso celestial. Assim, com habilidade retórica consumada, o autor traz todos os recursos teológicos de seu livro com uma exortação definitiva para que seus ouvintes perseverem na fé até esse fim glorioso.

Contudo, nos versículos 14-17, o autor faz uma última "restrospectiva" em um exemplo final e culminante de infidelidade.[430] Muitos intérpretes notaram a dependência dessa passagem de Deuteronômio 29.15-20.[431] Esaú, o apóstata por excelência, está sob a maldição da aliança

---

[429] "A síntese de tantos temas e motivos significativos dentro de uma única seção identifica 12.14-29 como o clímax pastoral e teológico do sermão" (Lane, *Hebrews* 9–13, 448. cf. c. Spicq, *L' épico Aux Hébreux II. Commentaire* [Études biblique; Paris: Gabalda, 1953], 2: 412.

[430] Os versículos 14–17 devem ser tomados com os versículos 18–29 pelas seguintes razões: (1) esses versículos se afastam dos temas da disciplina e de uma corrida tão proeminente em 12.1–13; (2) eles reintroduzem o caráter de advertência; (3) o tema da fidelidade/infidelidade da aliança os conecta com os versículos seguintes.

[431] Observe a advertência tripla introduzida, no versículo 15, pelo particípio imperativo *episkopountes*, "vigiando" seguido por três cláusulas introduzidas por mē tis, "para que ninguém". Veja Lane, *Hebrews* 9–13, 451. A terceira dessas cláusulas introduz o exemplo do Esaú apóstata. Deutero-

e é apartado de Deus assim como o idólatra deliberado no clímax daquela passagem também o foi. Ser "imoral"[432] e especialmente "ímpio", no sentido aqui atribuído a Esaú, é o oposto de viver em "santidade"[433] e é a essência da rebelião. É a vida de incredulidade vivida como se o poder de Deus não fosse real e suas promessas de recompensa não fossem legítimas (veja Hb 11.6). A venda, por Esaú, de seu direito de primogenitura "por uma única refeição" é a expressão perfeita de tal incredulidade em sua completude. Pela menor quantidade dos bens visíveis e tangíveis desta terra, ele abandonou a pátria celestial prometida a Abraão. Assim, ele é a frustração dos patriarcas fiéis (Hb 11.9-10, 13-16) e especialmente de Moisés, que rejeitou o "gozo temporário do pecado" (11.24-26).[434]

Mais tarde, quando Jacó o enganou. Ele, Esaú, buscou obter a "bênção" com lágrimas, mas não há registro de que ele se arrependeu de seu desprezo a Deus. A NSRV capturou o significado de Hebreus12.17 com "ele não encontrou chance de se arrepender, embora tenha buscado a bênção com lágrimas".[435] Assim, o exemplo de Esaú recorda o destino da geração do deserto e nos lembra da maneira como Hebreus 6.4-8 e 10.26-31 descrevem a impossibilidade do retorno da apostasia. O autor adverte que, pelo fracasso em se apropriar da "graça" disponibilizada em Cristo, um coração rebelde poderia surgir entre seus ouvintes e desencaminhar muitas outras pessoas. Os seguintes versículos apoiam

---

nômio 29.15-20 (XIX) tem duas cláusulas seguidas de uma descrição de um idólatra apóstata a quem Deus não perdoará. Na verdade, a segunda cláusula mē em Hebreus, "para que nenhuma raiz da amargura brotando cause problemas", é uma citação do texto de Deuteronômio 29.17. Em Deuteronômio, o problema está rejeitando Deus para servir aos deuses das nações. Em Hebreus, é preocupante que ninguém "se prive da" graça de Deus outorgada pelo sacerdócio e sacrifício de Cristo, levando a uma "raiz de amargura" e um coração obstinado ou rebelião contra Deus, que pode, por sua vez, "contaminar" a muitos. Levando-os a "afastar-se do Deus vivo".

[432] O escritor pode estar usando "imoral" (pornos, Hb 12.16) de acordo com a forma como Números 14.33 usa "fornicação" (tēn porneian LXX) como uma descrição metafórica da infidelidade da geração do deserto. Veja deSilva, *Perseverance in Gratitude*, 461.

[433] "Nesse contexto, *hagiasmos* é a provisão objetiva de Cristo que se opõe ativamente ao estilo de vida descrito pelos adjetivos *pornos*, 'apóstata' e *bebēlos*, 'irreligioso', no versículo 16 (assim também Käsemann,' *Hebräer* 23,23–27, '310)" (Lane, *Hebrews* 9–13, 451).

[434] DeSilva, *Perseverance in Gratitude*, 461.

[435] Literalmente, é claro, "ele não encontrou nenhum lugar de arrependimento, embora o tenha buscado (autēn) com lágrimas". No entanto, o pronome feminino autēn provavelmente toma eulogian ("bênção") como seu antecedente. "Foi a sua perda, não a sua profanação, que ele lamentou" (Hughes, *Hebrews*, p. 541). Traduções em inglês fazem soar como o "isto" referindo-se ao "lugar" do arrependimento. Gramaticalmente, o feminino autēn, "isto", não poderia referir-se ao masculino topon, "lugar". Poderia referir-se ao feminino metanoiva, "arrependimento". Se tomarmos eulogian como o antecedente de autēn, então essa passagem está em acordo com a narrativa do A.T.

a exortação dos versículos 14-17: os ouvintes do pregador não devem cair em tal apostasia "porque não chegaram a um monte que pode ser tocado... mas chegaram ao monte Sião.

No coração de Hebreus 12.14-29 está o contraste entre o que "nós não chegamos" (v. 18-21) e a que "nós chegamos" (v. 22-24). O autor usa os aspectos impressionantes e terríveis da descrição do Monte Sinai, em Deuteronômio e Êxodo, para retratar esse primeiro "lugar".[436] Mas esse lugar não é o monte Sinai *simplesmente*. A omissão da palavra *monte* ressalta a preocupação do autor com o caráter desse lugar, não com sua localização. Esse é o lugar do juízo, o juízo da geração do deserto, o Monte Sinai sem graça, o lugar que os crentes contemporâneos estariam se eles se afastassem da graça de Deus no Filho. O caráter de juízo dessa descrição é apoiado pelo fato de que as palavras de Moisés, no versículo 21, vêm de Deuteronômio 9.19 e refletem seu temor de retribuição após o pecado de Israel com o bezerro de ouro. Assim, essa descrição é uma advertência implícita.

Em contraste, o Monte Sião, em Hebreus 12.22-24, descreve o atual acesso a Deus desfrutado por seu povo fiel.[437] No entanto, ela não esquece que Deus é Juiz. Na verdade, a ordem das palavras no versículo 23 enfatiza seu julgamento. O clímax dessa descrição deixa claro que os privilégios gloriosos estão acessíveis por causa do "mediador de uma nova aliança, Jesus", e de seu "sangue" que clama por perdão e purificação, em vez do juízo pelo qual o sangue de Abel clama (v. 24). Assim, a "grande salvação" está no cerne dessa maravilhosa descrição dos privilégios do povo de Deus. Essa apresentação do presente privilégio do povo de Deus é, na verdade, uma exposição da bem-aventurança eterna que eles agora desfrutam de maneira preliminar. Assim, não é surpresa que o autor passe para o juízo final nos versículos 25–29.

A exortação do versículo 25 traz a advertência de Hebreus ao seu clímax. Essa advertência é significativamente fortalecida pelas três "palavras" de Deus ("na terra", "do céu", "mais uma vez") em dois contrastes. Primeiro, o contraste entre o falar de Deus "na terra", no Sinai, e agora do céu (12.25) coloca todo o peso da "grande salvação", anunciada pela

---

[436] O autor de Hebreus "seleciona de suas fontes apenas aqueles elementos externos que explicam a atmosfera de pavor e confusão no Sinai" (Lane, *Hebrews* 9–13, 460).

[437] "Em aguda contradição com a cena no Sinai, todo aspecto dessa visão fornece encorajamento para entrar ousadamente na presença de Deus (cf. 4.16)" (Lane, *Hebrews* 9–13, 464).

primeira vez em Hebreus 2.1-4, por trás dessa advertência. Como vimos, o contraste não está mais entre "o que começou a ser falado por nosso Senhor" (2.3) enquanto na terra e a palavra falada no Sinai. Mediante a purificação dos nossos pecados, o Filho agora se assenta à direita de Deus, no céu, tendo alcançado a nossa redenção. Assim, se a geração do deserto não escapou, que esperança existe para nós que ouvimos o gracioso chamado de Deus por meio do "sangue que fala" (v. 24) do Filho entronizado que vem e nos convida para o céu?

Segundo, o contraste entre a palavra de Deus que abala o Sinai e o seu falar "uma vez" novamente no juízo, quando sua palavra removerá tudo o que é temporal, fornece essa exortação com uma motivação final poderosa (12.26). Somente aqueles que "vieram ao Monte Sião" (v. 22) pela mediação de Cristo terão um lugar para estar. Eles são os que "estão recebendo um reino inabalável" (v. 28) enquanto estão na terra. A nota de advertência impressionante é preservada no versículo 29, pois aqueles que recebem esse reino devem dar graças reverentes e cheios de gratidão, lembrando que "nosso Deus é um fogo consumidor". Assim, a advertência introduzida em Hebreus 2.1-4 atinge seu clímax de acordo com 12.25-29 à luz da conclusão da plena redenção do Filho assentado à direita de Deus e do juízo vindouro que culmina no recebimento da bem-aventurança fornecida por Jesus. Essa é uma forte motivação para perseverar na fé que produz obediência.

### Conclusão

Este estudo argumenta que Hebreus vislumbra a possibilidade de uma apostasia da qual aqueles que uma vez na fé não podem ou não retornarão, porque se separaram do ápice do plano divino da salvação no Filho de Deus. Essa apostasia é o resultado de um abandono intencional e proposital da confiança e da consequente obediência. O escritor de Hebreus teme que a pressão da sociedade contemporânea, alimentada por uma negligência espiritual que não consegue compreender o significado de Cristo, possa levar seus ouvintes a abandonar a fé e cair nessa apostasia. A profilaxia para esse estado é o seu oposto: uma fé obediente que se apropria totalmente dos recursos fornecidos pelo Filho de Deus, nosso sumo sacerdote que está sentado à direita do Pai.

O que devemos fazer com o fato de que Hebreus parece ensinar a possibilidade de uma queda da graça sem retorno? Emmrich não trata dessa questão ao distinguir entre o ponto de vista pastoral do escritor e um ponto de vista de "Deus". O autor não faz distinção entre crentes verdadeiros e falsos em sua congregação, mas sabe que alguns deles, aparentemente fiéis, estão, do ponto de vista prático, em risco de cair. Ele não está falando da salvação do ponto de vista de Deus, pois o Senhor sabe quais dos destinatários de Hebreus são cristãos verdadeiros , e assim perseverarão, e quais só parecem ser. Assim, as exortações de Hebreus não limitam a capacidade da graça de Deus para garantir a perseverança dos verdadeiros crentes.[438] Com esse tipo de argumento mais abrangente, alguém pode descartar qualquer referência no Novo Testamento que possa soar como um fiel poderia perder a salvação. Uma distinção entre um ponto de vista pastoral ou de "Deus" para a salvação está totalmente fora do propósito de Hebreus.[439]

Como observado no início deste estudo, David deSilva mostrou como o contexto social greco-romano da relação patrono-cliente pauta o argumento de Hebreus. Ele sugere que esse relacionamento esclarece a impossibilidade de retorno da apostasia. Os clientes são informados que, se não demonstrassem gratidão e deixassem de manter lealdade a seus patrões /benfeitores, todos os benefícios futuros cessariam para sempre. Por outro lado, embora se reconhecesse que os patronos poderiam interromper sua generosidade, eles eram encorajados a continuar dando aos seus clientes, mesmo que estes fossem desleais. Uma vez que Hebreus são instruções para "clientes", esperaríamos que os advertissem da perda total e final da beneficência de Cristo. Tais instruções, entretanto, não impediriam que Jesus, o Patrono, continuasse com sua generosidade. De acordo com deSilva, essa distinção não tira dos crentes a ameaça de se desviar da salvação, mas sugere que o Patrono, em sua generosidade, traria o apóstata de volta.[440]

Acho essa sugestão intrigante, mas em última análise pouco convincente. Enquanto o relacionamento patrono/cliente pode lançar uma luz considerável sobre Hebreus, não podemos reduzir o ensino de Hebreus a esse relacionamento. Não é apenas a magnitude das bênçãos

---

[438] Martin Emmrich, "Hebreus 6.4–6 — outra vez! (Uma Avaliação Pneumatológica)", WTJ 65 (2003): 88–89.

[439] O capítulo do Buist Fanning neste livro sugere uma outra base para fazer uma distinção em Hebreus entre aqueles que agora parecem ser crentes e aqueles que Deus sabe que são verdadeiros crentes e que, assim, só eles irão perseverar. Por favor, veja a minha resposta ao seu capítulo.

[440] David A. deSilva, "Hebreus 6.4-8: uma avaliação Sócio-Retórica (Parte 2)" TynBul 50 (1999): 230–35.

de Cristo, mas seu conteúdo específico que impede o retorno da apostasia. Ele é o cumprimento de tudo o que Deus fez no Antigo Testamento e o único caminho para a pátria celestial. Como ele realizou sua obra "de uma vez por todas" (9.12, 26; 10.10), a pessoa que "uma vez" (6.4) recebeu o benefício de sua obra e então apostatou da maneira descrita por Hebreus não pode ser renovada. Pois se apartaram da única fonte de salvação.

Então, se devemos levar em conta essas advertências, quais são suas implicações pastorais? Deixe-me sugerir algumas. Primeiro, essas advertências, juntamente com o encorajamento paralelo do autor, continuam a fazer pelos cristãos modernos o que fizeram pelos primeiros ouvintes dessa mensagem. Elas nos exortam a perseverar na fé em direção à pátria celestial e evitar sucumbir à negligência espiritual, à aprovação, às seduções da sociedade contemporânea.

Segundo, essas advertências não foram dadas para gerar preocupação sobre se alguém havia apostatado. Elas foram escritas para acentuar o cuidado para que ninguém viesse a cair. A conduta tanto da geração do deserto quanto de Esaú sugere que os apóstatas não buscam o arrependimento. Além disso, os crentes atentos devem perceber que, embora a apostasia imaginada possa resultar de um processo de desvio, é uma decisão cabal não confiar em Deus, a qual é expressa em nítida desobediência e em separação da comunidade cristã. Além disso, a natureza exortativa dessas advertências não fornece nenhuma base para usá-las como um padrão para a disciplina da igreja.

Terceiro, uma vez que a severidade das advertências repousa na grandeza da salvação que Cristo trouxe, essas admoestações nos lembram de sua plena suficiência. Existe uma provisão real na expiação de Cristo pela comunhão com Deus mediante a purificação do pecado e da apropriação diária de sua graça pela vida cristã fiel.

Quarto, o fato de que essa apostasia significa apartar-se do povo de Deus nos lembra a importância da comunhão dos crentes. Assim, o escritor exorta a comunidade cristã a ter certeza de que ninguém caia na incredulidade, instrui os crentes a se encorajarem mutuamente e traz a memória que somos parte do povo de Deus espalhado pela história, mas finalmente reunido na pátria celestial.

Finalmente, as passagens de advertência nos lembram que as pessoas não estão apenas "dentro" ou "fora" do reino de Deus. Elas estão indo em uma direção ou em outra, para ou se distanciando do Pai, do Filho entronizado e da cidade celestial. Em nossa teologia pastoral, não devemos nos preocupar apenas se elas "tomaram uma decisão por Cristo"; nosso foco deve estar na direção de suas vidas.

Por essas vias, e talvez outras, as admoestações do grande pastor e teólogo que escreveu Hebreus convidam à consideração dos teólogos e pastores modernos.

# Resposta arminiana clássica

*Grant Osborne*

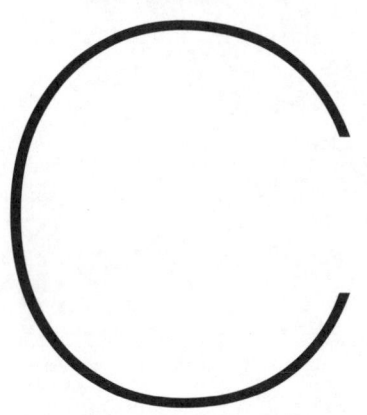

Como responder a um artigo com o qual você concorda quase inteiramente? Esse é o dilema aqui. Vou resumir o artigo do Cockerill e expandir alguns pontos quando necessários. A ênfase nas passagens de advertência como parte da estratégia pastoral do livro é um ponto importante. O autor não está escrevendo um trabalho negativo, mas positivo. É "uma palavra de exortação" (Hb 13.22) destinada tanto a advertir quanto a encorajar, mas principalmente a levar os leitores de volta ao caminho da perseverança e da fidelidade, crescendo em Cristo. Nenhuma parte deve ser enfatizada em detrimento de outra para produzir uma falsa segurança (favorecendo segurança em prejuízo da advertência) ou uma religiosidade paranoica (beneficiando a admoestação em prejuízo da segurança). As duas devem ser mantidas em equilíbrio, a fim de reconhecer tanto o perigo real quanto o poder de Deus na vida dos crentes. Como Gareth Cockerill diz corretamente, "o progresso do propósito retórico [do autor]" pretende "produzir perseverança em seus ouvintes".

Apreciei bastante a abordagem exegética adotada aqui. É interessante (sem dúvida por coincidência) que as duas abordagens arminianas tenham sido exegéticas, analisando as passagens em ordem, enquanto as duas abordagens calvinistas foram mais temáticas, avaliando as questões uma de cada vez. Em relação a Hebreus 2.1-4, há pouco com o que discordar. Especialmente firme é o reconhecimento da importância de "ouvir" e "obedecer". Como um motivo importante na epístola, merece a atenção que Cockerill lhe deu. Eu gostaria de ver mais ênfase em "como nós escaparemos" (*ekpheuxometha*) em 2.3, uma vez que o verbo está relacionado com Hebreus 12.25, enquadrando assim as passagens de advertência com a impossibilidade de escapar. Attridge aponta que o verbo é frequentemente usado "em advertências de castigo escatológico, Lucas 21.36; Romanos 2.3 e 1 Tessalonicensses 5.3".[441] Com isso, o autor aponta para a inevitabilidade dos terríveis castigos que aguardam os leitores se eles se afastarem". Estes não são explicados aqui, mas ficam claro nas três últimas passagens de advertência.

A seção sobre Hebreus 3.7–4.13 também é precisa. Gostei da ênfase em Números 12 e o destaque que Moisés recebe como "administrador" da casa de Deus e então o contraste com o fracasso de Israel em Cades-Barneia, em Números 14. Há, portanto, um duplo contraste entre Jesus e Moisés e entre Moisés e Israel. Havia a necessidade de um desenvolvimento mais exegético das duas condicionais em 3.6 e 3.14, uma vez que essas são especialmente importantes para a questão da realidade da advertência. São as duas cláusulas "se de fato" (*eanper*) de condições verdadeiras em que manter a apódose (mantendo firme) é essencial para manter a prótase (participantes de Cristo)? Eu acredito que elas são, mas alguns as reinterpretam para dizer que nós participamos de Cristo, porque ou enquanto nos mantivermos firme; em outras palavras, como segurança, em vez de advertência. Isso é improvável no contexto do fracasso no deserto.

Também gostei da definição de Cockerill do "coração maligno em incredulidade" que caracterizou a geração do deserto e ameaçou os leitores também. Ele define isso como uma falta de fé e, em contraste, aponta que "fé é viver como se o poder de Deus fosse real e suas promessas fossem legítimas mesmo quando as probabilidades contrárias parecessem esmagadoras ou quando os benefícios temporais para a incredulidade parecem atraentes (ver especialmente Hb 11.6)". No entanto, seria bom também ver como essa falta de fé pode levar à apostasia. Como isso leva à "separação da comunidade cristã"? Esse é um pecado

---

[441] Harold W. Attridge, *The Epistle to the Hebrews: A Commentary on the Epistle to the Hebrews*, Hermeneia: Um Comentário Crítico e Histórico sobre a Bíblia (Philadelphia: Fortress, 1989), 65n. 37.

que todos cometemos vez ou outra, mas como e sob quais circunstâncias isso pode levar à apostasia?

O tema do "descanso" em Hebreus 3–4 é crítico. Há três opções a considerar quando imputamos a "perda de descanso" da geração do deserto para os cristãos em Hebreus: (1) ambos lidam com o castigo terreno, isto é, a morte física (Gleason); (2) ambos lidam com a perda eterna (Cockerill, deSilva); (3) a geração do deserto sofreu a morte física, mas os cristãos de Hebreus estão em perigo de um castigo muito maior, perda eterna (McKnight, Fanning, Osborne). É uma questão difícil de decidir se a geração do deserto foi impedida de entrar no céu como resultado de sua rebelião. O texto não diz. Cockerill faz uma boa defesa da segunda opção recorrendo a lista dos heróis da fé de Hebreus 11, e especialmente para o ensinamento de que a "pátria prometida buscada pelos patriarcas era a pátria eterna (11.15) com permanente 'alicerce' (11.10), a morada eterna de Deus".

Isso pode ser uma evidência de que o autor de Hebreus o tomou dessa forma, mas o texto bíblico em Números 14 é ambivalente. Depois que o povo se rebelou, Deus ameaçou enviar uma praga e destruí-los (14.11-12). Então, Moisés interveio e implorou por misericórdia e perdão (v. 13-19). Devido à intercessão de Moisés o Senhor os perdoou e os poupou. Mas ele determinou que nunca poderiam entrar na terra prometida, e morreriam no deserto. Somente seus filhos reivindicariam a herança. A chave é a extensão do perdão. No entanto, o sentido esmagador do texto é que o juízo envolveu a morte física, e qualquer outra coisa deve ser lida no texto. Ainda assim, o autor poderia ter entendido isso como perda eterna, mas isso depende da leitura de Hebreus 11 recorrendo a 3.7-19. Devido ao uso consistente de escalada na epístola e especialmente nas passagens de advertência (veja minha resposta a Randall Gleason), eu não acredito que isso seja necessário. Na verdade, não conhecemos o estado final da geração do deserto em relação ao céu, mas os dados textuais em Hebreus sustentam fortemente a opinião de que as consequências da rebelião e apostasia para esses cristãos hebreus será a punição eterna. E nós nem chegamos ainda em Hebreus 6 e 10!

Cockerill prova firmemente a natureza eterna do ganho e perda em Hebreus, argumentando que (1) a pátria celestial de 11.1-40, bem como o Lugar celestial Santíssimo de 7.1-10.25 são as bases da nossa própria habitação eterna com Deus; e que (2) a entrada do Filho nessa realidade nos capacita a "entrar agora antecipadamente para obter a graça necessária (4.14–16; 10.19–25) para perseverança na fidelidade até a entrada final no juízo (12.25-29)". Como é o ganho, também é a perda. Em toda a epístola, é o eterno que está em vista. A entrada de Jesus no céu como primícia torna possível a nossa futura entrada, e abandonar isso é sofrer perda eterna.

Eu gostaria de classificar cuidadosamente a ideia da entrada "proléptica" do crente na vida eterna. Isso pode significar que a experiência cristã agora não é uma salvação plena, mas apenas uma antecipação. McKnight aponta para a possibilidade de que, à luz da futura natureza da salvação em Hebreus, alguns poderiam afirmar que não existe tal coisa como "apostasia" porque, de fato, alguém ainda não a "adquiriu". Ninguém pode perder o que não tem de fato. Evidentemente, ele mostra corretamente o erro de tal raciocínio.[442] No evangelho de João, a salvação é uma possessão atual (3.15-16, 36; 5.24; 6.47; 20.31), e os dois aspectos devem ser mantido em tensão mediante a escatologia inaugurada. Temos a vida eterna agora e experimentamos todos os benefícios: paz, alegria, adoração, o poder de Deus, a presença do Espírito. Porém, ao mesmo tempo nossa salvação não será consumada até o retorno de Cristo.

Eu gostei muito do tom pastoral da seção sobre Hebreus 3.11–4.13. Sua relevância para nós é claramente expressa em termos de luta com nossa própria falta de confiança e o perigo de voltar a cometer a rebelião do deserto e, assim, enfrentar a ira de Deus. Nós também devemos ser despertados da "negligência espiritual" para compreender o significado da "grande salvação" que temos em Cristo e começarmos a viver uma vida de perseverança em circunstâncias difíceis.

Assim como as outras seções, estou amplamente de acordo com a discussão do conteúdo de Hebreus 5.11–6.8. No entanto, existem alguns pontos nos quais há necessidade de questionamento. É uma pena que o artigo pare em Hebreus 6.8 em vez de ir até 6.12. A posição calvinista fundamenta muito sobre segurança em 6.9-12, e seria bom ouvir o entendimento de Cockerill sobre o equilíbrio entre advertência (5.11–6.8) e segurança (6.9-12). Também, eu não definiria a apostasia como a rejeição de entender as profundas verdades de Cristo e negligênciar a "grande salvação". Ao contrário, esses são os primeiros

---

[442] Scot McKight, "As Passagens de Advertências de Hebreus: Uma Análise Formal e Conclusões Teológicas", *TJ* n.s. 13 (1992): 58.

passos em direção à apostasia. Na realidade, a apostasia em Hebreus é uma rejeição intencional a Cristo e um retorno ao judaísmo. Muitos cristãos hoje são superficiais e negligentes, recusando-se a crescer e satisfeitos em permanecerem sem muita profundidade. Todavia, eles não se tornam apóstatas até deixarem Cristo totalmente para trás. Muitas vezes, tenho perguntado em igrejas ao redor do mundo (por exemplo, na China) qual porcentagem das pessoas que frequentam regularmente estão realmente envolvidas na igreja e usando seus dons para Cristo. A resposta média é de "20%". Isso significa que 80% das pessoas são "quase cristãs", frequentando, mas não produzindo nenhum fruto para Cristo. Muitas delas são provavelmente incrédulas e enfrentarão o destino de Mateus 7.23 ("eu nunca vos conheci"). Mas alguns podem ter o destino de 1 Coríntios 3.15 ("salvo como pelo fogo"). Elas são crentes (por mais insensatos que sejam) e dificilmente conseguirão entrar no céu. Elas se ajustam nessa definição (negligenciando a verdade cristã e sua "grande salvação").

Eu aprecio o resumo de Cockerill sobre a força dos particípios em Hebreus 6.4-5 como querendo dizer "não há estado de graça nesta vida da qual uma pessoa não possa cair". Não há virtualmente nada mais nas Escrituras que tão bem resume o que significa ser um cristão. Gostaria de encorajar os leitores a meditarem sobre a realidade desses quatro privilégios. Ninguém está a salvo do perigo da tentação mundana e de "se afastar" (2.1), e é por isso que este livro está no cânon. Cockerill tem toda razão em apontar como essa descrição enfatiza "a amplitude e a riqueza dos benefícios espirituais recebidos de Deus e, portanto, a maior obrigação de honrar a Deus com fidelidade contínua". Isso torna a apostasia de Hebreus 6.6 ainda mais terrível, pois Cockerill argumenta com muita firmeza que o verbo retrata uma rejeição deliberada de Cristo, uma separação tão definitiva que não permite um retorno. Teria sido bom ver uma reflexão mais extensa sobre a natureza desse "pecado imperdoável" e o que isso significa, pois esse tema tem frustrado tanto os pensadores calvinistas quanto os arminianos.

Gostei muito da seção sobre "maturidade/perfeição" (*teleiotēta* e seus cognatos), que se torna um tema importante em Hebreus.[443] Isso se tornou um ponto fundamental na questão da segurança e da apostasia,

---

[443] Veja sobretudo David Peterson, *Hebrews and Perfection: An Examination of the Concept of Perfection in the "Epistle to the Hebrews*, SNTSMS 47 (Cambridge: Cambridge University Press, 1982).

uma vez que muitos a consideram significando a perfeição/segurança final. O termo significa crescimento até a maturidade ou completude (6.1; 10.1) e perfeição ao alcançar o céu (10.14; 11.40; 12.23) quando usado para crentes. Quando usado para Cristo, significa a conclusão de seu ofício (2.10) ou perfeição como o exaltado (5.9; 7.28). Não é uma declaração de segurança final.

Em Hebreus 10.26-31, eu novamente gostaria de ter visto Cockerill explorar mais extensivamente a passagem (10.19-39) para interagir com as duas seções de encorajamento (v. 19-25, 32-39)[444] que enquadram a advertência. Encontrar um equilíbrio entre segurança e advertência na epístola é a tarefa de todos nós. Ainda assim, foi bom ver a nota em 10.25b, "até que vocês vejam o dia (do juízo) vindouro" como uma transição direta para a advertência nos versículos 26-31. Em certo sentido, estes últimos são uma expansão da advertência de juízo no versículo 25b., a ênfase no ato "intencional" de desobediência lembra o "pecado deliberado" de Números 15.29-31, cuja pena era a morte. Assim, o "dia do juízo" proclamado em Hebreus 10.25b está agora sendo explicado. "Nenhum sacrifício resta pelo pecado" (10.26) lembra 10.1-18, que mostra como o sacrifício, de uma vez por todas, de Jesus cumpriu os sacrifícios do Antigo Testamento e os tornou desnecessários. Para os leitores voltarem ao judaísmo, ambos devem voltar ao sistema de sacrifício "obsoleto" (8.13) e remover qualquer possibilidade de seu retorno ao único "sacrifício" verdadeiramente eficaz, o de Cristo.

Há uma discussão incrível do argumento "do menor para o maior" em Hebreus 10.26-31, mostrando como o autor passa do castigo de morte "menor" experimentada sob a lei, para o "maior", perda eterna a ser sofrida por aqueles que deixem a "maior salvação" que encontraram em Cristo. Como a lei de Moisés foi incapaz de prover salvação e assim "prefigurou" a salvação final sob Cristo, então seu castigo "prefigurou" a perda final de salvação encontrada aqui.

O único acréscimo que eu faria é que o pecado também é *maior* do que o cometido pela geração do deserto. Eles demonstraram falta de confiança na provisão do Senhor, mas os destinatários de Hebreus

---

[444] Há uma breve discussão dos versículos 19-25 no início da seção em 10.26-31 e uma breve discussão de 10.32-39 no início da seção em 12.14-29. Mas teria sido bom abordar sobre essas seções de segurança mais em conjunto com a advertência de 10.26-31 e mostrar o equilíbrio das duas perspectivas em Hebreus.

correm o risco de ir mais longe, rejeitando a salvação final de Deus em Cristo. Não existe uma correspondência linear entre o pecado do povo do deserto e aquele citado em Hebreus 10. Nesse sentido, mais ainda poderia ser acrescentado sobre Deus "vingar" e "julgar" (Dt 32.35-36). Os leitores em 10.30 sobre o terror que se deve sentir quando "cair nas mãos do Deus vivo" (10.31). No canto de Moisés de Deuteronômio 32, essa era uma promessa de que o Senhor justificaria seu povo julgando seus inimigos. Aqui os leitores não podiam perder a nuance aterrorizante de que eles mesmos poderiam se tornar inimigos de Deus! O "Deus vivo" em Hebreus 10.31 é o "fogo consumidor" de 12.29. A terrível e eterna punição é o único destino do apóstata.

Apreciei ainda o modo como Cockerill colocou Hebreus 12. 14-29 em seu contexto e chamou isso de "a grande história final do povo de fé em Hebreus 11.1-12.29". Há pouca dúvida de que, todo o capítulo 12 é um desenvolvimento *midráshico* das implicações da lista dos heróis da fé, no capítulo 11, e que o todo é um chamado para uma vida de perseverança na peregrinação de modo que a vida cristã esteja de acordo com a epístola de Hebreus.

Algo que simpatizei muito, ao longo deste ensaio, foi a maneira como o Cockerill não apenas fez a exegese do texto, mas o fez como parte de um ensaio sobre as questões em cada seção. Isso é bem exemplificado em sua discussão de Hebreus 12.14-29. Ele mostra como a ênfase mudou da "palavra falada através do Filho" (2.1-4) para a salvação realizada por intermédio do Filho, de modo que aqui "o escritor exorta seus ouvintes a olhar para cima e para frente, tanto para o objetivo de sua peregrinação quanto para a provisão e direção à sua conclusão". Ele mostra como o capítulo 12 constrói e resume a "grande salvação" que Cristo tornou possível, o fim e o objetivo da peregrinação cristã e o juízo final que concluirá tudo.

Há uma boa discussão sobre o contraste Sinai/Sião, especialmente com a observação de que, como a palavra *monte* não é mencionada com Sinai, a preocupação do autor é "com o caráter desse lugar, não com a sua localização. Esse é o lugar do juízo, o julgamento da geração do deserto". Então, todo o tema é juízo *versus* recompensa, terror na perda *versus* alegria no novo acesso a Deus. Para os leitores, há outra escatologia inaugurada, como o autor diz com efeito, "o presente privilégio do povo de Deus é, na verdade, uma descrição da bem-aventurança eterna que eles agora desfrutam de maneira preliminar". Mais uma vez, com Sião a ênfase é em encorajamento e segurança, e mais do que em qualquer outra seção, os temas de segurança e admoestação estão interligados. Não há necessidade de separá-los ou enfraquecê-los, pois certamente o autor quer dizer que os crentes estão seguros em Deus e em perigo no mundo, ambos cidadãos da Sião celestial e necessitados de revestimento espiritual na terra. O autor ficaria chocado com as tentativas de ambos os lados de enfraquecerem a segurança ou a advertência, dependendo de seu sistema preconcebido.

Como Cockerill afirma, a advertência iniciada em Hebreus 2.1-4 encontra sua conclusão em 12.25-29, e aqui os dois lados da bênção e do perigo são novamente reunidos. Cristo completou sua obra redentora e está em uma posição de poder à direita de Deus (Sl 110.1); mas ele é também um "fogo consumidor", e o juízo aguarda aqueles que "se afastam dele".

Deixe-me acrescentar uma advertência a este artigo e aos outros. É comum que ambos os lados sintam que sua interpretação é muito superior à outra, não apenas em termos de Hebreus, mas em termos do que é ensinado em todas as Escrituras sobre segurança e advertência, sobre privilégio e comprometimento de Deus. Cada lado sente que há pelo menos cem passagens sustentando sua posição e apenas três ou quatro no melhor dos casos para o outro lado. Mesmo assim, na verdade, há um incrível equilíbrio em termos da quantidade de prova bíblica para cada lado!

Deixe-me primeiro repassar os dados bíblicos que apoiam a posição calvinista. Primeiro, temos o caráter de Deus. Ele é absolutamente soberano (Rm 9.20-21; 2 Tm. 2.13), imutável (Tg 1.17-18) e todo amoroso (Sl 89.32-35; Jr 31.3). Uma vez que toda a humanidade é totalmente depravada, a única maneira de alguém ser salvo é se Deus predestinar/eleger alguns para a salvação com base em sua vontade misteriosa (At 13.48; Rm 9; Ef 1.4-5). Na *Teologia Sistemática*, de Charles Hodge, toda a sua discussão sobre a segurança eterna é uma exposição de Romanos 8, começando com a promessa de "nenhuma condenação" nos versículos 1-6 e depois prosseguindo para a vida no espírito (v. 7-10). A dádiva da vida eterna (v. 11-13), o novo status de "filhos de Deus" (v. 14-17), a promessa da redenção dos santos (v. 18-25), a intercessão do espírito (v. 26-27), o chamado e a corrente de ouro da predestinação (v. 28-30), e a promessa absoluta de que nada pode nos separar do amor de Deus e de Cristo (v. 31-39).

Em termos da vida do crente, há o processo de perfeição (Jr 17.23; Hb 10.14), nossa proteção absoluta por Deus (Jo 10.27-29; Cl 3.3; 1 Pe 1.5), nosso chamado irrevogável (Rm 11.29; 2 Tm 2.19), e nosso tesouro/herança no céu (Mt 25.34; Hb 9.15; 1 Pe 1.4). Há também (da *Teologia Sistemática* de Berkhof) a aliança da redenção (Jo 6.37-40; Fp 1.6; 2.13), a eficácia dos méritos e a intercessão de Cristo (Jo 17; Hb 7:24–25), a união mística com Cristo (Jo 5.24; Ef 5.23, 27), a obra do Espírito Santo no coração (Ef 1.13-14; 4.30), e a segurança da salvação (Mt 24.24; 2 Tm 1.12).

Agora vamos considerar os dados que favorecem a posição arminiana. No Antigo Testamento, Salomão é advertido dos perigos de abandonar a Deus (1 Cr 28.9), e em Ezequiel 18.24, 26 e 33.13, 18 a pena de morte é dada àquele que se afasta da justiça, com Daniel 12.2 mostrando que essa punição é vista como eterna. Há exemplos possíveis de apostasia em Saul (1 Sm 15.18-19, 24-26) e Salomão (1 Rs 11.4, via idolatria). Alguns veem isso também no caso de Judas (Jo 17.12) e de Israel ("quebrantado" devido à "incredulidade" em Rm 11.20-22), de Himeneu e Alexandre (1 Tm 1.18-20) e dos falsos mestres em Judas e 2 Pedro 2.

Em seguida, considere o ensinamento de Jesus. Na parábola do administrador em Lucas 12.42-46, o administrador que falha é destruído e recebe "um lugar com os incrédulos" (v. 46); e nas duas parábolas de Mateus 25.1-13 e 14-30, as damas de honra sem óleo não têm permissão para entrar no banquete messiânico (v. 12 — "eu não vos conheço" – referindo-se a 7.23), e o administrador que enterrou seu talento é lançado nas trevas exteriores, onde há choro e ranger de dentes (v. 30 — uma metáfora para o castigo eterno que se assemelha ao *geena*). Em João 15.1-6 há ramos "em mim" que não estão dando fruto e são cortados da vinha (apostasia), colhidos e jogados no fogo para serem queimados (castigo eterno).

A seguir, as passagens sobre a salvação condicional — João 8.51 ("se alguém guardar minha palavra, não verá a morte"); Romanos 8.12–14 (o dualismo "se pela carne/pelo Espírito"); 1 Coríntios 15.1–2 ("salvo se vocês apegarem-se firmemente"); Colossenses 1.21–23 ("apresentai-vos santos... se continuares"); 1 Timóteo 4.16 ("se vocês [perseverarem], se salvarão e a seus ouvintes"); Hebreus 3.6, 14 ("nós somos sua casa se..."; "somos participante em Cristo se..."); 2 Pedro 1. 8–11 ("se vocês fizerem essas coisas, nunca cairão"); 1 João 2.23–25 ("se [o que vocês ouviram] permanecer em vocês, permaneceram no Filho e no Pai").

Agora nos voltamos para as declarações sobre a possibilidade de apostasia, incluindo Mateus 24.4-5, 11, 13 e 2 Tessalonicenses 2.3 (profecia da "grande apostasia" vindoura); 1 Timóteo 4.1 ("nos últimos dias alguns abandonaram a fé "); e 2 Pedro 3.17–18 ("não se deixe levar pelo erro dos infiéis").

Finalmente, há declarações sobre o perigo real de apostasia. Uma vez que, anteriormente, foi abrangido as cinco passagens em Hebreus extensivamente, nos restringiremos ao restante do Novo Testamento aqui. Em Romanos 14.15, os "fortes" de Roma são instruídos a não "destruir seu irmão e irmã por quem Cristo morreu", inclusive Moo e Schreiner em seus comentários interpretam isso como apostasia. Em 1 Coríntios 9.24–27, Paulo fala sobre o perigo de se tornar um "reprovado", provavelmente conotando tanto "desqualificado" quanto "rejeitado"; e em 10.12, Paulo adverte os coríntios a "tenham cuidado para que vocês não caiam". Em Tiago 1.13–15, o processo de uma prova que leva à tentação, então o pecado e a morte são descritos, e em 5. 19– 20 um "irmão ou irmã" na fé pode "perder-se" e, nesse caso, ser trazido de volta, para que a "alma" da pessoa seja "salva da morte" (é improvável que seja apenas a morte física). Em 2 Pedro 2.20-21, uma pessoa que "escapou da corrupção do mundo» e «conheceu nosso Senhor e salvador Jesus Cristo" pode ser "vencida" e "seu final será pior do que o começo". 1 João 5.16–17 o "pecado para morte" é examinado. Finalmente, em Apocalipse 2.5, Cristo adverte à igreja em Éfeso que, caso não se arrependerem, ele "removerá seu candelabro"; em 21.8, os "covardes" da igreja (isto é, os cristãos fracos) são advertidos de que enfrentarão o lago de fogo; e em 22.19 aqueles que "tirarem as palavras deste livro" descobrirão que Deus tirou "sua parte na árvore da vida".

Ambos os lados podem fazer casos muito fortes em favor de suas posições, mas infelizmente ambos os lados se tornaram arroganted e muito convicto de suas posições. Provavelmente, a maioria de vocês que leu este capítulo olhará para os versículos do outro lado (da sua posição) e dirá: "Eu posso responder esses versículos facilmente". Não, você não pode! Você está impondo a grade do seu sistema naquelas passagens que o desafiam para que você não tenha que ser desafiado. Deixe-me dar um exemplo.

Judith Gundry Volf escreveu sua dissertação de doutorado sobre *Paul and Perseverance* [Paulo e a Perseverança][445] e fez de Paulo, virtualmente, um discípulo de João Calvino, dando as declarações condicionais em Paulo pouca atenção. Então posteriormente B. J. Oropeza fez outra dissertação sobre *Paul and Apostasy* [Paulo e a Apostasia][446] e fez de Paulo um discípulo de Armínio, ignorando a obra de Gundry Volf. Eu, pessoalmente, duvido que haja alguma base para certeza sobre essa questão. Os dados são praticamente iguais quantitativa e qualitativamente. Quando todos chegaremos ao céu, espero que Deus diga: "Eu nunca pretendi dar a resposta final. Eu queria que você lutasse e vivesse na tensão entre segurança e advertência, encontrando o equilíbrio entre os dois aspectos. Paulo e o autor de Hebreus certamente o fizeram. Não há evidência alguma de que eles ficaram acordados à noite discutindo se a segurança era condicional ou incondicional. Isso não significa que não devemos descobrir a resposta que acreditamos ser a melhor. A lei da não contradição diz que ambos não podem estar corretos. O que isso significa, no entanto, é que ambos os lados devem respeitar o outro e encontrar uma "hermenêutica da humildade" sobre esta questão. Eu confio que é o tom deste livro. Para mim, concordo com o Cockerill ao submeter humildemente ao leitor nossa crença de que a posição arminiana é a mais forte das duas, especialmente em relação às passagens de advertência em Hebreus.

---

[445] Judith M. Gundry Volf, *Paul and Perseverance: Staying In and Falling Away*, WUNT 37 (Tübingen: Mohr-Siebeck, 1990).

[446] B. J. Oropeza, *Paul and Apostasy: Eschatology, Perseverance, and Falling Away in the Corinthian Congregation*, WUNT 115 (Tübingen: Mohr-Siebeck, 2000).

# Resposta calvinista clássica

*Buist Fanning*

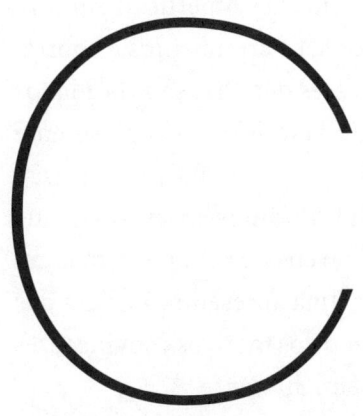

Como eu respondo ao ensaio de Gareth Cockerill, quero agradecer-lhe por seu valioso trabalho e pelo espírito irênico em que está escrito. Também o elogio por seu compromisso de submeter pressuposições ao ensino das Escrituras e não impor uma tradição teológica ao texto. É isso que todos nós estamos tentando fazer. Outros avaliarão o sucesso de cada um de nós. Como disse sobre os outros dois ensaios neste livro, quero reconhecer aqui também minha concordância com muito do que o ensaio de Cockerill diz sobre Hebreus. Por causa das limitações de espaço, esta resposta se concentrará em áreas de discordância, mas isso não deve obscurecer o quão próximo estamos em muitos pontos.

O leitor notará paralelos em minhas respostas a Gareth Cockerill como aqueles atribuídos a Osborne uma vez que eles seguem abordagens semelhantes e chegam a conclusões semelhantes. Todavia, nas duas respostas, abordarei assuntos ligeiramente diferentes, baseados em temas para os quais cada um dá maior destaque aos pontos distintos que aborda.

Como um comentário inicial mais abrangente, quero registrar minha decepção com o formato e a abordagem do ensaio de Cockerill. Ele fornece uma pesquisa útil sobre as passagens de advertência em Hebreus, dando uma exposição de suas ideias, mas não vai muito além no desenvolvimento de sua avaliação em qualquer ponto. Eu esperava encontrar uma maior acuidade na organização dos argumentos-chave para sua abordagem em geral, engajando-se de maneira pontual com críticas de suas perspectivas e, especificamente, apoiar suas conclusões em relação a outras ideias por meio de discussão exegética e bíblico-teológica. Como está, seu ensaio é muito unilateral, desprezando qualquer abordagem que leia as passagens de advertência de qualquer outra maneira.

Cockerill cita, com certeza, o trabalho de outros no desenvolvimento do ensaio, mas é principalmente com quem ele concorda (por exemplo, deSilva, Ellingworth). Quando ocasionalmente se refere a obras que têm uma visão diferente, ele aborda superficial e muito rapidamente suas ideias. Em vez de expor seus argumentos e contrapô-los, ele cita outros trabalhos em que esses detalhes são abordados (por exemplo, "Mcknight mostrou a fragilidade de") ou simplesmente reitera sua interpretação mais firmemente (por exemplo, a outra visão é "diametralmente oposta ao uso pretendido do autor"). Naturalmente, ele não pode cobrir todos os detalhes em um ensaio como este, mas em pontos importantes poderíamos esperar uma apresentação clara das principais visões concorrentes e um resumo dos motivos convincentes pelos quais ele interpreta o texto de maneira diferente.[447]

### A Completa Suficiência da Salvação em Cristo

Para ir além das questões de apresentação, quero responder ao ensaio de Cockerill em duas áreas principais de desacordo sobre o conteúdo exegético e teológico. O primeiro deles diz respeito ao que considero ser a idria mais significativa e central de seu ensaio, algo que ele enfatiza no início e retorna em sua conclusão. Isso diz respeito ao caráter da obra salvadora de Deus em Cristo. Como Cockerill coloca, "tanto a advertência dada quanto o 'encorajamento' oferecido por Hebreus estão profundamente enraizados na teologia do livro e nas implicações soteriológicas de sua cristologia". Em sua conclusão ele se refere à "grandeza da salvação que Cristo trouxe" e "sua total suficiência".

---

[447] A única exceção a isso é sua interação em vários pontos com o trabalho de Gleason Randall. Um engajamento como esse, com outras abordagens, fortaleceria a apresentação de Cockerill.

Eu sinceramente concordo com Cockerill que esse é um tema central em Hebreus, mas acredito que ele não tenha investigado a ideia o suficiente ou visto seu significado completo para interpretar as advertências em Hebreus. Em parte, isso se deve, penso eu, à sua concentração quase exclusivamente nas "advertências" de Hebreus e sua desatenção aos "encorajamentos" (mantendo seus termos já citados) oferecidos nas mesmas passagens e em outros lugares do livro. Ele observa que a severidade da admoestação é devida à suficiência e grandeza da obra salvadora de Deus em Cristo, mas ele falha em investigar como essa grande salvação pode afetar a profundidade do encorajamento oferecido por Hebreus.

A seção em meu ensaio sobre "encorajamento aos leitores sobre a Fidelidade de Deus" traça as garantias que a epístola traz a seus leitores nas passagens de advertência propriamente ditas e ao longo do livro. Embora algumas dessas garantias venham de fora das "passagens de advertência", elas são uma parte significativa da teologia dos Hebreus e devem ser levadas em conta na interpretação das advertências. Como o próprio Cockerill declara, as advertências e os encorajamentos (que são paralelos) devem ser vistos como parte da estratégia e teologia maiores do livro como um todo.

Como argumentei em minha seção sobre "encorajamento", vários dos temas soteriológicos e cristológicos mais centrais de Hebreus têm uma influência direta sobre como devemos ler as advertências da epístola.

O primeiro tema é a superioridade e completude da salvação agora concedida em Jesus Cristo em comparação com a natureza provisória e imperfeita da ordem mosaica. Por causa de quem é o Filho e seu autossacrifício pela vontade da graça do Pai, uma completa purificação para o pecado foi realizada de uma vez por todas. Ele se tornou a garantia de uma aliança nova e superior concedida em promessas superiores e proporcionando uma esperança superior por meio da qual seus destinatários se aproximam de Deus (Hb 1.1-4; 5.9-10; 7.19, 22; 8. 6; 10.10). Cockerill certamente tem razão ao concluir que um maior juízo é tudo o que poderia ser esperado para qualquer um que rejeitasse desdenhosamente o sacrifício completo e final pelo pecado que Deus proveu em Cristo (6.6; 10.29).

Segundo, como o escritor de Hebreus desenvolve a superioridade dessa salvação da nova aliança, ele enfatiza o caráter eterno de seus benefícios (8.12; 10.12, 17–18).[448] De acordo com o juramento de Deus, Jesus é o sacerdote eterno de uma nova ordem (7.21). Uma vez que ele é o Filho de Deus, seu sacerdócio não é devido à descendência física, mas ao poder de uma vida indestrutível (7.3, 16, 24), e ele foi capaz de oferecer um sacrifício eternamente eficaz pelos pecados (10.12, 14,17-18). No argumento de Hebreus, essa eternidade é atribuída ao sacrifício de Cristo não apenas a seu caráter abstrato e potencialidade, mas também em sua aplicação concreta e resultante sobre seus destinatários. Isso é visto especialmente em 7.25 e 10.14.

Em Hebreus 7.25 o autor dá a consequência do caráter de Jesus como sumo sacerdote eterno (7.11–24): "Assim ele é capaz de salvar completamente aqueles que vêm a Deus através dele, porque ele sempre vive para interceder por eles"(NET).[449] Eu afirmo que ninguém entendeu verdadeiramente a soteriologia de Hebreus e sua influência nas passagens de advertência se ele ou ela não tiver lidado com esse versículo. Como muitos notaram, o escritor afirma aqui, em termos inequívocos e não qualificados, a segurança absoluta e permanente daqueles que são os destinatários do ministério sacerdotal de Cristo.[450] Nada é dito sobre os limites de sua capacidade de salvá-los. Nenhuma qualificação é introduzida sobre as dimensões passadas *versus* futuras dessa salvação; na verdade, o ponto do contexto é a sua capacidade de interceder e salvar para todo o sempre. Nenhuma sugestão é dada de que a capacidade de salvar de Cristo pode ser frustrada ou sua disposição de salvar pode ser interrompida pelos próprios destinatários que decidem deixar de "vir

---

[448] Essa é uma das duas provisões da nova aliança de Jeremias 31 citada no capítulo 8 de Hebreus e depois repetida no capítulo 10.

[449] Se a frase adverbial com "salvar" deve ser tomada como "completamente, inteiramente" ou como "para sempre, para todo o sempre" é imaterial. Provavelmente é pretendido incluir ambos os sentidos, como Harold W. Attridge diz (*The Epistle to the Hebrews: A Commentary on the Epistle to the Hebrews*, Hermeneia: Um Comentário Crítico e Histórico sobre a Bíblia [Philadelphia: Fortress, 1989], 210). Em qualquer caso, a última parte do versículo afirma, e o contexto maior enfatiza, a natureza eterna da obra sacerdotal de Cristo.

[450] Veja a seção em meu ensaio sobre "Encorajamento aos Leitores sobre a Fidelidade de Deus" (p. 192–205). Veja também as declarações poderosamente formuladas em F. F. bruce, *The Epistle to the Hebrews*, NICNT, rev. ed. (Grand Rapids: Eerdmans, 1990), 175; William L. Lane, *Hebrews 1 a 8*, WBC 47a (Dallas: Word, 1991), 190; e David Peterson, *Hebrews and Perfection: An Examination of the Concept of Perfection in the "Epistle to the Hebrews"*, SNTSMS 47 (Cambridge: Cambridge University Press, 1982), 114–15.

a Deus por intermédio dele".[451] O autor não indica que a obra salvadora de Cristo é direcionado a um grupo *coletivo*, fazendo com que quaisquer benefícios *individuais* dependam da permanência no grupo, ou que o que está em vista é realmente apenas a *capacidade* potencial de Cristo, não a *eficácia* real de sua obra salvadora por eles.[452] A suficiência plena da obra salvífica de Jesus se reflete em sua eficácia eterna por aqueles que ele se compromete a salvar.

Em Hebreus 10.14 o escritor explica o significado da postura do Filho sentado à direita do Pai (em contraste com os sacerdotes da antiga ordem cujos sacrifícios jamais poderiam remover pecados): *"Pois por uma oferta ele aperfeiçoou para sempre aqueles que são santificados"*. Isso é seguido em 10.17 pela reiteração da declaração enfática da nova aliança de Deus (Jr 31.34), "seus pecados e atos iníquos não me lembrarei mais". Novamente, essa afirmação do efeito permanente da obra salvadora de Cristo não é qualificada de forma alguma. A qualidade do sacrifício da nova aliança é tal que produz perfeição, santidade e perdão para todos os que estão sob seus benefícios. Não há indicação de que aqueles a quem "aperfeiçoou para todo o sempre" possam tornar-se "imperfeitos" ou que aqueles a quem ele santifica possam tornar-se "profanos", ou que o Senhor volte a lembrar-se de seus pecados em algum momento futuro. Não há indício de que os efeitos eternos se tornam eternos apenas depois de um período probatório. Essa é outra indicação da grandeza e suficiência da salvação de Deus em Cristo.

Terceiro, o outro tema fundamental que Hebreus enfatiza no desenvolvimento da superioridade da salvação da nova aliança é a natureza interior e espiritual de seus benefícios. A certa altura (8.10) o escritor cita a promessa de Jeremias 31.33 de que a lei será escrita nos corações e mentes do povo de Deus, e então ele a repete em 10.16 sem dar mais detalhes. Em vez disso, é citado como parte da explicação do

---

[451] Seria dissimulado por parte do escritor falar da capacidade de Jesus de salvar em termos tão absolutos como uma forma de elogiar os méritos de sua salvação, se, de fato, sua capacidade de salvar pode ser interrompida pelos próprios destinatários. Além disso, o versículo é muito enfático para significar simplesmente "contanto que você continue a manter sua esperança, pode ter certeza de que Cristo manterá sua parte do relacionamento", ou "contanto que você continue a honrá-lo como salvador, ele continuará a salvar e a interceder", como os comentários de David A. deSilva parecem implicar (*Perseverance in Gratitude: A SocioRhetorical Commentary on the Epistle "to the Hebrews"* [Grand Rapids: Eerdmans, 2000], 250-51 em 6:13-20).

[452] As passagens sobre a intercessão do sumo sacerdócio de Cristo (2.17-18; 4.14-16) implicam claramente um ofício com os indivíduos e a efetividade em provê-los nas reais fraquezas e tentações de suas vidas.

caráter eterno do perdão da nova aliança (10.11-18) como antes discutido. Qual é a conexão entre a *interioridade* da nova aliança e seu perdão *eterno* e o aperfeiçoamento de seus destinatários? A resposta é sugerida por Jeremias 31 propriamente dito, em que o fracasso do povo é dado como um contraste inicial entre a aliança do Sinai e a nova aliança: "eles não permaneceram na minha aliança e eu não atentei para eles" *versus* "eu colocarei minhas leis em suas mentes e as escreverei em seus corações" (cf. Hb 8.9-10). Deus pretendia que a nova aliança efetivasse a purificação e a renovação espiritual interna, permitindo que seu povo continuasse a viver fielmente diante dele.

Hebreus relaciona explicitamente essas duas ideias em 9.13-15. Aqui o escritor contrasta a purificação ritual exterior dos sacrifícios mosaicos com a purificação interior e a capacitação que Cristo providenciou: porque ele se ofereceu a Deus sem mácula por meio do Espírito eterno, ele é capaz de "purificar a nossa consciência das obras mortas de modo que sirvamos ao Deus vivo" (9.14b REB). E, assim, o versículo 15 diz, ele é mediador de uma nova aliança, "para trazer libertação dos pecados cometidos sob a antiga aliança; seu propósito é capacitar aqueles a quem Deus chamou para receber a herança eterna que ele lhes prometeu" (REB). A nova aliança fornece a purificação da consciência da culpa do pecado, bem como o fortalecimento interno e a renovação do coração para servir a Deus. Essa nova vida de serviço inclui adoração sincera, bem como transformação moral e obediência ao Senhor (10.22; 13.9, 15-16).[453] Assim, a nova obra sacerdotal de Cristo assegura não apenas o início de um processo de aperfeiçoamento e santificação, mas também sua continuação e realização final. Aqueles que "vêm a Deus por meio dele" (7.25), que "são santificados" (10.14), que "participam de um chamado santo e celestial" (3.1; cf. 9.15) não recebem uma herança provisória, mas uma eterna prometida por Deus e garantida pelo novo sacrifício da aliança de Cristo (5.9; 7.22; 9.15).

Esse parece ser o fundamento teológico para a certeza que o autor dá aos seus leitores em Hebreus 6.9-10 e 10.32-34 fundamentada em sua obediência passada e presente. Seu amor, serviço, alegria e sofrimento, e assim por diante, convenceram-no de que seu destino é a salvação, não o juízo; libertação, não destruição. Cockerill menciona o

---

[453] Peterson, *Hebrews and Perfection*, 138–40.

encorajamento do escritor com base no passado de seus leitores, mas não segue o raciocínio teológico para tal encorajamento. Como pode o escritor falar com tanta confiança sobre suas perspectivas? Como as evidências da salvação genuína no passado e no presente dão confiança sobre o futuro, se a perda eterna é possível para o cristão verdadeiro? Seria mera lisonja ou otimismo indevido falar dessa maneira se a sua continuidade depende da fidelidade humana que poderia mudar tão radicalmente (como refletem 6.6 e 10.29). Mas se tal conduta divina está enraizada na transformação de Deus e na salvação eternamente eficaz por intermédio da nova aliança, tal confiança é bem fundamentada.

Isso leva ao quarto tema, intimamente relacionado, na soteriologia de Hebreus, que tem uma influência significativa na interpretação das passagens de advertência. Esse tema é a confiabilidade absoluta de Deus para levar sua obra salvadora até o fim. Sua fidelidade para realizar a salvação com todos os seus benefícios é a única fundamentação para a certeza e segurança cristã.[454] Isso explica a combinação de advertência severa e encorajamento profundo oferecido por Hebreus. O escritor exorta seus leitores a continuarem na fé e obediência; fazendo isso eles darão evidências que realmente são participantes da salvação em Cristo, e é isso que o ele espera que ocorra com base em sua fidelidade passada e presente (6.9-10). Mas o autor está ciente de que eles estão enfrentando uma crise e que alguns podem ser tentados a rejeitar o sacrifício de Cristo. Isso eles não devem fazer, porque a perda irremediável é uma consequência para qualquer um que deliberadamente rejeitar a provisão completa e final de Deus para o pecado.

Mas a soteriologia de Hebreus deixa claro que a fidelidade humana contínua não é a *fundamentação* para manter a obra salvadora de Deus ou para levá-lo à consumação final; é o benefício necessário, o efeito da verdadeira obra salvadora do Pai.[455] As admoestações e certezas de Hebreus mostram que a perseverança na fé e na obediência é o efeito e a evidência de se beneficiar verdadeiramente do obra salvífica de Cristo, não a sua condição. Aqueles que consciente e intencionalmente rejeitam a Jesus não deixam de participar da salvação dele; eles

---

[454] Observe o foco na fidelidade de Deus em Hebreus 6.9–20, conforme apresentado na seção do meu ensaio sobre "encorajamento".

[455] Veja o tratamento de Hebreus 3.6 e 3.14 e seu significado mais abrangente para as passagens de advertência nas páginas a seguir e na seção do meu ensaio sobre "o paradigma interpretativo".

mostram que nunca foram verdadeiramente participantes. Por outro lado, aqueles que experimentaram o poder transformador dessa nova aliança mediada pelo sumo sacerdócio de Jesus continuarão a mostrar uma fé perseverante, baseada não na habilidade humana mutável, mas no poder sustentador de Deus atuando neles.

O objetivo de toda esta seção em minha resposta a Cockerill não é criticar pontos específicos de seu tratamento, mas desafiá-lo a ir além. Eu acho que ele está correto em destacar a suficiência e a grandeza da salvação de Cristo para a teologia de Hebreus, mas acredito que ele não a investigou profundamente o suficiente ou identificou seu significado mais amplo para entender as passagens de advertência. Eu argumento que Hebreus abordam a grandeza dessa salvação especificamente no que diz respeito *tanto* à segurança permanente que ela proporciona àqueles que são seus verdadeiros participantes *quanto* seu poder transformador que os capacita a continuar no caminho da salvação e santificação que eles estabeleceram.[456]

### Participantes de Cristo (Hb 3.6, 14)

A segunda área de desacordo com Cockerill sobre o conteúdo exegético e teológico diz respeito ao seu tratamento das sentenças condicionais de Hebreus 3.6 e 3.14. Isso não é uma questão a qual ele se detém por muito tempo, mas é central para minha visão das advertências em Hebreus e, portanto, merece uma breve resposta.

No curso de avaliar as advertências de Hebreus 3–4, Cockerill traduz Hebreus 3.6 e 3.14 da seguinte maneira: "'Nós›... somos a "casa" ou o povo de Deus, e nós continuaremos a ser aquela casa se permanecermos fiéis", e "nos tornamos participantes de Cristo [e continuaremos a ser assim], se mantivermos firmemente o princípio de nossa confiança até o

---

[456] Esses são os pontos que me incentivam a envolver-me com o pensamento de Marshall provocando reflexões sobre "o mistério do mal" e "o mistério da vontade divina" e tirar conclusões diferentes do que ele fez (cf. I. Howard Marshall, *Kept by the Power of God: A Study of Perseverance and Falling Away*, Ed. 3ª [Carlisle: Paternoster, 1995], 276 – 78). O mistério do mal nos faz pensar sobre por que Deus não escolheu eliminar todo o pecado da vida terrena de seu povo e como alguém que parece ter experimentado a salvação de Deus poderia ser oprimido pelo pecado e rejeitar Cristo. O mistério da vontade divina nos faz pensar sobre os propósitos do Pai, que não podemos conhecer plenamente, e como ele poderia trabalhar o seu propósito soberano por meio, não apesar de, das ações humanas (a minha paráfrase de suas reflexões). Enquanto ambos permanecem mistérios, Hebreus nos encoraja a pensar mais sobre o poder de Deus e menos seriamente sobre o poder do mal em ação no cristão.

fim". Seus argumentos para apoiar esse entendimento e desenvolver seu significado consistem em duas notas de rodapé. Essas notas seguem duas linhas de pensamento, mas eu responderei a apenas uma delas aqui.[457]

Uma das notas afirma enigmaticamente, "é muito sutil em ambos 3.6 e 3.14 ao criar uma situação presente dependente de uma condição futura. Não há indicação de que o escritor acredite que seus destinatários... possam não fazer parte da «casa» de Deus». Cockerill cita o comentário de Ellingworth em apoio a esse ponto.[458] Essa é uma ilustração fundamental sobre a negligência de Cockerill, como mencionei antes, de se envolver de maneira convincente com visões opostas. Seria valioso para ele citar mais claramente alguns estudiosos representativos nos quais acredita terem adotado uma visão excessivamente sutil dessas afirmações, para articular o que eles realmente estão dizendo e como o apoiam exegeticamente e, então, responder aos seus argumentos. Ele se refere, no final da nota de rodapé, à sua resposta a mim neste livro. Mas por que não trabalhar com esse ponto de vista com mais cuidado desde o início, pois faz a diferença na interpretação das advertências, porque essa visão tem sido claramente articulada por vários eruditos importantes de Hebreus.[459]

Para desfazer a crítica concisa de Cockerill à minha visão de Hebreus 3.6 e 3.14, creio que ele faz dois pontos nessa nota: (1) minha visão torna uma situação presente dependente de uma condição futura; e (2) minha interpretação dos versiculos é muito sutil para ser válida, uma vez que não há indicação de que o escritor está questionando o status dos leitores como verdadeiros cristãos. Em seu primeiro ponto ele parece

---

[457] A outra linha de pensamento (a identificação dos leitores em 3.1 como o povo de Deus e a importância deste para o argumento do escritor nesta seção) é tratada com mais detalhes na minha resposta a Osborne, uma vez que para ele esse ponto é muito importante em sua apresentação.

[458] Paul Ellingworth, *The Epistle to the Hebrews: A Commentary on the Greek Text*, NIGTC (Grand Rapids: Eerdmans, 1993), 227.

[459] Nesse comentário final, quero me referir não ao meu próprio trabalho, mas ao de Bruce, *Hebrews*, 94; Wayne Grudem, "Perseverança dos Santos: Um Estudo de Caso das Passagens de Aviso de Hebreus," em *Still Sovereign: Contemporary Perspectives on Election, Foreknowledge, and Grace*, Ed. Thomas R. Schreiner e Bruce A. Ware (Grand Rapids: Baker, 2000), 175, uma reimpressão de *The Grace of God, the Bondage of the Will* (1995); George H. Guthrie, *Hebrews*, Comentário de Aplicação NIV (Grand Rapids: Zondervan, 1998), 134 – 36; D. A. Carson, *Exegetical Fallacies*, Ed. 2ª (Grand Rapids: Baker, 1996), 84 – 85 (1ª Ed., 1984); e idem, "Reflexões sobre Segurança", em Schreiner e Ware, *Still Sovereign*, 264, 267. Mas uma versão anterior da minha visão está disponível em Buist m. Fanning, "Uma Teologia de Hebreus", em *A Biblical Theology of the New Testament* Ed. Roy B. Zuck (Chicago: Moody, 1994), 410-11.

estar dizendo isso: é estranho[460] fazer uma situação presente (isto é, as apódoses: nós somos sua casa/nos tornamos participantes em Cristo) dependentes de uma condição futura (ou seja, as prótases: se mantivermos firme nossa confiança e esperança/manter firmemente o princípio de nossa confiança até o fim). Com isso eu concordo sinceramente; é estranho e improvável. A solução de Cockerill é projetar a situação atual no futuro: ele traduz as apódoses como "*nós somos e continuaremos a ser* sua casa" e "nos somos e *continuaremos a ser* participantes de Cristo" (itálico meu). Na verdade, sua interpretação se concentra no futuro implícito: o status futuro é o que realmente está em dúvida ou condicionado, não o presente, de acordo com Cockerill. Mas isso é válido? Os verbos usados nas apódoses são presentes e no tempo perfeito, respectivamente; eles naturalmente projetam para o futuro dessa forma ou esse adendo é muito sutil e injustificado para o próprio texto?

Eu afirmo em meu ensaio que uma solução melhor para esse embaraço é examinar com mais cuidado a relação lógica das cláusulas "se" com as conclusões desses versículos. Eu acredito que Cockerill tenha entendido mal ou deturpado minha visão dessas sentenças condicionais. Em minha opinião, a situação atual não é "dependente de" uma condição futura, no sentido de que é um *efeito causado* ou produzido por uma ação futura; isto não pode ser. Em vez disso, é uma situação presente que é *evidenciada* por uma condição característica que se estende do presente até o futuro.[461] Como eu digo sobre os leitores em meu ensaio, "sua continuidade na fé demonstrará que eles *são* participantes da casa de Deus, não que o serão no futuro. Manter a sua confiança revelará a realidade que eles já *são* participantes em Cristo, não que eles serão particpantes. Continuando na fé, eles demonstram a obra que Jesus já começou e certamente realizará neles" (itálico original). Como argumentei em meu ensaio, o sentido lógico da "evidência para inferência" é uma possibilidade bem estabelecida para sentenças condicionais gregas. Infelizmente, há muitos intérpretes que desconhecem essa opção, por

---

[460] Ellingworth, *Hebrews*, 227, a quem Cockerill cita, diz que isso é "talvez desnecessariamente difícil".

[461] H. C. Nutting, "Os Modos de Pensamento Condicional", *AJP* 24 (1903): 288-89, um dos primeiros a descrever esse tipo de sentença condicional grega, revela claramente a resposta à suposta incongruência de tempos que Cockerill está preocupado: "os períodos de pensamento condicional, cujos grupos estão vinculados pelo receio de uma relação de fundamentação e inferência podem ser definidos como juízos de que o acontecimento de algum evento [a prótase] *pressupõe* um estado antecedente de coisas [a apódose]; em tal caso voltamos nosso raciocino do efeito para causa.... é um ato de inferência, um juízo que um estado de coisas pressupõe outro".

isso pode parecer muito sutil para eles. Mas Cockerill rejeita isso como um sentido possível para as condicionaisg em geral? O que ele faz dos exemplos citados em meu ensaio?[462]

Argumento ainda que a conexão entre evidências para inferência faz melhor sentido em Hebreus 3.6 e 3.14, fundamentado na comparação de suas características com as de outras sentenças condicionais gregas no Novo Testamento e Septuaginta o que dividem essas características. Cockerill questiona essas características ou a validade da interpretação que proponho para os exemplos paralelos?

Eu também afirmo que esse sentido se ajusta melhor no contexto específico e mais amplo de Hebreus 3. Mas isso nos leva de volta ao segundo ponto que Cockerill faz na crítica de minha visão a Hebreus 3.6 e 3.14: não há nenhuma indicação na passagem que o autor está questionando o status dos leitores como cristãos verdadeiros. Minha resposta a isso é tripla. Em primeiro, as sentenças condicionais propriamente ditas, quando entendidas no que considero ser o sentido apropriado, indicam a preocupação do autor, de que alguns não continuarão na fé e, portanto, não darão evidência de participação verdadeira nos benefícios da obra do sumo sacerdócio de Cristo. É claro, esse é o ponto em disputa entre nós, então a objeção de Cockerill deve ser "não há *outra* indicação" que ele questione seu status!

Segundo, entre as duas sentenças condicionais de Hebreus 3.6 e 3.14, o escritor indica explicitamente nos versículos 12-13 a possibilidade de que alguns indivíduos entre os leitores possam falhar na provação. Ele não retrata o fracasso como coletivo ou em massa, mas os coloca em alerta "para que nenhum de vocês" caia ou seja enganado pelo pecado. Agora, claro, como ler esse fracasso é exatamente o ponto em questão novamente! Mas eu acho que a forma como o escritor expressa o problema nos versículos 11 e 12 é uma indicação definitiva de que tal pessoa não era um cristão, em primeiro lugar. Ele descreve tal pessoa como tendo "um *coração* maligno em incredulidade" (v. 12) ou sendo "endurecido pelo engano do pecado" (v. 13). Em vista do que foi investigado anteriormente a respeito da ênfase do autor na transformação interior que vem com a salvação da nova aliança em Cristo, parece improvável que ele considerasse tal fracasso como um fracasso cristão. Alguém que tem

---

[462] Veja minha seção sobre "defesa deste paradigma".

"um coração maligno e incrédulo" demonstra que nunca experimentou a purificação e a renovação internas efetuadas pelo sacrifício da nova aliança em Jesus.

Terceiro, o próprio texto de Hebreus 3.14 nos lembra da soteriologia mais ampla de Hebreus, já discutida, com seu foco na confiabilidade absoluta da obra salvadora de Deus por meio do Filho. Falar de ser "participante de Cristo" em 3.14 deve significar se beneficiar de seu ministério sacerdotal, já que esse é o tópico introduzido em 2.17-18 e retomado em 4.14-16 e estendido até 5.10. É claro que a obra sacerdotal de Jesus constitui o ponto principal de toda a seção central de Hebreus 5.11–10.39. Na seção central, encontramos repetidas ênfases na fidelidade de Deus para levar adiante os efeitos eternos e transformadores da salvação de Cristo sobre todos os que dela se beneficiam (como observado anteriormente nesta resposta). Por isso, não é de surpreender que Hebreus 3.6 e 14 questione o verdadeiro status cristão de quem abandona a sua confissão inicial de fé em Cristo.

Em conclusão a esta resposta, devo reconhecer que muitos que estudaram Hebreus ao longo dos séculos chegaram à conclusão que Cockerill expressa em seu ensaio. É certamente a maneira mais natural de ler algumas das principais características das passagens de advertência. Mas é claro que a exegese bíblica nunca deveria ser decidida pelo voto popular de seus intérpretes! Como Cockerill reconheceu e todos os colaboradores deste livro concordam, não podemos supor que as tradições teológicas e interpretativas amplamente sustentadas estejam além da correção. É sempre possível que tais características-chave tenham tratado de forma isolada elementos significativos da teologia mais ampla do livro ou que outros elementos importantes nas próprias passagens tenham sido negligenciados. A essência do meu argumento é que ambas as coisas aconteceram com frequência na interpretação de Hebreus, e o peso adequado a esses outros fatores deveria levar a uma visão diferente das passagens de advertência.

# Resposta calvinista moderada

*Randall Gleason*

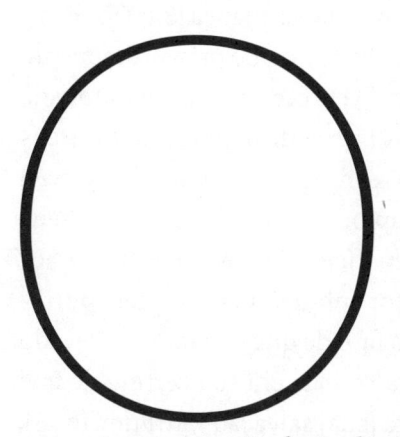

O capítulo de Gareth Cockerill traz as marcas de sua extensa erudição no livro de Hebreus. O resultado é uma análise cuidadosa das passagens de advertência repletas de *insights* que "estimulam" a todos nós "a amar e a fazer boas obras" (Hb 10.24). Sua sólida contribuição exemplifica o grande benefício que este volume em conjunto oferece aos estudantes de todas as tradições.

A preocupação de Cockerill com a aplicação pastoral das advertências à igreja hoje é especialmente útil. Este deve ser o nosso principal objetivo à luz do propósito do autor de exortar à perseverança em fidelidade face às pressões sociais e às perseguições. Além disso, eu concordo com Cockerill que há muitas indicações em Hebreus que aqueles que foram advertidos eram membros verdadeiros de uma comunidade cristã. Também aprecio a seriedade com que ele toma a advertência contra uma "queda" irreversível da qual eles nunca poderiam se recuperar. No entanto, me pergunto se a posição do Cockerill pode ser muito rígida com sua tradição wesleyana; pois ele rejeita a interpretação wesleyana mais branda de que era impossível para os apóstatas arrependerem-se apenas "enquanto persistissem em crucificar Cristo". Uma vez que se convertessem "de sua apostasia", eles encontrariam Deus misericordiosamente à esperar para restaurar sua salvação.[463] Wesley rejeitou a visão de que as advertências (isto é, Hb 6.4-5; 10.26) ensinavam a apostasia irreversível porque desencorajaria os milhares de "verdadeiros apóstatas" que ele viu chegando ao arrependimento durante o grande despertamento.[464]

## O Tema da Segurança

Embora Cockerill reconheça a importância de compreender as advertências à luz da "ênfase igual ou maior no encorajamento" da epístola, não desenvolve suficientemente esse tema positivo em seu capítulo. Por exemplo, ele afirma que a "grande salvação" introduzida em 2.4 é totalmente demonstrada posteriormente no livro, mas dá pouca atenção às certezas oferecidas por intermédio da finalidade da obra salvadora de Jesus (7.25): purificação completa (1.3; 9.14) e aperfeiçoamento de uma vez por todas (10.10, 14) prometidos na nova aliança (8.12; 10.16-17). Também sua ênfase nos benefícios da salvação como primordialmente futuros (por exemplo, na "pátria celeste") parece truncar a escatologia "já e ainda não" central para o livro. Na verdade, o autor de Hebreus descreve "salvação" de acordo com sua realização passada (5.9; 6.9; 7.25) e seu cumprimento futuro (por exemplo, 1.14; 9.28).[465] Encoraja seus leitores a buscar audaciosamene os benefícios da misericórdia e graça de Cristo no presente (2.18; 4.16), o autor enfatiza sua completa purificação realizada *no passado*. Também, o fato de que Cristo havia levado seus pecados de uma vez por todas *no passado* era sua certeza de que ele "apareceria uma segunda vez... para [sua] salvação" *no futuro* (9.28). Esses elementos passados de salvação são essenciais para a teologia da segurança do autor (10.22; 11.1) e, portanto, requerem uma ênfase igual às advertências de juízo.

---

[463] Veja Charles W. Carter, "Hebreus", em *Wesleyan Bible Commentary*, ed. C. W. Carter (Peabody, Mass.: Hendrickson, 1979), 6:85 (minha ênfase).

[464] Em 1778, Wesley afirmou: "se for perguntado, 'algum apóstata verdadeiro encontra misericórdia em Deus?... você conhece... qualquer exemplo de pessoas que encontraram a redenção no sangue de Jesus, e depois caíram, e ainda assim foram restauradas, "renovadas outra vez para o arrependimento"? Sim, com certeza e não uma ou apenas uma centena [sic], mas, eu estou convencido de vários milhares". Veja seu sermão "Um Chamado aos Apóstatas", em *The Works of John Wesley*, ed. Albert C. Outler (Nashville: Abingdon, 1987), 3:223-24.

[465] DeSilva também negligencia os aspectos passados da "salvação" (por exemplo, 5.9; 6.9; 7.25) em Hebreus. David A. deSilva, *Perseverance in Gratitude: A SocioRhetorical Commentary on the Epistle "to the Hebrews"* (Grand Rapids: Eerdmans, 2000), p. 220-21.

## As Sentenças Condicionais de Hebreus 3.6 e 3.14

Cockerill afirma que Hebreus 3.6 significa "*nós continuaremos* a ser essa casa [ou seja, o povo de Deus] se permanecermos fiéis" (minha ênfase e colchetes). Da mesma forma, ele explica Hebreus 3.14 para significar que "nos tornamos participantes de Cristo [e *continuaremos* a ser assim], se... nos mantivermos firmes" (seu colchetes, minha ênfase). Em cada caso, a condição (isto é, "se... nos mantivermos firmes") determina a legitimidade contínua do relacionamento de alguém com Cristo.[466] Aqui, Cockerill, como muitos intérpretes, rapidamente supõe que essas sentenças condicionais indicam uma relação simples de causas ("se") e efeito ("então"). Acredito que Fanning esteja correto em entender essas sentenças condicionais para expressar inferências *seguidas* de evidências e não de causa e efeito. Pois em ambos os exemplos, a *apódose* expressa um fato já verdadeiro dos leitores, *seguido* pela *prótase* que oferece mais evidências desse fato. Em outras palavras, o fato de que "nos tornamos participantes de Cristo" (apódose) é ainda mais evidenciado pelo fato de se "nos mantivermos firmes... nossa confiança até o fim" (prótase). A leitura de causa e efeito de Cockerill dessas sentenças condicionais é particularmente problemática em Hebreus 3.14, na qual um verbo no perfeito do indicativo designa seu status atual de "participantes de Cristo", resultante da obra de purificação passada de Jesus (1.3), santificação (2.11) e propiciação (2.17). Seu firme apego (isto é, "mantivermos firme") sobre essas realidades subjacentes que ocorreram no princípio de sua experiência cristã (isto é, "o princípio de nossa segurança") fornece fortes evidências de que eles são de fato "participantes de Cristo". Mas faz de seu firme apego a esses fatos, os *meios* para manter seu relacionamento com Cristo mudando o foco da obra final de Jesus para a realização humana. As condições de Hebreus 3.6 e 3.14 são mais bem entendidas como um chamado para examinar a si mesmos em busca de evidências em suas vidas que confirmem sua participação na obra final de Cristo (isto é, *metochoi ... tou Christou*).

---

[466] Da mesma forma, I. Howard Marshall argumenta que ambas as sentenças condicionais indicam que "a participação na casa de Deus é condicional à perseverança". Veja I. Howard Marshall, *Kept by the Power of God* (Minneapolis: Bethany, 1969), 140, 152.

## O Exemplo da Geração do Êxodo

Segundo Cockerill, o pecado da geração do deserto foi o abandono total da fé em Deus, evidenciado pela recusa em acreditar que ele lhes daria a vitória sobre os habitantes da terra prometida. Ele confirma a finalidade de sua rejeição a Deus, alegando que eles não estavam *dispostos* a se arrepender de sua decisão fatídica. No entanto, ele ignora detalhes significativos no relato do Antigo Testamento. Na verdade, as pessoas tentaram se arrepender de sua decisão (isto é, mudança de mentalidade), pois no dia seguinte após Deus ter proferido seu juízo, "o povo lamentou grandemente" (Nm 14.39) e declarou: "pecamos de fato" (v. 40 NASB). Cockerill descarta sua tristeza e confissão como sendo dissimulada por causa de sua tentativa de possuir a terra no dia seguinte. É verdade que sua tentativa fracassada foi outro ato rebelde (Dt 1.43), mais uma vez eles "choraram diante do Senhor" (v. 45). Sua confissão de pecado e tristeza "diante do Senhor" dificilmente são atos daqueles que abandonaram completamente sua fé em Deus. Eles se arrependeram, mas foi Deus quem não lhes concedeu a vitória no dia seguinte. Embora Deus os "perdoasse" (Nm 14.20) "segundo a grandeza de [sua] benignidade" (v. 19 NASB), seu castigo por seu ato de infidelidade da aliança era irreversível — eles morreriam no deserto (v. 32-35).[467] Sua tristeza reflete a percepção de que, embora o Senhor os perdoasse, eles agora enfrentariam a inevitável disciplina da exclusão do lugar terreno de descanso e bênção — a terra física da promessa.

No entanto, o autor de Hebreus, mais tarde, confirma a genuinidade de sua fé, apesar de seu comportamento rebelde, incluindo a geração do Êxodo entre "todos aqueles que obtiveram aprovação por meio de sua fé" (11.39 NASB). Pois como outros grandes heróis da fé (11.32) que, ou tropeçaram gravemente (por exemplo, Sansão, Davi) ou terminaram mal (por exemplo, Gideão), ele afirma que "pela fé *eles* atravessaram o Mar Vermelho" (11.29 NASB). Outra evidência de que eles foram verdadeiramente perdoados em Cades-Barneia é que "o Senhor... levou-[os], assim como um homem leva seu filho" através do deserto

---

[467] A tentativa de Cockerill de descartar o perdão divino como uma decisão de Deus ao "poupar suas vidas e manter a promessa para seus filhos" (do capítulo de Cockerill) não é convincente porque o perdão de Deus foi concedido "segundo a grandeza de [sua] benignidade" como Moisés pediu (Nm 14.19-20).

pelos próximos quarenta anos (Dt 1.31; cf. Ne 9.13-21; At 13.18).[468] Sobre a geração do Êxodo, o Salmo 99 do mesmo modo recorre, tanto ao perdão quanto a um maior juízo, declarando "Ó Senhor nosso Deus... tu és um Deus que os perdoou, e ainda assim um vingador dos seus atos malignos" (v. 8 NASB).

Embora Cockerill reconheça o uso da geração do deserto pelo autor para estimular seus leitores a permanecerem fiéis, ele adverte contra o estabelecimento de "paralelos artificiais" entre a geração do Êxodo e os leitores dos Hebreus. Isso permite que ele descarte meu uso das narrativas do Êxodo e do deserto para entender a condição espiritual dos que foram advertidos, bem como a natureza da apostasia e do juízo em Hebreus. Na opinião de Cockerill, a desobediência de Israel parece servir apenas como um dispositivo retórico na epístola. Ignorando suas raízes espirituais comuns, ele anula a teologia da redenção histórica que espiritualmente vincula essa geração com os destinatários do primeiro século ao longo do livro. Como enfatizo em meu capítulo, a chave hermenêutica para determinar o significado das advertências é encontrada principalmente nos inúmeros ecos do Antigo Testamentos que o autor remonta à geração do deserto. O fruto da minha abordagem é mais evidente na explicação da difícil frase: "é impossível renová-los outra vez ao arrependimento" (6.6). Em vez de importar conceitos de outras partes do Novo Testamento (por exemplo, "pecado imperdoável") para explicar seu significado, como os ecos em Hebreus para Cades-Barneia apontam para os perigos de provocar a ira de Deus por infidelidade intencional às estipulações da aliança. O ponto da advertência é que, uma vez que o Senhor tenha retirado os privilégios da aliança e pronunciado a disciplina da aliança, os leitores, como as pessoas do Êxodo, enfrentariam as consequências de sua infidelidade, apesar de sua tristeza e mudança de coração.

---

[468] Embora a evidência externa pareça dividida igualmente em Atos 13.18 entre etrophophorēsen ("ele se importava com eles") e etropophorēsen ("ele os tolerou"), o primeiro poderia muito bem ser a leitura original porque tem apoio antigo (por exemplo, P74, A, C*), se ajusta no sentido positivo da mensagem de Paulo, e corresponde a uma melhor certificação etrophophorēsen em Deuteronômio 1.31 (LXX).

## O Significado do "Descanso" (Hb. 3-4)

Semelhantemente ao seu tratamento de "salvação", a identificação de "descanso" de Cockerill em Hebreus 3-4 com a "pátria celestial" limita o "descanso" a uma realidade futura sem dimensão presente para os leitores. Portanto, é apenas a *promessa* de descanso futuro que resta para o povo de Deus "hoje". Isso o leva a equiparar seu fracasso em entrar no descanso de Deus com sua exclusão do futuro descanso celestial. No entanto, em Hebreus, o conceito de "descanso" está ligado ao gozo da presença do Senhor como fonte de bênçãos da aliança. Como tal, a promessa de descanso no futuro não exclui a antecipação de descanso no presente. A alegação de que "nós, que cremos, estamos entrando (tempo presente) no descansar" (4.3) sugere que pelo menos alguns dos leitores daquela época já estavam desfrutando de alguns aspectos do descanso divino. Isso incluiria seu privilégio de "aproximar-se (do tempo presente) com confiança ao trono da graça" (4.16), isto é, a própria presença de Deus (10.22), onde o descanso é finalmente encontrado. Além disso, o uso que o autor faz de "hoje" (Hb 4.7) chama os leitores a experimentarem o "descanso sabático" (4.9) imediatamente no presente. Como "salvação", a natureza desse descanso é melhor compreendida à luz da escatologia já e ainda não do livro de Hebreus.[469] Nós somos chamados a entrar agora nos privilégios do descanso enquanto aguardamos o momento em que experimentaremos o descanso de Deus em toda a sua plenitude antes da presença física de Cristo em sua segunda vinda (9.28). Em Hebreus 3-4, o autor adverte seus leitores de que sua falta de fidelidade era um obstáculo à experiência do descanso de Deus no presente. No entanto, isso não significa que sua chegada final à sua "pátria celestial" estava em risco. Os leitores já haviam se tornado cidadãos da cidade celeste (provavelmente em sua conversão), pois eles são informados, "vocês chegaram (indicativo perfeito) a... Jerusalém celestial" (12.22). O verbo no indicativo perfeito usado aqui (proselēlythate) indica sua *condição presente* resultante do que Cristo havia realizado por eles "de uma vez por todas" (*ephapax*) no

---

[469] Outros que veem o "descanso sabático" como disponível no presente, mas não plenamente realizado até o futuro incluem Harold W. Attridge, *The Epistle to the Hebrews: A Commentary on the Epistle in the Hebrews*, Hermeneia: Um Comentário Crítico e Histórico sobre a Bíblia (Philadelphia: Fortress, 1989), 128; Donald A. Hagner, *Hebrews*, Novo Comentário Bíblico Internacional (Peabody, MA: Hendrickson, 1990), 76; Brooke Foss Westcott, *The Epistle to the Hebrews* (Londres: Macmillan, 1920), 100; e especialmente Andrew T. Lincoln, "Sábado, Descanso e Escatologia no Novo Testamento", em *From Sabbath to Lord's Day*, ed. D. A. Carson (Grand Rapids: Zondervan, 1982), 210-12.

*passado* (7.27; 9.12; 10.10). Sua cidadania nessa cidade celestial não estava em risco, pois é "um reino que não pode ser abalado" (12.28a NASB). Tal segurança nos chama a gratidão constante, reverência e temor (12.28b), mas sem a ameaça de exclusão do descanso final na era vindoura.

## O Juízo em Hebreus 6.7-8

Eu concordo com Cockerill que aqueles advertidos em Hebreus 6 são crentes verdadeiros. No entanto, sua tentativa de vincular esse alerta à ameaça de perder sua "salvação" não é convincente pelas seguintes razões. Primeiro, o propósito do autor no contexto imediato é estimulá-los a "amadurecer" (6.1), em vez de ameaçá-los com a perda da salvação, pois sua "redenção" era "eterna" (9.12). Seu apelo por sua maturidade dinâmica que deveria logicamente "acompanhar a salvação" (6.9) é impulsionado pela ameaça de um maior castigo e perda de bênção (6.7-8), mas não por sua condenação final; pois sua esperança salvadora foi tornada "imutável" por um juramento divino (6. 17–18) e "seguro e firme" por Cristo (6.19-20), seu "sumo sacerdote" (3.1; 4.14 -15; 7:.26; 8.1), que havia "santificado" (10.10) e "aperfeiçoado" eles "para todo o sempre" (10.14). Ao condicionar sua salvação final na "Jerusalém celestial" (12.22) à sua perseverança pessoal, desloca o foco da obra perfeita de Cristo para a capacidade humana de "se manter firme". Em vez disso, o autor de Hebreus os chama para uma "segurança" cristocêntrica (11.1) que mantém seus "olhos em Jesus, o autor e consumador da fé" (12.2). Segundo, embora a advertência de Hebreus 6.7-8 seja severa, ela não se refere ao juízo eterno como Cockerill afirma, mas sim à perda da bênção da aliança e do castigo temporal. Isto é indicado pelo uso do autor dos termos *bênção* e *maldição*, que são extraídos da linguagem da aliança do Antigo Testamento (cf. Dt 11.26-28; 28.1-29.28). O solo (ou "terra") que produz vegetação útil "recebe uma *bênção* de Deus" (Hb 6.7). Mas se produz apenas "espinhos e cardos, é inútil e está próximo de ser *amaldiçoado*" (Hb 6.8 NASB).

Essa advertência ecoa à maldição do Antigo Testamento pela infidelidade da aliança que ameaçava transformar a terra em "um monturo ardente, sem recursos e improdutiva" (Dt 29.23). Uma vez que as bênçãos da obediência sob a antiga aliança foram experimentadas em relação à terra (Dt 28.1-6), a queima da terra assegurou que eles não as receberiam. À luz da escatologia iminente de Hebreus, a expressão "perto está de ser amaldiçoada" (*kataras engys*, Hb 6.8) provavelmente se refere à destruição iminente da pátria judaica. Aqueles crentes que buscavam segurança no judaísmo foram advertidos de que os líderes judeus tinham produzido "espinhos e cardos" por sua rejeição e crucificação de Cristo e, portanto, sua nação estava condenada a ser "queimada". Isso corresponde à destruição trazida à terra durante a invasão romana para aniquilar a revolta judaica. Josefo relata a política de Vespasiano de "incendiar não apenas a cidade em si, mas também todas as vilas e pequenas cidades circunvizinhas" (J.W. 3.7.1 §§ 132–34; cf. 4.9.1 § 488). Descrevendo a queima do templo, Josefo declara, "você pensaria que a colina do templo estava queimando desde sua base, sendo assim não havia uma só parte que não estivesse em chamas" (J.W. 6.275). Prevendo essa crise vindoura, o autor adverte seus leitores de que a terra se tornou um lugar de juízo e não de bênção. Se eles se recusassem a prosseguir até a maturidade voltando para o judaísmo, eles também poderiam experimentar o castigo físico de Deus levando à morte e à destruição. Essa ameaça de juízo mortal está em consonância com o destino da geração do Êxodo. Todos, incluindo Moisés e Arão, foram proibidos de entrar na terra por causa de sua incredulidade. Sua perda temporária de bênçãos da aliança foi selada por sua morte física fora da terra.

A disciplina temporal dos crentes verdadeiros que podem levar à morte física é mencionada em outras partes do Novo Testamento. Por exemplo, Paulo fala de certos membros da igreja entregues a Satanás "para a destruição de sua carne", para que seu "espírito seja salvo" (1 Co 5.5; cf. 1 Tm 1.20). Também por causa de sua irreverência em relação à mesa do Senhor, Paulo disse que "muitos" na igreja de Corínto estavam "fracos e doentes, e alguns dormem" — uma metáfora para a morte (1 Co 11.30). Se o "pecado que leva à morte" mencionado em 1 João 5.16 refere-se a um pecado cometido por um crente, então esse é outro exemplo de juízo sobre um crente que resulta em perda de vida física. O ponto é que Deus pode garantir uma perda de bênçãos da aliança por um cristão não arrependido durante a presente era, por meio da morte física.

### O Juízo em Hebreus 10.27–31

Semelhantemente a muitos, Cockerill identifica o "juízo" terrivel... de fogo que consumirá os adversários" de Deus (10.27) com o "juízo" mencionado em Hebreus 9.27. Não obstante, embora a mesma palavra (krisis) seja usada em ambos os versículos, elas dificilmente podem se referir à mesma *crise*. Isso ocorre porque o juízo final de Hebreus 9.27 ocorre após a morte física ("os homens morrem uma vez e *depois* disso vem o juízo") no futuro quando "Cristo... aparecerá uma segunda vez" (9.28), enquanto o juízo ardente de Hebreus 10.27-31 descreve uma ameaça imediata que os leitores do primeiro século poderiam "ver... aproximando-se" (10.25) no presente. Nesse ponto Cockerill ignora a ligação a outras alusões ao longo da epístola à iminente destruição de Jerusalém prevista por Jesus (veja meu capítulo). Esse juízo vindouro pode ser fatal para muitos que se apegam ao culto do templo em busca de proteção, em vez de se identificar com a igreja que fugiu da Judeia e de Jerusalém antes de sua destruição final. Eusébio, entre outros, relata como a comunidade cristã que escapou do rio Jordão para Pella foi preservada da violência romana sobre a nação israelita (veja *Hist. eccl.*, 3.5.2-3). Isso ilumina quão importante é que eles não deixem de se "reunir como igreja" por encorajamento mútuo, ao verem "o dia se aproximando" (Hb 10.25).

### O Exemplo de Esaú

Cockerill afirma que Esaú é "o apóstata por excelência" que é "a expressão perfeita de... completa incredulidade", pois perdeu sua salvação. No entanto, uma leitura cuidadosa da vida de Esaú, em Gênesis, confirma como o autor o usa em Hebreus 12.16-17 para ilustrar um maior castigo de Deus sobre seus filhos (12.5-11).

Primeiro, devemos esclarecer a descrição de Esaú, em Hebreus 12.16. Há certa dúvida se "imoral" (*pornos*) era para ser aplicado a Esaú porque os termos "imoral" (*pornos*) e "profano" (*bebēlos*) são separados por um disjuntivo (h") ao invés de um conectivo (por exemplo, *kai*) e porque Esaú nunca é acusado de imoralidade no Antigo Testamento.[470] O segundo termo *bebēlos*, embora muitas vezes traduzido como "ímpio" (por exemplo, NIV, NASB), denota mais precisamente uma "pessoa irreligiosa" que não tem uma reverência viva pelas coisas sagradas.[471] Como tal, *bebēlos* se ajusta bem a imagem de Esaú no Antigo Testamento, que trocou sua primogenitura em um momento de fome por uma única refeição (Gn 25.29-34). Sua atitude descuidada em relação

---

[470] Veja Ernest Elliot, "Esaú", *Expository Times* 29 (1917–18): 44–45; Westcott, *Hebrews*, 409; e F. F. Bruce, *The Epistle to the Hebrews*, NICNT, ed. ver. (Grand Rapids: Eerdmans, 1990), 350.
[471] Bruce, *Hebrews*, 350; e Westcott, *Hebrews*, 410.

ao seu direito de primogenitura acabou levando à perda de sua única bênção por causa da astúcia de seu irmão Jacó. No entanto, apesar de seu ato impulsivo, ele mais tarde buscou os privilégios especiais que por direito lhe pertenciam como filho primogênito. No entanto, depois que seu pai concedeu as bênçãos da primogenitura a Jacó, já era tarde demais. Embora Esaú tenha implorado a Isaque que lhe concedesse a primogenitura (Gn 27.34-38), ele não encontrou "lugar para arrependimento" (Hb 12.17). Assim, o fracasso de Esaú é concomitante à geração do Êxodo. Depois que a ambos foram negados privilégios especiais por causa de sua desconsideração deliberada pelas promessas da aliança de Deus, ambos procuraram "arrependimento" sem sucesso. Sua perda de bênçãos era irreversível, mas nem Israel no deserto nem Esaú demonstram uma apostasia total da fé em Deus, como afirma Cockerill.

Segundo, o fato de que Isaque "pela fé... abençoou Jacó e Esaú" (11.20) indica que embora a Esaú tenha sido negado "a fertilidade da terra" e o relegou um papel subserviente a seu irmão, ele ainda recebeu uma bênção de seu pai (Gn 27.39-40). Uma vez que o verbo "abençoar" (*eulogeō*) sempre denota um benefício e nunca uma maldição, Esaú ainda recebeu alguma bênção, embora tenha perdido os melhores privilégios como primogênito.[472] Sugerir que Esaú é um exemplo de pessoa não regenerada, eternamente separado de Deus, é presumir erroneamente que, porque ele tinha perdido seu direito de primogenitura, também perdeu sua condição de filho e, portanto, sua salvação. Antes, a bênção de Esaú por Isaque indica que ele permaneceu um filho genuíno e, portanto, participante da aliança.[473] Isso é confirmado tanto pela sua imensa prosperidade quanto pelo sucesso de seus descendentes (Gn 36.31-43). Na verdade, parece irônico que depois dos anos de conspiração, engano e dificuldades de Jacó para obter sua riqueza (Gn 25–31), Esaú parece não menos abençoado com esposas, filhos, filhas e gado (Gn 36.6). Como

---

[472] "Primogenitura" é um termo plural (*ta prōtotokia*) tanto na LXX (por exemplo, Gn 25.34) quanto em Hebreus 12.16, pois havia três direitos do primogênito: (1) governar a casa; (2) receber uma dupla parte do patrimônio do pai (Dt 21.17); e (3) servir como sacerdote da família. Veja G. H. Lang, *The Epistle to the Hebrews: A Practical Treatise for Plain and Serious Readers* (London: Paternoster, 1951), 250, 253.

[473] De igual modo, o privilégio de Rúben como primogênito foi perdido para sempre por causa de seu pecado de incesto com a concubina de seu pai (Gn 49.3-4). Como Esaú, a má conduta de Rubem significava que a promessa da aliança do futuro rei passaria para os descendentes de seu irmão mais novo, Judá, ainda que Rubem permanecesse para sempre um filho de Jacó. Veja Lang, *Hebrews*, 253.

Laurence Turner observa, "Jacó poderia ter sido abençoado, mas Esaú dificilmente foi amaldiçoado".⁴⁷⁴

Além disso, a reconciliação de Esaú com seu irmão é apresentada como verdadeira, considerando Esaú, como o pai do pródigo (Lc 15.20), "correu... abraçou", e "beijou" Jacó (Gn 33.4), oferecendo-lhe até mesmo uma escolta armada para sua jornada (Gn 33.12, 15).

Finalmente, se a perda dos privilégios da primogenitura por parte de Esaú for entendida como disciplina da aliança, então o contexto precedente de Hebreus 12 pode confirmar ainda mais sua filiação verdadeira — "*Pois aqueles a quem o Senhor ama, Ele disciplina, e Ele açoita a todos que recebe como filhos*" (Hb 12.6 NASB; cf. Dt 8.5; Pv 3.12). Embora a ameaça da condenação eterna não esteja em vista, a advertência da disciplina da aliança permanece severa. Na verdade, a disciplina do Senhor de seus filhos verdadeiros dificilmente poderia ser expressa por um termo mais forte do que "flagelo" (*mastigoō*), que em outros lugares retrata a flagelação de Cristo (Mt 20.19; Mc 10.34; Lc 18.33; Jo 19.1). A desqualificação de Esaú ilustrou bem a advertência do autor de que um membro da comunidade da aliança (ou seja, um filho) não estava aquém de disciplina e punição, mas pode sofrer a perda de privilégios da aliança por causa da desobediência intencional.

### Conclusão

Em resumo, admiro tanto o grande conhecimento de Cockerill sobre Hebreus quanto sua paixão pela aplicação pastoral de sua mensagem. No entanto, acredito que ele deve não somente reconhecer a "continuidade dos leitores com o povo de Deus do Antigo Testamento", mas também aplicar plenamente esse fato ao seu entendimento de Hebreus das passagens de advertência. Acredito que uma combinação maior do uso que o autor faz da teologia do Antigo Testamento com um tratamento mais completo de seu tema de segurança resultará em uma aplicação mais completa de sua mensagem ao século XXI. E certamente em uma época em que o cristianismo é atormentado com apatia espiritual e comprometimento moral no Ocidente, perseguição religiosa e pluralismo em todo o mundo, a igreja precisa desesperadamente tanto das admoestações sóbrias da disciplina divina quanto da firme certeza de nossa purificação passada e vida futura na Jerusalém celestial.

---

⁴⁷⁴ Laurence A. Turner, *Genesis* (Sheffield, England: Sheffield Academic Press, 2000), 156–57.

# A perspectiva calvinista moderada

*Randall Gleason*

A história interpretativa das advertências de Hebreus não possui consenso desde os dias da igreja primitiva. Enquanto Novaciano usava Hebreus 6.6 para negar a restauração daqueles que tinham caído sob perseguição, João Crisóstomo argumentou que isso ensinava a impossibilidade do rebatismo. Calvino ensinou que essas advertências se aplicavam ao "pecado imperdoável" cometido por incrédulos contra o Espírito Santo (Mt 12. 31-32).[475] Notavelmente, Armínio concordou com Calvino.[476] Wesley, por outro lado, aplicou as advertências aos "apóstatas propriamente ditos, intencionais" que "perderam a fé, a esperança e o amor", tornando "impossível *renová-los outra vez para o arrependimento*".[477] Desde então, muitos lutaram ao longo do livro de Hebreus para estabelecer seus pontos de vista sobre a segurança e a perseverança dos crentes.

Embora eu não tenha nenhuma expectativa ingênua de que minha própria análise resolverá o longo impasse entre as principais tradições interpretativas, espero que minha contribuição leve o diálogo a novas

---

[475] João Calvino, *Institutes of the Christian Religion*, 3.3.21–24

[476] Jacó Armínio, *The Writings of Jacob Arminius*, trad. James Nichols (Grand Rapids: Baker, 1977), 2:511–25. Armínio direcionou seus leitores para as *Institutes of the Christian Religion* de Calvino, 3.2.11.

[477] John Wesley, *Explanatory Notes upon the New Testament* (1754; reimpressão, Salem, OH: Schmul, 1976), 574 (sua ênfase).

direções que levarão alguns a uma compreensão mais satisfatória desses textos difíceis. Apesar de minhas convicções reformadas, meu estudo em particular das passagens de advertência à luz de seu contexto no Antigo Testamento difere significativamente de outras interpretações reformadas.[478] Acredito que as advertências severas de Hebreus foram dirigidas a crentes judeus verdadeiros que enfrentavam perseguição por seus compatriotas antes da destruição de Jerusalém. A ameaça imediata do juízo de Deus sobre a nação israelita era real. Conforme o autor advertiu seu público desse perigo iminente, assegurou-lhes a finalidade e a completude de sua limpeza e purificação (Hb 10.10,14) recorrendo as promessas da nova aliança de Jeremias (8.12; 10.17). Se eles continuassem firmes em sua fé, evitariam o juízo divino profetizado por Jesus que logo cairia sobre seus perseguidores judeus (Mt 23.37-24.28; Mc 13.1-32; Lc 21.5-36). Mas caso se desviassem de sua confiança em Cristo e procurassem, em vez disso, a purificação por meio das formas obsoletas da antiga aliança, deixariam de experimentar as bênçãos da nova aliança e receberiam a disciplina como filhos, um juízo bem maior do que poderiam imaginar.

### O Contexto Histórico de Hebreus

A fim de evitar a leitura desses textos por várias interpretações moldadas por nossas tradições teológicas, sinto que é extremamente importante esgotar nossa compreensão do contexto original da epístola. Embora a identidade do autor permaneça um mistério, o fato de que ele se dirigiu a uma comunidade cristã distinta (5.11-12; 6.10; 10.25) enfrentando um conjunto em particular de circunstâncias (10.32-34; 12.4 13. 3,7,23) fornece pistas significativas para a sua identidade e a data e o contexto de sua epístola. Embora alguns se prendam a uma data do final do primeiro século, a maioria encontra provas convincentes de que a epístola foi composta antes da destruição de Jerusalém em 70 d.C.[479] Primeiro e

---

[478] Veja Randall C. Gleason, "O Contexto do Antigo Testamento da advertência em Hebreus 6.4-8", *BSac* 155 (1998): 62-91; idem, "O Contexto do Antigo Testamento do Descanso em Hebrom 3.7-4:11", *BSac* 157 (2000): 281-303; e idem, "A Escatologia da Advertência em Hebrom 10.26-31", *TynBul* 53 (2002): 97-120.

[479] Veja G. W. Buchanan, *To the Hebrews* (Garden City: Doubleday, 1972), 261; Philip E. Hughes, *A Commentary on the Epistle to the Hebrews* (Grand Rapids: Eerdmans, 1977), 30–32; Barnabas Lindars, *The Theology of the Letter to the Hebrews* (Cambridge: Cambridge University Press, 1991), 19–21; C. Spicq, *L'Epître aux Hébreux* (Paris: Gabalda, 1952), 1:253–61; e Andrew H. Trotter Jr., *Interpreting the Epistle to the Hebrews* (Grand Rapids: Baker, 1997), 33–36.

mais importante, as referências ao sistema sacrificial judaico indicam que o templo ainda estava operacional.[480] A descrição dos leitores como "irmãos santos" (3.1), "participantes de Cristo" (3.14), "amados" (6.9) e o uso frequente de "nós" (por exemplo, 2.1–3; 4.14–16) bem como por exemplo, 4.1, 11, 16) indica que o autor os considerou como irmãos. Alguns afirmam que as advertências são parentéticas à mensagem principal e destinam-se apenas a incrédulos inseridos em uma congregação cristã.[481] No entanto, isso parece improvável, uma vez que as indicações mais enfáticas de um público verdadeiramente cristão ocorrem *dentro* das passagens de advertência. Isso é particularmente verdadeiro em Hebreus 10, onde sua "confissão" está ligada ao seu batismo quando seus "corações [foram] purificados" da má consciência e de [seus] corpos lavados com água limpa" (10. 22–23 NASB).[482] O autor adverte os leitores (incluindo ele próprio "nós") que "receberam o conhecimento da verdade" (10. 26) e foram "iluminados" (10.32; cf. 6.4). Em vez de indicar um mero conhecimento superficial do cristianismo, tal linguagem descreve o ponto de virada quando eles chegaram à fé verdadeira em Cristo.[483] O autor confirma a veracidade de sua conversão, advertindo a cada um a não considerar "tão impuro o sangue da aliança com o qual ele foi santificado" (10.29 NASB).[484] Ademais, a advertência de Deuteronômio

---

[480] Alguns rejeitam o significado das descrições do tempo presente do sistema sacrificial devido ao uso do tempo presente por Josefo (*Ant.* 4.6.1-8.2 §§ 102-87) e Clemente de Roma (1 Clem 41) em suas discussões sobre o tabernáculo muito depois do fim do templo (por exemplo, J. moffatt, *A Critical and Exegetical Commentary on the Epistle to the Hebrews*, ICC [Edimburgo: Clark, 1924], xxii). Outros advertem contra qualquer uso do tempo verbal para determinar a data da composição, porque os tempos gregos referem-se ao aspecto verbal e não ao tempo (S.E. Porter, "A Data da Composição de Hebreus e o uso da Forma do Tempo Presente") em *Crossing the Boundaries*, ed S. E. Porter e outros [Leiden: Brill, 1994], 295-313). No entanto, isso indica apenas que a datação de Hebreus não pode ser estabelecida apenas pelo tempo verbal. Dada a forte polêmica do autor contra o retorno ao sistema sacrificial, é difícil concluir que os sacrifícios já haviam chegado ao fim. Portanto, as descrições do tempo presente do autor sobre os sacrifícios e o silêncio sobre a destruição do templo continuam sendo argumentos convincentes para uma data pré-70.

[481] Por exemplo, Robert A. Peterson, "Apostasia", *Presbyterion* 19 (1993): 28.

[482] Na igreja primitiva, os iniciados eram obrigados a fazer uma confissão de sua fé em Cristo no batismo. O autor de Hebreus apelou repetidamente à confissão batismal de seus leitores (3.1; 4.14; 10.23) para encorajá-los a permanecer fiéis. Veja Günther Bornkamm, "A Confissão na Epístola de Hebreus", em *Studien zu Antike und Urchristentum: Gesammelte Aufsätze II* (Munique: Kaiser, 1963), 188-93.

[483] Leon Morris, "Hebreus", em *The Expositor's Bible Commentary*, ed. Frank E. Gaebelein (Grand Rapids: Zondervan, 1981), 12:106; e Paul Ellingworth, *The Epistle to the Hebrews: A Commentary on the Greek Text*, NIGTC (Grand Rapids: Eerdmans, 1993), 533.

[484] Uma vez que o autor usa a palavra hagiazō ("santificado") em outra parte dessa passagem de cristãos verdadeiros que Jesus "aperfeiçoou para todo o sempre" (10.14; cf. 2.11; 10.10; 13.12), é

32.36 de que "o Senhor julgará seu povo" (10.30) aponta para um castigo físico maior prometido aos verdadeiros santos do Antigo Testamento por infidelidade à aliança.

Que eles eram predominantemente crentes *judeus* é indicado pela ênfase do autor sobre os sacrifícios israelitas e o sistema da aliança (Hb 7–10).[485] Seu apelo para buscar uma cidade celestial (Hb 11.10; 12.22; 13.14) saindo "fora do arraial" onde "Jesus... sofreu" (13.11-13) também sugere uma audiência judaica vivendo na Palestina não muito longe de Jerusalém.[486]

Outro indício importante para a condição espiritual dos leitores é encontrado em Hebreus 5.11-14. O autor percebeu que muitos de seus leitores teriam dificuldades em entender o que estava prestes a ensinar a respeito de Melquisedeque, porque eles tinham "se tornado negligentes para ouvir" (5.11). Uma vez que "ouvir" é muitas vezes equiparado à obediência no Novo Testamento (por exemplo, Ap 2.7), sua negligência em ouvir e obedecer impedia sua capacidade de entender. Embora anteriormente tivessem aprendido o suficiente da verdade "para ser mestres", muitos "outra vez" tinham "a necessidade de leite" (v. 12). Eles não estavam agora "acostumados" (*apeiros*)[487] com "a palavra de justiça" (v. 13) por causa de sua incapacidade de colocá-la em prática. Em vez de chamá-los ao renascimento espiritual, o autor exorta esses "meninos" espirituais a "avançar até a maturidade" (6.1).

### O Contexto do Antigo Testamento de Hebreus

Embora muitos tenham discutido o uso que o autor faz de citações do Antigo Testamento em Hebreus, poucos consideraram sua relevância para o significado e a aplicação das advertências.[488] Acredito que o uso

---

difícil aceitar a afirmação de Grudem de que o autor aqui usa hagiazō significando "santificação exterior, não a santificação interna que acompanha a verdadeira salvação" (Wayne Grudem, "Perseverança dos Santos: Um Estudo de Caso de Hebreus 6.4–6 e Outras aPassagens de Advertência em Hebreus", em *The Grace of God, the Bondage of the Willed*. Thomas Schreiner e Bruce A. Ware [Grand Rapids: Baker, 1995], 1: 177), 133–82.

[485] Os dezessete usos que o autor faz de diathēkē ("aliança") representam mais da metade de suas ocorrências (33 vezes), ilustrando a proeminência do conceito de aliança ao longo da epístola.

[486] Para um uso similar de "fora do arraial" designando Jerusalém, veja 4QMMT B.29–30; 60–61. Em favor de uma defesa de um destino palestino, veja Randall C. Gleason, "Anjos e a Escatologia de Hebreus 1–2", *New Testament Studies*, 49 (2003): 91–97; Buchanan, *Aos Hebreus*, 256-60; e Spicq, *L'Epître aux Hébreux*, 1: 247-50.

[487] H.G. Liddell, R. Scott e H. S. Jones, *A GreekEnglish Lexicon*, 9ª ed. (1940; reimpressão, Oxford: Clarendon, 1990), 184.

[488] Uma notável exceção é J. Dwight Pentecost, "Cades-Barneia no Livro de Hebreus", em *Basic*

abundante do autor de citações e alusões ao Antigo Testamento é vital a uma compreensão adequada da condição espiritual dos que foram advertidos, do perigo de "se apartar" (3.12), da impossibilidade de "arrependimento" (6.6) e da natureza do juízo vindouro (6.8; 10. 27–31; 12.25–29). Greg Beale observa que os autores do Novo Testamento praticavam uma "exegese contextual" ao "citar referências individuais como indicativos para o amplo tema(s) histórico-redentivo a partir do [seu] contexto imediato e mais amplo do A.T.".[489] R. T. France demonstra como o autor de Hebreus faz isso "ao aplicar [textos do Antigo Testamento] em associação com outras ideias relacionadas ao Antigo Testamento... para produzir uma alimentação mais rica e mais satisfatória da teologia bíblica do que poderia ser fornecida por uma mera coleção de textos-prova".[490] Portanto, a teologia do Antigo Testamento é fundamental para entender não apenas as citações do autor, mas também suas alusões a narrativas veterotestamentárias para alertar seus leitores.

### Tipologia do Antigo Testamento em Hebreus

Embora o autor use o vocabulário de "tipo" apenas duas vezes em Hebreus (8.5; 9.24), a tipologia é sua principal forma de aplicar as Escrituras judaicas ao seu público contemporâneo.[491] A tipologia bíblica é baseada em padrões de correspondência entre "pessoas, ações, eventos e instituições" históricas dentro da atividade redentora de Deus ao longo da história bíblica.[492] Fundamenta-se na suposição de que ele segue padrões consistentes ao lidar com seu povo, resultando em verdadeiras correspondências históricas e teológicas ao longo da história da redenção. A falta de correspondência real entre um tipo anterior e seu antítipo posterior resultaria em interpretações fantasiosas e banalizaria a teologia narrativa de exemplos do Antigo Testamento. Portanto,

---

*Theology Applied: A Practical Application of Basic Theology in Honor of Charles C. Ryrie and His Work*, ed. Eesley e Elaine Willis e John e Janet Master (Wheaton, IL: Victor, 1995), 127-35.

[489] G. K. Beale, "Jesus e Seus Seguidores Pregaram a Doutrina Correta a partir de Textos Errados? Um exame dos Pressupostos do Método Exegético de Jesus e dos Apóstolos", *Themelios* 14 (1989): 90-91.

[490] R. T. France, "O Escritor de Hebreus como um Expositor Bíblico", *TynBul* 47 (1996): 250.

[491] O termo typos é usado em Hebreus 8.5 e seu equivalente antitypos é usado em Hebreus 9.24.

[492] Veja Leonhard Goppelt, *Typos: The Typological Interpretation of the Old Testament in the New*, trad. Donald H. Madvig (Grand Rapids: Eerdmans, 1982), 17-18; e David L. Baker, "Tipologia e o Uso Cristão do Antigo Testamento", em *The Right Doctrine from the Wrong Texts*, ed. G. K. Beale (Grand Rapids: Baker, 1994), 327-28.

o sucesso retórico e a conexão lógica da relação tipológica usada pelo autor do Novo Testamento dependem diretamente da veracidade de sua correspondência teológica.

O aspecto da gradação, ou intensificação, é frequentemente listado como outra característica definidora da tipologia.[493] Isso está claramente presente em Hebreus, onde o autor frequentemente usa tipologia para argumentar do menor para o maior (por exemplo, 3.3; 7.15; 8.6; 9.11,23). Entretanto, o intérprete deve ser cauteloso para não "intensificar" o significado do antítipo posterior de uma maneira que obscurece sua genuína correspondência histórica e teológica ao tipo anterior.[494] O mais importante para as advertências é o uso que o escritor faz da geração do Êxodo como um tipo da comunidade cristã para a qual ele estava escrevendo. Em cada admoestação, exemplos do Êxodo são usados para mostrar o perigo da ameaça presente aos seus leitores. Por causa da referência explícita do autor à rebelião da geração do Êxodo, em Hebreus 3–4, muitos reconheceram o papel determinante dos eventos de Cades-Barneia para decifrar o significado da advertência em Hebreus 3.12-14. Entretanto, poucos comentários reconheceram as alusões aos eventos do Êxodo nas outras passagens de advertência.[495] Isso é significativo porque, em cada uma delas, a condição espiritual, "cair fora", e o juízo da geração do Êxodo fornecem pistas importantes para a condição espiritual, potencial "queda" e juízo dos advertidos.

### A Geração do Êxodo em Hebreus

Começando em Hebreus 2.2-3, o autor adverte seus leitores da "justa recompensa" que veio sobre à geração do Êxodo por sua negligência e desobediência espiritual.[496] Em Hebreus 3–4, ele novamente os ad-

---

[493] Goppelt, *Typos*, 18, 199-202.

[494] Também, a intertextualidade dentro do A.T. revela que o aumento é opcional ao relacionamento tipológico. Por exemplo, as bênçãos e o pecado da geração do Êxodo são frequentemente usados para instruir as gerações posteriores sem qualquer intensificação ou "acréscimo" (por exemplo, Sl 78; 106.6–33; Is 63.7–14).

[495] Uma exceção notável é G. H. Lang, *The Epistle to the Hebrews: A Practical Treatise for Plain and Serious Readers* (London: Paternoster, 1951), 98-107. Veja também Pentecost, "Cades-Barneia no livro de Hebreus", 127–35.

[496] A "salvação... primeiro falada através do Senhor" pode referir-se à "salvação" dos israelitas (Êx 14.13) dos egípcios no Mar Vermelho prometida por Iavé (Êx 14.15-18) e confirmada por meio de "sinais" (*sēmeiois*) e "maravilhas" (*terasin*) realizados por Moisés e Arão (Êx 11.9-10; Dt 4.34; 26.8). Isso também se encaixa bem com o uso do autor de *kyrios* para identificar Jesus como Iavé (Hb 1.10; 7.14; 8.8; 10.1b, 16; 13.6, 20). Veja também Michael Bachmann, "Falado pelo Senhor (Hb 2.3): Reflexões sobre a Redenção de Deus e Jesus em Hebreus", Bib 71 (1990): 365-94.

verte contra ter "um coração perverso e incrédulo" (3.12), semelhante à geração do Êxodo (3.7-11). Eles devem "cuidar" para que não se apartem do Deus vivo (3.12) da mesma forma que os israelitas o fizeram quando "provocaram" o Senhor no deserto (3.8,16). Depois de seu excurso sobre a superioridade do sumo sacerdócio do Filho segundo a ordem de Melquisedeque (4.14-5.10), o autor retorna aos eventos do Êxodo em sua advertência no capítulo 6.[497] Ecos sobre as experiências da geração do deserto em 6.4 são fortes: "iluminado" = coluna de fogo; "provou do dom celestial" = maná; "participantes do Espírito Santo" = o Espírito vindo sobre os setenta anciãos (Nm 11.16-30); "provou a boa palavra de Deus e os poderes da era vindoura" (NASB) = recebimento da lei de Moisés confirmada por sinais.[498] Referências ao "tabernáculo" (*skēnē*) em vez do templo como o lugar de serviço para o sacerdócio levítico em Hebreus 8 e 9 que também aponta para as condições no deserto. No capítulo 10, as alusões ao "pecado intencional" (v. 26) de Números 15.30–36, as "duas ou três testemunhas" por uma ofensa capital (v. 28) de Deuteronômio 17.6, e a citação (v. 30) de Deuteronômio 32.35–36, todos mantêm os eventos do Êxodo em vista. Depois de incluir Moisés e a geração do Êxodo entre os exemplos dos fiéis no capítulo 11 (v. 23-29), o autor apresenta sua advertência final aludindo à chegada aterradora dos israelitas no Monte Sinai no capítulo 12 (v. 18-21). Finalmente, no capítulo 13, sua exortação para que "saiamos... fora do arraial" (v. 13) compara o sofrimento e a opróbrio de Cristo aos animais sacrificados "queimados fora do arraial" de Israel no deserto (v. 11). Ao usar os eventos do Êxodo como seu tema principal em toda a epístola, o autor fornece uma importante chave interpretativa para o significado e a aplicação de suas advertências.

### O Status Redimido da Geração do Êxodo

Por causa de sua relação tipológica com a geração do Êxodo, considero que aqueles que são admoestados em Hebreus são crentes verdadeiros em perigo de perder as bênçãos da aliança e de sofrer à disciplina física

---

[497] Uma indicação gramatical de que ele tem os eventos do Êxodo em vista outra vez no capítulo 6 é o uso de particípios substantivados no plural em 6.4 para descrever aqueles em perigo de cair. Seu referente mais lógico é o assunto dos particípios substantivados no plural usados pela última vez nos capítulos 3 (v. 10–11, 16–19) e 4 (v. 2, 6) — isto é, a geração do deserto.

[498] Muitos veem alusões ao Êxodo em Hebreus 6.4–6, incluindo Martin Emmrich, "Hebreus 6.4-6" outra vez! (Uma Avaliação Pneumática), "*WTJ* 65 (2003): 83-88; Dave Mathewson, "Lendo Hb 6.4–6 à luz do Antigo Testamento", *WTJ* 61 (1999): 209–25; Pentecost, "Cades-Barneia no Livro de Hebreus", 127–35; e Noel Weeks, "Admoestação e Erro em Hebreus", *WTJ* 39 (1976): 72-80.

de Deus enquanto escapam do juízo final.⁴⁹⁹ O fundamento para esse entendimento é que, apesar de sua incredulidade e rebelião em Cades-Barneia, a geração do Êxodo era um povo redimido.

A evidência para isso começa com o primeiro relato de Moisés e Arão de que o Senhor os libertaria. Ao ouvir o relato de Arão confirmado por sinais milagrosos, "o povo creu" e "se inclinando adoraram" (Êx 4.30-31 NASB). O significado desse ato inicial de fé pelo povo não deve ser negligenciado por várias razões.

Primeiro, a forma hiphil de 'mn traduzida por "creu" tornou-se um termo técnico para expressar fé verdadeira no Antigo Testamento.⁵⁰⁰ Segundo, as seis ocorrências de "crer" ('mn), em Êxodo 4, marcam a fé do povo como um tema central do capítulo. Terceiro, a veracidade da fé do povo é evidenciada não apenas por sua adoração imediata (4.31; 12.27), mas também por sua obediência. Em resposta aos mandamentos específicos relativos à preparação do sacrifício da Páscoa, o autor enfaticamente declara duas vezes que todos os filhos de Israel "fizeram exatamente como o Senhor ordenou a Moisés e Arão" (Êx 12.28, 50). Quarto, em resposta ao seu temor do ataque dos egípcios, o Senhor prometeu-lhes "salvação" (Êx 14.13). Aqui, *yĕšû'at* é usado apenas pela segunda vez no Antigo Testamento para prometer sua libertação. Após o resgate, o autor declara que o Senhor realmente "salvou (*wayyôša'*) Israel naquele dia" (Êx 14.30).

Quinto, em resposta à sua libertação, o texto declara novamente: "eles creram (*wayya'ămînû*) no Senhor e em seu servo Moisés" (Êx 14.30-31 NASB). A forma hiphil de 'mn, com a preposição "em" (b) denota a sua entrada em uma relação de confiança com Iavé como em Gênesis 15.6, "[Abraão] creu no Senhor; e foi lhe imputado como justiça "(NASB).⁵⁰¹ Sexto, o cântico de Moisés que imediatamente segue o relato

---

⁴⁹⁹ Outros que possuem uma visão similar incluem Micheal A. Eaton, *A Theology of Encouragement* (Carlisle, U,K: Paternoster, 1995), 215; Norman L. Geisler, "Uma Visão Calvinista Moderada", em *Four Views on Eternal Security*, ed. J. Matthew Pinson (Grand Rapids: Zondervan, 2002), 98-100; Robert Gromacki, *Stand Bold in Grace* (Woodlands, TX: Kress Christian, 2002), 110-13; 173-76; R. T. Kendall, *Once Saved, Always Saved* (Chicago: Moody, 1983), 153–55; Lang, *Hebrews*, 98-107; 176-87; Thomas Kem Oberholtzer, "O Descanso do Reino em Hebreus 3.1-4.13", *BSac* 145 (1988): 188; Joseph C. Dillow, *The Reign of the Servant Kings: A Study of Eternal Security and the Final Significance of Man* (Miami Springs, FL: Schoettle, 1992), 93-110; e Pentecost, "Cades-Barnéia no Livro de Hebreus", 127–35.

⁵⁰⁰ Jack B. Scott, "'mn", em *Theological Wordbook of the Old Testament*, ed. R. Laird Harris, Gleason L. Archer Jr. e Bruce K. Waltke (Chicago: Moody, 1980), 1:51.

⁵⁰¹ Outros exemplos de 'mn com a preposição b ("acreditou em") usado para expressar fé genuína em Deus inclui 2 Crônicas 20.20 e Jonas 3.5.

da travessia do Mar Vermelho oferece uma interpretação importante do evento e confirma a resposta da fé do povo. O cântico descreve o evento como sua "salvação" (Êx 15.2) pela qual eles foram "redimidos" (v. 13) e "comprados" (v. 16). Sétimo, o uso intertextual de sua libertação em outro lugar no Antigo Testamento declara que, apesar de pecarem (Sl 106.6), esqueceram-se das obras e da bondade de Deus, e mais tarde se rebelaram (v. 7), o Senhor os "resgatou" (Sl 78.42; 106.10; Is 63.9), os "salvou" (Sl 106.8,10; Is 63.8-9), e os perdoou (9.17; p. 78: 38; 99: 8). Oitavo, o estabelecimento da aliança do Sinai (Êx 24.1-9) com o povo de Israel também indica seu status de resgatado. Pois a concessão da lei nunca foi destinada a fornecer um meio de salvação, mas pressupunha a fé e, portanto, foi dada a um povo já resgatado.

Mais tarde, em Hebreus 11, o autor confirma o status redimido da geração do Êxodo. Com os eventos de Êxodo 14.30-31 claramente em mente, ele os elogia pela sua fé exemplar, declarando "pela fé eles passaram pelo Mar Vermelho como se estivessem passando por terra seca" (v. 29 NASB). Assim, como Noé, Abraão e Moisés, o autor inclui a geração do Êxodo entre aqueles que haviam "obtido aprovação por meio de sua fé" (v. 39 NASB).

### O Pecado da Geração do Êxodo e Hebreus 3–4

O autor usa vários termos em Hebreus 3–4 para descrever o pecado dos israelitas no deserto. Citando o Salmo 95 (Sl 94 LXX), o autor identifica o endurecimento de seus corações com sua "rebelião" em Meribá e "provocação" em Massá (Hb 3.8–9; cf. Êx 17.7). Ele também tinha em vista sua rebelião após o retorno dos espiões a Cades-Barneia (Nm 14), como evidenciado por sua referência repetida ao juízo de Deus (Hb 3.11,18; 4.3; cf. Nm 14. 21, 28) e sua advertência de que "seus corpos caíram no deserto" (Hb 3.17; 4.11; cf. Nm 14.29, 32-33). Portanto, o pecado (3.17) da incredulidade (3.12,19; 4.2) e da desobediência (3.18; 4.6, 11), advertidos em oposição a Hebreus 3-4, deve ser entendido à luz da "rebelião" (Nm 14.9; Dt 9.23–24) e incredulidade (Nm 14.11) em Cades-Barneia.

A advertência contra "um coração perverso e incrédulo" e "apartar-se do Deus vivo" (Hb 312) é muitas vezes entendida como "uma rejeição deliberada da salvação", equivalente a uma completa apostasia da fé.[502]

---

[502] Veja Buist M. Fanning, "Uma Teologia de Hebreus", em *A Biblical Theology of the New Testament*,

É melhor determinar o significado de *apostēnai* ("cair") à luz da advertência de Moisés ao povo de Cades-Barneia, "não se rebele (*apostatai*) contra o Senhor" (Nm 14.9 LXX). O adjetivo *ponēros* ("maligno") é usado duas vezes para descrever a "má congregação" em Números 14 (v. 27, 35 e LXX), mas em nenhum outro lugar do Pentateuco. O adjetivo *apistias* ("incrédulo", Hb 3.12) outra vez ecoa à pergunta do Senhor a Moisés em Cades, "até quando eles não crerão em mim?" (Nm 14.11 NASB; cf. Dt 1.32; 9 23; Sl 106.24). O título "Deus vivo" (*theou zōntos*) reverbera ao tempo em que Iavé renovou os termos de bênção e disciplina para os sobreviventes do Êxodo em Deuteronômio (4.33; 5.26). Em resumo, os leitores do Novo Testamento são advertidos não contra a completa ausência de fé em Deus, mas mais especificamente contra a falha em crer que ele sustentaria suas vidas em face do perigo iminente (cf. Êx 14.7-9).

Também a incredulidade do povo em Cades-Barneia deve ser entendida à luz dos pecados igualmente desastrosos de Moisés e Arão.[503] Isto é mais aparente em Números 20, onde a morte de Miriã (v. 1) e a sentença de morte de Moisés e Arão (v. 12, 24) servem para reforçar o ponto de que nenhum dos adultos libertos do Egito, exceto Josué e Calebe, entraria na terra prometida. Os irmãos receberam exatamente o mesmo castigo que o povo, porque cometeram a mesma transgressão. Isso é indicado pelo fato de que na "incredulidade" ("porque vocês não creram", *lōʾ-hʾĕmantem*) e "rebelião" ("porque vocês se rebelaram", *mĕrîtem*) de Moisés e Arão (Nm 20.12, 24) são usadas as mesmas palavras hebraicas para descrever o pecado do povo em Números 14.9-11 (cf. Dt 9.23-24).

Os pecados de Moisés e Arão são tipicamente considerados menores em comparação com a magnitude do pecado do povo. No entanto, as palavras e o comportamento de Moisés são relatados como a mais séria profanação da santidade e reputação de Iavé em Números 20.10-12.[504] O líder falou com ira ao povo: "Escutem agora, rebeldes; nós [isto é, eu e Iavé] tiraremos água para vocês desta pedra?" (Nm 20.10 NASB). Sua

---

ed. Roy B. Zuck (Chicago: Moody, 1994), 408; e Scot McKnight, "As Passagens de Advertência de Hebreus: Uma Análise Formal e Conclusões Teológicas", *TJ* n.s. 13 (1992): 39-41.

[503] Exemplos anteriores de seus pecados incluem as dúvidas de Moisés a respeito da capacidade de Deus de fornecer amplamente carne suficiente para o povo (Nm 11.21-23) e o consentimento de Arão para a fabricação do bezerro de ouro (Êx 32.1-6, 21-25, 35; Dt 9.20-21).

[504] Veja M. Margaliot, "A Transgressão de Moisés e Aarão — Nm 20.1-13, "*The Jewish Quarterly Review* 2 (1983): 215. Ele sugere que ao questionar o mandamento de Deus de fornecer água, Moisés de fato negou o nome divino "Iavé", o que significa que Deus estará com seu povo em sua aflição para ajudá-los (219).

pergunta retórica implicava dúvida (ou seja, "incredulidade") se Deus verdadeiramente pretendia dar água para o povo porque ele os considerava indigno de recebê-la. A gravidade do pecado de Moisés é vista não apenas em seu uso do pronome "nós", que igualava seu papel ao de Deus, mas também ao questionar o mandamento claro do Senhor para fornecer água para seu povo (Nm 20.8, 24). O fato de que Moisés e Arão receberam o mesmo castigo dos outros "rebeldes" que morreram no deserto indica que "exatamente o mesmo" pecado foi cometido por todos.[505]

Além disso, o mesmo nome do lugar "Cades" sugere a intenção do autor do Antigo Testamento em comparar o pecado do povo em Números 14 ao pecado dos irmãos e líderes (Nm 13.26; 20.1). O pecado da geração do Êxodo foi uma crescente falta de confiança na presença sustentadora da vida por Deus (Êx 17.7) para suprir suas necessidades (Nm 11.4-6; 18-23; 14.7-9). Seu pecado culminou em sua decisiva recusa em confiar em Deus para levá-los à terra prometida e sobrepujar seus habitantes (Nm 14.8-10). Seu pecado foi certamente grave! Mas não foi uma rejeição total e final da fé em Deus, incorrendo em condenação eterna pelas seguintes razões. Primeiro, o Senhor "perdoou-os" em resposta ao pedido de Moisés (Nm 14.20). Note que ele pediu a Deus que perdoasse a "iniquidade" de Israel... segundo a grandeza da tua benignidade, como também perdoaste a este povo, desde o Egito até agora" (v. 19 NASB). Quando Deus "perdoou-os de acordo com a palavra [de Moisés"] (v. 20 NASB), ele declarou que o perdão foi completo, como este havia pedido. Segundo, em resposta ao juramento de juízo do Senhor sobre eles, "o povo lamentou muito" (v. 39). No dia seguinte, eles confessaram: "Nós realmente pecamos" e tentaram possuir a terra que o Senhor havia prometido (v. 40). Embora sua confissão e determinação de entrar na terra fosse agora tarde demais, sua resposta dificilmente representaria um povo que renunciara totalmente à crença em Deus. Terceiro, a sua redenção (ou seja, a salvação) do Egito não foi perdida, porque nunca lhes foi permitido retornar à antiga escravidão sob Faraó. Em vez disso, Deus "os conduziu" no deserto "como um homem o faz com seu filho" (Dt 1.31). Finalmente, desde que seu pecado é idêntico em descrição e castigo ao de Moisés e Arão, deve ser considerado como o mesmo. Portanto, uma vez que ninguém considera o pecado de Moisés

---

[505] Ibid., 221. Veja também Timothy R. Ashley, *The Book of Numbers* (Grand Rapids: Eerdmans, 1993), 385-86.

e Arão como apostasia final, incorrendo assim na destruição eterna, os pecados do povo também não devem ser considerados como tais.

## *O Conceito do Antigo Testamento de "Descanso" em Hebreus 3–4*

O escritor de Hebreus apela ao conceito de descanso do Antigo Testamento para advertir seus leitores contra o pecado da geração do Êxodo (3.7-13) que, em última análise, terminou em sua perda da vida física (v. 14-19). O conceito de "descanso" no Antigo Testamento é expresso por duas palavras hebraicas. A primeira é o substantivo hebraico mnwḥâ, usado no Salmo 95.11 para denotar o "lugar de descanso" de Iavé em Sião (Sl 132.8,13-14; Is 11.10) no templo (1 Cr 28.2; cf. 2 Cr 6.41) como sinônimo de seu trono (Is 66.1).[506] O segundo é o verbo hebraico *Shabat* (*wayyišbōt* "e ele descansou"), significando o descanso de Deus. Seguindo seu trabalho criador (Gn 2.2; cf. Hb 4.4, 10). Quando o autor de Hebreus chama esse repouso fundamental sabbatismos (4.9), ele não se refere ao Sábado, mas sim "à *celebração* do Sábado".[507] A ênfase não estava na cessação das atividades diárias, mas sim em uma oportunidade sem impedimento para Israel celebrar a presença de sustentação da vida entre eles (Êx 31.12-16; 2 Mc 8.27). O descanso de Deus foi experimentado pela primeira vez no jardim do Éden, depois no tabernáculo, depois na terra (especificamente Sião) e, finalmente, no templo de Salomão. Em cada caso, a celebração da presença e gozo das bênçãos da aliança, por parte de Iavé, foi comprometida pela infidelidade da aliança. Por sua desobediência, Adão foi excluído do lugar de bênção da aliança no jardim. Da mesma forma, devido à sua rebelião, o povo, juntamente com Moisés, Miriã e Arão, foi impedido de entrar na terra da bênção. Sua falha em experimentar o descanso de Deus, na terra, não afetou sua libertação e redenção como povo do Senhor, mas impediu-os de desfrutar da plenitude das bênçãos da aliança na terra.

O autor de Hebreus argumenta que o "lugar de descanso" de Deus permanece acessível para seus leitores por intermédio de Jesus Cristo, que "sentou-se" à direita do trono celestial de Deus (1.3,8.1; 10.12; 12.2)

---

[506] Lugwig Koehler e Walter Baumgartner, The Hebrew and Aramaic Lexicon of the Old Testament, trad. M. E. J. Richardson (Leiden: Brill, 1996), 2:600.

[507] Jon Iaansma, *"I Will Give You Rest": The "Rest" Motif in the New Testament with Special Reference to Mt 11 and Heb. 3–4*, WUNT 98 (Tübingen: Mohr-Siebeck, 1997), 276–77 (itálico original).

para servir como seu "sumo sacerdote" (3.1; 4.14; 7.25–8.2; 9.11-15, 23–26; 10.19-22). Se permanecerem fiéis (3. 6,14), embora o templo terreno esteja "pronto para desaparecer" (8.13), os leitores ainda podem "entrar em seu lugar de descanso" (4.1, 3, 10–11) "chegando com confiança ao trono da graça para ser ajudado" (4.16), "bênção" (6.7), e "recompensa" (10.35; 11.6), bem como "oferecendo continuamente" sacrifícios de "louvor" e boas obras (13.15–16). No entanto, caso se recusarem a confiar na presença sustentadora da vida de Deus mediada por Jesus Cristo, seu sumo sacerdote, eles poderão perder a alegria da presença de Deus como um "local de descanso" de bênção e da celebração do Sábado. Em vez disso, a presença do Senhor se tornaria para eles um lugar onde os pecados são expostos (4.12-13), o castigo é dado (3.17; 10.29–31), as recompensas são perdidas (10.35–39) e a disciplina é recebida (12.4–11).

### A Geração do Êxodo em Hebreus 6.4–5

O autor usou quatro particípios substantivados nessa passagem para identificar a condição espiritual dos leitores com a da geração do Êxodo. O artigo "os" (*tous*) modifica todos os quatro particípios, indicando que eles são todos destinados a descrever um grupo. Também, o termo "uma vez" (*hapax*) modifica todos os quatro particípios, significando que cada um deles ocorreu "de uma vez por todas".

Primeiro, eles são descritos como "iluminados" (*phōtisthentas*). O mesmo verbo passivo é usado em Hebreus 10.32 para se referir ao início da experiência cristã dos leitores quando eles foram "iluminados". Isto se assemelha à nuvem durante o dia e fogo à noite que marcou o início do Êxodo de Israel do Egito, dando-lhes "luz, para que viajassem de dia e de noite" (Êx 13.21 NASB). O Antigo Testamento mais tarde ecoa o propósito da coluna de fogo em "iluminar" (*phōtizō*) a geração do Êxodo em seu caminho para o Sinai (Ne 9.12; Sl 105.39 [104.19] LXX).

Segundo, eles tinham "provado do dom celestial" (Hb 6.4). Isso corresponde ao maná do céu usado como alimento pela geração do Êxodo. Uma vez que Jesus se comparou ao maná de Moisés (por exemplo, Jo 6.32-33), é melhor entender o "dom celestial" como uma referência ao próprio Cristo.

Terceiro, os leitores, como os israelitas do Êxodo, foram "participantes do Espírito Santo" (Hb 6.4 NASB). A palavra "participante" (*metochous*) consistentemente refere-se no Novo Testamento a uma partilha ou participação verdadeira (por exemplo, Hb 2.14) e, portanto, denota uma experiência verdadeira do Espírito Santo que acompanha a iluminação espiritual. Que a chegada do Espírito Santo (Nm 11.16-30) também estava entre as características definidoras da experiência do Êxodo é confirmada por sua frequente menção em relatos do Antigo Testamento sobre a libertação de Israel (por exemplo, Ne 9.20; Is 63.11, 14; Ag 2.5).

Quarto, os leitores tinham "provado a boa palavra de Deus e os poderes da era vindoura" (Hb 6.5 NASB). Isso outra vez ecoa a geração do Êxodo, que "creu... no Senhor" e "enclinou-se e adorou" depois de terem ouvido "as palavras que o Senhor tinha falado a Moisés" e viu "os sinais" que ele realizou (Êx 4.30-31). Da mesma forma, os leitores de Hebreus haviam recebido "a palavra... primeiro falada através do Senhor" depois "foi confirmada a nós.. por sinais e maravilhas e várias maravilhas"(2. 3-4).

Em resumo, as experiências daqueles descritos em Hebreus 6.4-5 indicam que aqueles que estão em perigo de "cair" eram crentes verdadeiros como a geração do Êxodo. Em vez de avançar "para a maturidade", os leitores do Novo Testamento corriam o risco de recuar para a infância espiritual, como a geração do Êxodo.

### Cades-Barnéia e o Pecado de Hebreus 6.6

A "queda" que poderia colocar os leitores além da possibilidade de arrependimento é designada em Hebreus 6.6 pelo particípio grego parapesontas, encontrado somente aqui no Novo Testamento. Porque não há nenhum modificador, seu significado preciso é difícil de determinar a partir do contexto imediato. Muitos entendem que "cair" (*parapiptō*) como referindo-se à completa apostasia da fé.[508] Entretanto, esse ponto de vista ignora o problema da negligência discutido anteriormente em Hebreus 5.11-13. Os leitores não corriam o risco de desistir completamente de toda crença em Cristo, apesar da advertência de que poderiam "crucificar outra vez o Filho de Deus, expondo-o à desonra pública" (6.6 NASB). Seu problema imediato era antes um afastamento passivo da palavra de Cristo (2.1), uma negligência persistente para prosseguir até a maturidade (5.11–6.2), e um distanciamento da comunhão com outros

---

[508] Lane sugere essa ideia quando define parapiptō como "uma atitude total refletindo a renúncia deliberada e calculada de Deus". Veja William L. Lane, *Hebrews* 1–8, WBC 47a (Dallas: Word, 1991), 142.

crentes (10.25). Por medo de perseguição aos judeus (10.32-34). Em vez de rejeição total a Cristo, eles enfrentaram o perigo de cair em um estado permanente de imaturidade por meio de uma recusa intencional de "uma vez por todas" (*hapax*) de confiar em Deus para livrá-los de seus problemas presentes. Além disso, "cair" (*parapiptō*) é mais frequentemente usado na septuaginta para traduzir a palavra hebraica ma'al que significa "agir infielmente" (por exemplo, Ez 14.13; 15.8; 18.24).[509] Em resumo, "cair" não expressa a ideia de uma absoluta apostasia envolvendo um completo afastamento de toda crença no Senhor. Não é um termo moderado para o pecado; denota um grave ato de infidelidade a Deus. Mas a natureza exata da infidelidade deve ser determinada a partir do contexto abrangente.

### Uma rejeição final ao amadurecimento

O argumento de Hebreus sugere que "cair" (*parapiptō*) denota um estado geral de retrocesso espiritual introduzido por meio de uma rejeição final de confiar e obedecer a Deus. O único outro pecado mencionado no contexto imediato é que os leitores tinham "se tornado negligentes (*nōthros*) em ouvir" (5.11), referindo-se à sua relutância em colocar em prática o que haviam sido ensinados (v. 13-14). A força do verbo perfeito (*gegonate*) em 5.11 indica que eles negligenciaram em ouvir por algum tempo. Mas em Hebreus 6.12, o autor os adverte contra uma "idolência" geral (*nōthros*) ao longo de suas vidas. Eles ainda estavam evidenciando alguma obediência por intermédio de seu ministério contínuo aos santos (v. 10), mas o autor advertiu-os de que o tempo poderia vir quando sua letargia em obedecer se estabeleceria em um estado geral de retrocesso. Daí o pecado de "cair" (*parapiptō*) é mais do que apenas "negligência em ouvir"; está chegando a um ponto decisivo quando alguém se recusa "uma vez por todas" (*hapax*) a prosseguir até a maturidade. O pecado de "cair" em Hebreus ecoa à experiência dos israelitas "que caíram (*epesen*) no deserto" (3.17; cf. 4.11). Quando chegaram a Cades, fizeram uma pausa e enviaram espias para a terra, porque não confiavam na promessa de Deus de que a terra era sua para a possuir. Quando os espias retornaram, a maioria relatou que Canaã era povoada por gigantes que moravam em

---

[509] Francis Brown, S. R. driver, e Charles A. Briggs, *A Hebrew and English Lexicon of the Old Testament* (Oxford: Clarendon, 1903), 591.

cidades com muralhas inexpugnáveis. Apesar dos esforços de Josué e Calebe, o povo acreditou no pior. Naquele momento, decidiram rejeitar a liderança de Moisés e se recusaram a entrar e possuir a terra (Nm 14.1-10).

### *A Impossibilidade de renová-los ao arrependimento*

Como os israelitas se recusaram a obedecer à voz do Senhor (Nm 14.22) e agir de acordo com suas promessas (Êx 23.27-31; 33.1-2), assim também o os leitores do Novo Testamento corriam o risco de recusar-se a "prosseguir até a maturidade" (Hb 6.1). Embora os israelitas tenham mudado de ideia e tenham tentado entrar na terra no dia seguinte (Nm 14.39-45), não lhes foi permitido se arrependerem de sua decisão de voltar ao Egito. Da mesma forma, com os leitores de Hebreus, havia a questão de saber se Deus permitiria que eles continuassem até a maturidade ("isto faremos, se Deus permitir", 6.3), pois uma vez que eles decidiram "cair", seria "impossível renová-los ao arrependimento" (6.6).

Em resposta à recusa de Deus em permitir que a geração de Êxodo em Cades entrasse na terra, "o povo chorou muito" (Nm 14.39). No dia seguinte, acordaram cedo e declararam: "realmente pecamos, mas iremos ao lugar que o Senhor prometeu" (v. 40 NASB). Ignorando a advertência de Moisés, eles tentaram entrar na terra, mas foram derrotados por seus habitantes (v. 41-45). Sua incapacidade de se arrepender não significava que Deus não estava disposto a perdoá-los, pois após o apelo de Moisés, o Senhor declarou: "Eu os perdoei de acordo com a sua palavra" (v. 20 NASB). Antes, Deus negou a eles a bênção do descanso na terra para discipliná-los no deserto. Se eles tivessem obedecido e entrado na terra, o povo de Israel teria experimentado as bênçãos físicas da "terra que mana leite e mel" (Êx 33.3). Por um lado, aqueles que "não caem" são como a terra que "produz" vegetação proveitosa e o resultado é que "recebem uma bênção" (Hb 6.7). Por outro lado, aqueles que "caem" perdem as bênçãos de Deus. Portanto, no contexto, o "arrependimento" permitiria que alguém fosse renovado para um lugar de "bênção" e "descanso". Ser incapaz de se arrepender é não receber a bênção de Deus. Isso também é ilustrado com Esaú, que buscou "arrependimento... com lágrimas", mas foi negada "a bênção" (Hb 12.17). Portanto, aos crentes que, como a geração do Êxodo, "caem", pode ser negado o arrependimento que poderia renová-los para um lugar de bênção. Em resumo, o argumento do autor não é que seus leitores não possam ser salvos novamente, mas que, uma vez que decidam persistir em sua imaturidade e falta de fé, Deus não lhes permitirá que se arrependam para evitar a disciplina divina e a perda das bênçãos da aliança.

## "Crucificam... o Filho de Deus e expondo-o à desonra pública" (Hb 6.6)

O escritor advertiu sua audiência não apenas contra a perda da oportunidade de arrependimento e bênção, como tinha ocorrido com a geração do Êxodo, mas também contra a culpa adicional de crucificar "outra vez o Filho de Deus, e [expondo-o] à desonra pública" (6.6 NASB).[510] Alguns sugeriram que os dois particípios adverbiais traduzidos "crucificar" e "expondo-o à vergonha pública" devem ser tomados temporalmente, expressando a ideia de que aqueles que se afastaram não podiam ser renovados para o arrependimento *enquanto* crucificavam o Filho de Deus. Uma vez que parassem, poderiam sim ser obter nova chance. No entanto, isso contraria a força do termo "impossível" e não se ajusta ao paralelo dos acontecimentos em Cades-Barneia, onde os filhos de Israel tentaram se arrepender no dia seguinte, mas não conseguiram.[511] Em vez disso, é melhor ver esses particípios como causais,[512] descrevendo por que é impossível aos crentes serem renovados ao arrependimento.

Muitos entenderam que o particípio anastaurountas não significa "recrucificar" ou "crucificar outra vez", mas simplesmente "crucificar", como era geralmente entendido em outras fontes gregas.[513] Nesse caso, a advertência não é contra a crucificação de Cristo "outra vez.", mas antes contra a redução da morte do Filho ao nível de uma execução criminal comum, como os líderes judeus pretendiam originalmente. Um retorno público aos sacrifícios de animais do sistema levítico, de fato, esvaziaria o sacrifício de Jesus de seu valor redentor (cf. Hb 7.26–27; 10.26). O autor não poderia ter expressado em termos

---

[510] A mudança no tempo verbal do aoristo para o particípio presente em Hebreus 6.6 sugere que, além das características da geração passada (v. 4-5), havia novas características que agora seriam verdadeiras para o público contemporâneo se seguissem o exemplo de seus antepassados.

[511] Também isso não se encaixa no paralelo de Esaú, que buscou "arrependimento... com lágrimas", mas foi incapaz de recebê-lo (Hb 12.16-17).

[512] . F. F. Bruce, *The Epistle to the Hebrews*, NICNT (grand Rapids: Eerdmans, 1964), 124; e Marcus Dods, "A Epístola aos Hebreus", em *The Greek Testament, The Expositor's* ed. W. Robertson Nicoll (reimpressão, Grand Rapids: Eerdmans, 1979), 4: 298.

[513] O prefixo ana aparentemente se refere ao afixo "o" na cruz. Ver BAGD, 61; e Bruce, *Hebrews*, 111, n. 7).

mais fortes a gravidade do fracasso de seus leitores em avançar até a maturidade. Embora eles achassem que seu retorno silencioso ao judaísmo seria inofensivo, demonstrando solidariedade com o culto do templo, eles se identificariam com os líderes judeus que originalmente clamaram: "crucifica-o!". Significa que, para "cair", é preciso falar publicamente coisas blasfemas e irreverentes sobre Jesus Cristo. Seu retorno silencioso aos sacrifícios do templo foi suficiente para sugerir a seus companheiros judeus que a crucificação de Cristo não fornecia mais purificação por seus pecados. Embora a seu retorno ao judaísmo fosse algo em particular, traria desonra pública a Cristo, diminuindo o significado de sua morte sacrificial.

### *O pecado deliberado (Hb 10.26)*

Muitos reconheceram a advertência contra o "pecado deliberado" em Hebreus 10.26 como uma alusão ao pecado desafiador de Números 15.30–31 e ao pecado de rebeldia em Deuteronômio 17.12. A palavra *deliberadamente (hekousiōs)* denota a intenção voluntária de desconsiderar a lei de Deus. Isso é ilustrado no contexto de Números 15, com o exemplo do homem encontrado pegando lenha no Sábado (v. 32–36). Visto que sua ação foi uma clara violação da lei do Sábado, o castigo foi severo: "a pessoa será executada", isto é, "posta à morte" (Êx 31.14–15). Na advertência de Hebreus, o autor claramente tem esse castigo físico em mente, porque menciona no versículo seguinte a necessidade de "duas ou três testemunhas" (Hb 10.28) para confirmar uma ofensa capital (cf. Dt 17.6). Longe de um repúdio público à crença em Cristo, o pecado em vista denota qualquer ato deliberado de infidelidade à aliança, inclusive no contexto do Antigo Testamento, mesmo o ato aparentemente inofensivo de recolher lenha no sábado. A gravidade do pecado é determinada pela atitude de rebeldia com a qual ele está comprometido. No entanto, o castigo não é a condenação eterna, mas a punição física, resultando em morte.

### *"Pisar aos pés o Filho de Deus" (Hb 10.29)*

A palavra "pisar" (*katapateō*) é usada em outras partes do Novo Testamento para denotar o tratamento de algo de grande valor como se não tivesse valor (por exemplo, lançar pérolas aos porcos, Mt 7.6) ou impotente (por exemplo, sal insípido, Mt 5.13; semente inútil, Lc 8.5). O título "Filho de Deus", usado em Hebreus, lembra o status único de Cristo como a revelação final de Deus (1.2), o grande sumo sacerdote (4.14; 7.3) que assegurou a purificação permanente por meio de seu sacrifício "perfeito" (5.9; 7.28). Portanto, o fracasso em reconhecer a superioridade única de Cristo sobre outras revelações (por exemplo, a lei mosaica), sacerdotes (por exemplo, levitas) ou sacrifícios (por exemplo, de touros e bodes) que efetivamente "pisar aos pés o Filho de Deus". Esse significado é confirmado pela segunda advertência em oposição a considerar "impuro o sangue da aliança".

O termo grego "impuro" (*koinos*) poderia ser usado no sentido de "comum"; portanto, a advertência seria não tratar "o sangue da aliança" como um sacrifício comum semelhante aos outros oferecidos pelos sacerdotes humanos. Ou pode ser entendido no sentido do Antigo Testamento de "impureza cúltica", implicando que o sacrifício de Jesus não poderia fornecer purificação final para os pecados. Nos dois casos, não sugere um total repúdio a Cristo, mas trata seu sacrifício como se não tivesse mais valor purificador do que outros sacrifícios. Uma vez que no contexto de Hebreus, o Espírito é aquele que "ofereceu o sangue de Cristo sem mancha a Deus" (9.14) e "testifica" a superioridade de sua revelação (2.3-4) e aliança (10.15), degradar essas coisas retornando ao judaísmo "ultrajaria" (*enybrizō*) o Espírito, incorrendo assim na disciplina de Deus (10.29).

### A Natureza do Juízo

As advertências em Hebreus se tornam cada vez mais agudas, culminando na ameaça de um juízo ardente que "consumirá os adversários" (10.27) e trará "destruição" (10.39). Muitos vinculam esse juízo à "segunda" vinda de Cristo (9.28) e, portanto, assumem que Hebreus alerta para o "juízo final",[514] resultando em "condenação eterna" (9.27).[515] Outros consideram as advertências como se referindo a um maior castigo físico que leva à perda da vida, mas não ao juízo eterno.[516] Isso explicaria a importante

---

[514] Ellingworth, *Hebrews*, 541–43.

[515] Stanley D. Toussaint, "A Escatologia das Passagens de Advertência no Livro de Hebreus", *GTJ* 3 (1982): 67, 78–79; Hughes, *Hebrews*, 420; McKnight, "Passagens de Advertência de Hebreus", 34, 54; Peterson, "Apostasia", 24–28; e Fanning, "Uma Teologia de Hebreus", 407-9.

[516] Michael A. Eaton, *No Condemnation: A New Theology of Assurance* (Downers Grove, IL: InterVar-

ausência da terminologia "condenação" geralmente encontrada em todo o Novo Testamento e na literatura judaica contemporânea.⁵¹⁷ Ao falar do juízo final, Jesus adverte sobre o "fogo inextinguível do inferno" (Mt 5.22; 18.9; Mc 9.43-48), "fogo eterno" (Mt 18.8; 25.41) e "castigo eterno" (Mt 25.46). Da mesma forma, outros autores do Novo Testamento falam de "destruição eterna" (2 Ts 1.9) e "castigo do fogo eterno" (Jd 7). À luz do uso frequente do termo "eterno" (*aiōnios*) ao longo de Hebreus (5. 9; 6.2; 9.12,14-15; 13.20), sua ausência nas passagens de advertência é significativa, particularmente se o autor pretendia advertir seus leitores contra a finalidade do juízo na vida futura. O juízo final mencionado em Hebreus 9.27 ocorre após a morte ("está designado que os homens morram uma vez e depois que disso [vem] o juízo") e, portanto, deve ser diferenciado da ameaça imediata que os leitores "veem"... se aproximando" em suas circunstâncias presentes (10.25).

Alguns entendem as advertências do autor à luz da invasão romana da Palestina que em breve acabaria com os sacrifícios do templo (8.13) e com a destruição de Jerusalém (13.14).⁵¹⁸ Se assim fosse, ele poderia estar advertindo seus leitores do dano físico ou até mesmo a morte, se procurassem refúgio no judaísmo e sua ligação com o nacionalismo israelita.

O autor de Hebreus dá sutis advertências sobre a crise que se aproxima ao longo de sua carta.⁵¹⁹ Em particular, sua advertência de

---

sity, 1997), 212-17; Kendall, *Once Saved, Always Saved*, 175–82, 219–28; Lang, *Hebrews*, 176-83; Dillow, *Reign of the Servant Kings*, 458–65; e Thomas Kem Oberholtzer, "O Perigo do Pecado Intencional em Hebreus 10.26–39", *BSac* 145 (1988): 412-15.

⁵¹⁷ Por exemplo, o *Apocalipse de Sofonias* descreve os anjos que lançam "as almas dos homens ímpios... em seu castigo eterno" (4.7) e Hades como um lugar de "tormento" (4.10–11). *Quarto Esdras* descreve "a fornalha do inferno", onde há apenas "fogo e tormento" (7.36, 38). De acordo com 2 *Baruque* "a habitação" dos ímpios "estará no fogo" (44.15), onde serão "atormentados" (51.6; 54.14). *Quarto Macabeus* adverte contra "tormento eterno pelo fogo", "destruição eterna" (10.15) e "fogo eterno e torturas... o tempo todo" (12.12). A *regra da comunidade* de Qumran adverte contra a "condenação eterna... sem fim com a humilhação da destruição pelo fogo das regiões escuras" (1QS 4: 12–13). Embora raramente, encontremos uma linguagem semelhante sobre o castigo eterno na vida após a morte no AT. Por exemplo, Daniel adverte que alguns sofrerão "vergonha e desprezo eterno (*aiōnion*)" após a morte (12.2 lXX). Do mesmo modo, o Senhor adverte Tiro do juízo final "na cova", profetizando: "farei você habitar as profundezas da terra como um deserto eterno (*aiōnios*)" (Ez 26.20 lXX).

⁵¹⁸ Peter W. I. Walker, *Jesus and the Holy City: New Testament Perspectives on Jerusalem* (Rand Rapids: Eerdmans, 1996), 230–34; J. Dwight Pentecost, "O Uso das Previsões de Juízo de Jesus e os Apostolos sobre Jerusalém em 70 d.C.", em *Integrity of Heart, Skillfulness of Hands: Biblical and Leadership Studies in Honor of Donald K. Campbell*, ed. Charles H. Dyer e Roy B. Zuck (Grand Rapids: Baker, 1994) 140-41; e Dods, "Epístolas de Hebreus", 4.347-48.

⁵¹⁹ Para uma discussão mais completa das muitas alusões em Hebreus à crise vindoura que terminará com a destruição de Jerusalém, veja Gleason, "Advertência em Hebreus 10.26- 31", 97-120.

que a "terra" inútil (*gē*) está "perto de ser amaldiçoada" (6.8) é mais bem entendida como uma referência à destruição iminente da pátria israelita. Os líderes judeus haviam produzido "espinhos e cardos" por sua rejeição e crucificação de Cristo, e, portanto, sua nação estava fadada a ser "queimada" (6.8).[520] A alegação do autor de que a antiga aliança estava "próxima da destruição" (8.13)[521] também prenunciou a aniquilação dos sacerdotes, sacrifícios e templo. Sua previsão de que Cristo estava vindo (10.5) para "remover" ou "destruir,"[522] todos os símbolos da "primeira" aliança (10.9) serve como uma alusão apropriada à iminente crise que sobrevém a Israel, para a transição da primeira para a segunda aliança que foi drasticamente finalizada em 70 d.C. quando os romanos executaram os sacerdotes, queimaram o templo e removeram seus utensílios.[523] Esses temas de um juízo iminente são fortes indícios de que a epístola foi escrita antes da destruição de Jerusalém.[524]

### *O fogo consumidor (Hb 10.27)*

O autor esclarece a natureza "terrível" do "juízo" vindouro citando Isaías 26.11. Uma avaliação atenta do contexto do Antigo Testamento revela que a advertência de Isaías corresponde bem às ameaças que os judeus do primeiro século enfrentaram na terra de Israel.[525] O juízo iniciado em Isaías 24 declara que o Senhor "assolará", "devastará" (v. 1) e «consumirá» (v. 6) a terra porque o povo da terra (isto é, os judeus)

---

[520] Em resposta à revolta judaica, os romanos incendiaram sistematicamente as cidades ao longo de sua campanha, terminando no incêndio de Jerusalém e do templo (Jos., *JW* 3.7.1 §§ 132-34; 4.8.1 § 488; 6.5 .1 § 275). Consequentemente, o triunfo romano que celebrava a derrota do Estado judeu o retratava como "um país ainda em chamas por todas as partes" (Jos., *J.W.* 7.5.5 § 145).

[521] Embora a palavra *aphanismos* ocorra apenas aqui no NT, é usada com frequência na Septuaginta (56 vezes) para descrever a destruição física de Israel (Jr 12.11; Ez 6.14; Mq 7.13), Jerusalém (Jr 19.8) e o templo (Dn 9.26; Jr 4.12). Nunca é usado para denotar um desaparecimento gradual, conforme sugerido pela maioria das traduções em inglês de Hebreus 8.13 (por exemplo, "preste a desaparecer", NASB).

[522] A palavra *anaireō* era frequentemente usada no grego clássico para denotar "matar" ou "destruir" (Liddell, Scott e Jones, *GreekEnglish Lexicon*, 106). Esse significado clássico domina suas 23 ocorrências no NT (por exemplo, Mt 2.16; Lc 22.2; 23.32; At 2.23; 5. 33; 9.23).

[523] Josefo relata que não apenas o templo foi queimado e destruído (Jos., *JW* 6.4.5 §§ 249-53; 6.4.6-7 §§ 257-66; 7.1.1 §§ 1-4), mas todos os os móveis do templo, incluindo os vasos de ouro e os véus de púrpura, também foram levados a Roma para exibição (Jos., *J.W.* 7.5.7 §§ 160-62). E embora os sacerdotes sobreviventes tenham implorado por suas vidas, Tito os matou (Jos., *J.W.* 6.6.1 §§ 321-22).

[524] Veja sobretudo P. Walker, "Jerusalém em Hebreus 13.9-14 e a Data da Epístola", *TynBul* 45 (1994): 37-71.

[525] Veja sobretudo J. D. W. Watts, *Isaías 1-33*, WBC 24 (Waco: Word, 1985), 294-351.

«desobedeceu às leis, violou os estatutos e quebrou a aliança eterna» (v. 5 NIV).[526] Além disso, a "maldição" sobre a terra também "queimará" seus habitantes (ou seja, os judeus) porque eles são "considerados culpados" (v. 6 NASB). Portanto, o contexto mais abrangente de Isaías 26 indica que o fogo consumidor não se refere ao "fogo do castigo eterno",[527] mas antes à destruição física que sobrevém à terra de Israel e seus habitantes israelitas. A mudança do verbo "consumir" (*esthiō*) pelo autor do Novo Testamento do indicativo futuro (v. 11, *edetai*) na Septuaginta para o infinitivo do presente (*esthiein*) pode indicar que esse juízo já estava em andamento no momento de sua redação. Em vez de um acontecimento futuro, esse juízo ardente é visto como uma ameaça presente.

O fato é que muitas vezes no Antigo Testamento, "o fogo vinha do Senhor" para consumir o seu povo em vista da infidelidade pactual. Exemplos não faltam no Pentateuco, desde o povo murmurador do Êxodo (Nm 11. 1-2) a Corá e seus 250 companheiros (Nm 16.35) até os dois filhos de Arão, Nadabe e Abiú (Lv 10.1-2).

Da mesma forma, Moisés advertiu a nova geração de Israel que saía do deserto que, se fossem infiéis a aliança, Iavé "queimaria" sua terra e os "consumiria" (Dt 32.21-22), como ele fez com alguns da geração anterior. Em vez de uma descrição da condenação eterna, o fogo era um método comum de juízo físico pela infidelidade da aliança em todo o Antigo Testamento.

### *Um maior castigo (Hb 10.29)*

Nessa passagem, o autor argumenta do menor para o maior para advertir que um pecado maior exige um castigo maior. Como o castigo por rejeitar a lei do mosaica era a morte física (Hb 10.28; cf. Dt 17.6, 12), alguns assumem que um "castigo muito mais severo" deve se referir à morte espiritual.[528] No entanto, o autor deixa a natureza do castigo indefinida. Resta-nos exemplos do fogo do Antigo Testamento (Nm 11.1-2; 16.35) e apedrejamento (Nm 15.30-36) para preencher o significado. A severidade do castigo não requer morte espiritual por várias razões.

---

[526] As referências a sacerdotes (24.2), leis e estatutos (24.5) descartam a aliança noética como "eterna" (Gn 9.16) em favor da aliança mosaica como "eterna" (Lv 24.8).

[527] Young concorda que o castigo eterno não está em vista aqui. Veja E. J. Young, *The Book of Isaiah* (Grand Rapids: Eerdmans, 1969), 2: 217.

[528] Por exemplo, Bruce, *Hebrews*, 260.

Primeiro, a advertência não inclui nenhuma terminologia de condenação (por exemplo, "eterna" ou "tormento") normalmente usada em outros lugares para denotar a destruição eterna dos iníquos. Segundo, as citações e alusões do Antigo Testamento descrevem consistentemente a ameaça de morte física. Terceiro, em vez de ser maior em "espécie" (ou seja, morte espiritual em vez de morte física), a severidade pode se referir a um castigo físico maior em grau ou força do que aquele anteriormente experimentado pelos exemplos do Antigo Testamento.

Esse significado corresponde bem ao cenário histórico de Hebreus à luz do sofrimento sem precedentes experimentado durante a guerra judaica, como observado por Josefo. Sobre as atrocidades indescritíveis sofridas pelos rebeldes israelitas, escreve ele, "narrar suas atrocidades em detalhes é impossível; mas, para resumir, nenhuma outra cidade sofreu tantas misérias" (J.W. 5.10.5 § 442). As crucificações dos judeus aprisionados pelos romanos eram tão numerosas "que não era possível encontrar espaço para as cruzes nem cruzes para os corpos" (J.W. 5.11.1 § 451). No final, milhares e milhares de israelitas perderam a vida e milhares foram escravizados. No prefácio de sua guerra judaica, Josefo declara:

> A guerra dos judeus contra os romanos [foi] a maior, não apenas das guerras de nosso tempo, mas, até onde chegaram os relatos, quase tudo o que já eclodiu entre cidades ou nações. ... de fato, na minha opinião, os infortúnios de todas as nações desde que o mundo começou ficaram aquém daquelas dos judeus (J.W. 1.1.1, 4 §§ 1, 12).

Em Hebreus, os leitores são advertidos a não buscar refúgio no judaísmo por causa da devastação sem paralelo que os romanos levariam à nação israelita em breve. Se eles não atendessem a essa advertência, a história atesta que o rigor de seu castigo físico superaria em muito o experimentado por aqueles apedrejados pela lei mosaica ou que foram queimados durante a peregrinação no deserto.

### "Caindo nas mãos do Deus vivo" (Hb 10.31)

A advertência contra "cair nas mãos do Deus vivo" (*to empesein eis cheiras theou zōntos*) é encontrada apenas aqui no Novo Testamento. Essa frase encontra o paralelo mais próximo do Antigo Testamento no apelo de

Davi ao profeta Gade em 2 Samuel 24.14 (LXX): "Caímos agora nas mãos do Senhor (*empesoumai dē en cheiri kyriou*) porque grande são suas misericórdias" (NASB). Ambas as passagens usam o mesmo verbo aoristo (empiptō) e referência antropomórfica às "mãos de Deus" (*cheir*). No entanto, Davi usa a expressão para apelar à misericórdia do Senhor, enquanto o autor de Hebreus adverte sobre a sua severidade. Essa aparente discrepância pode ser explicada pelo contexto mais abrangente do juízo de Davi. Em vez de experimentar a misericórdia de Deus como Davi esperava, sua escolha de uma praga de três dias resultou na morte de setenta mil israelitas (2 Sm 24.15). O pecado de Davi ao numerar o povo teve um custo surpreendentemente maior. No final, ele entendeu o terror de cair nas mãos de Deus.

Observe que o juízo do Antigo Testamento resultou não em condenação eterna, mas em morte física, pois como Deus poderia condenar eternamente setenta mil israelitas "inocentes" pelo pecado de Davi (cf. 2 Sm 24.17)? Todavia, o juízo veio sobre os que viviam na terra — "de Dã a Berseba" (v. 15). Novamente, o autor de Hebreus usa um exemplo apropriado do Antigo Testamento para alertar sobre a devastação que viria sobre a terra de Israel que resultaria na morte física de muitos.

Os exemplos de juízo físico do Antigo Testamento e a ausência de terminologia de condenação do Novo Testamento nas passagens de advertência indicam que a destruição eterna está longe do significado pretendido pelo autor. Além disso, limitar a ameaça a um juízo futuro distante ignora sua proximidade e diminui sua relevância para o público do primeiro século que enfrenta o perigo imediato da guerra judaica e invasão romana. As descrições da crise vindoura ao longo da epístola apontam imediatamente para a destruição de Jerusalém e do templo, conforme predito por Jesus (Mt 23.37-24.28; Mc 13.1-32; Lc 21.5-36). Os leitores poderiam evitar o juízo de Deus sobre a nação judaica mantendo firme sua confissão, suportando o opróbrio de Cristo fora do arraial (Hb 13.13) e olhando para a cidade celestial em vez da terrena (ou seja, Jerusalém). Agora sob a sentença de destruição (13.14).[529]

---

[529] Essa interpretação das advertências corresponde ao relato notável de Eusébio de como a comunidade cristã em Jerusalém foi advertida a deixar a cidade antes de sua destruição: "O povo da igreja em Jerusalém era comandado por um oráculo dado por revelação antes da guerra àqueles na cidade que eram lhe dignos para partir e morar em uma das cidades da Pereia que eles chamaram Pella. Assim, aqueles que acreditavam em Cristo migraram de Jerusalém, pois quando os homens santos abandonaram a capital real dos judeus e toda a terra da Judeia, o juízo

## Segurança em Hebreus

À luz das repetidas exortações à ousada "confiança" (Hb 3.14; 4.16; 10.19) e à "plena segurança" (Hb 6.11; 10.22; cf. 11.1), é surpreendente que poucos estudos deem atenção ao tema da segurança em Hebreus.[530] Como uma "palavra de exortação" (13.22), o objetivo da epístola era fortalecer, encorajar e exortar os membros de uma comunidade cristã perseguida a se apegar firmemente à sua confissão em Jesus Cristo, em vez de buscar segurança nos antigos rituais do judaísmo. A importância das advertências para atingir esse objetivo não pode ser exagerada. No entanto, igualmente importantes são os esforços do autor para lembrar sua audiência de seu privilégio como "irmãos santos" (3.1) para entrar na presença de Deus em busca de auxílio (4.16). A fim de tranquilizar seus leitores sobre seu acesso privilegiado diante de Deus, o autor enfatiza a superioridade de Cristo sobre os mediadores da antiga aliança. Como grande sumo sacerdote, de acordo com a ordem de Melquisedeque (3.1; 4.14; 5.6; 6.20), Jesus era superior aos sacerdotes levíticos por causa de sua perfeita obediência (5.8) e sacrifício permanente (7.26–28), por meio do qual ele garantiu a "redenção eterna" (9.12). Portanto, o autor assegura aos leitores que Cristo os "santificou" e "os aperfeiçoou para sempre" (10.10, 14), garantindo assim sua entrada final na presença de Deus (10.19). Até a disciplina paterna de Deus tem como objetivo tranquilizá-los de sua verdadeira filiação (12.5-8). Tão certa é a "salvação eterna" (5.9) que eles são considerados como tendo já chegado à "Jerusalém celestial" (12.22)[531] como parte da "igreja do primogênito" (12.23). Isso lhes garante um lugar no "reino" inabalável (12.28) e na "cidade permanente" que está por vir (13.14). A severidade em Hebreus é inquestionável. Mas combinado com as advertências severas estão algumas das certezas mais reconfortantes dadas aos crentes no Novo Testamento.

---

de Deus poderia finalmente os atingir" (*Hist. Ecl.* 3.5.2 –3). Para uma defesa da historicidade desse relato, ver P. H. R. Van Houwelingen, "Fugindo para Além: A Partida dos Cristãos de Jerusalém para Pella", WTJ 65 (2003): 181-200.

[530] Uma exceção é Gerald L. Borchert, que procura um "equilíbrio bíblico", examinando "a profunda interação de segurança e advertência em... Hebreus". Veja Gerald L. Borchert, *Assurance and Warning* (Nashville: Broadman e Holman, 1987), 153-202.

[531] Peterson observa que "o uso do tempo perfeito no versículo 22 (*proselēlythate*), sugere que os cristãos 'em sua conversão' já alcançaram, em certo sentido, o seu destino celestial". Veja David Peterson, *Hebrews and Perfection: An Examination of the Concept of Perfection in the "Epistle to the Hebrews"*, SNTSMS 47 (Cambridge: Cambridge University Press, 1982), 160.

O propósito do autor é garantir que seus leitores alcancem o ápice em seu discurso central sobre a supremacia e finalidade da obra sumo sacerdotal de Cristo em 4.14–10: 25. A abertura (4.14-16) e os parágrafos finais (10.19-25) dessa seção formam um *inclusio* marcado por exortações quase idênticas para "manter-se firme" em sua "confissão" (4.14; 10.23).[532] Ambos se concentram em "Jesus" (4.14; 10.19) como "um grande sacerdote" (4.15; 10.21) que abriu o caminho "através do véu [celestial]" (4.14; 10.19), dando-lhes "confiança" para "achegar-se" e "entrar" na presença de Deus (4.16; 10.19). Essas palavras-chave não apenas identificam o tema da seção, mas também vinculam a unidade ao objetivo geral de segurança do autor ao longo da epístola. Isso é particularmente verdadeiro no termo "confiança" (parrēsia), que ocorre quatro vezes em Hebreus (3.6; 4.16; 10.19,35). "Temos confiança para entrar no lugar santo pelo sangue de Jesus" (Hb 10.19). Nesse contexto, a palavra atribui aos leitores seu objetivo "direito" de entrar na presença de Deus por causa da purificação de sua consciência mediante o sacrifício de Cristo.[533] Esse direito não é adquirido pelo esforço humano, mas é conferido a eles por Jesus. Em outras partes de Hebreus há mais o senso subjetivo de uma "confiança pessoal decorrente da autorização dada por Deus" para "achegar-se ao seu trono" (4.16).[534] O contexto maior da epístola indica que o acesso confiável ao Senhor deve se traduzir em uma vontade de servir e encorajar um ao outro publicamente (10.24-25), apesar da humilhação da perseguição (10.33-34), da "vergonha" (12.2-3) e do "opróbrio" de Cristo (13.12-13).

O substantivo *plērophoria*, usado duas vezes em Hebreus, enfatiza a "plenitude" da segurança dos leitores. Isso é indicado por sua forma verbal *plērophoreō*, que significa na voz passiva "estar totalmente convencido, assegurado, certo" como em Romanos 14.5 ("cada um deve estar *totalmente convencido*") e Colossenses 4.12 ("que vocês possam se manter firmes ... e *totalmente seguros*"). Paulo usou o substantivo duas vezes para denotar certeza absoluta decorrente do verdadeiro conhecimento de Cristo (Cl 2.2) e da escolha soberana de Deus confirmada pelo Espírito (1 Ts 1.4-5). Da mesma forma, em Hebreus 6.11, significa uma "certeza

---

[532] Veja o resumo útil de George H. Guthrie em *The Structure of Hebrews: A Text-Linguistic Analysis* (Grand Rapids: Baker, 1998), 79-82.
[533] Veja William L. Lane, *Hebrews 9–13*, wbc 47b (Dallas: Word, 1991), 274, 283; e TDNT, 5: 884.
[534] Lane, *Hebrews 9–13*, 274, 278.

completa" enraizada na "imutabilidade do propósito [de Deus]" de outorgar um refúgio "seguro e firme" por meio de Cristo (6.17-20). Em 10.22, o autor fundamenta sua "plena certeza de fé" na purificação de suas consciências. Em ambos os casos, o termo descreve a certeza criada em seus corações por intermédio da obra de Cristo. No entanto, a exortação em Hebreus 6.11 sugere que temos mais do que um papel passivo nessa "certeza completa". Algumas traduções atribuem aos leitores a responsabilidade "de fazer [sua] esperança certa" (NVI). No entanto, o infinitivo endeiknymi significa antes "demonstrar ou mostrar". Portanto, a exortação não é gerar uma certeza interior, mas mostrar ou demonstrar a "certeza completa" que eles receberam por meio de Cristo. Eles devem fazer isso da mesma maneira que demonstraram (*enedeixasthe*) seu amor pelos santos, conforme descrito no versículo anterior (6.10). Eles devem tornar evidente sua "certeza completa", continuando a ajudar o povo de Deus, apesar da crise presente.

Outro termo significativo é *hypostasis*, usado três vezes em Hebreus (cinco vezes no NT). A dificuldade em determinar seu significado é indicada pela variedade de maneiras pelas quais esse termo foi traduzido. Todos concordam que, em Hebreus 1.3, ele denota a realidade objetiva ou "natureza" de Deus, como refletida em Cristo. No entanto, em Hebreus 3.14 e 11.1, alguns o traduzem no sentido subjetivo de "certeza" (NASB) ou "confiança" (NIV),[535] enquanto outros preferem o sentido objetivo de "fundamento" ou "essência real".[536] As evidências linguísticas da era do Novo Testamento, bem como o período patrístico, demonstram que *hypostasis* denota "realidade tangível" em vez de uma sensação interna.[537] Portanto, em Hebreus 3.14, é melhor entender-se como se referindo à realidade subjacente que garante o objeto da esperança.[538] Em outras palavras, os leitores não são exortados a manter um certo senso subjetivo de certeza, mas se apegarem à realidade objetiva de seu fiel sumo sacerdote, Jesus. Da mesma forma, o KJV e o NKJV[539] se aproximam do original quando traduzem Hebreus 11.1: "agora a fé é o fundamento das coisas que se espera". No

---

[535] Bruce defende a "confiança" ou "certeza" em 3.14 e 11.1 (*Hebrews*, 67, 278).

[536] Por exemplo, "segurança objetiva" (spicq, *L'Epître aux Hébreux*, 77-78, 336), "certeza" (TDNT, 8: 586), ou "realidade objetiva que é inquestionável e firmemente estabelecida" (Lane, *Hebrews 9–13*, 328).

[537] Lane, *Hebrews 9–13*, 325; e São Crisóstomo, "Homilias sobre Hebreus" *NPNF* 1 14.21.2.

[538] Veja BAGD, 847; e J. H. Moulton e G. Milligan, *The Vocabulary of the Greek Testament: Illustrated from the Papyri and Other NonLiterary Sources* (reimpressão, Grand Rapids: Eerdmans, 1985), 659-60.

[539] A tradução nacional da NKJV não segue a versão americana. [N. do E.].

contexto, o "fundamento" se refere a Cristo e seu sacrifício final como a realidade objetiva por trás dos símbolos como sombras da antiga aliança (8.5; 9.9; 10.1). Em resumo, o tipo de fé que "agrada" a Deus (11.6) se baseia na certeza de Jesus e na permanência de seu sacrifício.

## A capacidade de Cristo para salvar eternamente (Hb 7.25)

Em Hebreus 7, o autor tranquiliza seus leitores sobre sua "segura e firme" esperança (Hb 6.19), explicando a superioridade do sumo sacerdócio de Jesus. Depois de demonstrar primeiro a prioridade de Melquisedeque sobre os filhos de Levi (7.1-11), ele cita o Salmo 110.4 para mostrar como Jesus, semelhante a Melquisedeque, era superior a Arão e aos sacerdotes levíticos. Sua incapacidade de prover "perfeição" (Hb 7.11,19), confirmada tanto pela mortalidade (v. 23) quanto pela pecaminosidade (v. 26-28), contrasta com uma "melhor aliança" (v. 22) assegurada por Jesus, que "permanece eternamente" (v. 23-24) como "sumo sacerdote santo, inocente, imaculado, separado dos pecadores e exaltado acima dos céus" (v. 26 NASB). O sacerdócio perpétuo de Cristo capacita-o a "salvar eternamente aqueles que se achegam a Deus por meio dele, pois ele sempre vive para interceder por eles" (v. 25 NASB). Nessa conclusão que culmina na frase "para sempre" (por exemplo, *eis to panteles*) declara enfaticamente a permanência da obra sacerdotal de Jesus. Alguns entenderam essa expressão como "completude", enquanto outros que significa "eternamente" ou "para sempre". Embora seja a única outra ocorrência no Novo Testamento (Lc 13.11) e a única na Septuaginta (3 Mc 7.16) permite ambos os sentidos, seu uso em papiros apoia claramente o significado temporal.[540] Esse sentido temporal é confirmado no contexto de Hebreus 7.25 por sua posição entre as duas frases temporais: "ele continua eternamente" (*eis ton aiōna*) no versículo anterior (isto é, "ele continua *eternamente*") e "ele eternamente vive" (*pantote zōē*) na frase a seguir. Isso indicaria que, uma vez que Jesus vive eternamente, a salvação que ele é capaz de fornecer durará eternamente. Isso é ainda validado por seu apelo à intercessão perpétua de Cristo como certeza da continuidade de sua salvação.

---

[540] Usando o texto exato, no início do terceiro século C.E. um papiro finaliza a venda de uma propriedade com a frase *apo tou nyn eis to panteles* ("a partir de agora e para sempre"). Veja Moulton e Milligan, *The Vocabulary of the Greek Testament*, 477; cf. BAGD, 608.

### Perdão absoluto da Nova Aliança (Hb 8.10-12; 10.16-18)

Em Hebreus 8, o autor declara que a nova aliança mediada por Jesus é "melhor" porque inclui "melhores promessas" (8.6). Ele justifica essa afirmação recorrendo a Jeremias 31, o único texto do Antigo Testamento que prometeu explicitamente uma "nova aliança" (Hb 8.8; cf. 8.13). A novidade dessa aliança profetizada por Jeremias consiste na implantação da lei de Deus no coração de seu povo, resultando em uma renovada intimidade entre o Senhor e seu povo. O fundamento desse novo relacionamento foi a promessa dele de "ser misericordioso com suas iniquidades" e "não se lembrar mais de seus pecados" (8.12). Sob a antiga aliança, o perdão foi adquirido mediante um elaborado sistema de sacrifícios. Ainda que não pudessem proporcionar "perfeição" (7.11, 19), serviam como uma "contínua lembrança dos pecados ano a ano" (10.3). Como Cristo se ofereceu "de uma vez por todas" como o sacrifício perfeito (7.27), a nova aliança agora poderia prometer purificação interna e perdão completo de todos os pecados.

No capítulo 10, esses aspectos da nova aliança são declarados outra vez como a fonte da "confiança" e da "plena certeza" do leitor. A partir dos versículos originais citados quase literalmente de Jeremias 31.31-34 em Hebreus 8, o autor restringe seu foco para apenas dois. Primeiro, ele cita a promessa de Deus de colocar suas "leis em seus corações... e... pensamentos" (Hb 10.16; cf. Jr 31.33). Depois, ele repete a promessa de Jeremias 31.34: "e seus pecados e iniquidade não me lembrarei mais" (Hb 10.17). Ele explica imediatamente seus significados para o seu argumento. Agora que o perdão absoluto e completo foi concedido, o sacrifício não é mais necessário (v. 18). O significado disso para sua confiança e plena certeza é esclarecido em Hebreus 10.22. O impacto purificador da palavra colocada por Deus em seus corações (Jr 31.33) deu a cada um deles um "coração sincero... aspergido "purificado" de uma má consciência". Isso lembra a promessa de Deus em Ezequiel 36.25," então eu *aspergirei* (*rhanō:*, LXX) água pura em vocês e vocês ficarão puros; eu os purificarei de *todas a suas imundícias*" (NASB, ênfase minha). O tempo perfeito do particípio "tendo nossos corações aspergidos" (*rherantismenoi*) em Hebreus 10.22 enfatiza a condição presente dos leitores. Eles podem ter certeza absoluta do acesso a Deus, porque Jesus, seu sumo sacerdote, lhes concedeu um "coração sincero" (cf. Ez 36.26) que já foi "aspergido" purificado "de uma má consciência". Hebreus 10.22 confirma que essa purificação inclui "todas... imundícias", como prometido em Ezequiel (36.25), declarando que a eficácia do sacrifício de Cristo se estende a todos os pecados "para sempre" (*eis to diēnekes*, Hb 10.14). Isso indica que todos os pecados passados, presentes e futuros estão incluídos. Por esse motivo, os leitores podem ter certeza de uma purificação completa para todo o sempre. Em resumo, o perdão absoluto oferecido por meio da nova aliança é descrito como posse permanente. A permanência dessa purificação sugere ainda que é irreversível.

### *A Perfeição Completa dos Crentes (Hb 10.11, 14)*

Muitos reconheceram a importância do conceito de perfeição para o argumento de Hebreus.[541] O significado do verbo *teleioō* ("tornar perfeito") e seus derivados na epístola é indicado pelo fato de que representam mais de um terço de todas as ocorrências do Novo Testamento. O uso do verbo em 10.14 no tempo perfeito (isto é, *teteleiōken*) é particularmente significativo para o nosso estudo, porque sugere que a perfeição dos crentes foi concluída no passado e continuada no presente.[542] Isso é ainda confirmado amplamente por sua ligação ao sacrifício de uma vez por todas de Cristo no contexto imediato (10.10–12). Como o sacrifício de Jesus foi um evento "de uma vez por todas" (*ephapax*), também a perfeição do crente foi alcançada por ele.[543] Em outras palavras, a perfeição dos fiéis é vista como um evento único que ocorreu em um momento de tempo. Portanto, Peterson conclui que Hebreus 10.14 "localiza claramente esse aperfeiçoamento no passado com relação à sua realização e no presente com relação ao seu gozo".[544]

Intimamente ligado ao conceito de "perfeição" está a obra de santificação. A palavra *hagiazō* é usada cinco vezes em Hebreus para descrever a santificação dos crentes (2.11; 10.10,14,29; 13.12). Seu uso no tempo presente em 10.14 levou alguns a concluir que o processo de santificação ao longo da vida está em vista. No entanto, Peterson sugere que esse é um exemplo de um particípio presente atemporal que

---

[541] Veja sobretudo Peterson *Hebrews and Perfection*.
[542] Isso também se ajusta no padrão que o autor usa o tempo perfeito para denotar a ação completa realizada por Cristo (por exemplo, 7.22; 8.6,13; 12.2).
[543] Veja A. Wikgren, "Padrões de Perfeição na Epístola de Hebreus", *New Testament Studies* 6 (1960): 162.
[544] Peterson, *Hebrews and Perfection*, 152.

é mais bem entendido como uma designação geral dos crentes como o «santificado».[545] Esse entendimento é mais consistente com o seu uso no tempo perfeito no início dos Hebreus 10.10, "temos sido santificados (*hēgiasmenoi*) mediante a oferta do corpo de Jesus Cristo uma vez por todas"(NASB). O sentido definitivo de santificação está claramente em vista, indicando que a santificação também ocorreu no passado "de uma vez por todas". No contexto, isso é mais bem entendido como uma referência à purificação permanente e absoluta do coração e da consciência, como prometido na nova aliança (v. 15-22). Isso sugere que sua santificação, tal como perfeição e purificação absoluta, é permanente e completa. O fato de que alguém que merece um "castigo muito maior" devido à sua rebelião contra Cristo ainda é considerado "santificado" pelo "sangue da aliança" confirma ainda mais sua permanência (v. 29).

### Um apelo ao autoexame em Hebreus 3.6 e 3.14

No início da epístola, o autor faz duas afirmações profundas sobre o status espiritual dos leitores, ambas seguidas por condições: "Mas Cristo era fiel como um Filho sobre sua casa *cuja casa somos nós*, se mantivermos firme nossa confiança e nos gloriarmos em nossa esperança até o fim" (3.6 NASB, itálico meu); e "*pois nos tornamos participantes de Cristo*, se permanecermos firmes no princípio de nossa confiança até o fim" (3.14 NASB, itálico meu). Ambos os versículos contêm declarações enfáticas destinadas a encorajar os leitores por sua posição privilegiada e participação em Cristo e em sua obra sumo sacerdotal. No entanto, alguns consideram as cláusulas condicionais que se seguem como "evidência de que o escritor considera possível a apostasia".[546] Concordo com outros que entendem as condições como prova de que o escritor não promete certeza não qualificada a todos da audiência original.[547] A colocação dessas cláusulas condicionais antes do discurso principal sobre a superioridade e permanência da obra sumo sacerdotal de Cristo é importante. Pois antes de começar a assegurar-lhes a certeza de sua purificação absoluta e completa por meio de Jesus, ele queria

---

[545] Ibid, 150.

[546] Por exemplo, Grant Osborne, "Soteriologia na Epístola de Hebraicos", em *Grace Unlimited*, ed. Clark H. Pinnock (Minneapolis: Bethany Fellowship, 1975), 147, n. 17.

[547] Por exemplo, George H. Guthrie, *Hebrews*, Comentário de Aplicação NIV (Grand Rapids: Zondervan, 1998), 134-36.

que seus leitores se examinassem primeiro para se certificarem de que eram de fato "participantes de Cristo". No entanto, essas cláusulas condicionais não desqualificam *todos* os que não têm convicção de *qualquer* certeza. Isso violaria o fundamento cristocêntrico do autor por sua confiança. Seu argumento nessas sentenças condicionais é que vacilar em confiar *pode* indicar em alguns casos — mas não em todos os casos — que alguém não é verdadeiramente um participante de Cristo. Na verdade, se a falta de confiança, a relutância em obedecer ou a negligência espiritual leva alguém a perder automaticamente a purificação completa prometida na nova aliança (Jr 31.33–34), então por que haviam duvidosos como Gideão (Hb 11.32), sem mencionar rebeldes como Sansão (v. 32) e a geração de Êxodo (v. 29), incluídos entre os santos "aperfeiçoados" na Jerusalém celestial (v. 40)?

### Conclusão

A maioria concordaria que o significado e a aplicação das passagens de advertência de Hebreus são um desafio difícil até para os melhores eruditos da Bíblia. Contudo, o chamado urgente da epístola a uma fé inabalável, na grandeza suprema e suficiência da obra purificadora de Cristo, é uma mensagem necessária à igreja hoje. Precisamos encontrar uma maneira de aplicar as admoestações terríveis e a esperança tranquilizadora de Hebreus, apesar de nossas diferenças teológicas. Ofereço minha abordagem como um meio de alcançar um maior equilíbrio entre advertência e segurança, interpretando as advertências à luz do exemplo principal do Antigo Testamento do autor — a geração do Êxodo.

# Resposta arminiana clássica

*Grant Osborne*

Randall Gleason afirma no início seu desejo de que sua contribuição "mova o diálogo em novas direções que levarão alguns a uma compreensão mais satisfatória desses textos difíceis". Ele certamente o fez em termos de uma nova direção viável para o diálogo,[548] e o parabenizo por seu esforço. Primeiro, ele argumenta que Hebreus foi escrito em meados dos anos sessenta, antes de o templo ter sido destruído, como se vê nas referências ao sistema sacrificial e às práticas de culto, que assumem que ainda continuam. A maioria dos eruditos concorda com isso. Em seguida, ele afirma que os destinatários eram crentes judeus verdadeiros — o que está de acordo com a tendência recente dos estudos calvinistas de adotar essa abordagem (veja minha resposta a Buist Fanning) — imaturo e com necessidade de "prosseguir até a maturidade" (5.11–6.1).

Sua principal contribuição está no uso do Antigo Testamento, visto como o nó crítico da epístola. Ele entende corretamente a tipologia (em vez de alegorização alexandrina) como método exegético primário do autor. O autor então descobre "padrões de correspondência" entre os acontecimentos do Antigo Testamento e a situação dos leitores, e Gleason argumenta que estes são fundamentados em uma verdadeira

---

[548] Ele já desenvolveu os contornos básicos deste artigo em "O Contexto do Antigo Testamento da Advertência de Hebreus 6.4-8", *BSac* 155 (1998): 62–91; "O Contexto do Antigo Testemento de Descanso em Hebreus 3.7–4: 11", *BSac* 157 (2000): 281–303; e "A Escatologia da Advertência em Hebreus 10.26–31", *TynBul* 53.1 (2002): 97–120.

conexão teológica entre esses acontecimentos. Isso é especialmente importante em termos de intérpretes que veem o autor graduando ou realçando a imagem do Antigo Testamento. Gleason argumenta contra isso e prefere uma correspondência direta entre a situação do Antigo Testamento e a que está por atrás de Hebreus.

Primeiramente, Gleason compreende a história da rebelião da geração do deserto em Hebreus 3–4 (do Sl 95 e Nm14) como central para o argumento de Hebreus. Ele acredita que "em cada advertência a condição espiritual, de 'cair', e o juízo da geração do Êxodo fornece importantes pistas para a condição espiritual, da 'queda' em potencial e juízo dos advertidos". Ele encontra imagens do Êxodo em Hebreus 2.2-3 ("salvação" = Êx14.13), nas descrições de 6.4 (veja a seguir), em 10.26-31 ("pecado voluntário" = Nm 15.30–36, "duas ou três testemunhas" = Dt 17.6, e a a citação de Dt 32.35-36, no v. 30) e a imagem do Sinai, em 12.18-21. A partir disso, ele extrai o verdadeiro perigo para os judeus crentes no livro, a saber, não a apostasia *per se*, mas uma escolha deliberada em permanecer imaturo (5.11; 6.12), perdendo assim as bênçãos da aliança e experimentando a disciplina física sob a ira de Deus. Ele argumenta que Israel em Cades-Barneia era uma comunidade redimida que "creu" e "adorou" em Êxodo 4.30-31 e obedeceu aos mandamentos do Senhor em Êxodo 12.28, 50 e, portanto, recebeu "salvação/livramento" em Êxodo 14. 13,30. Portanto, o pecado da geração do Êxodo foi a rebelião (Hb 3.8-9 = Êx 17.7), em vez da rejeição intencional ou apostasia. Nesse sentido, ele argumenta que a "queda" de 3.12 e 6.6 é mais bem vista à luz do incidente de Cades-Barneia como rebelião (*apostatēs*— como "rebelde" em Nm 14.9 LXX, e o "coração incrédulo" de 3.12 = "não crerão em mim" em Nm 14.11).

Sob essa ótica, Gleason acredita que o perigo, assim como em Números 14, não era uma ausência total de fé, mas uma falha em acreditar que o Senhor os sustentaria em sua provação. Como Deus perdoou Israel com base no pedido de Moisés em Números 14.19-20, e sua redenção não foi perdida (Dt 1.31), então ele perdoaria os leitores judeus crentes caso se arrependessem. Além disso, o conceito de perder o descanso em Hebreus 3.7-19, como foi o caso do incidente do Êxodo, envolve a perda da vida física e não a condenação eterna. Tanto Adão no jardim quanto Israel no deserto perderam a plenitude das bênçãos da aliança, mas não o seu lugar como o povo de Deus. Perder o "lugar de descanso", em Hebreus, também significa perder a alegria da presença divina e a experiência de sua disciplina, mas não a perda eterna.

Em seguida, Gleason argumenta que os particípios de Hebreus 6.4–5 relacionam o perigo dos leitores à geração do Êxodo ("iluminado" = coluna de fogo; "provou o dom celestial" = o maná; "participantes do Espírito Santo" = A história dos setenta anciãos em Nm 11.16–30; "provou a boa palavra e os poderes da era vindoura" = recebendo a lei com sinais e prodígios que a acompanham). Nesse sentido, o pecado de Hebreus 6.6 não é uma queda final na fé (apostasia), mas uma infidelidade aguda — uma recusa decisiva de confiar no Senhor, que se torna um estado permanente de imaturidade (a negligência de 5.11-13). Isso é paralelo a Israel em Cades-Barneia, quando Israel escolheu desconsiderar Deus e aceitou o relatório dos dez espias, recusando-se a entrar na terra. Da mesma forma, a impossibilidade de renová-los ao arrependimento em Hebreus 6.4-6, assim quando Israel não foi autorizado a entrar na terra em Números 14.39-45, significa que o Senhor não permitiria que eles avançassem para a maturidade desde que se recusassem a fazê-lo. Assim, "arrependimento" aqui significa o desejo de mais uma vez experimentar as bênçãos da aliança e encontrar o "descanso" de Deus. Isso o Senhor não permitirá se eles os rejeitarem decisivamente.

As frases que descrevem a gravidade do pecado são também reinterpretadas por Gleason. "Crucificando o Filho de Deus outra vez e expondo-o a desonra pública" em Hebreus 6.6 não é um crucificando outra vez, mas reduzir sua crucificação à morte de um simples criminoso, retornando ao ritual judaico, e "desonra pública" não é blasfêmia pública, mas uma mensagem a outros judeus de que a crucificação de Jesus não era eficaz para o pecado. O "pecado voluntário" de Hebreus 10.26 não é a completa apostasia, mas a decisão deliberada de simplesmente desconsiderar a lei de Deus com seu castigo de morte física, e "pisar aos pés o Filho de Deus" em Hebreus 10.29 é não reconhecer seu status superior sobre a lei mosaica, tornando assim seu "sangue da aliança" não "impuro", mas "comum" (um significado legítimo de koinos), isto é, tornando-o apenas um sacrifício comum como outros sacrifícios israelitas. Estes não constituem uma rejeição total de Cristo, mas reduzem seu sacrifício ao nível de qualquer outro sacrifício de purificação.

Devido a essa compreensão do pecado em Hebreus, é compreensível que Gleason também veja um tipo diferente de juízo no livro. Não é a condenação eterna um resultado da parusia (ele nota a ausência de linguagem como "destruição eterna" nas passagens de advertência), mas, sim, a morte física. A "terra" inútil e sua "queima" em Hebreus 6.8 refere-se à destruição iminente da nação sob os romanos, e o comentário "próximo a destruição" sobre a antiga aliança em Hebreus 8.13 é a "aniquilação romana dos sacerdotes, sacrifícios e templo". O "fogo consumidor" de Hebreus 10.27, deriva de Isaías 26.11, e o contexto isaiano se ajusta em seu cumprimento na destruição ardente da Palestina em 66-70 d.C., cumprindo também outras passagens do Antigo Testamento sobre o juízo impetuoso (= juízo físico) por infidelidade (Nm 11.1–2; 16.35; Lv 10.1–2; Dt 32.21–22). Um maior castigo de Hebreus 10.29 não significa morte espiritual, mas refere-se a um castigo físico maior em grau do que aqueles do Antigo Testamento, outra vez cumprido nas atrocidades romanas. O "cair nas mãos do Deus vivo" em Hebreus 10.31 encontra um paralelo em 2 Samuel 24.14 e a morte de setenta mil israelitas devido à numeração do povo por Davi, contra a vontade do Senhor; novamente é a morte física que está em vista.

Gleason vê sua abordagem confirmada pelo tema da segurança em Hebreus. O autor encoraja seus leitores a perceberem que são "irmãos santos" (3.1) que podem entrar na presença de Deus e receber auxílio (4.16) e que têm um grande sumo sacerdote superior aos sacerdotes levíticos (10.19– 21), aquele que "santificou" e "os aperfeiçoou para sempre" (10.10, 14). Eles são filhos verdadeiros (12.5-8), seguros de sua "salvação eterna" (5.9) e asseguraram um "reino inabalável" (12.28). Assim, o autor assegura-lhes que podem se apegar à sua confissão e confiança (4.14,16; 10.23) no grande sacerdote (10.21), que assegurará a sua entrada na presença de Deus (4.16; 10.19). O resultado é a sua "plena certeza" (6.11; 10.22) ou a certeza de que eles atravessarão as dificuldades devido ao "fundamento" ou à realidade subjacente que certifica sua esperança (3.14; 11.1). Tudo isso aponta para Hebreus 7.25, que declara que Cristo "é capaz de salvar eternamente" (ele argumenta *eis to panteles* é temporal), significando que Jesus certifica uma salvação eterna para seus seguidores. O perdão da nova aliança é absoluto e eterno (8.10–12; 10.16–18); todos os pecados, sejam passados, presentes ou futuros, são perdoados e a salvação é uma posse permanente.

Em seguida, Gleason se volta para o conceito de "perfeição" (*teteleiōken*) em Hebreus 10.14, que ele entende como um ato completo (no tempo perfeito) que participa da força de uma vez por todas do sacrifício de Cristo em 10.10-12. Ele vincula isso com santificação na epístola, visto como permanente e completa (10.10, 29). Finalmente, as duas condicionais de Hebreus 3.6 e 3.14 não significam que a apostasia é possível, mas sim que todos os crentes devem se examinar para ver se são de fato são participantes de Cristo. Em resumo, a advertência e a segurança operam juntos para permitir que o crente permaneça seguro em Jesus.

### Crítica a seu ensaio

Embora Gleason não seja o primeiro a adotar essa abordagem,[549] ele apresentou um estudo mais completo do que qualquer outro. Uma vez que o Antigo Testamento é tão central no argumento de Hebreus, suas teorias devem ser levadas a sério. Como Hodges e Dillow antes dele, o imaginário do deserto é central para as passagens de alerta de Hebreus.[550] A apresentação de Gleason, no entanto, é o estudo mais desenvolvido e exegeticamente gratificante. Ainda assim, não é sem problemas, e estes devem ser observados. A maior dificuldade é a suposição de que há uma correspondência direta entre os detalhes do fracasso do deserto e o de Hebreus. Uma vez que os israelitas em Cades-Barneia de Números 14 estão tipologicamente ligados ao cristão judeu destinatários dessa carta, Gleason assume que isso significa que tanto o pecado quanto suas consequências são os mesmos. Como o povo do deserto, também o verdadeiro povo de Deus, os leitores correm o risco de cometer não a apostasia, mas uma escolha deliberada de permanecer na imaturidade permanente; e como a geração anterior, a consequência não será o castigo eterno, mas a morte física. Essa é uma suposição importante, e deve ser examinada com muito cuidado.

### A Argumentação do Menor para o Maior em Hebreus

O maior problema para a abordagem de Gleason é o uso consistente do argumento *qal wahomer* (do menor para o maior) ao contrastar a realidade

---

[549] Veja também Zane Hodges, "Hebreus", em *The Bible Knowledge Commentary*, edição NT, ed. John F. walvoord e Roy B. Zuck (Wheaton, IL: Victor Books, 1983), 787-89; e Joseph C. Dillow, *The Reign of the Servant Kings: A Study of Eternal Security and the Final Significance of Man* (Miami Springs, Fl: Schoettle, 1992), p. 93-110. Ambos enfatizam a perda de recompensas mais do que Gleason.

[550] Ibid.

da antiga aliança com a nova situação da aliança em Hebreus.⁵⁵¹ Na obra como um todo, o termo-chave é *maior/superior* (kreittōn / kreissōn), encontrado doze vezes para a superioridade da nova ordem em Cristo (1.4; 6.9; 7.7,19,22; 8.6; 9.23; 10.34; 11.16,35,40; 12.24). Ao longo da epístola, fica claro que, em todos os sentidos, Cristo e a nova aliança que ele trouxe são "mais excelentes" (1.4; 8.6). A primeira e principal seção do livro (1.1–10.19) centra-se no valor "maior" de todos os aspectos da realidade cristã sobre os caminhos judaicos — sobre a antiga revelação (1.1-3), sobre os anjos (1.4–2.18), sobre Moisés e a lei (3.1–4.13), sobre o sacerdócio e o sumo sacerdote (4.14–7.28) e sobre a aliança, o santuário, e os sacrifícios (8.1-10.19). Os contrastes entre o velho e o novo dominam o resto da epístola também — a entrada no Santo dos Santos (10.19), o grande sacerdote (10.21), a perfeição dos santos (11.39-40), Sinai *versus* Sião (12.18-24), o altar de Deus (13.10).

Esse padrão de gradação é especialmente verdadeiro para as passagens de advertência, o foco de nossa investigação. O argumento do *qal wahomer* é estabelecido na primeira passagem de advertência de Hebreus 2.1-4. Os versículos 2–3a dizem que se "a mensagem falada por meio dos anjos" (lei mosaica, cf. Dt 33.2 Septuaginta) exigia que cada transgressão sofresse um "justo castigo" (frequentemente a morte), então quanto mais isso aconteceria sob "tão grande salvação" (= "muito maior"), ou seja, o cristianismo. A Torá foi confirmada por anjos (mostrado-se como sendo menos do que Cristo em 1.4-14), mas a nova aliança foi confirmada por Deus, testificando por meio de sinais e maravilhas e os dons do Espírito (2.4). O autor não explica qual será o castigo maior aqui, pois ele está guardando a declaração explícita para Hebreus 6.4–8 e 10.26–31, mas parece claro que deve ser maior do que o castigo de morte sob a lei da antiga aliança.

Esse padrão continua em Hebreus 3.1-4.13. Existem dois contrastes aqui. Jesus é "digno de muito maior honra" do que Moisés, no sentido de que ele é tanto "construtor da casa" e "o Filho sobre a casa" (3.3,6), e Moisés é maior do que Israel porque ele era "fiel" (3.2, 5), enquanto Israel era "infiel"/"incrédulo" (3.12,19). Há também uma gradação no desenvolvimento do motivo de descanso. No relato do Êxodo, o descanso era a entrada na Terra Prometida (Hb 3), no Salmo 95 era o templo (o salmo

---

⁵⁵¹ Veja Scot McKnight, "As Passagens de Advertência de Hebreus: Uma Análise Formal e Conclusões Teológicas", *TJ* n.s. 13 (1992): 35-36.

é sobre a adoração em alegria no templo), e no período intertestamental veio significar primeiro as bênçãos da aliança experimentada pelo povo de Deus e, em seguida, a vida eterna. Há um considerável debate sobre se o "descanso" em Hebreus 4 refere-se a uma experiência presente de Deus no aqui e agora[552] ou é apocalíptico, a ser experimentado apenas no Eschaton.[553] Contudo, isso é muito disjuntivo, e Hurst argumenta corretamente que "descanso" neste capítulo incorpora o descanso agora por meio da fé, descansa na morte e repousa na consumação final.[554] Attridge oferece um excelente estudo da interpretação do "descanso" através dos séculos e conclui que a metáfora simboliza "todo o processo soteriológico", a saber," entrada na presença de Deus, a pátria celestial (11.16), o reino inabalável (12.28), iniciado no batismo (10.22) e consumado como um todo escatologico".[555]

O aspecto escatológico da vida eterna é especialmente visto no "descanso sabático" de Hebreus 4.4-11. A conexão começa com a citação de Gênesis 2.2, *"No sétimo dia Deus descansou de todo o seu trabalho"*. Claramente é o próprio descanso de Deus que está em vista e é oferecido ao seu povo. Além disso, ele desassocia esse descanso da promessa do deserto, no versículo 8, *"se Josué lhes desse descanso, Deus não teria falado depois de outro dia"*, uma referência ao Salmo 95.11. Assim, esse descanso não pode ser a Terra Prometida. Há também um jogo de palavras desde *Jesus* (*Iēsous* é o equivalente grego do hebraico *Jehoshua*, ou Josué), implicando que Jesus é maior que Josué da mesma maneira que ele é maior que Moisés. Então há um "descanso" superior disponível para o crente, um "descanso sabático" que é explicado mais adiante nos versículos 9–11. O *sabbatismos* do versículo 9 não significa apenas "descanso sabático", mas "observância sabática" e, desse modo, louvor e celebração,[556] apontando assim para "o dia da expiação sabática da nova aliança, no qual eles são purificados de seus pecados", combinando as imagens do

---

[552] Peter E. Enns, "Criação e Recriação: Salmo 95 e sua Interpretação em Hebreus 3.1-4: 13", *WTJ* 55.2 (1993): 278–80.

[553] Paul Ellingworth, *The Epistle to the Hebrews: A Commentary on the Greek Text*, NIGTC (Grand Rapids: Eerdmans, 1993), 246; e David D. deSilva, "Entrando no Descanso de Deus: a Escatologia e a Estratégia Sócio-Retórica de Hebreus", *TJ* n.s. 21 (2001): 29-34.

[554] Lincoln D. Hurst, *The Epistle to the Hebrews: Its Background of Thought*, SNTSMS 65 (Cambridge: Cambridge University Press, 1990), 71.

[555] Harold W. Attridge, *The Epistle to the Hebrews: A Commentary on the Epistle to the Hebrews*, Hermeneia: Um Comentário Crítico e Histórico sobre a Bíblia (Philadelphia: Fortress, 1989), 128 (cf. 126-28).

[556] Ibid, 131.

dia da expiação (Lv 23.26–28) com o tema de Jesus "passando pelo céus" no lugar celestial Santíssimo (Hb 4.14).[557] Novamente, a questão é se esse descanso é presente ou futuro, com a probabilidade de que seja ambos. Bengel diz que, embora os seis dias da criação tivessem uma noite, o sétimo não, e assim é inacabado. O descanso de Deus é, portanto, um eterno "hoje" para aquele que "entra" e persevera na fé.[558] Em conclusão, a "incredulidade" de Israel em Hebreus 3.7-19 levou-os a "se afastarem do Deus vivo" (v. 12) e, assim, perder a promessa de "descanso" da Terra Prometida e receber a castigo da morte física (seus "corpos pereceram no deserto", v. 17). Para os leitores de Hebreus, os riscos são maiores. O "descanso" é agora um "descanso sabático", significando tanto o descanso em Deus agora quanto à vida eterna no futuro.

Não há uma gradação explícita em Hebreus 5.11–6.20, mas em 6.1-3 os leitores são orientados a avançar "até a maturidade", e a lista basilar que se segue é provavelmente construída sobre as coisas que têm em comum com o judaísmo, apesar de os "batismos", por exemplo, enfatizarem a superioridade dos batismos cristãos sobre as abluções israelitas.[559] O autor quer que eles reconheçam a superioridade da realidade cristã e avancem para a maturidade que deveriam ter (5.12, "Pelo tempo já deveriam ser mestres"). Isso tem repercussões para a questão da gravidade de seus pecados e perigos, mas isso será abordado mais tarde. Uma segunda passagem é as "coisas melhores... coisas que tem a ver com a salvação" em Hebreus 6.9. Isso não implica um contraste com a geração do deserto e se refere à terra recebendo a bênção de Deus em 6.7, em oposição à terra "amaldiçoada" e "queimada" em 6.8. Aqui, *sōtēria* não pode ser relegado apenas à presente experiência de salvação, mas deve incluir também a salvação final, em oposição à condenação eterna (conotado em "queimado" do v. 8; cf. 10.27; 12.29; Mt 13.30,42,50; Jo 15.6).[560] Pode-se dizer que, em Hebreus, a salvação é

---

[557] George H. Guthrie, *Hebrews*, Comentário de Aplicação NIV (Grand Rapids: Zondervan, 1998), 151–52; cf. também Jon Iaansma, "Eu Darei a Vocês Descanso": O Motivo de "Descanso" no Novo Testamento com Referência Especial a Mateus 11 e Hebreus 3–4, WUNT 98 (Tübingen: Mohr-Siebeck, 1997), 276–77.

[558] Em Philip E. Hughes, *A Commentary on the Epistle to the Hebrews* (Grand Rapids: Eerdmans, 1977), 159.

[559] Hughes, Hebreuw, 199; Craig R. Koester, *Hebrews: A New Translation with Introduction and Commentary*, AB 36 (New York: Doubleday, 2001), 305.

[560] William L. Lane, *Hebrews* 1 a 8, WBC 47a (Dallas: Word, 1991), 143; Ellingworth, *Hebrews*, 328-29.

mais uma conquista futura do que uma realidade presente,⁵⁶¹ embora, é claro, seja para ambas.⁵⁶²

Em Hebreus 10.19-31, é uma gradação implícita, que resume a superioridade de Cristo e sua obra em Hebreus 1.1–9.18 apresentando-no como o grande sacerdote que abriu para nós um caminho através do véu para o Santo dos Santos celestiais, tornando-se nosso sacrifício de uma vez por todas. Assim, há um sacerdote superior, um sacrifício superior e uma salvação superior, não uma correspondência direta entre os modos judaico e cristão. Ainda mais importante, há um uso explícito do padrão menor para o maior em Hebreus 10.29, "quanto maior castigo [o que morreu sem misericórdia na lei mosaica, no v. 28] é merecedor aquele que pisou aos pés o Filho de Deus?" Isso torna muito difícil acreditar que Hebreus considere o mesmo castigo que as pessoas do deserto receberam, a saber, a morte física. Como afirma Lane, "desde que as bênçãos que Deus concedeu por meio de Cristo são maiores do que as fornecidas pela antiga aliança, a rejeição dessas bênçãos implica um castigo muito maior".⁵⁶³ Isso, de fato, resume tudo o que dissemos até agora: a nova aliança sob Cristo é imensamente superior, e proporciona uma salvação superior e um descanso superior, portanto, se esses cristãos judeus rejeitarem isso e retornarem ao judaísmo inferior, seu castigo será necessariamente muito maior do que sob a antiga aliança. Vamos explorar isso mais à frente.

Então em Hebreus 12.14-29 há outro uso explícito de *qal wahomer* no versículo 25: "se eles não escaparam quando rejeitaram aquele que os advertiu na terra (= Cades-Barneia, em Nm 14), muito menos nós, se nos desviarmos daquele que nos adverte do céu?" (NIV). A lógica é a mesma que as outras que consideramos anteriormente. Uma vez que Deus falou agora por meio de seu Filho (1.1-3) e deu a esses judeus cristãos uma salvação muito maior (2.2-3), eles têm uma obrigação correspondentemente maior de não "recusar" sua advertência agora. Também, Hebreus 12.25 e

---

⁵⁶¹ . Veja I. Howard Marshall, *Kept by the Power of God: A Study of Perseverance and Falling Away* (London: Epworth Press, 1969), p. 133; Guthrie, *Hebrews*, 222; Gerald L. Borchert, *Assurance and Warning* (Nasshville: Broadman e Holman, 1987), 165; e McKnight, "As Passagens de Advertência de Hebreus", 5-9.

⁵⁶² Ames W. Thompson, *The Beginnings of Christian Philosophy: The Epistle to the Hebrews*, CBQMS 13 (Washington, DC: Catholic Biblical Association of America, 1982), 42, encontra uma ênfase futura em 4.1; 6.12,15,17; 7.6; 8.6; 9.15; 10.36; 11.9,13,17,39; 12.26 e um teor presente em 3.6; 6.11,18; 7.19; 10.23.

⁵⁶³ William L. Lane, *Hebrews 9–13*, WBC 47b (Dallas: Word, 1991), 293.

2.3 enquadram as passagens de advertência com o alerta de que aqueles que rejeitam a Deus "não escaparão" da uma maior ira dele. "A voz que abalou a terra" em 12.26 é uma referência ao Sinai, e em Êxodo 19.18 diz: "todo o monte tremeu violentamente" (NIV). Mas a ira agora é daquele que "abalará não apenas a terra, mas também o céu" (NIV), uma citação de Ageu 2.6 e o tremor dos céus no dia do Senhor (cf. Is 14.16-17; Jl 2.10; Sf 1.15; *Jub.* 1.29; 1 *Enoq.* 45.1; 2 *Bar.* 32: 1; Mt 24.29–31; 6.12 –14; 16.17–21). Isso é interpretado em Hebreus 12.27 como "a remoção do que pode ser abalado — isto é, as coisas criadas" (NIV). Lane chama isso de "*midrash* parenético",[564] em que a autoridade de Ageu 2.6 é aplicada à situação dos leitores como uma maior advertência de que o tremor significará a aniquilação de toda a criação (cf. 2 Pe 3.10; 20.11; 21.1). Claramente a advertência se refere a uma maior ira de Deus no juízo final. Os israelitas não escaparam de seu juízo no deserto, a saber, o fracasso de entrar na Terra Prometida e a morte física; e, *a fortiori*[565], o leitor que se afastar não escapará de um juízo maior, a saber, o fracasso de entrar no céu e a "segunda morte" de Apocalipse 20.6.

### Outras Questões

Nós estabelecemos que, ao longo de Hebreus e especialmente nas passagens de advertência, há um motivo de gradação que torna o que está em jogo, bem como o perigo e as consequências muito maiores do que no caso da geração de Números 14 e do Salmo 95. Gleason erroneamente procede de um pressuposto alegando uma correspondência direta entre o exemplo do deserto e o problema dos leitores "negligentes, idolentes" (5.11; 6.12).

Agora vamos examinar alguns detalhes em seu ensaio. Primeiro, ele está correto em dizer que Israel em Cades-Barneia (Nm 14 e Sl 95.7-11 em Hb 3. 7-11) era uma comunidade redimida que tinha "um coração maligno e incrédulo" e se afastou de Deus; sua rebelião "provocou" o Senhor para que eles caíssem no deserto. Mas Gleason está errado ao afirmar que isso define o pecado em Hebreus. Em toda passagem de

---

[564] Ibid., 481.
[565] *A fortiori* é o início de uma expressão latina — *a fortiori ratione* — que significa "por causa de uma razão mais forte", ou seja, "com muito mais razão". Indica que uma conclusão deverá ser necessariamente aceita, já que pela lógica ela é mais verdadeira que outra considerada como tal anteriormente. [N do E.].

advertência, como vimos, o pecado e as consequências são graduados para os leitores.

Gleason continua afirmando que o pecado de Israel em Números 14 não foi uma apostasia final, mas uma recusa em confiar em Deus para sustentá-los ao tomar a terra. Ali mesmo o Senhor os perdoou após o apelo de Moisés (Nm 14.20), e lamentaram por seus pecados (v. 39-40). No mesmo sentido, argumenta ele, o perigo em Hebreus também não é a apostasia final, mas a rebelião. Isso poderia ser argumentado em Hebreus 3.7-4.13 (embora seja duvidoso mesmo lá — veja anteriormente), mas não se ajusta em 6.4-8 ou 10.26-31; nessas passagens, a castigo terrível do fogo eterno é bem claro.

A conexão dos quatro particípios de Hebreus 6.4-5 com a geração do Êxodo é interessante, mas tênue. Tomar "iluminado" como a coluna de fogo guiando os israelitas no Êxodo 13.21 com base em Neemias 9.12 e Salmo 105.39 é bastante improvável, uma vez que nos três casos o que está sendo "iluminando é o caminho" e não a iluminação espiritual. Há muito mais paralelos no uso do termo para iluminação espiritual (Jo 1.9; Ef 1.18; 2 Tm 1.10; Ap 18.1).[566] "Provaram o dom celestial" não é um referência ao maná e ao próprio Cristo (Jo 6.32-33), mas ao dom da salvação experimentado pelos crentes, juntamente com as bênçãos espirituais que fluem dele (quase todos os comentaristas). "Participantes do Espírito Santo" não se refere à doação do Espírito no Êxodo (Ne 9.20; Is 63.11,14; Hb 2.5), mas aos leitores participantes do Espírito Santo e dos dons espirituais que ele distribuiu (cf. Hb 2.4). "Provando a boa palavra de Deus e os poderes da era vindoura" não é uma referência ao recebimento da lei com os sinais e maravilhas que a acompanham, mas se refere à mensagem do evangelho com manifestação de sinais miraculosos e maravilhas que os leitores experimentaram no início de sua comunidade e provavelmente ainda veriam ocasionalmente.[567]

Em seguida, Gleason reinterpreta as passagens sobre a apostasia e seu castigo. O recrucificando outra vez e a desonra pública de Hebreus 6.6 não é apostasia, mas remover o poder eficaz da morte de Jesus, retornando ao judaísmo, e o pecado intencional de Hebreus 10.26, 29 está deliberadamente desconsiderando a lei divina, resultando em morte física (cf. Nm 15.32-36). Mas isso faz justiça às passagens? Os

---

[566] Lane, *Hebrews 1–8*, 141.

[567] Ellingworth, *Hebrews*, 321.

particípios de Hebreus 6.6 são causais, considerando por que é "impossível renová-los ao arrependimento". Ao rejeitarem a Cristo, eles estão pregando-o na cruz outra vez e mantendo-o ali (tempo presente do particípio). Ademais, "desonra pública" pode ter duplo sentido, referindo-se tanto ao insulto público ao qual eles estão submetendo Cristo quanto ao desprezo ao longo da vida que eles terão por Cristo. Isso não é meramente desconsiderar a cruz. É quase universalmente aceito que o pecado intencional de Hebreus 10.26 é o "pecado deliberado" de Números 15.30-31 e equivale à apostasia.[568]

Os três pecados de Hebreus 10.29 (pisando o Filho, tratando o sangue como profano, insultando o Espírito) são parte do argumento *qal wahomer* já mencionado nos versículos 28-29 e significam que o pecado é muito maior do que os cometidos pelos israelitas no deserto e, portanto, exige um maior castigo. O desprezo absoluto e repúdio a tal ato exige a vingança e o juízo divinos (10.30). Tomar a "terrível expectativa do juízo e do fogo intenso" (NIV) em Hebreus 10.27 ou o "fogo consumidor" de Hebreus 12.29 como o mesmo tipo de destruição física por infidelidade a aliança, conforme descrito em Números 11.1-2 e Isaías 24.1, 5 (especialmente a destruição da Palestina pelos romanos em 66-70 d.C.) é incompatível com o contexto. Não há indício da situação na Palestina em 66-70 d.C., na epístola, e que só seria viável se isso fosse escrito aos cristãos judeus durante esse período.[569] Não há provas disso, e é comumente assumido em tempos mais recentes que o melhor destino é Roma, devido a "aqueles da Itália lhes cumprimentam" em Hebreus 13.24.[570] Essa é a visão mais provável, e isso torna tal hipótese tão difícil quanto a de Gleason. Além disso, o padrão de gradação torna o castigo eterna no lago de fogo uma interpretação muito mais provável.

O tema da segurança é certamente importante na epístola. Eu já lidei com esse tema com algum detalhe em minha resposta a Fanning, mas passarei a considerá-lo também do ponto de vista do seu uso em Gleason. O último não é tão enfático quanto a isso como Fanning o é, e ele não vai tão longe a ponto de dizer que o verdadeiro crente não pode cometer o pecado da epístola. Ainda assim, há uma sugestão disso na

---

[568] Assim, Hughes, Lane, Ellingworth, Attridge, deSilva, Guthrie, Koester, et al.

[569] A visão de muitos comentaristas antigos, como Crisóstomo e Jerônimo, bem como comentaristas recentes, como Hhughes e Buchanan.

[570] Assim Bruce, Lane, Ellingworth, Guthrie, Attridge.

ênfase na "plena certeza" da "completa segurança" (Hb 6.11; 10.22) e na interpretação temporal de "poder salvar eternamente" em Hebreus 7.25. Com relação a Hebreus 6.11, Ellingworth acredita que a ideia da maturidade predomina sobre a certeza e relaciona fé e esperança na epístola.[571] Lane traduz por "realização de sua esperança" em 6.11 e "plenitude de fé" em 10.22.[572] Attridge diz que é um chamado a "plena manutenção da esperança" em 6.11 e a "abundância de fé" em 10.22.[573] Ninguém vê isso como uma segurança absoluta, mas sim como uma "plenitude" de fé e esperança em Deus. Como afirmado em minha resposta a Fanning, eis to panteles em 7.25 é mais bem visto como tendo duplo sentido, grau de ênfase ("completamente") e tempo ("continuamente"). Ainda que, embora exista um sentido definido de segurança, é condicional e não incondicional porque o temporal é melhor traduzido "continuamente" em vez de "eternamente", e a centralidade das advertências ao longo da epístola faz uso de "aqueles que vêm a Deus", em 7.25, um aspecto condicional.[574] A ideia de "perfeição" em Hebreus 10,10,14 não é tão "completa" como diz Gleason. O tempo perfeito (em *teteleiōken*, 10,14) não enfatiza a completude. Porter lista a seguinte gama de forças — passado, presente, futuro, onitemporal (gnômico) e atemporal[575] — mas não, completude. A BDF afirma que a força é "continuação da ação completa" e restringe o uso do perfeito ao aoristo (mas, ainda não há completude na forma como Gleason o usa) principalmente para a narrativa.[576] A santificação em Hebreus 10.10 aproxima-se da ideia de permanência e completude, pois o perfeito perifrástico "fomos santificados" (*hēgiasmenoi esmen*) conota os resultados contínuos do processo, e é visto como construído sobre o sacrifício "de uma vez por todas" (*ephapax*) de Cristo (a última vez que isso aparece depois de 7.27; 9.12). Todavia, o ato "de uma vez por todas" não é santificação, mas "o sacrifício do corpo de Jesus Cristo", e a ênfase em Hebreus 10.1-10 não está na segurança do crente, mas nos efeitos superiores do sacrifício de Jesus. Então não há nenhuma

---

[571] Ellingworth, *Hebrews*, 332.

[572] Lane, *Hebrews 1–8*, 130; e idem, *Hebrews 9–13*, 273.

[573] Attridge, *Hebrews*, 176, 283.

[574] Sobre o perdão dos pecados passados, presentes e futuros em 8.10–12 e 10.16–18, também vejo minha "resposta a Fanning".

[575] Stanley e. Porter, *Idioms of the Greek New Testament* (Sheffield: Academic Press, 1996), 40-42.

[576] BDF § 340, 343.

apresentação real de nossa santificação como absolutamente assegurada, e a advertência que em breve virá em Hebreus 10.26-31 torna tal interpretação extremamente duvidosa.

Em conclusão, Gleason apresentou uma tese reflexiva e instigante, bem versada no contexto do Antigo Testamento da epístola. Mas no final não é convincente, pois o autor de Hebreus continuamente intensifica a situação das pessoas do deserto, bem como seu pecado e as consequências, de modo que os crentes judeus em Roma enfrentam uma situação muito mais séria, uma apostasia real, que irá torná-los irredimíveis e sujeitos ao fogo eterno do inferno.

# Resposta calvinista clássica

**Buist Fanning**

Ao responder ao ensaio de Randall Gleason, quero agradecer a ele por seu trabalho cuidadoso. Seu ensaio é sobretudo valioso por sua preocupação em situar Hebreus em seu contexto do primeiro século e abordá-lo nesses termos da melhor maneira possível, em vez de permitir que sua mensagem seja modificada por vinte séculos de disputa e distorção teológicas. Embora eu discorde de algumas de suas conclusões sobre o contexto e como isso afeta a interpretação, aplaudo sua abordagem.

Como digo sobre os outros dois ensaios deste livro, o leitor verá que concordo com grande parte do que Gleason diz sobre Hebreus. Devido a restrições de espaço, esta resposta se concentrará em minhas divergências em duas áreas principais, seguidas de breves comentários sobre outras. A ideia fundamental do tratamento de Gleason é que as passagens de advertência de Hebreus devem ser interpretadas à luz do exemplo do Antigo Testamento da geração do deserto. Na minha opinião, ele interpretou mal o significado dos paralelos do Antigo Testamento em Hebreus e permitiu-lhes que distorcessem a exegese e a teologia da epístola em duas áreas importantes.

### A Natureza da Apostasia em Hebreus

Primeiro, acho que a Gleason interpretou mal a natureza do fracasso contra o qual Hebreus adverte seus leitores. Esse fiasco em sua forma mais severa é descrito no livro como "apartando-se do Deus vivo" (3.12), "rejeitando" (6.6), "pecando deliberadamente" (10.26) e "recusando e rejeitando a Deus" (12.25). Na verdade, Hebreus se refere a uma série de doenças ou pecados espirituais dos quais os leitores já eram culpados ou estavam prestes a cometer,[577] e o pior deles é mencionado nos versículos citados.

Ao desenvolver o sentido dessas expressões, Gleason presta mais atenção à situação paralela do Antigo Testamento do que ao contexto e uso de Hebreus para aboardá-las em sequência,[578] os capítulos 3–4 são, obviamente, determinantes para sua visão das advertêcias, pois retratam explicitamente a geração do deserto e seu fracasso em entrar no descanso de Deus por causa da incredulidade. Quase toda a discussão inicial de Hebreus 3–4, de Gleason, se concentra nas descrições da experiência de Israel, não nas exortações aos leitores de Hebreus que são extraídas dela e como devem ser entendidas no contexto do Novo Testamento. Ele cita o texto do Salmo 95 em relação à dureza de coração ou teimosia de Israel em obedecer ao Senhor (3.8,15; 4.7), provocando o Senhor e se rebelando contra ele (3.8-9), e o desvio em seus corações (3.10). Ele cita evidências de Números 14 para mostrar que a incredulidade e a desobediência de Israel devem ser lidas à luz de sua rebelião em Cades-Barneia, no sentido de que eles se recusaram a confiar em Deus para levá-los a terra. Ele faz uma longa discussão sobre o pecado e o juízo de Moisés e Arão (Nm 20), bem como do perdão de Deus à nação após sua rebelião (Nm 14). Mas ele não atenta com cuidado às advertências contra a incredulidade e a desobediência dirigidas aos leitores em Hebreus 3.6, 12-14; 4.1, 11. Há uma extensa discussão sobre as dimensões espirituais e cúlticas do que significa "descanso" no uso do Antigo Testamento (experimentando a alegria das bênçãos da aliança de Deus e o privilégio de adorá-lo), com um resumo muito breve dizendo que "descanso" significa a mesma coisa no contexto do Novo Testamento.

---

[577] Veja meu ensaio sobre "A Natureza Desta Queda (o Pecado)" (p. 180–86) para um breve resumo destes ou Scot McKnight, "As Passagens de Advertência de Hebreus: Uma Análise Formal e Conclusões Teológicas", *TJ* n.s. 13 (1992): 36–43, para um tratamento abrangente

[578] A advertência em 2.1-4 não é abordado aqui porque suas descrições de fracasso são mais gerais e porque Gleason não dá muita atenção a ela. Mas é significativo notar que mesmo aqui Gleason sugere uma referência à geração do deserto: foi para eles que o Senhor (i.e., o Iavé) falou pela primeira vez sobre salvação e deu seu testemunho por "sinais e maravilhas" por meio de Moisés e Aarão (p 343, n. 22). Esta é uma interpretação muito improvável de 2. 1-4, mas um excelente exemplo de como a preocupação com possíveis paralelos o levou a interpretar mal Hebreus.

Quando Gleason aceita a advertência de Hebreus 3.12 contra "ter um coração maligno de incredulidade ao se apartar do Deus vivo", argumenta que não vislumbra a "apostasia completa da fé em Deus", mas o tipo de rebelião de que Moisés falou em Números 14.9,11,27,35. O que ele quer dizer é que isso alude à rebelião e à incredulidade de Israel em relação à promessa específica de entrar na terra. Portanto, com uma breve discussão sobre a situação do Novo Testamento, conclui que isso é uma advertência aos leitores do Novo Testamento "contra o fracasso de acreditar que Deus sustentaria suas vidas diante de um perigo iminente (cf. Êx 14.7-9)".[579]

O que está faltando aqui é atenção apoiada pelo contexto do Novo Testamento nos capítulos 3–4 e como Hebreus está usando a incredulidade da geração do deserto para exortar seus leitores a respeito de sua fé em Cristo. O que significa fazer parte da casa de Deus ou serem participantes de Cristo (3.6, 14), e isso está em dúvida para esses leitores? O que significa que eles também "receberam as boas-novas" (4.2; cf. 2.1, 3), e há dúvidas sobre sua fé em resposta a essa mensagem? Que evidência há em Hebreus de que a exortação primária é confiar em Deus para proteção física diante do perigo iminente? Gleason não considera essas questões nessa seção de seu ensaio. Em vez disso, encontramos uma extensa discussão sobre questões envolvendo o contexto do Antigo Testamento que Hebreus propriamente dito não dá atenção: isto é, o status redimido da geração do Êxodo, o pecado e o juízo de Moisés e Arão,[580] e o perdão de Deus à nação depois de Cades-Barneia.[581]

Quando se trata de Hebreus 6.4-6, Gleason comete uma dupla distorção. Por um lado, ele aborda o contexto do Novo Testamento (isto é, os problemas de "negligência" e "recusa em prosseguir até a maturidade" de Hb 5.11–6.3) à luz do contexto do Antigo Testamento e diz: "os leitores do Novo Testamento corriam o risco de voltar à infância

---

[579] É notável que Gleason cite uma passagem do Êxodo na elaboração desse ponto, em vez de indicar o que Hebreus diz sobre o perigo iminente enfrentado pelos leitores.

[580] Na verdade, Hebreus 3.16 hiperbolicamente diz que todos que deixaram o Egito sob Moisés se rebelaram contra Deus, embora Números 14.24, 30, 38 claramente mencionem Calebe e Josué como exceções.

[581] Como Cockerill diz em seu ensaio, "o escritor de Hebreus não mitiga a condenação de Deus à geração do deserto, citando a declaração de Deus em Números 14.20 de que ele os "perdoou". O efeito desse perdão foi poupar suas vidas e preservar a promessa para seus filhos. O uso de tais detalhes por Gleason obriga Hebreus a se conformar com aspectos da história que não encontram ressonância no texto de Hebreus" (p. 266, n. 19).

espiritual como a geração do Êxodo". O problema de Números 14/Salmo 95 foi o de voltar à infância? O que os textos do Antigo Testamento em Hebreus 3–4 enfatizam é incredulidade e desobediência, não imaturidade! Enquanto existe um possível paralelo entre "deixar para trás... prosseguir até a maturidade" em 6.1 e "sejamos diligentes para entrar nesse descanso" em 4.11, nada é dito sobre "descanso" nos capítulos 5–6, e nada é dito sobre "maturidade" nos capítulos 3–4 ou nas passagens do Antigo Testamento. O verdadeiro paralelo é perseverante na fé, a fim de receber a bênção prometida, não a imaturidade.[582]

Por outro lado, quando Gleason pondera o significado de "cair" em Hebreus 6.6a, ele impõe um sentido extraído de Números 14 (como mencionado em Hb 3–4) e de 5. 11–6.3 e minimiza o significado dos particípios que se seguem imediatamente em 6.6b! Ele afirma que, como "cair" não possui modificador no versículo 6, "é difícil determinar seu significado preciso a partir do contexto imediato". A seguir, ele examina os usos de "cair" na Septuaginta em Ezequiel e conclui que indicam "um sério ato de infidelidade a Deus. Mas a natureza exata da infidelidade deve ser determinada a partir do contexto mais abrangente" (p. 354). Depois, parte de sua discussão sobre a geração do deserto e de 5.11–6.3 para dizer que "cair" em 6.6a refere-se a "um estado geral de retrocesso espiritual iniciado por uma recusa decisiva em confiar e obedecer a Deus", "chegando a um momento decisivo quando alguém se recusa 'de uma vez por todas' (*hapax*) a prosseguir até a maturidade". Como parte dessa discussão, Gleason diz que "o único outro pecado mencionado em um contexto imediato" é ser negligente em ouvir em 5.11! Mas como ele poderia ter deixado de ver a relevância dos particípios sobre "crucificando outra vez o Filho de Deus e expondo-o a desonra pública" que se segue imediatamente em 6.6b? Certamente estes têm alguma influência sobre o que significa "cair" em 6.6a. Ele permitiu que sua preocupação com os paralelos do Antigo Testamento obscurecesse sua interpretação de Hebreus por si mesmo.

No início de seu tratamento sobre "cair" em 6.6a, Gleason rapidamente rejeita a visão de que se refere a "apostasia final da fé" ou "renunciar completamente a toda crença em Cristo". Mas quando ele aborda 6.6b, reconhece que constitui uma advertência contra "reduzir a morte de Cristo ao nível de uma execução criminosa comum, como

---

[582] Essa tipologia será aprofundada na próxima seção desta resposta.

os líderes judeus pretendiam originalmente" e "esvaziar o sacrifício de Cristo de seu valor redentor". É difícil ver como essa postura deixa de constituir "desistir de toda crença em Cristo".

Na interpretação de "pecar voluntariamente" em Hebreus 10.26a, Gleason outra vez se destaca nos contextos do Antigo Testamento e negligencia a evidência de Hebreus propriamente dita. Ele observa as alusões de Números 15.30-36 e Deuteronômio 17.12 e examina os detalhes dessas passagens para descobrir que "pecado voluntário" seria "qualquer ato deliberado de infidelidade à aliança, incluído no contexto do Antigo Testamento, mesmo o aparente ato inofensivo de apanhar lenha no Sábado". A gravidade da ofensa seria proporcional ao nível de rebeldia envolvido. Agora, essa é certamente uma evidência valiosa a ser considerada, uma vez que "o pecado voluntário" era uma questão relevante em debate no Antigo Testamento e no judaísmo posterior. Mas não devemos parar com o contexto do Antigo Testamento. A questão principal é se o escritor de Hebreus 10.26a queria dizer exatamente o mesmo que Números 15 ou se ele está usando uma alusão aos paralelos do Antigo Testamento para reforçar a gravidade de uma ofensa mais específica que ele teme que alguns de seus leitores possam cometer. Em vista da consequência de tal ofensa ocorrida imediatamente em 10.26b, devemos supor que essa última seja verdadeira. Acredito que sim. A afirmação de que "não resta mais sacrifício pelos pecados" (NASB) no contexto de Hebreus não significa apenas que esse pecado não pode ser perdoado. Em vez disso, invoca o argumento mais amplo da epístola de que o sacrifício do Filho é a provisão completa e final do Pai para o pecado, que as formas do Antigo Testamento sempre tiveram por obejtivo antecipar; logo o desespero de quem rejeita conscientemente esse sacrifício. Portanto, faz muito mais sentido ver que a questão em geral de 10.26 (pecado voluntário) é preenchido em detalhes em 10.29 (rejeição desafiadora do sacrifício do Filho de Deus). Assim, o foco, outra vez, é a fé continuada na obra sumo sacerdotal de Cristo, contra a rejeição insolente de seu valor.[583] Mas isso é difícil de perceber se você concentrar sua atenção em Números 15, em vez de em Hebreus 10.26-31.[584]

---

[583] Veja o argumento disso em Victor (Sung-Yul) Rhee, Faith in Hebrews: Analysis within the Context of Christology, Eschatology, and Ethics Estudos na Literatura Bíblica 19 (New York: Peter Lang, 2001), 168-71.

[584] A referência final mencionada no início desta seção ("recusar e rejeitar Deus" em 12.25) não será aceita nesta resposta, uma vez que Gleason não inclui uma discussão sobre esse uso.

## A Natureza e um Maior Juízo em Hebreus

A segunda área na qual Gleason interpretou mal o significado dos paralelos do Antigo Testamento em Hebreus permitindo assim que isso distorcesse sua interpretação, diz respeito ao tipo de juízo que surgirá sobre quem deixar de prestar atenção às suas advertências. Ele considera o juízo uma combinação de retirada das bênçãos de Deus e castigo disciplinar temporal que poderiam levar à morte física. Nenhum juízo espiritual eterno ou perda de salvação espiritual está ameaçado. Ele apoia isso por três motivos: (1) Hebreus em seu contexto original é destinado aos crentes judeus na Palestina nos anos que antecederam a revolta judaica em 66-70 d.C. e o escritor está "advertindo seus leitores de danos físicos ou mesmo da morte, se procurarem refúgio no judaísmo", em vez de confiar na capacidade de Deus para protegê-los; (2) todos os paralelos do Antigo Testamento se referem ao juízo físico, e não ao espiritual, e mesmo que o juízo que esses leitores enfrentem possa ser maior em *grau*, eles são do mesmo *tipo* em comparação aos juízo do Antigo Testamento; e (3) Hebreus nunca usa os termos de condenação que são comuns em outros lugares (por exemplo, "eterno", "tormento", "inferno/hades") para descrever o castigo ameaçado; portanto, o juízo final na vida futura não está em vista. Estes serão discutidos em sequência.

Em conexão com a primeira desses motivos, Gleason argumenta que pequenos detalhes ao longo de Hebreus são mais bem interpretados como indicadores de um contexto na Palestina durante o período de destruição iminente da nação judaica, que culminou na destruição de Jerusalém e seu templo em 70 d.C.. Referências a "terra" que está "perto de ser amaldiçoada" e destinada a "queimar" devido à infidelidade (6.8), à antiga aliança que está "perto da destruição" (8.13), ainda mais quando "vêem o dia se aproximando" (10.25), à menção do fogo do juízo em vários lugares — tudo isso aponta para o momento em que Deus, em juízo, permitiria que os romanos destruíssem Jerusalém com seu templo, ritual e sacerdócio, e massacrar ou dispersar Israel de sua terra natal em uma catástrofe cruel e ardente.

O que se pode dizer sobre esses indicadores? Parece-me muito improvável que essa seja sua melhor interpretação, tomada individual ou cumulativamente. Embora Hebreus quase certamente tenha sido escrito antes de 70 d.C., nada nessas referências torna provável que tenha sido escrito para pessoas próximas a Jerusalém, ou que tenha preocupações especiais sobre Jerusalém ou o templo, ou que seus leitores estariam sob ameaça especial por causa da campanha dos romanos na Galileia e Judeia, na época. Vários dos pesquisadores que Gleason cita, em geral, em apoio a essas ideias não concordam com ele nos pontos que mais contribuem para sua interpretação das passagens de advertência. Peter Walker, por exemplo, argumenta que Hebreus antecipam o ataque romano a Jerusalém, mas ele acredita que foi escrito para uma congregação na diáspora, não na Palestina, e sua referência ao "dia que se aproxima" (10.25) implica não apenas juízo físico, mas também a consumação escatológica mais abrangente.[585] Embora possamos supor que os temas e argumentos de Hebreus causariam reflexão sobre os serviços contemporâneos do templo em Jerusalém, a própria epístola nunca se refere explicitamente ao atual sacerdócio, ritual, sacrifício ou templo. Ela cita consistentemente características do culto de Israel instituído na Torá, realizado na história passada da nação e descrito no Antigo Testamento. Mesmo Hebreus 13.9-13, às vezes considerado como uma crítica ao judaísmo contemporâneo, não se refere principalmente ao templo e à Jerusalém, uma vez que se refere ao "tabernáculo" e ao "arraial" em termos retirados de Levítico 16. Jerusalém aparece na referência a Jesus "sofrer fora do portão" (Hb 13.12), mas isso faz parte do argumento mais abrangente de que nenhum refúgio pode ser encontrado na ordem mosaica, mas deve ser buscado no sacrifício de Cristo na nova aliança.

Um detalhe citado anteriormente em apoio à visão de Gleason requer mais comentários: o uso do modificador "próximo" em Hebreus 8.13 com relação ao desaparecimento da aliança mosaica. Em dois lugares, Gleason cita esse versículo da seguinte maneira: "o templo terreno está 'pronto para desaparecer' (8.13)" e "a invasão romana da Palestina que em breve acabaria com os sacrifícios do templo (8.13)". É importante ressaltar que esse texto fala especificamente sobre a primeira ou *aliança* mosaica como envelhecendo e logo desaparecendo, não sobre o templo ou os sacrifícios que são a manifestação contemporânea da ordem mosaica. Além disso, embora isso seja debatido, acho que é mais provável que esse versículo

---

[585] Peter W. L. Walker, *Jesus and the Holy City: New Testament Perspectives on Jerusalem* (Grand Rapids: Eerdmans, 1996), 202, 228–32. Nesse último ponto, veja Marcus Dods, "A Epístola de Hebreus", em *The Expositor's Greek Testament*, ed. W. Robertson Nicoll (Londres: Hodder e Stoughton, 1897–1910), 4: 347–48.

tome a profecia de Jeremias, não o final dos anos 60 d.C., como ponto de referência ao dizer que a primeira aliança está "próxima de desaparecer". Todo o ponto da exegese do escritor de Jeremias 31 é que, quando Deus prometeu uma "nova" aliança por meio de Jeremias, a primeira aliança, no momento, se mostrou provisória, defeituosa e, portanto, no plano de Deus destinada a acabar.[586] Nas imagens de Hebreus, a substituição ocorreu já na morte e exaltação de Cristo como sumo sacerdote de uma nova ordem. O escritor não está antecipando o fim iminente da primeira aliança em alguma catástrofe física em Jerusalém; isso já ocorreu quase quarenta anos antes (cf. 7.18; 10.9).

O contraponto final a ser levantado nesse sentido é o que menciono em meu ensaio: como a fé constante em Deus, dos leitores, os libertará dos iminentes perigos físicos da campanha romana contra a nação judaica? Certamente a invasão e conquista romana em sua ocorrência factual foi um prejuízo para todos os habitantes da Palestina naqueles anos, independentemente de sua atitude em relação ao sistema de sacrifício judaico ou de sua adesão à assembleia cristã ou qualquer outra coisa. Gleason aborda isso em parte citando o relato de Eusébio sobre a igreja em Jerusalém recebendo advertência divina e fugindo para Pella para escapar da destruição de Jerusalém. O que devemos fazer com a precisão desse relato? Eusébio entendeu que Deus assegurou a libertação de todos os cristãos fiéis em Jerusalém antes de permitir que o juízo caísse sobre o povo judeu? Foram apenas os fiéis que escaparam? E os cristãos em outras partes da Judeia, na Galileia e ao longo da costa? E uma vez que Gleason alega que seu ponto de vista seria válido mesmo que os leitores estivessem na diáspora, em julgamento ou a proteção se estenderia à Síria, à Alexandria, à Ásia Menor e assim por diante? Deus poderia permitir que seu povo sofresse inocentemente quando o juízo viesse sobre os infiéis? Ele promete livramento milagroso a todos que confiam nele para proteção? É possível que isso seja o que Hebreus promete, mas qual é a probabilidade?

A próxima área de resposta e o segundo motivo da visão de Gleason, constitui o que considero ser a crítica mais substantiva do tratamento

---

[586] Veja Harold W. Attridge, *The Epistle to the Hebrews: A Commentary on the Epistle to the Hebrews*, Hermeneia: Um Comentário Crítico e Histórico sobre a Bíblia (Philadelphia: Fortress, 1989), 173, 228–29; e Steven K. Stanley, "Uma Hermenêutica da Nova Aliança: O Uso das Escrituras em Hebreus 8–10" (Tese de doutorado, University of Sheffield, 1994), 108–10.

sobre juízo de Gleason em Hebreus. Ele argumenta repetidamente que todas as passagens do Antigo Testamento sobre a geração do deserto se referem ao juízo físico, e não ao espiritual. Mesmo que o castigo enfrentado pelos leitores de Hebreus possa ser maior em *grau*, eles são do mesmo *tipo* em comparação ao juízo do Antigo Testamento, e, portanto, não envolvem condenação eterna. Essa é a dedução mais importante de seu argumento de que as passagens de advertência da epístola devem ser interpretadas à luz do exemplo da geração do deserto, e esse é o ponto no qual seu mal-entendido de como os paralelos do Antigo Testamento funcionam é mais afirmado.

Gleason gasta grande parte de seu ensaio trabalhando com passagens no Antigo Testamento, tentando estabelecer que a geração do Êxodo era um povo redimido e que o castigo por incredulidade em Cades-Barneia era estritamente perda ou castigo terreno. Além disso, outras passagens do Antigo Testamento sobre juízo por infidelidade tratam de sanções físicas ou terrenas, e não eternas. Portanto, de acordo com Gleason, as referências à "maldição", à "queima" ou ao "fogo" em Hebreus se referem à destruição física que sobrevém sobre a terra como em Deuteronômio 32 e Isaías 24–27 ou à disciplina por sofrimento físico ou morte, como em Números 11 ou 16, ou Levítico 10.

O objetivo do trabalho de Gleason com os paralelos do Antigo Testamento é dizer o seguinte: sssim como o povo de Deus do Antigo Testamento sofreu perda de bênção, juízo temporal ou maldição física na terra, o povo de Deus do Novo Testamento é responsável pot tais castigos também – castigos maiores ainda, mas não a eterna perda de relacionamento com o Senhor. O problema dessa comparação simples é a gradação com a qual Hebreus relaciona a antiga aliança com a nova em sua tipologia. A epístola usa repetidamente a comparação do menor para o maior buscando mostrar o paralelo entre o antigo e o novo a esse respeito. O juízo daqueles que rejeitam a obra de Deus por intermédio de Cristo será incomensuravelmente pior do que a geração do deserto sofreu ao rejeitar a obra de Deus por meio de Moisés, como o escritor mostra por seus argumentos "quanto mais" (explícito em 2.3; 10.29; 12.25; implícito em 3.5-6). A perspectiva de Hebreus é consistente: "se eles sofreram (castigos temporais) por infidelidade, então, com mais severidade serão julgados os que agora repudiam o Filho de Deus!" Certamente, esse maior castigo é mais do que o físico e temporal e ainda mais do que a perda de privilégio ou recompensa na vida após a morte cristã.

A resposta de Gleason a essa gradação é dupla: a gradação não deve ser tal que "oculte [a] correspondência histórica e teológica verdadeira" entre tipo e antítipo, e o juízo não seja maior em tipo (isto é, físico para espiritual), mas "o castigo físico é maior em grau ou força do que o experimentado anteriormente".[587] Ele usa outros argumentos sobre a definição da tipologia em geral (a gradação é uma característica definidora?) e sobre a tipologia no próprio Antigo Testamento (às vezes sem gradação), mas nada disso é relevante para o modo como a tipologia funciona em Hebreus, como o próprio Gleason reconhece.

Quando o uso da tipologia de Hebreus é examinado, descobrimos que a gradação é muitas vezes intensificada, mas dificilmente se poderia dizer que o paralelismo está obscuro. Exemplos podem ser encontrados em 1.5 (o rei davídico humano como "filho" de Deus *versus* Jesus como "Filho" de Deus); 1.8 (o rei humano em Jerusalém como "Deus" *versus* Jesus como "Deus"); 3.3 (a glória de Moisés *versus* a glória de Jesus, o sumo sacerdote exaltado); 7.3 (Melquisedeque *versus* o Filho de Deus como "sem começo de dias ou fim de vida"); 7.16,23–24 (uma sucessão sacerdotal de acordo com a descendência física e limitada pela morte física *versus* uma que continua para sempre pelo poder de uma vida indestrutível); 9.10, 13–14 (sacrifícios pela purificação física e externa *versus* uma purificação de consciência que se renova interiormente); 9.11, 23–24 (um santuário terrestre feito pelo homem *versus* um celestial); 10.3-4, =10-14 (sangue de animais que lembram o pecado a cada ano *versus* o corpo de Jesus Cristo como o sacrifício eternamente eficaz); 12.18–24 (assembleia no Monte Sinai *versus* na Jerusalém celestial); 12.25-26 (alguém que adverte da terra e sacode a terra *versus* alguém que adverte do céu e sacode tanto a terra quanto o céu). Em cada uma delas a correspondência permanece clara, mas a gradação tipológica produz um significado bem mais profundo em relação à pessoa de Jesus Cristo e à sua obra salvadora, com seus efeitos sobre os que dela se beneficiam. Faz sentido que a gradação do *juízo* sobre aqueles que rejeitam a Cristo e sua obra seja igualmente

---

[587] Uma variação disso é a ideia de Joseph C. Dillow, *The Reign of the Servant Kings: A Study of Eternal Security and the Final Significance of Man* (Miami Springs, FL: Schoettle, 1992), 462. Dillow afirma que a disciplina terrena de Deus às vezes pode ser "pior que a morte física". Ele cita outros exemplos como a dor emocional de Saul, a perda de um filho por Davi e acrescenta outras possibilidades, como doença prolongada ou insanidade.

acentuada (cf. 2.3; 10.29; 12.25, como citado em um parágrafo anterior), intensificada não apenas em grau, mas também em tipo.

Esse último ponto é mais preciso quando consideramos com que frequência a gradação tipológica em Hebreus se concentra na mudança das características terrenas, temporais, físicas e externas do tipo do Antigo Testamento para as particularidades celestiais, eternas, espirituais e internas da contraparte do Novo Testamento. Eu sustento que todos os exemplos citados de Hebreus exibem esses atributos. Por que pensaríamos que todas as outras tipologias em Hebreus mostram gradação em *classe*, mas a tipologia sobre juízo é apenas de *grau*?

É por isso que não envolvi os extensos argumentos de Gleason sobre o status salvífico da geração do Êxodo ou o caráter do juízo de Deus sobre seu povo no Antigo Testamento. Essas são questões importantes para a teologia do Antigo Testamento e para a teologia sistemática em geral. Mas, para a teologia de Hebreus, elas não vêm ao caso, especialmente para avaliar a natureza do juízo descrito nas passagens de advertência.

O terceiro motivo para a visão de Gleason sobre juízo é que Hebreus nunca usa os termos de condenação que são comuns em outros lugares na descrição da condenação eterna (por exemplo, "eterna", "tormento", "inferno/hades") para descrever a ameaça de castigo em Hebreus. Embora esse argumento tenha um certo valor, é de significado limitado, porque está pedindo demais. Se tais palavras estivessem presentes nas descrições de juízo em Hebreus, certamente provariam que a opinião de Gleason estaria errada, mas sua ausência não prova que sua opinião está correta. E, no geral, é inválido exigir que um escritor use terminologia característica de outros autores antes de aceitarmos seu argumento. Devemos permitir que ele use seus próprios termos e os interprete por si mesmo no contexto em que os usa.

Na verdade, os termos que Gleason procura não são consistentemente usados em outros lugares para descrever a condenação eterna. Ele é capaz de citar certos textos nos quais esses termos estão presentes, mas outros podem ser citados, às vezes nos mesmos livros, em que nenhuma dessas palavras está presente e, todavia, é claro que o juízo final está em vista. Veja, por exemplo, Mateus 13.41-42, 49-50; 2 Pedro 3.7-13; Apocalipse 19.20; 21.8 (usando "fogo" como em Hb 10.27; 12.29) e Mateus 7.13; João 17.12; Atos 8.20; Romanos 9.22; Filipenses 1.28; 3.19; 2 Tessalonicenses 2. 3; 2 Pedro 2.3; 3.7; Apocalipse 17.8, 11 (usando "destruição" como em

Hb 10.39). Na verdade, dos dois textos de Hebreus que Gleason alega pertencerem à condenação eterna, um deles contém a palavra "eterno" (6.2), mas o outro não usa nenhum dos termos-chave que ele procura (9.27). O que deve ser feito ao longo da epístola é o que Gleason fez em 9.27, ou seja, avaliar a redação à luz de como o autor se expressa nessa passagem e como ele desenvolve seu argumento no geral, não com base na presença ou ausência de terminologia de outros autores.

Quando esse tipo de trabalho é feito em Hebreus, abordamos essas referências como não escapando se negligenciarmos a grande salvação de Cristo (2.3); se apartando do Deus vivo e estando sob sua ira (3.10–12); a perspectiva de maldição, juízo ardente e não herdar a salvação (6.8, 12); não há mais sacrifício pelo pecado (10.26; cf. o contraste com a eficácia eterna do sacrifício de Cristo em 10.17-18); a expectativa de juízo e destruição pelo fogo (10.27, 39); não escapando se rejeitarmos a advertência de Deus, daquele que é do céu (12.25). Acho que a melhor interpretação destes no contexto de Hebreus é sua referência à condenação eterna por rejeitar a salvação de Deus em Cristo.

### Outras Questões

Duas outras questões levantadas pelo ensaio de Gleason exigem respostas breves. A primeira é a abordagem que ele faz das descrições daqueles que são advertidos. Ele insiste que as advertências não são dirigidas aos incrédulos se estão com o grupo maior de cristãos verdadeiros.[588] Um de seus argumentos para essa conclusão é que "as mais fortes indicações de uma audiência verdadeiramente cristã ocorrem *nas* passagens de advertência". Contudo, ele falha em discutir o fato de que as advertências mais severas são expressas quase inteiramente na terceira pessoa, em contraste marcante com as referências da primeira e da segunda pessoa ao escritor e à congregação em geral nas passagens circundantes (Hb 6.4-8; 10. 26-29).[589]

---

[588] No entanto, ele parece ir contra isso em sua discussão sobre as sentenças condicionais de 3.6 e 3.14, em que diz: "o autor não promete certeza irrestrita a todos do público original... [ele] queria que seus leitores examinassem a si mesmos primeiro para ter certeza que eles realmente eram 'participantes de Cristo'" (p. 376).

[589] Veja a abordagem mais ampla dessa questão em minha resposta a Osborne e na seção de meu ensaio sobre "Encorajamento para os Leitores sobre a Fidelidade de Deus". Quando Gleason se refere a essa mudança na referência do pronome em seus outros escritos sobre Hebreus, ele dá uma explicação muito insatisfatória. Em Randall C. Gleason, "O Contexto do Antigo Testamen-

Mais tarde, ao cobrir uma dessas passagens (6.4-6), Gleason ilustra uma lacuna metodológica que critico em minha resposta a Osborne: a falha em ler toda a descrição antes de decidir seu sentido teológico. Gleason discute os quatro particípios substantivados aoristos de Hebreus 6.4–5 completamente separado do particípio substantivado aoristo em 6.6a e os particípios adverbiais presentes em 6.6b. Ele faz parte de uma unidade maior na qual estão os *quatro* particípios em 6.4-5 e como eles estão ligados pelo único artigo grego que os governa. Ele diz: "todos pretendem descrever um grupo", e "identificam a condição espiritual dos leitores com a da geração do Êxodo",[590] mas ele nunca reconhece que o particípio em 6.6b é realmente o *quinto* na unidade e deve ser considerado junto com os outros. Sua abordagem dos dois particípios em 6.6b estão algumas seções depois em seu ensaio e, como discuti na primeira seção desta resposta, não está bem integrado ao que ele diz na primeira parte da passagem. Talvez sua conclusão ainda seja a mesma, mas não é uma boa exegese decidir sobre o sentido teológico de toda a frase depois de estudar apenas seus dois primerios terços.

A segunda questão a ser abordada aqui é como Gleason lida com as sentenças condicionais de Hebreus 3.6 e 3.14. Concordo com suas afirmações de que a colocação dessas frases no início da epístola as torna significativas para a compreensão da teologia do escrito. Mas sua discussão sobre isso pode ser criticada em três pontos: não está bem integrado ao argumento geral, é inconsistente por si só e não está claro sobre o sentido das condições em geral. O ponto sobre a integração com o restante de sua discussão foi mencionado alguns parágrafos atrás: Gleason argumenta no início de seu ensaio contra a visão de que o público pode ser um grupo combinado de crentes e incrédulos verdadeiros. Então ele encerra dizendo acerca de 3.6 e 3.14: "o autor não

---

to da Advertência em Hebreus 6.4–8", *BSac* 155 (1998): 78, argumenta que os quatro primeiros particípios em 6.4-6 descrevem a "verdadeira condição espiritual" dos leitores, mas o particípio final da série ("cair") é um ato que eles ainda não cometeram, pois há uma mudança das formas "nós" em 5.11–6.3 para as formas "eles" em 6.4-6 e recorrendo a "nós" em 6.9–12. Concordo com o argumento de que a falha ainda não ocorreu, mas isso deve ser estabelecido por outros motivos. A mudança de pronomes, no entanto, é uma indicação de que 6.4–6 é uma referência genérica, não uma descrição direta dos leitores em geral.

[590] Em uma nota de rodapé no início de seu ensaio, Gleason argumenta que "gramaticalmente" os particípios no plural de 6.4-5 encontram seu antecedente nos particípios plurais de 3.10-11, 16-19; e 4.2, 6, e assim eles fazem uma conexão com a geração do Êxodo. Estou confiante de que, após uma reflexão mais aprofundada, ele verá a invalidade desse ponto. Talvez uma alusão como essa possa ser argumentada por outros motivos, mas não com base nas características gramaticais.

promete certeza inabalável a todos do público original... [ele] queria que seus leitores examinassem a si mesmos primeiro para ter certeza que eles realmente eram "participantes de Cristo". Acredito que ele está no caminho certo em seus comentários posteriores, mas não conecta essa visão a uma abordagem mais ampla.

Segundo, é inconsistente em si mesmo. Gleason começa seu parágrafo sobre 3.6 e 3.14, afirmando: "o autor faz duas afirmações profundas sobre o status espiritual dos leitores, ambos seguidos pelas condições". Em seguida, ele diz: "o autor queria que seus leitores examinassem a si mesmos primeiro para ter certeza que eles realmente eram 'participantes de Cristo'". Finalmente, acrescenta: "no entanto, essas cláusulas condicionais não desqualificam *todos* os que não têm certeza de *qualquer* garantia... seu argumento nessas sentenças condicionais é que vacilar na confiança pode indicar em alguns casos — mas não em todos — que alguém não é verdadeiramente um participante de Cristo" (itálico original). Agora, esses versículos tratam de condições para seu status espiritual ou não. Eles levantam perguntas sobre a veracidade do status dos leitores ou apenas sobre sua certeza desse status? As cláusulas "se" levantam questões sobre sua fé em Cristo ou apenas sobre sua "certeza de salvação"?[591] As declarações precisam ser esclarecidas para evitar inconsistências.

Por fim, não está claro como Gleason entende a lógica das declarações condicionais nesses versículos.[592] São condições de causa e efeito? Ele implica isso quando aborda a "falta de confiança, relutância em obedecer ou negligência espiritual automaticamente perdida [na] purificação completa da pessoa prometida na nova aliança". Por outro lado, ele diz, "vacilar na confiança *pode* indicar em alguns casos... que alguém não é verdadeiramente participante de Cristo" (itálico original) e cita a abordagem de Guthrie, que reflete uma relação evidência/inferência. Não posso deixar de pensar que, se ele chegasse a um entendimento mais claro do sentido dessas declarações condicionais, poderia ter adotado uma visão diferente das passagens de advertência.

---

[591] Para a visão, que eu compartilho, de que se refere à fé em Cristo, veja Rhee, *Faith in Hebrews*, 86–94.
[592] Veja a discussão disso em minha resposta a Cockerill na seção de meu ensaio sobre "Encorajamento para os Leitores sobre a Fidelidade de Deus".

# Resposta armínio-wesleyana

*Gareth Cockerill*

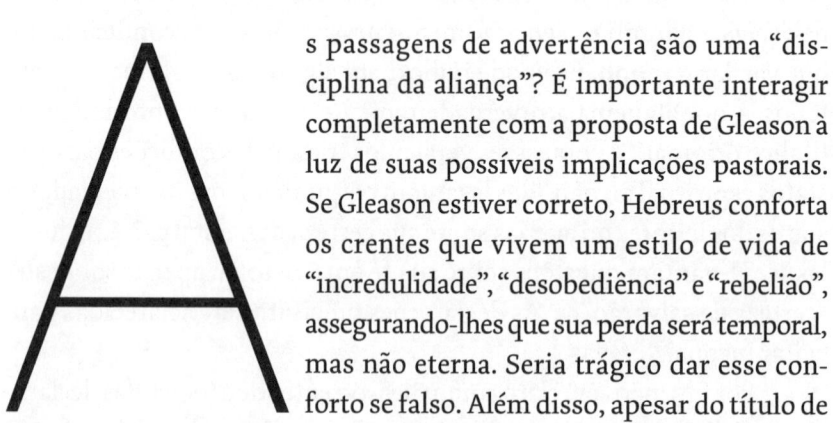

As passagens de advertência são uma "disciplina da aliança"? É importante interagir completamente com a proposta de Gleason à luz de suas possíveis implicações pastorais. Se Gleason estiver correto, Hebreus conforta os crentes que vivem um estilo de vida de "incredulidade", "desobediência" e "rebelião", assegurando-lhes que sua perda será temporal, mas não eterna. Seria trágico dar esse conforto se falso. Além disso, apesar do título de Gleason, é duvidoso que sua posição possa ser chamada de "uma visão reformada moderada". No meu entendimento, a fé reformada afirma que a perseverança dos crentes será marcada não pela rebelião, mas por sua santificação progressiva.

Gleason descreve claramente sua posição no segundo parágrafo de seu ensaio. Hebreus é dirigido aos cristãos de origem judaica que vivem na Palestina[593] antes da destruição de Jerusalém. Estão sendo perseguidos e oprimidos por outros judeus, a fim de trazê-los de volta ao sistema de sacrifício judaico.[594] O autor de Hebreus os adverte de

---

[593] Gleason não menciona a localização palestina dos destinatários de Hebreus até vários parágrafos depois. Ele defende essa posição em seus artigos, citados nas notas de rodapé 4 e 12. É parte integrante de sua posição. Embora os judeus fora da Palestina possam ter sofrido quando Jerusalém foi destruída, o seu sofrimento não era nada parecido com os de Jerusalém.

[594] Gleason sugere, em seu segundo parágrafo, que os leitores de Hebreus estavam retornando aos antigos sacrifícios. Ele esclarece essa afirmação mais tarde, embora não dê mais argumentos a favor de sua tese do que citar Hebreus 7. 26–27 e 10.26 sem comentar.

que, caso se apartem de Cristo e se conformem ao judaísmo, buscando "purificar as formas obsoletas da antiga aliança", eles participarão do iminente juízo sobre os judeus pela destruição de Jerusalém. Esse terrível juízo será para eles sua "disciplina como filhos"[595] e eles perderão "as bênçãos da nova aliança", embora não percam sua salvação final.

O erro fundamental no argumento de Gleason é facilmente notado a partir desse resumo de sua posição: ele separaria o que Deus uniu no texto de Hebreus, a obra mais do que suficiente de Cristo e a herança eterna do crente. Isso o leva a supor que se apartar de Cristo para buscar "a purificação por meio das formas obsoletas da antiga aliança" (isto é, os sacrifícios judaicos) poderia ser algo menor que apostasia. Essa posição ignora as claras restrições contextuais de Hebreus. Se a epístola ensina alguma coisa, é que o sumo sacerdócio e o sacrifício de Cristo são o primeiro e a única provisão suficiente para entrar na presença eterna de Deus. Assim, as consequências de se apartar de Cristo, seja qual form o motivo, podem ser nada menos que a perda eterna. Essa verdade é afirmada de forma sucinta em Hebreus 10.26: *"se continuarmos a pecar deliberadamente depois de receber o conhecimento da verdade, não haverá mais sacrifício pelos pecados"*.

Um segundo e diretamente relacionado erro é sua divisão artificial entre as «bênçãos da nova aliança" e a salvação final. Em Hebreus, a grande provisão de Cristo, descrita em 7.1–10.18, não é apenas o meio da salvação final, mas também o meio da purificação e transformação interior que são as "bênçãos presentes na nova aliança". Os leitores são encorajados a se valer destas para perseverar até a salvação final (veja especialmente 2.18; 4.16; 10.22). Assim, como alguém pode perder a graça presente necessária à perseverança e ainda perseverar até a entrada na pátria eterna?

Duas falhas metodológicas impedem Gleason de chegar a um entendimento correto. Primeiro, ele cai na armadilha de tentar estabelecer um contexto original para Hebreus antes de interpretar o texto. Segundo, ele força repetidamente a epístola a se conformar com sua própria escolha e reconstrução dos eventos do Antigo Testamento. Embora concordando que o escrito use o Antigo Testamento com

---

[595] O uso de Gleason do termo "disciplina como filhos" parece ser uma referência a Hebreus 12.4–11. No entanto, a disciplina descrita nessa passagem não é um juízo a ser evitado, mas uma marca do relacionamento de Deus com todos os verdadeiros crentes.

responsabilidade e que existem correspondências verdadeiras entre os eventos veterotestamentário e o que Hebreus diz, acredito que é fundamental deixar que o texto indique a direção dessas correspondências. Essas duas abordagens impróprias impedem Gleason de permitir que Hebreus fale por si.

### A Situação Histórica de Hebreus

Gleason procura determinar o contexto histórico de Hebreus. Sua frase de abertura é instrutiva: "para evitar ler nesses textos várias interpretações moldadas por nossas tradições teológicas, sinto que é extremamente importante esgotar nossa compreensão do contexto original do livro". No entanto, uma vez que o texto da epístola é, virtualmente, nossa única fonte para determinar seu histórico, é perigoso estabelecer esse histórico independentemente de uma interpretação completa do texto. Tal procedimento apenas convida a uma interpretação determinada pelos pressupostos do intérprete.

Argumentos para a reconstrução de Gleason do contexto histórico também são encontrados nos artigos citados nas notas de rodapé de seu capítulo. Embora a construção total seja muito tênue, seus elementos individuais devem ser avaliados separadamente. Começamos com aqueles que têm mais apoio e e em seguida iremos para aqueles que têm menos sustentação.

Poucos, por exemplo, negariam que os destinatários de Hebreus fossem cristãos. O foco na aliança mosaica e no sistema de sacrifício sugere que esses crentes eram de origem judaica. Todavia, outros livros do Novo Testamento demonstram a familiaridade de todos os cristãos com as Escrituras veterotestamentárias. Vários intérpretes concordariam que Hebreus provavelmente fora escrito antes da destruição de Jerusalém. Gleason faz referência aos argumentos comuns para essa posição: Hebreus usa o tempo presente ao descrever o ritual de sacrifício do templo e não faz referência à destruição de Jerusalém. Certamente, argumenta se o escritor teria usado a destruição do templo como evidência da ineficácia do sistema de sacrifícios da antiga aliança. Esses fatos, no entanto, podem ser explicados com igual coerência por outros motivos. Primeiro, a menção da destruição do templo pode realmente ter prejudicado a afirmação do autor de que foi a obra de Cristo que mostrou a natureza temporária da antiga aliança. Segundo,

Hebreus descreve o ritual do tabernáculo, conforme apresentado no Pentateuco, e não faz menção ao templo. Assim, Hebreus pode, muito bem, estar seguindo o tempo presente usado nas Escrituras que estão sendo interpretadas. Gleason admite que Josefo e Clemente de Roma, que viveram após a destruição de Jerusalém, usaram o tempo presente para descrever o ritual de sacrifício do tabernáculo, conforme registrado no Pentateuco; assim, ele considera necessário apoiar seu argumento para uma data de pré-destruição com referência à "forte polêmica contra o retorno ao sistema de sacrifício". Contudo, ele não fornece evidências para essa polêmica, exceto para citar sem comentar Hebreus 7.26-27 e 10.26. Embora algumas declarações em Hebreus possam concordar com o perigo de tal retorno, nada em Hebreus exige claramente essa interpretação.

Gleason parece perceber a fraqueza em sua afirmação de que os destinatários de Hebreus viviam na Palestina. As referências a procurar uma "cidade celestial" (11.10; 12.22; 13.14) e a sair "fora do arraial" (13.11-13) não demonstram nada em um livro que compara o celestial e o eterno à sombra transitória descrita no Antigo Testamento. Embora seja verdade que judeus helenizados viviam na Palestina, a sofisticação retórica da forma e da linguagem de Hebreus se ajusta melhor no mundo helenístico em geral.

Qualquer interpretação baseada em uma compreensão tão tênue da situação de Hebreus não pode ser mais forte do que o fundamento frágil sobre o qual se sustenta. O efeito cumulativo de argumentos incertos é um resultado ainda mais questionavel. O principal ponto de toda a hipótese de Gleason sobre a situação de Hebreus é que o ameaça de juízo por se apartar de Cristo foi o sofrimento físico a ser suportado pelos judeus na queda de Jerusalém. Daremos atenção às especificidades dos argumentos de Gleason ao discutir Hebreus 10.26-31 na sequência. No entanto, essa posição deve ser rejeitada não apenas por causa da fragilidade desses argumentos de apoio, mas também por causa da força esmagadora do contra-argumento. Gleason ignora as restrições contextuais como observado, a epístola ensina claramente que o sacrifício de Cristo é o único meio suficiente de salvação eterna. Assim, como alguém que se aparta dessa provisão única sofre uma mera perda temporal?

## O Êxodo da Geração do Deserto (Hb 3.7–4.11)

Grande parte do argumento de Gleason depende de sua compreensão da "geração do Êxodo". Uma vez que o foco de Hebreus está na palavra de Deus no Sinai, a aliança do Sinai/sistema de sacrifício, e a experiência no deserto dessas pessoas, seria mais preciso chamá-las de "geração do deserto". Ele vê a sua experiência como fundamental para as passagens de advertência de Hebreus e argumenta que eles são um tipo de cristãos verdadeiramente crentes.

No meu julgamento, Gleason exagera no papel da geração do deserto em Hebreus, falhando em equilibrá-los com os exemplos da galeria de fé no capítulo 11. Todavia no meu capítulo, argumentei ainda mais firmemente do que Gleason pela continuidade entre a geração do deserto e os destinatários cristãos de Hebreus.[596] Concordo que eram verdadeiros crentes. Somente então o pecado e suas consequências poderiam funcionar como uma advertência para os destinatários da epístola. Portanto, concordo com Gleason que devemos entender o pecado contra o qual os leitores são advertidos em Hebreus 3–4 e suas consequências à luz da «rebelião» e da incredulidade de Israel em Cades-Barneia. No entanto, eu limitaria o *tipo* de palavra para aquelas pessoas, instituições e eventos no Antigo Testamento por meio dos quais Deus efetua a salvação. Parece mais preciso referir-se às respostas do povo do Antigo Testamento a Deus como exemplos para os cristãos seguirem ou evitarem.

Gleason, no entanto, erra quando afirma que a perda da geração do deserto foi temporal, não eterna. Seus argumentos para essa posição são três: (1) a geração do deserto não abandonou toda a fé em Deus, mas apenas em seu poder de sustentar suas vidas e dar-lhes a Terra Prometida; (2) estão arrolados na galeria da fé em Hebreus 11; e (3) o seu pecado foi o mesmo que o de Moisés e Arão quando atingiram a rocha, e uma vez que estess não sofreram perda eterna, tampouco a geração do deserto.

Analisaremos esses argumentos em ordem inversa. O argumento de Gleason de que a natureza e as consequências dos pecados das pessoas e de Moisés eram "exatamente" iguais é um exemplo clássico do erro metodológico mencionado anteriormente. Ele constrói certo entendimento das passagens relevantes do Antigo Testamento

---

[596] Veja a seção de Hebreus 3.7–4.13 no meu capítulo.

e depois força Hebreus em sua reconstrução. É óbvio que o escritor de Hebreus não considera Moisés paralelo à geração do deserto. Em 3.1-6, um de seus principais pontos é que este era "fiel" como administrador na "casa de Deus". De fato, esses versículos fazem uma comparação favorável entre a fidelidade de Cristo como Filho sobre a casa de Deus e a fidelidade de Moisés. A fidelidade dele é expandida em Hebreus 11.23-28. Em 3.7-19, no entanto, a geração do deserto conduzida por ele é o epítome da infidelidade.

Além disso, embora o uso da mesma palavra para os pecados de Moisés e do povo sugira alguma semelhança, certamente não significa que eram "exatamente" os mesmos. As diferenças no contexto do Antigo Testamento foram impressionantes. Em Cades-Barneia, o pecado de Israel foi o clímax de muita desobediência, e a sua persistência em tentar entrar em Canaã depois que Deus os proibiu foi o começo da rebelião que caracterizou as peregrinações no deserto. Moisés não tinha histórico de pecados passados, ele não persistiu em desobediência, mesmo após o juízo, como Israel fez, e seu corpo não "caiu no deserto".[597] Assim, quem viu a terra da Promessa do alto do Pisga e foi sepultado por Deus certamente não sofreu "o mesmo" castigo porque cometera "exatamente o mesmo" pecado.

Não há nada no texto de Hebreus que amenize a severidade do pecado da geração do deserto, que é descrito como "desobediência" (3.18), "incredulidade" (3.19), "rebelião" (3.15-16). E, implicitamente, como se apartar "do Deus vivo" (3.12). Gleason novamente tenta amenizar o que Hebreus afirma claramente por referência seletiva ao Antigo Testamento. Ele argumenta que essa rebelião não poderia ter sido apostasia porque Deus os "perdoou" e porque eles não retornaram ao Egito. Dentro do contexto do Antigo Testamento, o perdão divino os preservou da morte imediata. No entanto, eles continuaram a viver em rebelião. A apostasia não retorna a um estado de pré-conversão. A "queda" de seus corpos no deserto era um destino muito pior do que o retorno ao Egito. De fato, era para evitar tais "quedas" que eles desejavam retornar ao Egito (Nm 14.3).

É certamente uma alegação peculiar argumentar com base em Hebreus 11.29 que a geração do deserto estava entre os fiéis que entram

---

[597] Hebreus descreve o destino da geração do deserto, dizendo que seus "cadáveres" caíram no deserto. Em seu capítulo, Osborne mostra que essa foi uma morte amaldiçoada (Gn 40.19; Dt 28.26; 1 Rs 14.11), apropriada para apóstatas (Is 66.24).

na pátria eterna. O escritor nem mesmo menciona o assunto. Ele apenas muda do singular "ele", que se refere a Moisés no versículo 28, para o plural "eles" — "pela fé eles atravessaram o Mar Vermelho como se estivessem em terra seca". Como o escritor poderia omitir a travessia do Mar Vermelho dos grandes atos de fé? Na verdade, a geração do deserto é notória por sua ausência nesse capítulo, pois o próximo exemplo de fé é a destruição dos muros de Jericó. Nos exemplos associados a Abraão (11.8-22) e Moisés (11.23-28), o escritor acaba de descrever uma fé que persevera — exatamente o oposto da resposta da geração do deserto.[598]

Por fim, a identificação que Gleason faz da apostasia com o abandono "total da fé" em Deus é ambígua, artificial e não contextual. Em Hebreus, o fracasso em alcançar a pátria eterna não é um abandono teórico da fé em Deus. Os fiéis no capítulo 11 entram naquela pátria celestial, porque vivem como aqueles que acreditam que Deus cumpre suas promessas de bênção futura e sustenta seu povo no presente (11.1, 3, 6). Esse é exatamente o tipo de fé que a geração do deserto não tinha. Eles se recusaram a viver como se o poder do Senhor fosse apropriado para cumprir sua promessa.

Não tenho qualquer problema com o argumento de Gleason em que o "descanso" dos Hebreus 3–4 é uma celebração sabática da "presença sustentadora da vida por Deus entre eles", como experimentado no Jardim do Éden, no tabernáculo e no templo. O que poderia ser uma descrição melhor dessa vida na presença de Deus, do que a herança eterna dos crentes antecipada por sua experiência atual em Cristo (12.22-24)? Demonstrei em meu capítulo que o "descanso" de Hebreus 3–4 deve ser o mesmo que a pátria eterna em que os fiéis de Hebreus 11 entram. Portanto, não há razão para identificar o descanso como "celebração sabática" com a presente bênção, excluindo o cumprimento eterno. Gleason não pode dar qualquer razão para tal separação, exceto para reiterar novamente que Moisés, Arão e Miriã não entraram na terra da Promessa.

---

[598] É óbvio que o tipo de fé descrita nesses extensos relatos de Abraão e Moisés é o tipo de fé que o autor de Hebreus considera necessária para entrar na pátria celestial. Sua menção de pessoas como Gideão e Sansão (11.32), na seção de conclusão retoricamente compactada do capítulo 11 (v. 32-38), não anula essa intenção.

## Hebreus 6.4-6

Gleason reduziria a "queda" de Hebreus 6.6 da apostasia incorrendo em perda eterna para "uma recusa definitiva em amadurecer" e a perda da presente bênção. Ele argumenta corretamente que devemos determinar o significado de "cair" pelo contexto, uma vez que, por si só, o termo grego aqui usado (*parapesontas*) não significa necessariamente apostasia. (Alguém já disse que sim?) Ele então argumenta que Hebreus 6.4-6 é uma descrição da geração do deserto já apresentada em 3.7-4.11. Assim, o pecado de "cair" deve ser o mesmo que o seu pecado. Uma vez que o seu pecado não era apostasia, a "queda" de 6.6 não deve ter sido apostasia.

As falhas nesde argumento são duas. Primeiro, a afirmação de Gleason de que essa passagem deve ser uma descrição da geração do deserto é forçada. A afirmação de que os leitores haviam sido "iluminados" (6.4) é realmente uma alusão à coluna de fogo? E que provar o dom celestial é um verdadeiro paralelo ao "maná" de Israel? Mais duvidosa ainda é a comparação de eles serem "participantes do Espírito Santo" com a vinda do Espírito aos setenta anciãos em Números 11.16-30. Tampouco provar a "boa palavra de Deus" parece muito com Israel recebendo a lei mosaica confirmada por sinais. Esse paralelo forçado leva Gleason a evitar as restrições do contexto imediato. Segundo, mesmo que o escritor de Hebreus estivesse pensando na geração do deserto, mostrei a apostasia inerente à recusa daquela geração em viver como se as promessas de Deus fossem verdadeiras e seu poder fosse real.

Gleason comete o erro reducionista de explicar "crucificar outra vez o Filho de Deus" e "expondo-o à desonra pública" em Hebreus 6.6 pelo fracasso em "prosseguir para a maturidade (perfeição)" em 6.1. Além disso, ele não fez consideração contextual suficiente para definir o que é essa maturidade. Quase todos os comentaristas concordam que essa exortação, que se estende em Hebreus 5.11 até 6.20, é feita para preparar os leitores para entender a exposição do escritor sobre a obra definitiva do sumo sacerdócio de Cristo em Hebreus 7.1-10.18. Por essa e outras razões, a "maturidade" deve ser identificada com a vivência na plenitude de sua provisão sumo sacerdotal, que é a única maneira de alguém (passado ou presente, cf. Hb 11.39-40) entrar na pátria celestial.

Segundo Gleason, os destinatários de Hebreus correm o risco de não alcançar a maturidade retornando aos sacrifícios de animais do sistema levítico. Esse retorno seria uma "crucificação do Filho de Deus" e expô-lo à "desonra pública". Se, de fato, esse retorno é o que o escritor de Hebreus tinha em mente, como poderia ser menos que apostasia? Gleason refere-se isso como sendo feito *em particular*. Como alguém participa em particular do que era essencialmente um assunto coletivo, a adoração sacrificial do templo? Além disso, por mais privado que seja, esse retorno seria um repúdio à eficácia do sacrifício de Cristo, que Hebreus tem o cuidado de mostrar que é o único e eficaz meio de salvação. Enquanto eu questionaria a identificação do problema como um retorno literal ao sistema de sacrifício (veja anteriormente), o próprio argumento de Gleason nesse momento é autodestrutivo para sua posição.

### Hebreus 10.26-31

Gleason se volta para a passagem de advertência encontrada em Hebreus 10.26-31, que faz parte da aplicação do autor à suficiência do sumo sacerdócio e sacrifício de Cristo, conforme apresentado em 7.1–10.18. Ele argumenta que o castigo pelo pecado voluntário (10.26), descrito aqui como um desprezo a Cristo, uma profanação do sangue da aliança estabelecida pelo Filho e um insulto ao Espírito (10.29), é disciplina temporal e não perda eterna. Seu extenso argumento pode ser reduzido a dois pontos: primeiro, as alusões do Antigo Testamento usadas para descrever o castigo nessa passagem referem-se, no contexto do Antigo Testamento, ao castigo físico. Segundo, o autor de Hebreus não usa a linguagem comum, como o faz, o restante do Novo Testamento para descrever a condenação eterna. Para todos os fins práticos, Gleason ignora o significado do relacionamento contextual imediato dessa passagem com Hebreus 7.1–10.18.

É fácil expor as falhas metodológicas nesses dois argumentos. A linguagem de Hebreus é única quando comparada com o restante do Novo Testamento. Isso não é meramente uma questão de *hapax legomena*, mas do mundo linguístico que a epístola cria e da maneira como apresenta a obra sumo sacerdotal e sacrificial de Cristo. É lógico que Hebreus use a linguagem para descrever o juízo natural de sua própria estrutura conceitual. Além disso, o fato de as alusões bíblicas citadas se referirem ao castigo físico dentro do Antigo Testamento não provam nada. O Antigo Testamento raramente se refere com clareza ao castigo eterno. Como um aparte, uma vez que a maioria dessas alusões se refere à morte física, dificilmente podem ser consideradas "disciplina" corretiva.

Essas alusões do Antigo Testamento agora descrevem a perda eterna desde que o "melhor" sacrifício de Cristo, explicado em Hebreus 7.1–10,18, chegou e, de acordo com Hebreus 10.19-25, forneceu o único caminho para a presença celestial de Deus. Portanto, as conseqüências de negligenciar as advertências contra a rejeição da provisão de Cristo podem ser nada menos que a eterna exclusão dessa presença divina. É nesse contexto que devemos entender o argumento do menor para o maior de 10.28-29.[599] Desde que o sacrifício de Jesus é agora o único caminho para a presença de Deus, o que mais poderia significar senão a condenação eterna quando o escritor diz que se pecarmos deliberadamente "não resta mais sacrifício pelos pecados" (10.26)? O único sacrifício que fornece entrada à presença de Deus não está mais acessível para tal pecador!

Finalmente, o argumento de Gleason de que o juízo antecipado era um maior sofrimento para os judeus na destruição vindoura do templo é pouco convincente em sua totalidade. Antes de mais nada, as descrições da gravidade desse sofrimento em Josefo são puramente gratuitas na ausência de outras evidências. Uma referência à maldição e queima da terra (Hb 6.8) dificilmente é suficiente para indicar uma alusão à queda de Jerusalém. O desaparecimento previsto da antiga aliança em 8.13 certamente não se refere à destruição do templo. Nesse versículo, o escritor está argumentando do ponto de vista da promessa da nova aliança de Jeremias, conforme apresentada no Antigo Testamento. Pela própria outorga de tal promessa, Deus indicou que a antiga aliança passaria. Tal passagem ocorreu quando a promessa foi cumprida em Cristo.[600] Em tudo isso, nunca devemos perder de vista o fato de que Gleason evita a exigência contextual óbvia de que esse castigo seja entendido como perda eterna, porque os ofensores rejeitaram o único sacrifício que traz ganho eterno.

### Segurança em Hebreus

Gleason conclui com uma seção sobre "Segurança em Hebreus". Muito do que eu diria na crítica dessa seção já foi dito em minha resposta a

---

[599] Veja meu capitulo.
[600] Para uma abordagem similar, veja o argumento baseado no Salmo 110.4 em Hebreus 7.11-13.

Fanning. Aqui é suficiente reiterar que a plena suficiência da obra de Cristo em Hebreus é a provisão de Deus para, e não uma certeza de perseverança. Quando vemos que a ameaça da perda eterna é o resultado natural de rejeitar a única provisão suficiente de Deus para a salvação, as passagens de advertência e as afirmações da suficiência de Cristo se ajustam perfeitamente, e o fazem nos termos do próprio autor, não nos nossos.

O uso que Gleason faz de Hebreus 10.17-18 e 7.25 exige um breve comentário. Não há nada no contexto de 10.17-18 que indique que esses versículos afirmem um perdão eficaz pelos pecados passados, presentes e futuros de uma pessoa, independentemente da perseverança na fé. Na verdade, as passagens de advertência nos impedem de entender esse perdão como uma *carta branca*.

Gleason interpreta Hebreus 7.25 no sentido temporal como uma prova da segurança eterna do crente — Cristo é capaz de "salvar eternamente aqueles que se aproximam de Deus por meio dele, pois ele vive eternamente para fazer intercessão por eles" (NASB). A interpretação qualitativa inclusiva, "salvar completamente", está mais em consonância com 7.1-28, que fundamenta a suficiência de Cristo em sua eterna filiação (ver 7.3, 8 e especialmente "o poder de uma vida indestrutível" em 7.16). Além disso, Gleason convenientemente ignora a frase "aqueles que se aproximam de Deus por intermédio dele". O Filho salva completa e eternamente aqueles que continuam (no presente) a se aproximar de Deus por meio dele para receber a graça necessária para a perseverança (4.16; 10.22).

### Conclusão

Em conclusão, devo reiterar que a interpretação de Gleason não é convincente porque ele separou o que Deus juntou no texto de Hebreus — o sacrifício suficiente de uma vez por todas e a entrada suficiente na terra celestial de Cristo. A razão pela qual nos faz acreditar que podemos nos apartar desse sacrifício e ainda assim receber a herança eterna à qual somente ele concede acesso. Ele também nos faria pensar que podemos entrar na pátria celestial, embora não tenhamos a presente bênção da graça perseverante. Ele reconstrói uma situação histórica para Hebreus que, além de suas próprias fraquezas inerentes, contradiz essa unidade fundamental entre o sacrifício de Cristo como meio e a pátria celestial como fim. Ele distorce o uso do Antigo Testamento em Hebreus, forçando-o a se ajustar em sua própria reconstrução arbitrária dos eventos do Antigo Testamento. Quando confrontada com os ventos de uma análise cuidadosa, sua posição não pode estar correta, porque se alicerça na areia da reconstrução histórica tênue e no uso seletivo do Antigo Testamento, e não na rocha sólida dos indicadores contextuais de Hebreus. Além disso, o falso conforto que ele dá pode levar à queda eterna dos crentes professos, perdoando suas vidas de desobediência, em vez de insistir na necessidade de uma vida com Deus estabelecida sobre o firme fundamento da provisão de Cristo.

# Conclusão

*George Guntrie*

É com grande senso de gratidão que ofereço reflexões finais sobre um diálogo que ao mesmo tempo foi afável e agudo, cooperativo e apropriadamente intenso. Tendo chegado a essa obra somente no final, semelhantemente aos trabalhadores na vinha da parábola de Jesus, sou especialmente grato a Herbert Bateman, os colaboradores (todos os quais considero amigos) e Jim Weaver, da Kregel, por me dar a oportunidade para refletir sobre essas questões mais uma vez e aprender. Os ensaios, incluindo a introdução por Herb, e as respostas são de boa qualidade, minuciosas e detalhadas, estabelecendo claramente os principais problemas que requerem atenção. Eles também representam muito bem características particulares do calvinismo e arminianismo, os principais campos dessa discussão e, por meio das contribuições de Randall Gleason, oferecem outra perspectiva não muito tradicional. Uma abordagem sucinta do campo a ser coberto nos é apresentada claramente por meio da introdução, argumentos foram colocados sobre a mesa em ordem e respostas de várias perspectivas foram oferecidas. Então o que me resta a fazer?

Meu entendimento é que *não* estou aqui como árbitro, embora algumas de minhas preocupações pessoais venham a surgir inevitavelmente. Para aqueles que fizeram uma leitura atenta deste livro, já está claro que minha própria posição sobre as advertências de Hebreus, detalhada especialmente em meu *Comentário de Aplicação NIV* sobre o livro, se aproxima mais da abordagem de Buist Fanning. Assim, sem restrições ou encorajamento sobre o melhor caminho para o objetivo principal do livro — ou seja, ajudar nossos irmãos e irmãs em Cristo a refletir sobre esses assuntos importantes e como devem ser discutidos — eu poderia simplesmente declarar Buist o "vencedor". E vocês poderiam passar os próximos quinze minutos discutindo sobre apostasia com seu oponente escolhido para um café com leite no Starbucks. O que me pediram para fazer, é um escopo mais panorâmico, tentando lançar luz sobre um contexto maior, ao longo do caminho, levantando uma série de questões indefinidas para mais reflexão e estudo, e é com prazer que faço isso.

### Reflexões sobre como o diálogo foi conduzido

Primeiro, a *maneira* pela qual esse diálogo acadêmico foi conduzido nestas páginas representa bem um cristianismo irênico e evangélico que, aspira ao mesmo tempo o esclarecimento da verdade e o desenvolvimento da comunidade cristã — dois objetivos com muita frequência tratados como não relacionados. Especialmente em alguns cantos do cristianismo norte-americano, questões doutrinárias secundárias e terciárias, importantes para se conhecer, tornaram-se desculpas ao abrir espaço para uma disputa, ou pelo menos para uma passividade relacional que impede a comunhão com o "outro lado". Esses embates tornam-se públicos, construindo reputação dos oponentes, enquanto causam vergonha à noiva pela qual os lutadores supostamente entraram no ringue. Onde o secundário e o terciário são tomados como questões primordiais, corremos o risco de não apenas nos prejudicarmos, enviesando um diálogo que pode aproximar todos nós da verdade, mas também de prejudicar o corpo maior, tanto em termos de reputação e comunidade, por um espírito de divisão que encerra a conversa e oferece uma imagem negativa ao mundo em geral.

Por outro lado, em outras correntes cristãs, tanto americanas quanto mundiais, um apelo à promoção da comunidade pode às vezes eclipsar qualquer seriedade real sobre questões teológicas, e o ponto é: «Vamos relacionarmos bem a todo o custo". Também corremos o risco de nos ferir uns aos outros e à igreja pelo desgaste de fundamentos teológicos que não podem ser comprometidos, apelando antes à crença, em nada particular, além da tolerância de posições politicamente corretas. Essa também é uma maneira que, no final, deve ser marcada como tacitamente errada.

Em contraste tanto com um tipo de rigidez fundamentalista quanto com uma passividade mais liberal sobre a especificidade teológica, o diálogo nestas páginas foi equilibrado, confrontador em alguns pontos — esses articulistas se preocupam com a verdade —, ainda que realizados com um verdadeiro espírito de graciosidade cristã, não sendo levado a sentimentalismo ou ataques *ad hominem*. Como observa Bateman na introdução, os contextos acadêmicos profissionais, na melhor das hipóteses, podem promover esse diálogo para o bem da igreja.

Segundo, uma abordagem de "quatro visões" passa necessariamente muito tempo destacando pontos de diferença entre as várias posições. Todavia, os próprios articulistas apontam constantemente áreas de acordo que não devem ser esquecidas. Por exemplo, todos concordariam que as advertências de Hebreus alertam os ouvintes a levar a sério o perigo espiritual representado pela apostasia. Se alguém favorece a perspectiva calvinista de Fanning ou as posições wesleyana e arminiana clássica de Cockerill e Osborne, no final do dia, o status do apóstata diante de Deus e do destino eterno tem sido questionado. Uma alma está em jogo, mesmo que descaradamente contra a cruz, juntando-se àqueles que denigrem Jesus e o significado de sua morte. Esse é um assunto muito sério, se alguém demonstra falta de salvação ou se apartou de uma salvação da qual realmente participou. Portanto, destacar pontos de concordância em tais discussões é inteiramente apropriado e útil. Mostra-nos onde estamos juntos e nossas crenças e valores comuns, colocando-nos em uma longa tradição da igreja que foi ao mesmo tempo geralmente unificada em torno de certos pontos-chave da doutrina e decididamente diversificada em uma série de outros assuntos.

Dito isto, o diálogo foi abordado com a devida seriedade e preocupação com suas implicações na igreja. Esses eruditos não brincaram com banalidades na esperança de ganhar um debate a parte da realidade. Não, eles mantêm claramente a convicção de que a maneira como uma pessoa interpreta as advertências em Hebreus realmente importa, refletindo aspectos do entendimento de Deus, da salvação, da igreja e da vida cristã.

Por sua vez, a maneira como pensamos sobre esses tópicos centrais da fé cristã afeta inevitavelmente como ministramos dentro e fora da igreja, como falamos sobre questões de segurança ou o perigo da apostasia. Se alguém concorda com Osborne e Cockerill que cristãos verdadeiros podem perder a salvação, ou mantém a posição de Fanning de que aqueles que parecem ser crentes podem demonstrar nunca terem sido salvos, ou se opõem à Gleason de que as advertências de Hebreus dizem respeito à perda de recompensas e ao castigo temporal faz muita diferença nas formas de pensamento cotidiano de pessoas reais nas ruas.

O modo como, por exemplo, o pensamento sobre a segurança eterna se desenvolveu em minha própria denominação (Batista do Sul), que em suas expressões mais populares é uma combinação de perspectivas calvinista e arminiana, teve, em alguns momentos, efeitos desastrosos na ortopraxia e no ministério. Com o slogan "uma vez salvo, sempre salvo" em seus lábios rebeldes, receio que as pessoas muitas vezes recebam uma segurança espiritual que não deveriam ter. Colocamos tanta ênfase no ponto de conversão, a entrada na graça, que perdemos as muitas exortações do Novo Testamento para nos examinarmos para ver se estamos na fé. Pode ser que, inadvertidamente e com cruel ironia, em nome do evangelho, tenhamos enviado alguns a caminho de uma eternidade sem Cristo. Todavia, se, mantendo o que eu consideraria uma verdadeira forma de segurança eterna ("uma vez salvo, sempre salvo — se salvo"), encorajamos aqueles que estão à deriva a levar a sério o perigo espiritual, isso mudaria a maneira como ministramos para aqueles em tais crises.

Por outro lado, nossa ênfase no ponto de conversão à exclusão de outros aspectos da salvação (presentes e futuros), como a obra transformadora e contínua do Espírito na vida do crente, em alguns casos, pode fomentar a dúvida espriritual por parte daqueles que deveriam estar descansando na confiança e na maravilhosa graça do Senhor. Eles testemunham uma aparente falta de ação de Deus em suas vidas, e questionam se ele está envolvido em suas vidas realmente. Pode ser que simplesmente tenham sido espiritualmente mal alimentados e mal ensinados sobre a vida cristã vivida com robustez. As pessoas vivem da maneira que pensam, e a maneira como as ensinamos a pensar teologicamente (ou a maneira como falhamos ao ensiná-las) tem ramificações muito práticas.

Assim, o estudo teológico e discussões como a deste livro devem ser encorajados e apoiados como empreendimentos de vital importância para a igreja. Também devemos trabalhar com mais afinco a dar o próximo passo e fazer as conexões entre ortodoxia e ortopraxia. Por exemplo, talvez precisemos de mais discussão sobre o problema da apostasia na igreja, como consequência do debate neste livro. Afinal, somente na América do Norte, milhares e milhares deixam a igreja todos os anos. Nossas porcentagens de retenção, quando nossos adolescentes vão para a faculdade, são sombrias. Um bom número das próximas gerações estará virando as costas para a igreja para sempre. Como podemos trabalhar melhor, de maneira mais teologicamente informada, para mitigar essa situação? Como reagimos apropriadamente, com os indivíduos em nossas comunidades, quando as pessoas deixam nossas igrejas? Que perspectivas as diferentes tradições cristãs trazem para essa questão? Como podemos aprender um do outro? A teologia tem ramificações práticas maravilhosas (ou horríveis) e, portanto, devemos prestar muita atenção, para que não se afastem.

## Outras reflexões sobre hermenêutica e a prática da teologia

Dada a importância de promover o diálogo teológico, permitam-me agora abordar (ou enfatizar) várias questões específicas que podem aprofundar o diálogo destas páginas. Em alguns casos, essas questões já foram introduzidas no decorrer do livro, mas pode ajudar a tirá-las do embate, destacando-as em uma forma mais nítida.

Primeiro, parece-me que são necessárias outras obras sobre a natureza dos materiais exortativos em Hebreus. Outro olhar para essa questão, por exemplo, pode nos ajudar a delimitar as próprias advertências, sendo seus limites exatos um pouco flexíveis nessa discussão. Que passagens são verdadeiras advertências contra outros subgêneros nos materiais exortativos do livro (por exemplo, promessas, mitigação, exemplos positivos ou encorajamentos, para citar alguns)? Como a discussão é afetada ao se observar o papel distinto de vários subgêneros, tanto em Hebreus quanto em outras literaturas antigas? Nesse sentido, pode-se encontrar ajuda em várias abordagens do texto, incluindo talvez críticas retóricas, como no trabalho de David deSilva, e teoria dos atos de fala, usada por eruditos como Anthony Thiselton e Kevin Vanhoozer. Cada uma dessas abordagens, à sua maneira, aborda como o texto funciona para obter respostas dos ouvintes. Em outras palavras, o autor de Hebreus procurou fazer alguma coisa em prol daqueles que foram os primeiros destinatários com sua mensagem inspiradora, e devemos pensar cuidadosamente sobre sua agenda.

Por exemplo, é duvidoso que o autor tenha ensinado primordialmente teologia quando escreveu o que temos em Hebreus 6.4-8. A passagem certamente chega ao ouvinte com pressupostos teológicos, ou uma estrutura teológica assumida, mas devemos ter cuidado ao usar passagens exortativas como pedras fundamentais para a construção de um sistema teológico específico pelo qual, por sua vez, interpretamos os pressupostos teologicos por trás de passagens de admoestação! Não estou sugerindo que as advertências de Hebreus não devam desempenhar nenhum papel no desenvolvimento de nosso entendimento teológico — já sugeri que a discussão teológica realizada neste livro é importante para a vida da igreja. Estou apenas pedindo que pensemos com muito cuidado sobre a natureza exata do papel que elas desempenham em nossas discussões teológicas. Para colocá-lo nos termos usados pelos nossos articulistas, qual é exatamente a "estratégia pastoral" do autor nesses pontos do livro de Hebreus, e como sua estratégia pastoral deve se relacionar com a nossa? As advertências de Hebreus não são menos que "teológicas" — certamente não deixam de ser teológicas!, mas são mais, e me parece, portanto, que elas deveriam ser mais para nós também.

Segundo, muitas obras nos estudos do Novo Testamento começam fazendo alusões (por exemplo, Richard Hayes, *Echoes of Scripture in the Letters of Paul* [Ecos da Escritura nas Cartas de Paulo]),[601] e este trabalho, em qualquer semelhança de uma análise sistemática, está apenas começando a receber em andamento sobre os próprios hebreus (por exemplo, Guthrie, *Commentary on the Old Testament in the New Testament: Hebrews* [Comentários sobre o Antigo Testamento no Novo Testamento: Hebrews]).[602] Por exemplo, os autores de nosso diálogo discutem brevemente as alusões propostas encontradas em Hebreus 6.4-8 aos episódios da peregrinação do deserto no Antigo Testamento. Nessa fase da discussão sobre a existência desses possíveis ecos, estamos em um impasse "sim, eu os vejo" e "não, não os vejo". De que diretrizes precisamos para determinar quando temos dados reais em mãos? Quais são as regras do jogo para distinguir a verdadeira alusão de um paralelo acidental no tópico?

[601] Richard Hayes, *Echoes of Scripture in the Letters of Paul* (New Haven, CT Yale University Press, 1993).
[602] George H. Guthrie, *Commentary on the Old Testament in the New Testament: Hebrews*.

Randall Gleason levanta a questão não apenas de como se detecta material alusivo, mas também de como se entende a interação de tais materiais ao contexto original do Antigo Testamento e com o próprio texto de Hebreus. Qual é exatamente a natureza da intertextualidade que está em jogo? Isto é, como e com que finalidade o autor está se apropriando do texto do Antigo Testamento neste ou em qualquer outro ponto do livro? Por exemplo, se discernimos ecos em 6.4-8, essas leves alusões aos materiais errantes do deserto servem apenas para fornecer ilustração ou alguma outra forma de analogia? Ou eles são tipológicos de alguma maneira? Se analogia, analogia com qual grupo? Para qual finalidade? Quais são as intenções e limites desta? Se existe uma relação tipológica com a comunidade cristã, é a comunidade cristã contemporânea à escrita de Hebreus ou para os crentes de todas as eras? Qual é a natureza da relação tipológica? Além disso, como interpretamos as alusões em termos de peso relativo, pois elas existem ao lado de elementos mais evidentes no texto, ajudando-nos a entender as intenções do autor? O que quero dizer é que precisamos trabalhar mais nas diretrizes para detectar alusões ou ecos nas advertências da epístola e no uso de possíveis ecos na interpretação, uma vez que tenham sido detectados. O trabalho sobre ecos é uma área subdesenvolvida na pesquisa em Hebreus neste momento.

Terceiro, parece-me que é preciso dar maior atenção à questão da perspectiva do autor, enquanto ele tentava ministrar aos leitores originais de Hebreus. Em *Há um Significado nesse Texto?* Kevin Vanhoozer pediu respeito ao autor como um aspecto de nossos esforços hermenêuticos. Quero sugerir que somos uma extensão da comunidade interpretativa do autor, uma comunidade nascida do Espírito Santo, continuando a viver como a igreja começou há dois milênios atrás. Nós, de todas as pessoas, devemos respeitar esse autor como um crente fiel.

Não estou falando de tentar arqueologia psicológica aqui, mas de desenvolver uma maior sensibilidade ao fato de que o autor não era onisciente ao lidar com sua(s) congregação(ões), fato que ele sugere no texto de Hebreus. Os articuladores fizeram alusão breve a essa pergunta, mas é preciso uma maior atenção. Com muita frequência nos debates sobre apostasia, tratamos o texto como se o escritor pensasse naqueles a quem escreve, ou naqueles de quem ele fala, como "crentes" ou "incrédulos".

No entanto, situações reais de ministério, é claro, não são tão simples assim. Qualquer grupo de pessoas reunidas em nome de Cristo demonstrará um espectro de condições espirituais. Que essa foi a experiência da igreja primitiva me parece haver uma grande quantidade de evidências do Novo Testamento a seu favor. O autor de Hebreus, outros na igreja primitiva, você e eu, somos limitados em nosso conhecimento da condição espiritual de qualquer outra pessoa e, como indicado por Jesus, assim como outros autores do Novo Testamento, são dependentes de manifestações externas no discernimento das condições espirituais de outras pessoas (cf. Mt 7.15-23; Tg 2.14-26).

Em Hebreus 4.1, o autor pede um "temor" apropriado em relação ao descanso prometido, para que não "pareça" que algum deles tenha ficado de fora. Em contraste com a maior advertência de 6.4-8, o autor é "persuadido" de coisas melhores relativas àqueles a quem escreve, coisas que acompanham a salvação; e sua persuasão deriva, aparentemente, de sua fidelidade (6.9). Os próprios leitores reforçam sua própria esperança com sua diligência em seguir a Cristo (6.11). Essas indicações sobre a finitude da perspectiva humana, quando se trata da condição espiritual de alguém, parecem-me corresponder a outros textos do Novo Testamento, incluindo 2 Coríntios 13.5a, o familiar: *"Examinem-se para ver se estão na fé; provem-se"* (estas e as citações seguintes são da NIV). Da mesma forma, 1 João oferece: *"Sabemos que o conhecemos se obedecermos às suas ordens"* (2.3); *"É assim que sabemos que estamos nele: quem quer que viva nele deve andar como Jesus andou"* (2.5–6); *"Meus filhinhos, não amemos com palavras ou língua, mas com ações e na verdade. É assim que sabemos que pertencemos à verdade e como descansamos nossos corações na presença dele"* (3.18–19). A condição espiritual se manifesta na vida do indivíduo.

Então Hebreus, como um documento de "ministério", parece assumir que aqueles no público-alvo não podem ser rotulados com certeza "crentes" contra "incrédulos". Antes, há uma condição intermediária e obscura na qual a condição espiritual de alguns "membros" do grupo tem sido questionada. Como então, ou de que modo um aspecto do nosso arcabouço interpretativo, pode mudar a discussão sobre apostasia e, mais uma vez, como muda a maneira como abordamos com a questão da apostasia na igreja?

Enfim, e intimamente relacionado ao ponto anterior, precisamos levar a sério as tensões que existem na prática da teologia, e essas tensões nunca são mais proeminentes do que quando estamos lidando com a questão da obra de salvação de Deus na humanidade. Eu tinha planejado abordar a questão das tensões teológicas antes de ler a resposta de Grant Osborne a Gareth Cockerill, na qual ele pede que lidem com tais tensões, a fim de equilibrar as verdades bíblicas sobre segurança e advertência. Como alguém que aborda à questão das advertências em Hebreus de uma perspectiva mais reformada, gostaria de juntar-me a Grant nessa ênfase.

Deve-se admitir, antes de mais nada, que o *crux theologorum* ("por que alguns, não outros?" Uma cruz carregada por teólogos), por exemplo, é em grande parte uma cruz protestante, e em alguns momentos estamos suscetíveis à acusação de teólogos católicos e eruditos do Novo Testamento, como Tom Wright, de estarmos exclusivamente olhando para nosso umbigo, perdendo, assim, os grandes temas da solidariedade coletiva e sendo chamados de povo, em vez de pessoas. No entanto, enquanto em alguns momentos perdemos ênfases importantes em sermos um povo de Deus, eu sugeriria que a questão da salvação de um indivíduo e a resposta pessoal ao evangelho também são importantes no Novo Testamento. O próprio livro de Hebreus parece fazer distinções entre diferentes grupos e indivíduos na comunidade com a qual fala. Devemos tomar cuidado para que *nenhum* daqueles que estão entre nós se afaste de Deus, para encorajar uns aos outros para que *nenhum* de nós seja endurecido pela falsidade do pecado (3.12-13). No entanto, também não devemos perder as dimensões coletivas da salvação e da perseverança. Quando os membros da comunidade não são fiéis à aliança, surge uma raiz de amargura, e isso contamina muitos (Hb 12.15). Em outras palavras, a questão da apostasia não é meramente sobre a saúde, ou sua falta em indivíduos, mas também diz respeito à saúde ou falta de saúde da igreja.

Segundo, Hebreus demonstra certas tensões em sua estrutura teológica. Por exemplo, existem as tensões temporais da escatologia inaugurada — o "agora e ainda não". Em 2.5–9, o autor trata uma aparente "contradição" entre o Salmo 8.6 ("tu...colocaste tudo debaixo dos seus pés") e o Salmo 110.1 ("até que eu faça de seus inimigos um escabelo de seus pés"), o último citado em 1.13. A solução de Hebreus? O Salmo 8.6 significa que, de fato, todas as coisas foram submetidas ao governo de Cristo (Hb 2.8a). O Salmo 110.1, por outro lado, significa que ainda não vemos todas as coisas sujeitas a ele (Hb 2.8b). Em outras palavras, existem certas realidades espirituais que já foram estabelecidas que serão consumadas no final dos tempos. Vivemos um tempo de tensão teológica entre o triunfo da exaltação e o triunfo final da parusia.

Também existem tensões espaciais em Hebreus. Somos um povo peregrino na terra, que deve imitar aqueles que pela fé buscaram uma cidade permanente (11.9-10, 13-14), e somos chamados a nos aproximar de Deus (4.16; 10.22) no entanto, na nova aliança, o autor nos diz que já chegamos à cidade do Deus vivo, na verdade ao próprio Deus (12.22-24). Assim, somos aqueles que chegaram e estão chegando a algum lugar.

Além disso, se estamos lidando com o Deus vivo, um Deus que é eterno, ele ainda trabalha em nossa existência temporal, e, portanto, não é apenas uma construção humana e religiosa, não esperaríamos que houvesse aspectos das relações com ele que teríamos dificuldade em entender? A esse respeito, não é verdade que o agir de Deus na alma humana possa ser visto com total clareza somente da perspectiva dele? Sim, Deus revelou verdades com relação à salvação — não somos deixados no escuro quanto à salvação que o Pai oferece em Cristo, a necessidade de nossa resposta ao evangelho e como ele nos responderá quando respondermos a ele. Todavia, mesmo que alguém assuma alguma forma de um *ordo salutis* (uma lista ordenada dos aspectos da obra de salvação divina), quem, a não ser Deus, poderia afirmar ter uma perspectiva perfeita sobre exatamente *como* ele realiza os vários aspectos de sua gloriosa obra no coração do ser humano? Como pré-escolares que tentam entender a física, talvez tenhamos que crescer para o nosso eu glorificado antes de podermos ver mistérios maiores do que podemos compreender agora. Somos forçados a uma postura de humildade.

O que devemos fazer com perguntas como as apresentadas em *Apostasia em Hebreus*? Devemos combater as tensões teológicas que encontramos como inimigos, tentando erradicá-las completamente? Eu acho que não. Pelo contrário, deveríamos, primeiro, estudar muito para ver tão claramente quanto possível o que é revelado nas Escrituras, procurando entender mais sobre os caminhos de Deus. Devemos ter um diálogo longo e intenso com outras pessoas no corpo de Cristo, como o incorporado neste livro, na esperança de nos aproximarmos da verdade de que o Senhor revelou em sua palavra e, no processo, ajudando os outros a se aproximarem também. Por fim, talvez tenhamos que abraçar uma certa quantidade de tensão teológica entre vários aspectos da verdade revelada e, ao mesmo tempo, abraçar nossos irmãos e irmãs que veem essas verdades de uma perspectiva diferente. Isso exigirá uma combinação de disciplina teológica, compromisso com a comunidade e humildade pessoal de que precisamos muito no evangelismo em nossos dias.

Enquanto estava em Cambridge/Inglaterra na primavera de 2005, tive os primeiros contatos com o ministério e à pessoa de Charles Simeon, um pastor erudito que representa bem uma humildade apropriada ao lidar com o tópico cheio de tensão deste livro. Simeon era calvinista, em sua teologia, mas queria ser conhecido como categoricamente bíblico, não indo além do que é claramente revelado nas Escrituras e não forçando textos de maneira inadequada a moldes sistemáticos. Ele declarou: "Meu esforço é extrair das Escrituras o que existe, e não colocar o que acho que possa estar lá. Tenho um grande zelo com aquilo que penso; nunca falar mais ou menos do que creio ser a mente do Espírito na passagem que estou expondo".[603] Seu objetivo era "esforçar-se por dar a cada parte da palavra de Deus sua força plena e apropriada, sem considerar qual esquema isso favorece, ou que sistema é provável que ela promova".[604]

Além disso, Simeon considerou um "grande mal", quando, em nome dos sistemas teológicos, "as doutrinas [da graça] são utilizadas como um campo de separação uns dos outros". Ele afirmou que "em referência as verdades que estão envolvidas em tanta obscuridade, como aquelas que se relacionam com a soberania de Deus, bondade e concessão mútuas são muito melhores do que argumentos veementes e discussões sem caridade".[605]

Em um encontro memorável entre Simeon e o então idoso John Wesley, Simeon recorda a seguinte conversa:

**Simeon:** Senhor, sei que o chamam de arminiano; e às vezes sou chamado de calvinista; e, portanto, suponho que deveríamos desenhar as espadas. Mas antes de consentir em iniciar o combate, com sua permissão, lhe farei algumas perguntas. Diga-me, o senhor, se

---

[603] Handley Moule, *Charles Simeon: Pastor of a Generation* (Ross-shire, England: Christian Focus, 1997), 79.
[604] Ibid., 82.
[605] Como citado em John Piper, *The Roots of Endurance: Invincible Perseverance in the Lives of John Newton, Charles Simeon, and William Wilberforce* (Wheaton, IL: Crossway, 2002), 87.

sente uma criatura depravada, tão depravada que nunca teria pensado em se voltar para Deus, se ele não tivesse colocado isso primeiro em seu coração?

**Wesley:** Sim, isso é um fato.

**Simeon:** E não há nenhuma esperança em se tornar aceitável a Deus por qualquer coisa que possa fazer; e buscar a salvação somente por meio do sangue e da justiça de Cristo?

**Wesley:** Sim, somente por intermédio de Cristo.

**Simeon:** Mas, senhor, supondo que você tenha sido salvo a princípio por Cristo, você não é, de uma maneira ou de outra, salvo por suas próprias obras?

**Wesley:** Não, eu devo ser salvo por Cristo do começo ao fim.

**Simeon:** Permitindo, então, que você tenha sido primeiro transformado pela graça de Deus, não deve, de uma maneira ou de outra, manter-se por seu próprio poder?

**Wesley:** Não.

**Simeon:** Sendo assim, então, você deve ser sustentado a cada hora e a cada momento por Deus, tanto quanto uma criança nos braços de sua mãe?

**Wesley:** Sim, completamente.

**Simeon:** E toda a sua esperança está na graça e misericórdia de Deus em ser preservado até o seu reino celestial?

**Wesley:** Sim, não tenho esperança senão nele.

**Simeon:** Então, senhor, com sua licença, embanharei minha espada outra vez; pois isso é todo o meu calvinismo; essa é minha eleição, minha justificação pela fé, minha perseverança final: é em substância tudo o que mantenho, e como a mantenho; e, portanto, se você preferir, em vez de procurar termos e frases que serviriam como fundamento para discórdia entre nós, nos uniremos cordialmente naquelas coisas em que concordamos.[606]

Parece-me que o diálogo entre Simeon e Wesley serve como uma conclusão apropriada para quatro visões de *Apostasia em Hebreus*, em si um diálogo entre os herdeiros teológicos de Simeon e Wesley. Esperamos que o livro tenha lançado alguma luz sobre passagens específicas em Hebreus, estimulado muita reflexão teológica, estudo e dialogo, nos desafiado em aspectos da *práxis* do ministério e nos levado a um confronto mais profundo dos vários aspectos da verdade revelada de Deus. No entanto, esperamos que também tenhamos crescido em um compromisso resoluto com a comunidade cristã, simplesmente participando de um diálogo tão importante.

---

[606] Moule, *Charles Simeon*, 82-83.